U1075292

中国通信行业企业管理现代化创新成果特辑

(2004)

中国通信企业协会 主编

人民邮电出版社

图书在版编目（CIP）数据

中国通信行业企业管理现代化创新成果特辑．2004 / 中国通信企业协会主编．
—北京：人民邮电出版社，2005.8
ISBN 7-115-13422-7

Ⅰ．中…　Ⅱ．中…　Ⅲ．通信—邮电企业—企业管理：现代化管理—科技成果—中国
Ⅳ．F632.1

中国版本图书馆 CIP 数据核字（2005）第 103910 号

中国通信行业企业管理现代化创新成果特辑（2004）

◆ 主　　编　中国通信企业协会
　责任编辑　宁　博　高丕武
　美术编辑　林　絮

◆ 人民邮电出版社出版发行　　北京市崇文区夕照寺街 14 号
　邮编　100061　　电子函件　315@ptpress.com.cn
　网址　http://www.ptpress.com.cn
　新华书店总店北京发行所经销

◆ 开本：889×1194　1/16　　2005 年 8 月第 1 版
　印张：27　　2005 年 8 月北京第 1 次印刷

ISBN 7-115-13422-7/TN・2492

定价：100.00 元

读者服务热线：**(010) 67132749**　印装质量热线：**(010) 67129223**

ISBN 7-115-13422-7

9 787115 134226 >

编者的话

十届全国人大《政府工作报告》中提出，要"积极推进企业管理创新"，"全面提高企业的现代化管理水平"。对此，我国通信企业积极响应，注重学习和研究国内外管理的新思路、新趋势，结合自身发展需要，与时俱进，树立新的管理理念，不断提高现代化管理水平。通信企业开始以提高企业综合竞争力为目标，以转换企业经营机制为动力进行管理创新，推动通信业"做大做强"，实现可持续发展。许多通信企业在应对市场化、国际化、信息化挑战中，坚持管理现代化与技术进步相结合，坚持博采众长与自主创新相结合，坚持以人为本，注重企业文化建设，坚持企业利益与社会责任的统一，在提高管理水平方面做了大量扎扎实实的工作，进行了许多有益的尝试，学习和借鉴国际企业管理经验，结合通信行业的实际，在市场开拓营销服务、网络支撑资源管理、企业信息管理、预算投资成本管理、流程管理、人力资源激励机制等诸多方面均取得了可喜进展，涌现出一大批符合中国国情，具有中国特色的企业管理创新成果。

面对新形势下出现的新情况、新变化，为了进一步推进我国通信业的发展，信息产业部决定在全行业开展企业管理现代化创新成果的审定和表彰工作并下发了《关于组织开展通信行业"企业管理现代化创新成果"审定工作的通知》（信办[2003]52号），决定从2004年开始在全国通信行业开展第一届企业管理现代化创新成果审定工作，并设立了全国通信行业企业管理现代化创新成果审定委员会和评审委员会。信息产业部奚国华副部长为审定委员会主任委员。具体工作由中国通信企业协会承办。开展此项工作的目的，就是要进一步调动通信企业各级领导和职工的积极性和创造性，促进通信企业的管理创新，提高通信企业管理现代化水平，提升企业的综合竞争力和可持续发展能力。

第一届全国通信行业企业管理现代化创新成果审定工作已经顺利完成，共评选出通信行业级管理创新成果46项。

这次获奖的46项管理创新成果基本反映了我国通信企业管理的历史和现状，是我国通信企业在改革中坚持不懈、大胆实践、勇于创新的具体体现。这些成果同时也凝结了几代通信企业领导和员工的心血。例如：本次获一等奖的"以实现跨越式发展为目标的通信企业资本运营管理"就从一个方面折射了中国联通10年改革的历程，是中国通信业打破垄断、引入竞争机制后通信业大发展的一个见证。浙江移动的"以社会信息化建设为目标的移动信息技术服务管理"、湖南电信的"通信企业服务营销管理"、河南通信林州分公司的"局所实行联岗联片，激发企业创新活力"以及湖南邮政的"以服务三农为目标的邮政网络资源开发"等成果从不同的角度、不同的层面反映了我国通信企业在管理现代化创新方面所取得的显著成就和长足的进步，也显示了管理创新在通信企业做大做强方面的巨大作用。

为了进一步加大创新成果的宣传推广力度，让这些凝聚了广大通信企业领导和员工大量心血和精力的创新成果成为整个行业的宝贵财富，特将获第一届全国通信行业级创新成果奖的46项成果报告编辑成册，供大家学习参考。为了便于大家深刻领会开展此项活动的意义，还专门刊载了信息产业部奚国华副部长、中国企业联合会蒋黔贵副会长以及中国通信企业协会谢高觉会长对此项工作所做的重要讲话内容。

第一届全国通信行业企业管理现代化创新成果的评审工作得到了信息产业部部领导、部有关司局的大力支持，得到了国家邮政局、各电信运营企业以及各省、区、市通信行业（企业）协会和中国通信企业协会各分支机构的积极响应。在整个创新成果的初审工作中，赵品健、刘殿杰、贾勇、薛叶渠、赵泉雄、丁则延、陈娟等业内老领导、老专家以及中国企业联合会管理现代化办公室的张文涛处长、中国人民大学商学院的李占祥教授等专家对各项创新成果进行了大量认真细致、公正严谨的审阅，付出了辛勤的劳动。审定委员会、评审委员会的各位委员在百忙之中做了大量深入的审查工作。在此，我们对业内外各位领导、专家、学者以及方方面面的人士表示诚挚的感谢。本书的编辑出版工作，得到了人民邮电出版社和国家邮政局、中国电信、中国网通、中国移动、中国联通、中国卫通、中国铁通及各获奖企业的大力支持，也在此一并表示感谢。

由于经验欠缺，对本书的编辑工作中存在的不足，恳请各位读者批评指正。

中国通信企业协会

2005年8月

序

大力推进管理创新
促进通信企业可持续发展

在信息产业部的领导下，由于部各相关司局的大力支持、各通信企业的积极响应和配合，中国通信企业协会具体负责承办的第一届（2004年度）全国通信行业企业管理现代化创新成果审定工作已圆满结束。

全国通信行业企业管理现代化创新成果审定委员会从申报的68项管理创新成果中审议确定了46项成果为第一届全国通信行业企业管理现代化创新成果。其中中国联通、浙江移动、湖南邮政等单位的13项成果获一等奖，北京移动、重庆电信、江苏联通等单位的20项成果获二等奖，上海邮政、广州电信规划设计院等单位的13项成果获三等奖。国家邮政局和中国移动通信集团公司获第一届全国通信行业企业管理现代化创新成果优秀组织奖。

从获奖成果的主题和内容以及实施效果来看，体现了创新性、实践性、效益性的要求。这些成果基本代表了当前我国通信企业管理的主流和先进水平以及发展趋势。这46项成果是对通信企业管理工作者长期以来积极探索、努力创新的肯定，从一个侧面反映了中国通信业持续、快速、健康发展的历程。

管理创新成果审定工作得到了通信企业的认可，更进一步调动了广大通信企业员工的积极性；对我国通信企业全面落实科学发展观，提升企业的管理水平和企业综合竞争力，走可持续发展道路发挥了积极的引导和推动作用；对我国通信企业参与国际竞争，全面建设电信强国的目标具有重要的意义。

今后的创新工作，要立足于企业改革发展的实践，要以科学发展观为指导广泛、深入地推进。为此强调两点意见。

一、开展推进管理创新工作要走一条具有中国特色的管理创新之路

科学发展观的第一要义是发展。改革开放以来，中国通信业充分抓住并利用了信息技术迅猛发展的契机，在发展中改革，在改革中发展，取得了令世人瞩目的巨大成绩。在跻身世界500强的18家中国企业中，中国移动通信集团公司和中国电信集团公司位居其中并排名前列。中国电信业实现了向世界第一大网的跨越，电话用户总数跃居世界第一位，网络技术水平进入世界先进行列。

本世纪头二十年，对中国通信行业也是一个重要战略机遇期。一方面，世界经济持续增长，经济全球化深入发展，以信息技术等为标志的全球性科技革命蓬勃发展，新技术新业务加快发展融合，高新技术成果向现实生产力的转化越来越快，创造了新的社会需求。另一方面，行业发展也面临一些新的挑战。按照加入WTO的承诺，电信市场将扩大对外开放，外资进入的步伐有可能加快，我们面临的竞争压力将进一步加大。因此，我们必须认真把企业进一步做大做强，提高综合竞争力和整体实力。

在市场容量、网络设备等“硬件”指标上我国通信企业与国外先进企业相比相差并不多，落后或不足的地方主要体现在企业的经营管理等方面。因此要实现建设电信强国的目标，管理创新是其中的一个

重要环节。

新时期企业的经营环境和管理的各种要素都在发生变化，我们必须针对组织结构、业务流程、知识产权、关键技术管理、业务创新能力、网络资源利用、产业链、建立有效有序的市场竞争、以人为本的人才资源管理等方面引进、借鉴国内外先进管理理念和经验。同时，对企业发展中遇到的新问题，结合企业实际，深化改革、大胆开拓、积极创新，走一条具有中国特色的管理创新之路。中国特色的管理理念、管理方法将成为中国通信企业特有的、推动企业发展的特殊知识，并将最终提高企业的核心竞争力。

二、 要充分利用管理创新成果评审这一平台，发挥管理创新成果的导向性作用

在全国通信行业开展企业管理现代化创新成果审定、发布和表彰工作，是信息产业部为指导通信企业落实科学发展观，努力提高整个行业的综合竞争力而开展的一项重要活动。部领导将这项活动的具体日常工作交给中国通信企业协会办理，是对协会的信任。中国通信企业协会将按照部领导的指示精神努力工作，大力推进企业管理创新。

第一届全国通信行业企业管理现代化创新成果虽然在管理理论和实践价值等方面还不是很完善，但这些成果都来自于企业的实践，具体且实在，基本代表了当前我国通信企业的管理水平。为此，我们将46项创新成果汇编成册，目的就在于大力宣传，发挥成果的示范作用，使创新成果得到推广和应用。我们今后还要对成果进一步归纳、梳理和总结，使之更系统化、科学化，并成为典型案例。

我们希望所有志在推进通信行业管理的专家、学者、企业家、管理工作者加入到此项工作中来，多方位、多层次地推动管理创新活动的进一步开展，使管理创新工作在提高我国通信企业的综合竞争力、实现电信强国目标的进程中发挥更大的作用。

中国通信企业协会会长
全国通信行业企业管理现代化
创新成果审定委员会副主任委员

2005年8月

目录 CONTENTS

ChinaNet
中国宽带互联网
中国电信
CHINA TELECOM
世界触手可及
百万家庭健康上网大行动
宽带改变生活
中国宽带互联网让生活 更精彩 更自由
用户至上 用心服务 Customer First Service Foremost
客户服务热线
Customer Hotline
10000

目录 CONTENTS

二等奖

ERICSSON
TAKING YOU FORWARD
以爱立信 以信致远
设想这是贵公司
正在向下一个
目标攀进
这是能帮助您
达到目标的技术
而这就是我们
确保您
可以完全信赖
这项技术
要让业务实现更大的飞跃，您需要一种可以完全信赖的技术。爱立信在通信领域中研发投入遥遥领先于行业。我们在为全球140多个国家超过450个固定和移动网络提供各种3G技术支持。我们有能力帮您管理和优化网络演进中的每一步。而您只需专注于实现您的目标。
www.ericsson.com.cn

目录 CONTENTS

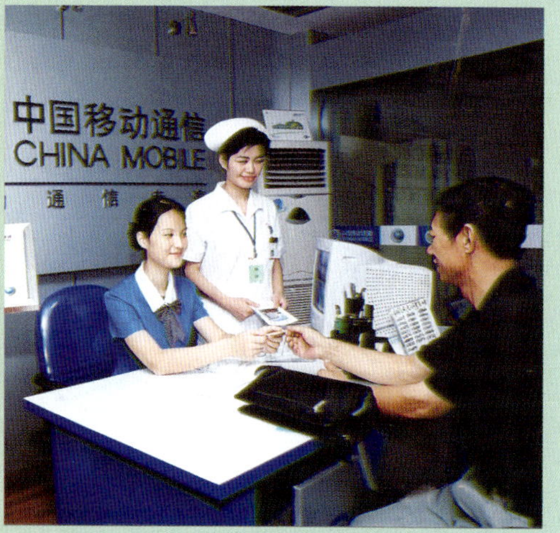

本书图文提供：中国通信企业协会及各相关获奖单位

三等奖

广告索引

广州邮区中心局

广州邮区中心局是广东省邮政局1999年9月1日按国家邮政局邮区中心局体制改革组织原则组建成立的，是中国邮政七个一级邮区中心局和三大国际邮件互换局之一，其属下的广州邮件处理中心是目前亚洲较大、较先进、现代化程度较高的邮件处理中心，是中国邮政的示范窗口。广州邮区中心局的主要业务功能是：该邮区范围内各类邮件的分拣封发；广东省内80%以上的进出口总包邮件的经转；省际一级干线汽车邮路的运输和管理；火车邮路（该局承办）的派押管理；航空邮件的接发；全省邮件容器的调拨管理；邮运汽车的保养和维修等；同时，又是广东省内所有邮区中心局的专业管理局，负有在省局领导下对全省二、三级邮区中心局生产层的业务协调、支撑、检查和指导职能。至2004年底，广州邮区中心局有从业员工2493人，固定资产从1999年的4.27亿元上升到2004年的10.29亿元。

广州邮区中心局成立以来，秉承“内强素质，外树形象，为邮政经营提供优质的支撑服务”的企业精神，与时俱进、优化组织、整合资源，使企业生产能力不断提高，日均邮件运输量3795万袋公里／天，总包邮件接发量9万袋／天，分发函件173.2万件／天，扁平件39.4万件／天，包件2.4万件／天；网络结构逐渐完善，拥有汽车邮路29条，火车邮路10条，国内航空邮路46 条，国际航空邮路12条；根据省局“改造传统邮政，建设电子邮政，发展网络邮政”的战略方针，在全国率先按邮件“三状化”组织生产作业，邮件处理实行“一平四化”，即一个大平面生产车间，邮件装卸机械化、邮件运输容器化、邮件标识条码化、信息处理网络化；大力采用电子信息技术及自动化技术装备，生产科技水平迅速提高。取得了令人瞩目的成绩，被评为全国邮运文明单位和广东省文明窗口。其中，该局的企业管理创新成果《扁平管理，系统创新》获得第一届全国通信行业企业管理创新成果奖二等奖，其参与的“广州邮件处理中心工程建设与创新”项目获得2004年度国家邮政局科学技术奖三等奖、广东省邮政局科学技术进步奖特等奖，科技工作取得可喜的成绩。

处理中心

信息产业部办公厅
关于组织开展通信行业
“企业管理现代化创新成果”审定工作的通知

信办[2003]52号

国家邮政局、中国电信集团公司、中国网络通信集团公司、中国移动通信集团公司、中国联合通信有限公司、中国卫星通信集团公司、铁道通信信息有限责任公司：

党的十六大报告提出“大力推进企业的体制、技术和管理创新”。十届全国人大一次会议《政府工作报告》中也提出“积极推进企业管理创新”，“全面提高企业的现代化管理水平”。最近国务院国有资产监督管理委员会下发了“关于进一步组织好全国企业管理现代化创新成果有关工作的通知”，（国资改革函[2003]62号）通知中指出，全国性行业协会要加强对本行业企业管理创新工作的指导，做好创新成果的培育、选优工作。近几年来，各通信企业都十分重视企业管理现代化工作，也出现了许多创新成果，并已有十七项成果获全国企业管理现代化创新成果奖。

为了在我国通信体制改革和加入WTO的新形式下，积极推进通信企业的管理创新，提高通信企业管理现代化水平，中国通信企业协会在调查研究的基础上，制订了《全国通信行业“企业管理现代化创新成果”申报审定和发布暂行办法》。经请示部领导同意，中国通信企业协会将从2004年起开展全国通信行业“企业管理现代化创新成果”申报审定和发布工作。请各相关单位围绕建立现代化企业制度、提高企业竞争力的目标，大力推进通信行业企业管理创新，认真做好推荐评审工作。

二〇〇三年九月十九日

附件：全国通信行业“企业管理现代化创新成果”申报审定和发布暂行办法及附件

全国通信行业"企业管理现代化创新成果"申报审定和发布暂行办法

（2003年8月制订）

近年来，随着企业管理现代化工作的开展，通信行业涌现出了许多企业管理现代化创新成果，这些成果为企业的发展注入了活力。根据党的十六大提出的"大力推进企业的体制、技术和管理创新"的精神，为了总结表彰、推广全国通信行业"企业管理现代化创新成果"，不断提高通信企业的管理水平，根据《合理化建议和技术改造奖励条例》（国发[1986]59号）和全国企业管理现代化创新成果审定委员会、中国企业联合会企业管理现代化工作委员会制定的《全国企业管理现代化创新成果审定发布办法》(2003年4月修订)的精神，结合通信行业实际制定《全国通信行业"企业管理现代化创新成果"申报审定和发布暂行办法》。

一、评审的宗旨

对通信行业中企业管理现代化创新成果定期进行审定和发布、交流，使之得到推广应用和提高，是推进通信行业企业管理现代化、提高企业经济效益和管理水平的有效途径，是深化企业改革、建立现代企业制度、转换企业经营机制、促进企业发展的需要，特别是中国加入WTO后对于推进通信企业的管理与世界接轨，探索建立具有中国特色的通信行业企业管理新模式具有重要意义。

二、创新成果的定义和要求

国家级和行业级的企业管理现代化创新成果是指运用现代化管理科学理论，在企业制度、管理理念、管理方式、组织方法和手段等方面提出的具有改进、创新因素，有明显作用和效果的办法和措施。其主要要求是：具有创新性（符合管理科学原理，能反映一定管理领域的客观规律，结构、功能明显优于原来采取的管理办法，并具有国内通信企业先进水平的创造发明；应用国内外已有的管理技术成果在实践中有改进的创新因素；引进国外最先进的管理技术在我国首次应用获得成功）；实践性（符合国家信息产业政策、法规，体现国家信息产业指导企业工作的客观需要，具有导向性、可操作性和推广价值）；效益性（工作效率高，经济效益显著）。

三、管理创新成果的申报内容

全国和行业的企业管理现代化创新成果要紧紧围绕国务院加强企业科学管理的总要求和信息产业部提出的不同阶段改善和加强企业管理的重点进行。要结合我国加入WTO后企业经营环境的变化和经济全球化对企业管理提出的创新要求。其主要内容包括：在现代企业制度建设、企业信息化建设、经营机制转换、战略管理、集团管理、人力资源开发与管理、成本管理、资金管理、质量管理、物流管理、风险管理、知识管理、信用管理、企业文化建设、国际化经营等方面的企业创新实践。实施的效果应给企业自身发展带来显著变化，对同行业有启示、有借鉴和典型示范作用。

四、创新成果申报的范围

全国通信行业"企业管理现代化创新成果"的创造单位，是在我国工商行政管理部门注册的通信企业及其所属的子、分公司。包括国有及国有控股、集体、联营、股份合作、有限责任、股份有限、私营和港澳台商投资、外商投资等各种类型的企业，以及企业化管理的事业单位也可作为创造单位申报。具体包括邮政、电信运营业（含基础、增值）；电信设备制造业；电信建设、施工、设计、监理；通信工业、器材等。

五、创新成果申报程序及规定

全国通信行业"企业管理现代化创新成果"由企业申报。国家邮政局、中国电信、中国网通、中国移动、中国联通、中国卫星、铁通、中国普天、大唐电信科技产业集团等所属的通信企业向国家邮政局、集团公司申报。经国家邮政局、集团公司组织评选后向通信行业"企业管理现代化成果"审定委员会推荐，经委员会审定评选出通信行业级创新成果，并从中选出优秀项目向全国企业管理现代化创新成果审定委员会推荐。上述推荐单位未能覆盖的通信企业可以向各属地省、区、市通信行业（企业）协会和中国通信企业协会各专业委员会、分会申报，各属地尚未建立通信行业（企业）协会、也未参加专业委员会的通信企业可直接向中国通信企业协会申报。所有申报、推荐的成果要经过有关专家参加的具有一定权威的鉴定组织确认。各企业申报的成果要按推荐报告书的规定和要求填报，每项成果报表一式10份，同时报送载有成果内容的3.5寸软盘（Word97以上版本）一张。

申报的成果，原则上必须经过一年以上的实际应用，其所得的直接经济效益数据，必须经过推荐单位审核认可并盖公章。属于提高工作效率的，必须经过科学测定后填写其提高工效的数据。成果新创造的经济效益计算按附录所列表的要求填报。

推荐单位对所推荐的企业管理现代化创新成果，必须坚持实事求是的原则，以严格的科学态度对其真实性和可靠性负责。坚决防止弄虚作假、虚报谎报等现象发生。要维护通信行业级、国家级成果的严肃性。各级主管和推荐、审定单位在推荐评审过程中必须坚持廉政原则，反对一切不正之风。

六、创新成果的奖励表彰

通信行业级企业管理现代化创新成果的奖励表彰，按《合理化建议和技术改造奖励条例》（国发[1986]59号）和国资委“关于进一步组织好全国企业管理现代化创新成果有关工作的通知”（国资改革函[2003]62号）（下同）精神，以企业为对象。属于集体创造的成果应填写主要创造人1–2人，参与创造人5–8人。个别因成果牵涉面广、参与创造人多，参与创造人最多填写10人。超过上述限额的人员由本企业自行表彰。成果参与创造人必须是实际参与本成果的创造实践并确有贡献的本企业或合作创造单位的人员。企业的上级主管单位和推荐单位的人员，以及外单位咨询人员均不应列为创造人。

通信行业级管理现代化创新成果分一、二、三等，在一等中如有特别突出成果的可增设为特等。对成果创造单位和成果创造人，要进行表彰，并在有关新闻媒体上发布。表彰、奖励办法按国务院颁发《合理化建议和技术改进奖励条例》（国发[1986]59号）及其实施细则和国资改革函[2003]62号通知精神执行。各集团公司、各企业主管部门可结合自己的具体情况制定奖励办法。

七、创新成果审定与发布

通信行业“企业管理现代化创新成果”评审委员会办公室、国家邮政局、各集团公司，各省、区、市通信行业（企业）协会在对各通信企业申报的创新成果进行审查时，若需要对经过初审已列为候选对象的成果进行认证，可根据实际需要，由通信行业“企业管理现代化创新成果”评审委员会办公室、国家邮政局和各集团公司通知其创造者（单位领导人或项目主要负责人）对该成果进行必要的说明和答辩。通信行业级成果最终审定结果由通信行业“企业管理现代化创新成果”审定委员会发布。国家级成果由全国企业管理现代化创新成果审定委员会发布。

八、创新成果申报评审时间安排

每年6月30日前各通信企业向国家邮政局、集团公司、各省、区、市通信行业（企业）协会、中国通信企业协会所属分会、各专业委员会报送申报材料，各有关单位收到申报材料后，应组织专家预审，预审通过的创新成果上报通信行业“企业管理现代化创新成果”评审委员会办公室。截止时间为6月30日。上述单位未覆盖的企业可将申报材料于4月15日以前直接报送中国通信企业协会，由协会组织预审。经过预审的创新成果，由通信行业“企业管理现代化创新成果”审定委员会审定，最终确定通信行业级的创新成果一、二、三等奖及推荐的国家级创新成果名单。

九、成果的跟踪管理和推广

各通信单位要重视成果的总结、跟踪管理和推广工作。国家邮政局、各集团公司、各通信行业（企业）协会、中国通信企协各分会和专业委员会应有相关部门或专人负责这项工作，并对获奖成果认真组织推广应用，以推动通信全行业企业管理现代化工作蓬勃开展。中国通信企业协会根据当年的获奖成果情况，亦可组织全国性的获奖交流会议。当年未获奖的成果，经改进和提高后次年可以再申报。

十、审定工作的组织领导

全国通信行业“企业管理现代化创新成果”的申报、审定、发布和表彰在信息产业部领导下，由全国通信行业“企业管理现代化创新成果”审定委员会主办，审定委员会负责通信行业“企业管理现代化创新成果”的最终评选、审定，发布和表彰。审定委员会下设评审委员会，评审委员会负责创新成果申报、评选、表彰、上报等各项工作。评审委员会办公室设在中国通信企业协会调研联络部。

附件　通信行业“企业管理现代化创新成果”审定标准

一、一等成果

1．成果具有首创性；在应用国内外已有的先进成果实践中确有很大的改进和发展的创新　因素。

2．成果的实施应用对通信行业有较大的影响。

3．成果实施应用后取得经济效益显著，排名行业前列。

二、二等成果

1．结合企业实际，应用国内外已有的先进成果进行改进、创新，给企业自身的发展带来的变化显著，成绩突出。

2．其成果的理念、思想、具体做法，可给同行以深刻启示，有很好的学习、借鉴价值。

3．成果实施应用后取得了很好的经济效益。

三、三等成果

1．成果的实施应用明显优于原来采用的管理方法，给企业自身的发展带来一定的变化。

2．成果的理念、思想、具体做法，对同行有学习、借鉴价值。

3．成果实施应用后取得了一定的经济效益。

全国通信行业“企业管理现代化创新成果”

2004年全国通信行业企业管理现代化创新成果审定委员会

主任委员：

奚国华　　信息产业部党组副书记、副部长

副主任委员：

谢高觉　　中国通信企业协会会长、原邮电部副部长

委员（按姓氏笔划排列）：

王立杰　　中国通信企业协会副秘书长

刘立清　　原国家邮政局局长

朱高峰　　中国工程院院士、原邮电部副部长

宋直元　　信息产业部通信科技委主任、原邮电部副部长

张春江　　中国网络通信集团公司总裁

李默芳　　中国移动通信集团公司总工程师

杨　杰　　中国电信集团公司副总经理

杨泽民　　信息产业部电信研究院院长

依雪青　　信息产业部政策法规司司长

尚　冰　　中国联合通信有限公司总裁

林金桐　　北京邮电大学校长

郝为民　　中国通信企业协会副会长兼秘书长

闻　库　　信息产业部科技司司长

倪翼丰　　中国卫星通信集团公司副总经理

钱晋群　　信息产业部办公厅副主任

焦桂芳　　信息产业部人事司副司长

鲁　阳　　信息产业部电信管理局副局长

熊建平　　中国铁通集团公司总会计师

谭小为　　国家邮政局副局长

2004年全国通信行业企业管理现代化创新成果评审委员会

主任委员：

郝为民　　中国通信企业协会副会长兼秘书长

副主任委员：

王立杰　　中国通信企业协会副秘书长

委员（按姓氏笔划排列）：

王红梅　　中国移动发展战略部部长
刘冀生　　清华大学教授
吕廷杰　　北京邮电大学经济管理学院院长
达　瓦　　国家邮政局行业管理司司长
张　毅　　信息产业部办公厅综合调研室副主任
李仲山　　大唐电信高级工程师
李志刚　　中国电信企业发展部主任
李国旺　　中国通信企业协会管理创新办主任
陈小洪　　国务院发展研究中心企业研究所所长
陈秀玉　　信息产业部政策法规司综合处处长
陈炳江　　中国卫通企业发展部副总经理
柏东海　　中国企业联合会研究部副主任
洪　钟　　中国网通综合部副总经理
钟志红　　电信管理局电信服务质量监督处处长
徐名文　　中国普天副总裁
莫一心　　中国联通企业发展部总经理
潘维越　　中国铁通集团公司副总经理

关于发布第一届全国通信行业企业管理现代化创新成果奖及优秀组织奖的通报

通管审[2004]1号

国家邮政局，中国电信，中国网通，中国移动，中国联通，中国卫通，中国铁通，中国普天，大唐电信，各省、自治区、直辖市通信行业（企业）协会，中国通信企业协会各分支机构，各有关单位：

全国通信行业企业管理现代化创新成果审定委员会（以下简称审定委员会）于2004年10月21日举行全体会议，对全国通信行业企业管理现代化创新成果评审委员会报送的创新成果进行了审定，会议审议确定了第一届全国通信行业企业管理现代化创新成果，一等奖13项，二等奖20项，三等奖13项（详见附件）。

经审定委员会研究确定，中国移动通信集团公司和国家邮政局获第一届全国通信行业企业管理现代化创新成果优秀组织奖。

现予以发布。

附件：第一届全国通信行业企业管理现代化创新成果奖名单

全国通信行业企业管理现代化创新成果审定委员会

二〇〇四年十月二十五日

附件：第一届全国通信行业企业管理现代化创新成果奖名单

2004年全国通信行业企业管理现代化创新成果一等奖名单

序号	推荐单位	申报企业	申报成果
1	国家邮政局	湖南省邮政局	以服务“三农”为目标的邮政网络资源开发
2	国家邮政局	上海市邮政局	以信息化为基础的速递邮件处理流程再造
3	国家邮政局	石家庄市邮政局	邮政专业营销机制的创新与实践
4	中国电信	湖南省电信有限公司	通信企业服务营销管理
5	中国电信	上海市电信有限公司	加强本地网络资源管理，提高网络资源利用率
6	中国网通	山西省通信公司太原分公司	以深化诚信服务为目标的通信企业经营管理
7	中国网通	河南省通信公司林州分公司	局所实行联岗联片，激发企业创新活力
8	中国移动	浙江移动通信有限责任公司	以社会信息化建设为目标的移动信息技术服务管理
9	中国移动	山东移动通信有限责任公司	以实施网络科学化管理为目标的网络支撑平台
10	中国移动	江苏移动通信有限责任公司	加强精细化管理，实现SIM卡业务创新
11	中国移动	天津移动通信有限责任公司	以立体创新全面落实双领先，打造战略执行能力
12	中国联通	中国联合通信有限公司	以实现跨越式发展为目标的通信企业资本运营管理
13	中国联通	中国联通黑龙江分公司	改革体制创新机制实现运行维护精细化管理

2004年全国通信行业企业管理现代化创新成果二等奖名单

序号	推荐单位	申报企业	申报成果
1	国家邮政局	云南省邮政局	构建岗位管理系统平台，创新人力资源管理机制
2	国家邮政局	江苏省太仓市邮政局	邮政企业专业化经营机制的创新管理
3	国家邮政局	广州邮区中心局	扁平管理，系统创新
4	中国电信	广东省电信有限公司汕头市分公司	构筑"联效联心"激励机制
5	中国电信	重庆市电信有限公司	通信企业投资决策审计评价体系
6	中国电信	甘肃省电信有限公司兰州市分公司	本地网管线资源管理及预测系统
7	中国网通	辽宁省通信公司	省级通信企业网络运行维护的集中式管理
8	中国网通	河南省通信公司洛阳分公司	流程化、立体化成本管理模式
9	中国移动	广东移动通信有限责任公司	以区域服务营销一体化为手段的营销管理创新
10	中国移动	北京移动通信有限责任公司	全面预算管理体系
11	中国移动	湖南移动通信有限责任公司	以总法律顾问制度为核心的企业风险控制管理
12	中国移动	安徽移动通信有限责任公司	以提高市场竞争力为目标的劳动用工管理改革
13	中国移动	辽宁移动通信有限责任公司	优化BOSS系统集中化带动服务业务水平提升
14	中国移动	湖南移动通信有限责任公司	以提高投资效益为目标的移动通信企业投入产出管理评估考核体系
15	中国移动	浙江移动通信有限责任公司	创新三维绩效管理，驱动战略实施落地
16	中国移动	上海移动通信有限责任公司	基于客户感知的服务能力管理
17	中国移动	四川移动通信有限责任公司	实施"以故障筛子工程"优化网络维护集中化管理体制
18	中国联通	中国联通江苏分公司	沟通实时经营信息，提高决策管理水平
19	中国联通	中国联通杭州分公司	实施先行赔付，打造诚信品牌
20	通信器材分会	中国邮电器材华东公司	ME信息管理系统

2004年全国通信行业企业管理现代化创新成果三等奖名单

序号	推荐单位	申报企业	申报成果
1	国家邮政局	上海市邮政局	计提模拟减值准备的考核管理
2	中国电信	福建省电信有限公司	电信管理信息系统
3	中国网通	黑龙江省通信公司哈尔滨分公司	系统实施“三个十”工程，持续提升企业核心竞争力
4	中国网通	山东省通信公司威海分公司	推行“社区分局”制实现营维一体化
5	中国移动	广东移动通信有限责任公司	以经理人员全面竞聘为手段的人力资源管理提升
6	中国移动	河南移动通信有限责任公司	推进公司流程型再造，建立面向客户的流程型组织结构
7	中国移动	江西移动通信有限责任公司	以提升企业持续竞争力为目标的无边界经营分析和预控管理
8	中国移动	四川移动通信有限责任公司	以提高投资效益效率为目标的小型应急建设项目计划管理“绿色通道”
9	中国联通	中国联通浙江分公司	重组流程提升管理实现可持续发展
10	中国联通	中国联通陕西分公司	提高战略执行力的绩效管理
11	福建省通信行业协会	福建省邮电规划设计院有限公司	建立运行ISO9000质量管理体系，探索设计院质量管理的创新
12	通信设计施工专业委员会	广东省电信规划设计院	企业综合管理信息系统EIS
13	通信设计施工专业委员会	江苏邮通建设监理有限公司	通信工程监理工作组织方式和方法的创新

在第一届全国通信行业企业管理现代化创新成果表彰大会上的讲话

信息产业部副部长 奚国华

领导讲话

很高兴参加今天的会议。首先，我代表信息产业部，对表彰会的召开表示热烈的祝贺。

当今世界，管理也是生产力，管理水平已成为衡量企业核心竞争力乃至行业综合实力的一个重要指标。近年来，我国通信企业积极应对国际化、市场化带来的挑战，借鉴国外先进管理理论和经验，以世界一流通信企业为标杆，结合我国具体国情和企业实际情况，在建立健全管理创新机制、完善企业治理结构、提高企业科学决策水平和推进企业管理信息化建设等方面进行了许多有益的尝试，取得了可喜的成绩，有效促进了管理水平的提高。近两年来，在国家级企业管理现代化创新成果评比活动中，通信行业取得了较好的成绩，获奖数量位居前列。

为进一步调动企业增强管理能力的积极性，提高管理水平，去年部里同意开展了通信行业“企业管理现代化创新成果”评选活动，这次评选活动得到了企业的高度重视和积极响应，收到了大量的成果申报材料。从评出的46项创新成果来看，涉及的管理内容和范围相当广泛，涵盖了市场开拓营销服务、网络支撑资源管理、企业信息管理、预算投资成本管理、流程管理、人力资源激励机制等诸多方面，体现了创新性、实践性、效益性的要求，基本反映了当前我国通信行业的企业管理水平，反映了通信企业适应市场经济要求，积极与世界接轨，努力提高企业竞争力的实际情况。此次管理创新成果评选活动达到了预期的目的，对促进通信行业企业提高管理现代化水平起到了积极的作用。

改革开放以来，我国信息产业一直保持持续快速健康发展的良好势头，实现了历史性跨越，目前电话用户总数已居世界第一位，通信网的技术层次也进入世界先进行列。但是，也要清醒地看到，同世界发达国家相比，我们还存在着许多不足，尤其是管理体制、机制不健全的问题比较突出。虽然国内电信企业近几年纷纷改制上市，但由于现代企业制度尚未完全建立，粗放管理的问题还不同程度地存在，还没形成有效的约束和激励机制，企业的管理水平还难以适应技术、业务迅速发展的需求，我国通信企业与国际先进企业的差距主要体现在管理水平上。建设电信强国电子强国，企业是关键，而管理能力是反映企业核心竞争力的一个重要方面。希望大家从建设电信强国电子强国的高度，切实采取有效措施，进一步提高管理水平和创新能力，努力提升行业的综合实力，为促进信息产业做大做强做出应有的贡献。下面，我提几点意见，供大家参考。

一、以科学发展观为指导推进管理创新。科学发展观是我们党对长期发展实践的经验总结和理论升华，是信息产业始终要坚持的重要指导思想。在推进管理创新的实践工作中，要把科学发展观落到实处，促进企业实现全面、协调、可持续发展。要从管理工作中的深层次问题入手，着力解决思想观念僵化、运作机制僵硬等老大难问题，切实提高管理工作的效率和水平。要博采众长，广泛吸收国内外优秀的管理经验，但决不能照抄照搬，必须坚持引进和创新相结合，以自主创新为主的原则。管理创新要体现创新性、实践性和效益性，努力探索一条符合中国国情、符合行业特性、符合企业实际的创新之路。

二、加强对管理创新工作的组织领导。推进通信行业的管理现代化不是一朝一夕的事情，也不是某个单位或某个人就可以完成的事情，需要联合政府、企业、中介组织的力量，发挥各自的优势，形成工作合力，并建立长效机制。希望各级通信企业高度重视管理创新工作，从资金、人员等方面给予支持和保障，努力建立推进管理创新的有效机制。开展管理创新成果评选活动，是一件很有意义的事情，有利于促进我国电信业做大做强，也符合企业的需要，希望今后有关单位继续努力，进一步做好这项工作。

三、加强管理创新成果的宣传推广工作。这次获奖的管理创新成果源于企业的实践，可操作性强，具有很高的推广借鉴价值。希望通信企协充分发挥好桥梁、纽带作用，进一步加大成果的宣传推广力度，决不能让这些凝聚了管理工作者大量心血和精力的创新成果停留在文字上。不仅获奖企业要在不断实践的基础上，巩固已有成果，不断发展，持续创新，通信行业其他企业也要结合自身实际，学习他们的好经验，使之成为整个行业的宝贵财富，让全行业的企业都从中受益，全面提高行业的管理水平。同时，要对具有中国特色的管理经验进行提炼、升华，让外国人了解、认识中国特色的管理技术，提升国内通信企业的国际形象。

四、努力建立有利于管理创新人才成长的良好环境。高素质的管理创新人才是推动企业管理创新工作的重要保障。希望各级通信企业重视这方面的工作，完善激励机制，加强学习培训，为人才的培育和成长提供良好的环境，加快形成高素质的管理创新人才队伍。对于创新成果的创造单位和个人，既要予以精神鼓励，也要参照国家有关规定，适当给予一定的物质奖励，进一步激发管理创新人才的积极性。

同志们，当前我国正处于重要的战略机遇期，也是信息产业大有可为的时期。新形势赋予了通信企业更艰巨的发展重任，也对企业的管理工作提出了更高的要求。希望大家携起手来，高度重视并切实推进管理创新工作，进一步提高通信企业的管理水平，增强通信行业的综合实力，为促进信息产业的持续快速发展，实现电信强国电子强国的战略目标而努力奋斗。

大力支持通信行业开展企业管理现代化创新

全国人大法律委员会副主任
中国企业联合会副会长 蒋黔贵

领导讲话

通信行业是新兴行业、朝阳产业，行业起点高，产品技术含量高。但是，任何先进技术都需要人才来掌握和驾驭，需要先进的管理加以支撑。

正是从这一点出发，近几年来，通信行业各企业上上下下狠抓管理，涌现出了一批高质量的管理创新成果，为行业发展打下坚实的基础，因此，通信行业在取得骄人发展业绩的同时，也在全国企业管理现代化创新成果评审工作中取得了优异的成绩，成为一个新的亮点。

去年，通信行业有十家企业获得第十届国家级企业管理现代化创新成果奖，其中一等奖一项，二等奖八项，三等奖一项。今年又有十家企业获得第十一届国家级企业管理现代化创新成果奖，其中一等奖三项，二等奖七项。特别是浙江移动通信有限责任公司去年以"国际一流企业为目标的管理变革"为题获得一等奖，今年又以"移动信息技术服务管理"这一题目再次获一等奖，一个企业连续两次获得国家级管理创新成果的一等奖是比较少见的。目前，浙江移动的成果已经被清华大学管理学院选中，正在被改编为教学案例。另外，中国联通集团公司及湖南省邮政局的成果也很有特色，得到了国内一流大学、院所三十多位管理专家的共同好评，成果具有较强的导向性、针对性和广泛的社会反响。

国家级企业管理现代化创新成果审定工作在国家经贸委的组织领导下，从1990年开始，到今年已进行了15年，共评出了近700项成果，搭建起了一个“官、产、学”三方交流的平台。开展企业管理现代化创新成果审定工作的目的是希望通过每年一次的国家级企业管理现代化创新成果奖的评定、发布和宣传，总结全国企业管理的先进经验，推动企业管理的变革和发展。

目前，我们遵照袁宝华同志提出的“以我为主，博采众长，融合提炼，自成一家”的十六字方针，在已评定出的700项成果的基础上，着手研究、提炼具有中国特色的企业管理经验和理论。

多年以来，中国通信企业协会与中国企业联合会在企业管理创新成果的审定工作方面一直合作得很好。今后，我们将一如既往地对通信行业开展企业管理现代化创新工作给予大力的支持。

最后，请允许我代表全国企业管理现代化创新成果审定委员会对“第一届全国通信行业企业管理现代化创新成果表彰大会”的召开表示热烈的祝贺，对所有获奖企业和个人表示热烈的祝贺。

让我们共同携手、持续推动企业管理现代化创新活动的开展，以进一步促进企业提升管理水平，增强核心竞争力。

我国通信企业管理创新的特点及启示

领导讲话

中国通信企业协会
副会长兼秘书长 郝为民

各位领导、各位代表：

首先我代表评审委员会，向获得第一届全国通信行业企业管理现代化创新成果的单位和个人表示热烈的祝贺。向中国移动集团公司和国家邮政局获得优秀组织奖表示热烈的祝贺。

在信息产业部的指导下，在通信行业各相关企业的大力支持和响应下，在审定委员会、评审委员会、评审委员会办公室以及专家组的各位同志的辛勤努力下，第一届全国通信行业企业管理现代化创新成果的评选工作进展顺利，取得了圆满成功。在此，我代表中国通信企业协会对部领导的支持和各位同志所做出的公正严谨、认真细致的工作表示衷心的感谢。

中国电信集团公司、中国移动通信集团公司、中国联通集团公司、浙江移动通信公司对今年的管理创新成果的评审、表彰会议给予了大力的支持和热情的赞助，在此，我代表中国通信企业协会对以上单位表示由衷的感谢。同时，让我们对所有积极支持此项工作的企业表示诚挚的感谢。

下面，我对第一届全国通信行业企业管理现代化创新成果的评审工作做一个回顾，并简要分析一下今年获奖成果的基本情况和特点。

一、第一届全国通信行业企业管理现代化创新成果审定工作基本情况介绍

（一）开展全国通信行业企业管理现代化创新审定工作的原因、目的和意义

随着我国通信行业引入竞争机制，体制改革的逐步深入，我国通信行业在网络规模、技术应用水平、用户数量等方面取得了突飞猛进的发展，取得了令世界瞩目的成绩。经过与国外先进通信企业进行对比分析，我国通信企业充分认识到，与世界一流通信企业相比主要是在管理能力和管理水平方面存在差距和不足。因此，各通信企业借鉴国内外先进管理理论和经验，结合中国实际情况，特别是针对管理中深层次的难点和关键问题埋头实践，积极探索，在提高管理水平方面做了大量扎扎实实的工作，进行了许多有益的尝试，企业管理的领域不断拓展，管理内涵不断丰富，

管理水平有了很大提高。因此，通信行业在企业管理现代化方面所取得的成就为开展全国通信行业企业管理现代化创新成果的评审工作打下了坚实的基础。

经过多年的工作经验总结，各通信企业普遍希望开展创新成果的审定、表彰工作，希望通过审定和表彰的形式对创新成果给予肯定和奖励，进一步调动通信企业和职工的积极性，进一步调动企业增强管理能力，提高管理水平的积极性，大家反映应该在整个通信行业内开展企业管理现代化创新成果的审定、表彰工作，并建议由中国通信企业协会牵头，充分利用和发挥行业协会的优势和作用，使整个行业内的评选工作与各企业自己内部评选相比，更具有公正性、普遍性，成果的可比性，参考性也更高，更有利于各企业间的相互学习和借鉴，有利于成果的推广。开展通信行业企业管理现代化创新审定工作必将对整个通信行业的发展产生十分重要而深远的影响。为此中国通信企业协会经与各企业多次沟通，在充分调研酝酿的基础上，结合通信行业实际情况拟订了《全国通信行业企业管理现代化创新成果”申报审定和发布暂行办法》，于2003年向部领导报送了《关于建立通信企业管理创新成果审定制度的报告》。部领导对《关于建立通信企业管理创新成果审定制度的报告》十分重视，经过研究讨论，同意了报告建议。2003年9月19日，由信息产业部办公厅下发了《关于组织开展通信行业"企业管理现代化创新成果”审定工作的通知》（信办[2003]52号），并成立了全国通信行业企业管理现代化创新成果审定委员会和全国通信行业企业管理现代化创新成果评审委员会，评审委员会办公室设在中国通信企业协会内，负责具体日常工作。决定从2004年起在全国通信行业开展“企业管理现代化创新成果”的申报、审定和发布、表彰工作。

（二）今年创新成果审定工作的简要回顾

1．创新成果申报情况

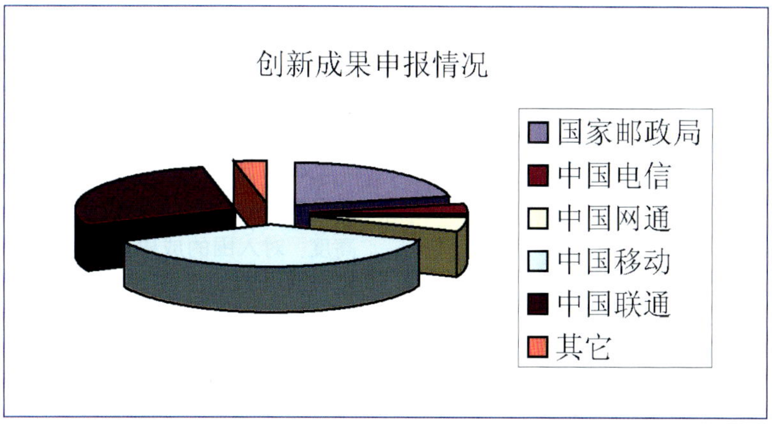

今年的全国通信行业开展企业管理现代化创新成果的审定工作得到了各企业的积极响应和大力支持。各集团公司的领导对管理创新成果的申报工作给予了高度重视，积极组织所属各企业进行管理创新成果的推荐和申报。根据统计，各相关单位共组织推荐管理创新成果310项。其中国家邮政局66项，中国电信12项，中国网通18项，中国移动117项，中国联通87项，其他10项，其中包括河北省通信行业协会3项，福建省行业协会1项，通信设计施工专业委员会5项，器材分会1项。

从获奖成果的地域分布情况看，东中西部都有成果获奖，具有相当的广泛性，东部27项，占59%，中部13项，占28%，西部6项，占13%。同时也可以看出，由于地区间经济发展水平的不平衡，不同企业的发展所处的阶段不同，企业间管理水平还存在一定差异。

从成果的创造单位来看，有集团公司、省级公司、地市级公司而且还有县市级公司，体现了通信企业的组织结构特点。

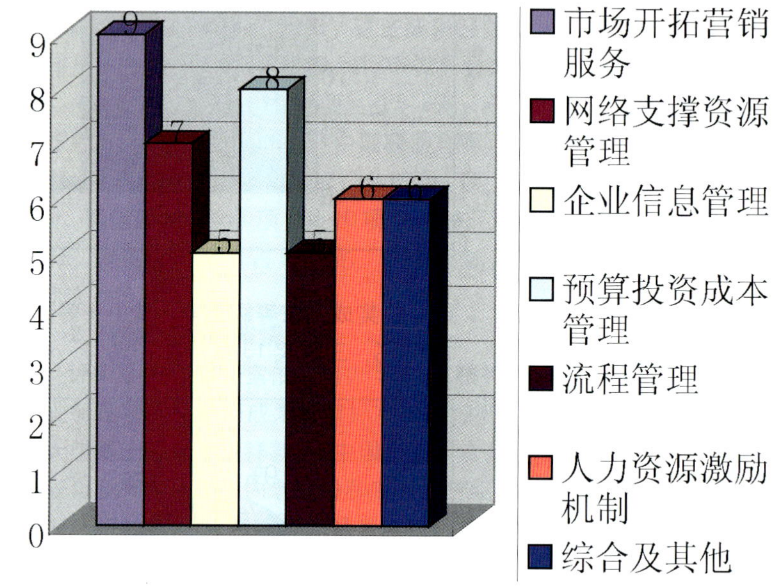

从评审获奖的申报成果内容看，基本上可以分为7个方面：市场开拓营销服务9项，占20%、预算投资成本管理8项，占17%、网络支撑资源管理7项，占15%、人力资源激励管理6项，综合及其他6项，各占13%、企业信息管理5项，流程管理5项，各占11%。

二、第一届全国通信行业企业管理现代化创新成果的基本特点

这46项第一届全国通信行业企业管理现代化创新成果折射了我国通信企业市场化的历程，反映了通信企业为解决企业市场化过程中遇到的大量问题而做出的不懈努力。其主要体现在：

（一） 企业管理思想和观念不断创新，树立了以市场为导向、以客户为中心的核心经营理念

随着市场观念在企业管理中的普遍确立，企业的用户观念、竞争观念、效益观念、质量观念、科学管理观念、以人为本观念、持续发展观念得到了强化。通信行业发生的种种变化，都与改革开放，转变观念是密不可分的。

（二）企业基本建立了与市场经济要求相适应的管理制度和运行机制

随着市场化程度的不断深入，我国通信企业管理逐步实现了由政企合一到运营公司的转变。在体制转换的过程中，企业迫于市场的压力，为了适应市场的需求，在管理上不断进行改革和创新，以市场为导向制定发展战略、调整组织结构，建立了市场化、面向客户的组织和公司治理结构。

许多省级运营企业根据分工和协作、管理的辖度、专业化情况、权限和职责等要素对组织管理机构进行了重新设计，企业内部改变了传统的金字塔型的单一的直线职能式的组织结构，破除了“大而全”、“小而全”的单一实体形态，开始向组织结构扁平化、柔性化、网络化发展。很多企业引进了事业部制、企业团队等新的组织管理形式，有些邮政企业还进行了虚拟经营形式的探索等。组织结构的改变，着重减少了管理层次，使管理中心下移，提高了管理决策的效率。

（三）企业管理的各项职能得到不断健全和强化，企业的基础管理工作在标准化、规范化、信息化、市场化方面不断加强

企业普遍开始对经营业务流程进行重组再造，建立了面向市场的管理流程，推行科学的管理方法和手段。企业由以往单纯完善内部制度的建设，加强内部工作流程的控制，提高工作效率为主的管理模式，转变成突出以客户为中心，以有利于为客户服务为目标的业务流程再造。

主要是通过全面整合、规范、优化运营流程。规范各服务窗口的服务流程，实现了服务的标准化、精细化；

通过建设完善网络运营维护管理系统，对支撑网络运维流程的集中化重组，使网络运维流程大大简化，制定了统一的维护标准，在减少了网络维护人员数量的同时提高了对新业务的反应速度和能力；

通过建设集中化的客户服务系统，支撑客户服务的统一受理（如移动的1860客户服务系统，联通的1001客户服务系统等），服务流程更加人性化、时尚化，提高了客户满意度；

通过建立与国际接轨的以经济效益为中心的企业财务管理制度，全面预算管理得到了应用；并实行了以ISO9000为核心的全面的质量管理。

总而言之，形成了一整套以市场为中心的业务流程和现代企业管理制度。

（四）“三项制度”改革取得突破性进展

我国通信企业在内部改革中，深化人事制度、分配制度、用工制度改革，从传统的人事管理、劳资管理逐步转变为人力资源的市场化管理，建立了全新的责权利体系。企业之间的竞争说到底就是人才的竞争，以人为本已成为企业管理的核心内容。劳动用工管理改革打破了过去干部与职工、固定工和临时工的观念，实行一体化管理。企业通过自身的发展、收入报酬、感情纽带、综合绩效管理等市场化激励手段吸引人才和留住人才，使企业获得丰富的人力资源。建立了以综合平衡计分卡、绩效指标（KPI）为核心的员工绩效管理体系。注重提高员工满意度、提升员工价值，更加注重对员工的培训，将人力资本看作与实物资本具有同等的地位，按照市场化的激励机制为各类员工建立职业发展通道和退出机制，优胜劣汰，增强员工积极性和对企业的归属感。例如：

领导讲话

浙江移动还与国内外大学、国外著名企业学院开展合作并成立了自己的理工学院，实施人力资源提高工程，帮助员工实现自身的价值，激发了广大员工对企业的忠诚度，增强了企业的整体竞争力。

（五）由片面追求企业自身利益转变为注重履行社会责任，实现经济、环境、社会协调发展。主要体现在以下几个方面：

1. 改变了以往的营销模式，树立新的营销观念，注重提升企业核心竞争力，走出了单一靠价格战的恶性竞争误区，市场竞争环境日趋成熟。

2. 企业开始理顺企业内部、企业与企业之间、企业与社会之间的各种关系，重视企业的社会责任，注重资源开发的合理开发与利用，从单纯追求企业的最大利润发展为追求可持续发展。

3. 重视普遍服务，响应中央的号召，开发利用已有资源为三农服务，回报社会。

4. 强调用户价值，开展了客户关怀服务、亲情化服务、营维合一、诚信经营与服务等一系列的特色服务创新。在取得经济效益的同时也取得了良好的社会效益，实现了企业与社会双受益。

5. 企业与企业间不再是简单的竞争关系，逐步走向竞合关系，竞争中有合作，合作中开展竞争，避开企业之间的正面厮杀，开始探索和研究超越竞争的方式和方法，通过竞合实现自身的发展和完善。

6. 形成了区域化服务营销一体化的新营销模式。通过服务品牌的统一、服务功能的统一、服务标准的统一、布点规划的统一、商业模式的统一、管理模式的统一以及客户经理的属地化和区域管理，增强渠道的控制力，使渠道更为贴近客户，为客户提供方便快捷的服务。

（六）管理变革的第一推动力是信息技术，管理信息化已经成为企业赢得竞争优势的关键力量之一

信息技术系统的应用引发了流程的重组，流程重组过程中，导致了组织的变革，组织的变革催生了管理体制整体的创新。因此，可以说管理技术与信息技术的融合引发了一场深刻的管理革命。围绕客户关系管理、供应链管理、办公自动化、质量跟踪与控制、管线资源分配信息、技术管理与设计等企业综合资源管理问题，企业大力开发建设各种信息化管理平台，为支持经营决策提供了科学的数据分析，提升了企业核心竞争力。通过建设BOSS集中化、资源信息化、流程数据化、网络支撑平台等企业管理信息化的综合管理平台，实现了对有关人、财、物、市场、客户等方面信息的全方位管理，加强了本地网络资源管理，对现有网络设备进行了挖潜，减少了浪费，提高网络资源利用率。

（七）风险控制、科学决策已经在部分企业得到应用

面对经济全球化以来日益激烈的市场竞争以及企业自身成长过程中的不同阶段潜伏的一些容易产生的风险危机，通信企业开始有目的、有意识地通过计划组织和投资决策评价控制手段等管理活动来阻止风险损失，削弱损失的影响程度，企业开始逐步建立面向市场的科学决策机制。

三、组织开展全国通信行业企业管理现代化创新成果审定及推广工作的几点启示

（一） 企业的管理创新要取得实效，主要领导重视是关键

从本届管理创新成果来看，大多数成果是在企业主要领导人的直接领导下完成的，相应的管理成果要取得实效，必须有企业主要领导的重视和参与。

企业的主要领导是企业经营活动的决策者，与一般管理人员相比，企业的主要领导更加了解企业在市场竞争中的优势和劣势，更加了解企业管理中存在的主要问题，能够更有针对性地提出管理创新的方向和目标。同时，管理创新活动往往涉及到企业的多个方面，涉及到人、财、物，涉及到企业的运营和服务管理流程，涉及到相应的利益调整，单靠某一个部门或某一个主管领导很难做到位。另一方面，企业的主要领导对管理创新重视，对参与成果创造的管理人员具有极大的激励作用，更容易提高企业所有管理技术工作者的主动性和积极性，企业也就相应地更容易在管理创新上取得成绩。

今年中国移动和国家邮政局申报的创新成果在全部申报成果中所占比例达到47%，获奖成果占全部获奖成果的比例为52.4%。据了解，这两个单位都是由主要领导亲自负责领导，积极开展管理创新成果的组织推荐工作，并对申报成果作了进行认真的初审。中国移动、国家邮政局也因此获得了第一届全国通信行业企业管理现代化创新成果优秀组织单位的称号。所以说，管理创新工作要做好，与公司主要领导人的重视和支持是密不可分的。

（二） 企业管理创新要适应全球化的发展趋势，必须持续进行管理创新，加快提高国际经营管理能力，提高企业的国际综合竞争力

目前，我国多数通信运营企业已经在境外上市，企业面临的是全球范围的竞争，与国外先进通信企业相比，主要差距还在管理、效率和业务创新方面。管理的实践和研究表明，企业只有不断创新才能持续发展，许多国际一流企业之所以长盛不衰的主要原因就在于这些企业的管理机制能激励并源源不断地释放出企业的创新能力。因此，我们需要认真研究、解决制约企业发展的主要问题，发展能有远见、适应环境急剧变动、能预见和减少风险的管理系统和管理技术，通过持续不断的创新，提高企业的综合竞争力和核心竞争力。

（三） 企业管理创新要走符合国情、具有中国特色的创新之路

管理是一种文化现象，无论何种规模、何种层次的管理活动都离不开特定的历史条件和民族文化的背景，管理思想也无不深深镌刻着民族文化的印记。现代科学管理理论诞生于西方发达的资本主义国家，这些丰富的经验和理论以及成熟、先进科学的模式，也是资本主义国家的企业在上百年的市场经济实践中研究创造的。

就目前情况来看，我国大多数通信企业还处在学习、借鉴、应用国外先进管理理论和方法的阶段，相信在今后相当长一段时期内，"洋为中用"仍将是我国通信企业管理创新的主要形式。

在本届创新成果审定会上，宋直元主任谈到，对于先进的技术我们可以买过来，但先进的管理是买不来的。由于文化的差异，在应用国外先进管理经验的同时，必然会产生许多冲突和不适应，通信企业也有许

多在初期应用国外经验时，照抄照搬而失败的案例。这些失败的案例告诉我们，在学习借鉴国外先进经验的同时必须对其采取以我为主、融合提炼、加以创新。

中国作为四大文明古国之一，五千年绵延不断的中国文化形成了丰富、独具特色的价值观和管理思想，例如以“仁义”为核心的儒家管理思想、以“道法自然”、“无为无不为”为最高原则的道家管理思想，以“法治”为基础的法家管理思想、“孙子兵法”中的管理思想以及中国古代商家的许多经营管理思想等。这些中国古代优秀的管理思想为我们提供了宝贵的遗产和财富。同时这些中国特有的古代管理思想同西方管理学相比，既有许多相通之处，又具有许多特点。儒家的人爱、创新、至善，与当代美国管理学家汤姆·波德斯和南希·奥斯汀提出的“面向客户”、“不断创新”、“以人为核心”具有异曲同工之处。中国道家的“天人合一”以及儒家的“和为贵”与西方管理理论现在重新认识和定位企业、社会、用户之间的关系，强调社会责任和企业的竞合关系等管理新理念相比有过之而无不及。

因此，企业今后要寻找适合中国国情的管理理论和方法，要探索管理思想的源流，发展管理学新理论，就需要将现代的管理理念与中国古代管理思想相结合，古为中用，洋为中用，创造出新儒学、新道学等符合中国国情，具有中国特色的管理理论，在增强自身管理水平，提高核心竞争力的同时，为世界管理理论的发展贡献力量。

（四）促进企业管理创新工作，需要政府、企业、大专院校、企业协会联合起来

在目前的体制下，政府掌握着政策资源和大量的信息资源，科研院所、大专院校有理论资源和人才资源，企业有鲜活、丰富的实践经验，同时也最了解管理的直接需求，但是无论哪一方，如果孤立起来，都很难对管理资源进行全面的了解。随着政府机构改革的不断深化以及《行政许可法》的进一步落实，行业和企业管理的职能将逐步向企业协会等中介组织转移，企业协会的桥梁、纽带作用将进一步得到加强。因此，要促进企业管理创新工作的深入、持续地开展，就需要政府、企业、院校、企协联合起来，形成合力优势。第一届通信行业企业管理现代化创新成果评审工作的顺利开展就是多方面联合起来，共同努力的结果。今后，随着企业管理创新成果宣传、推广工作的进一步实施，希望能将这些鲜活的经验转变成通信管理学上的教学案例，使成果的推广工作更加生动，更加有科学性，更加有影响力。

祝大家2005年创造更多的管理创新成果，取得更好的成绩。

全面开展管理创新活动 实现企业可持续发展

中国移动通信集团公司

根据国资委、信息产业部关于开展管理创新成果评审活动的要求，为加强精细管理、提升执行能力，实现企业的可持续发展，中国移动将管理创新作为一项重要工作列入议事日程，2004年初下发了“关于开展管理创新活动的通知”，并组织开展了第一届“中国移动管理创新成果奖”的评审。在获奖成果中选送了部分成果参加通信行业和国家管理创新成果的评审，取得了优异的成绩。在第一届通信行业企业管理现代化创新成果评审中，中国移动获一等奖4项、二等奖9项、三等奖4项，中国移动通信集团公司还获得优秀组织奖；在第十一届全国企业管理现代化创新成果评审中，获一等奖1项、二等奖4项。中国移动取得的成绩，与集团公司领导的重视、各省公司积极参与是分不开的，下面就中国移动管理创新申报和组织方面的经验作以下几点介绍：

一、中国移动管理创新成果集中体现了中国移动管理创新的理念

创新是民族进步的灵魂，也是企业不断前进，实现可持续发展的必然要求，中国移动自成立以来，一直将管理创新作为企业持续发展的源动力。从总部各部门到各省公司在管理创新方面都做了大量卓有成效的工作，取得了丰硕的成果。中国移动几年来的不断进步、持续发展，在很大程度上得益于持续不断的管理创新，中国移动取得的辉煌成就就是管理创新的结果，可以说，中国移动的发展历史就是一部管理创新的历史。

从成立之初的省市合并到刚刚完成的“整体上市，分步实施”，从建立科学战略体系到业务、管理流程再造，从管理信息化建设到构造知识管理体系，从网管、计费、客服、资金、采购的集中化到三项制度改革和全面预算管理，中国移动成长的每一步都伴随着重大的管理创新。根据不断变化的内外环境，适时进行管理体制、管理思想、管理方法的变革，是中国移动持续发展、不断前进的重要动力。改革创新作为中国移动企业精神的重要内容，不仅写在纸上、挂在墙上，而且真正落实到企业的实际工作中。

二、扎实、高效的组织工作是顺利开展管理创新活动和成果评选的有力保障

2004年中国移动管理创新成果的评选有3个突出的特点。

第一个特点是普遍重视。首先是领导重视，从总部到省公司都是由一把手或分管领导亲自来抓该项工作。集团公司专门成立了管理创新成果评审委员会，由公司领导主持召开了两天的评审会议，逐一对申报成果进行了评议打分。其次是各省公司非常重视该项工作。很多

公司领导担任评委会主任、副主任

公平、公正、公开——现场投票，现场揭晓

省公司设立了专门机构负责评选工作，从基层开始，经过层层评选，上报成果。各个层面的普遍高度重视，保证了此次评选活动的顺利进行，圆满完成。

第二个特点是组织有效。总部下发了《中国移动管理创新成果奖励办法》，建立了管理创新成果评选的制度，同时由总部发展战略部牵头，相关部门积极参与、密切配合，认真研究了上报材料撰写要求、奖项设置、评审标准、评审程序等问题，形成了一整套具体细致的方案，保证了流程有序和高质量的工作成果。

第三个特点是体现“三公”。为确保评选的公平、公正和公开，我们对评审标准、申报评选的程序等进行了明确的规定，同时，以公开透明的方式确定了评分标准及终评办法。此外，考虑到评委都是集团公司的人员，中国移动第一届管理创新成果评审，没有涉及总部本身所产生的管理创新成果，力求评选的科学、客观和公正。

三、拓宽思路、讲究实效，创造地开展管理创新工作

过去的一年，中国移动的管理创新工作取得了良好的成绩，但是距离中国移动“争创世界一流通信企业”的目标以及与其他优秀企业相比还有差距，在新的一年里，我们将继续高度重视管理创新工作，进一步拓展管理创新的思路，讲求管理创新的实效，积极推进管理创新成果的共享，努力提升整个企业的管理水平，走出一条有中国移动特色的管理之路。

一要进一步提高思想认识，高度重视管理创新。通过几年来的实践，我们已经亲身体会到管理创新的重要意义和重要作用，也亲身感受到了管理创新所带来的成果和收益。但情况和形势是在不断发生变化的，新的情况、新的形势将不断提出新的课题。同时，这几年虽然做了很多工作，但总体上说，我们的管理工作还存在很多欠缺与不足，需要继续给予高度重视，进一步提高认识，坚持管理创新。

二要拓展思路。从总体上看，目前的许多成果还是单一化和个体性的，还缺乏整体性的效应。我们将参照国际一流企业，吸收借鉴国际先进的管理思想、管理理论、管理经验，持续不断地进行管理创新，从而形成战略性、整体化的管理体系，走出一条具有中国移动特色的企业管理之路。

三要讲求实效。我们将立足实际，把创新和实效紧密相联，以科学的态度、科学的方法开展管理创新活动，研究、解决企业管理中实际存在的问题，防止形式主义，搞空对空。

四要成果共享，发挥成果的作用。中国移动是一个共性非常强的企业，从总部到省公司从事的都是同一项业务——移动通信业务，所管理的都是同样的东西，所

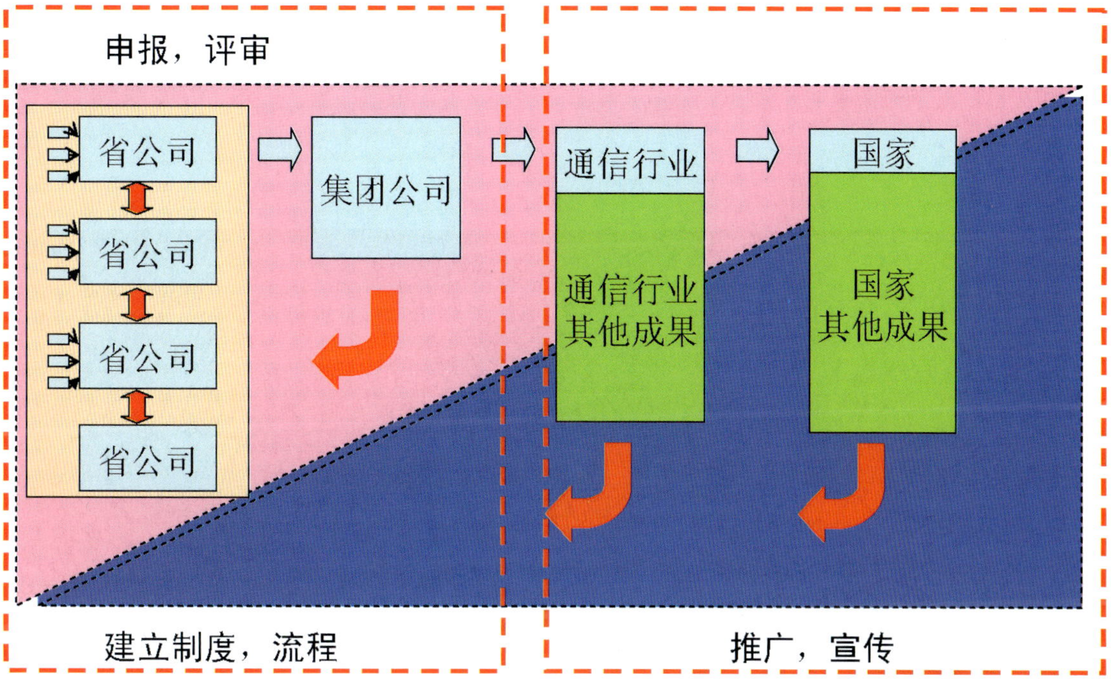

初步形成的管理创新工作流程

以成果在客观上具有可共享性。只要是被实践证明了的、行之有效的成果，各省公司基本上都可以采用。明年我们将进一步加大成果共享的力度，建立相关流程，确立典范、做好经验推广，提高创新成果的价值。

2005年是中国移动整体上市后的第一年，也是中国移动由规模型发展向规模效益型发展的关键时期，我们将牢固树立科学的发展观，继续发扬改革创新的企业精神，在国资委、信息产业部的直接领导下，在通信企业协会的具体指导下，全面深入开展管理创新活动，和其他通信企业一道，共同推动我国通信企业的管理水平迈上新台阶。

成果共享——在公司办公系统网上提供创新成果资料库

中国移动通信
CHINA MOBILE
Beijing 2008
北京2008年奥运会移动通信服务合作伙伴
Mobile Telecommunication Services Partner of the Beijing 2008 Olympic Games

中国移动将一如既往秉承“沟通从心开始”的服务理念，提供优质通信网络和业务服务，为每一个人创造更便捷顺畅的
为了心与心的和谐沟通，中国移动将永不止步。

客户服务热线：1860 话费查询专线：1861
www.chinamobile.com

社会和谐提供保障和基础。

全球通® GoTone 未来在我手中
M-ZONE 动感地带 我的地盘 听我的
轻松由我 神州行

以服务"三农"为目标的邮政网络资源开发

湖南省邮政局

一等奖

湖南省邮政办公大楼

湖南邮政响应党中央、国务院的号召，积极服务“三农”，联合铁路、农资部门，为农民开展火车票订送和农资配送服务，受到农民广泛欢迎。湖南邮政的一系列做法真正体现了实践“三个代表”，服务社会大众，服务“三农”的精神，是贯彻落实中央关于解决“三农”问题有关指示精神的重要体现，充分履行了邮政普遍服务的义务，社会效益十分显著。

一、发挥邮政网络优势服务“三农”产生的背景

背景一：中央有关精神指引

党的十六届三中全会、中央经济工作会和中央农村工作会都把包括积极推进农村劳动力外出就业在内的“三农”问题，提高到稳定大局，积极实践“三个代表”的政治高度，要求各级党和政府作为重中之重的工作来抓。如何利用邮政现有资源优势，积极服务“三农”，做出邮政应有的贡献，成为湖南省邮政局决策层十分关注的一个问题。利用邮政网点和计算机网络优势，为广大客户特别是广大农民提供生活便利，是邮政实践“三个代表”，服务社会、服务“三农”的有效途径之一。

背景二：关注农民工“出行难”，引发送票下乡的设想

长期以来，铁路客运能力与客流量需求之间存在严重的供需矛盾。我国有近10亿农民，每年约有3亿人次出行，其中主要是“务工流”。农民出行，多数都要乘坐火车，但买票难、乘车难，是农民工出行遇到的一个大难题。特别是每年春节期间，大量农民工在同一时间回乡过年，然后又同时离家返城，形成一年一度的“春运潮”。由于大批客流同时涌入，使得本来就十分吃紧的铁路运能更是雪上加霜。再加上由于铁路路网结构的限制，广大城镇和农村是铁路客票服务的空白和死角。于是，买票难、乘车难，回家难、返城难，成为横亘在农民工这一弱势群体面前一道难以逾越的坎。有许多来自偏远山区的农民工，辗转数百公里赶到当地火车站，有时排上几天几夜的队也买不到一张火车票。与此同时，由于大批旅客的滞留，给车站周边及铁路沿线的社会治安带来巨大压力，也给票贩子高价倒票提供了可趁之机。有的农民工万般无奈，不得不从票贩子手中高价买票，有时买到的甚至还是假票，这样上当受骗的事情屡有发生。

铁路部门从消费者需要出发，一直在积极寻找一个覆盖城乡，既能规范市场，又能提升服务质量的售票办法。湖南邮政深切感受到：如果邮政部门能发挥自身点多面广的服务优势，帮助农民工解决买票难的问题，那将是一件利国利民的大好事。

背景三：关注假种子坑农事件，引发农资下乡的设想

农村点多面广线长，给农民的生产生活带来十分的不便，加之人口密度不大又不集中，许多厂家、商家都不愿将网点伸及农村，而致农村商品流通不畅，购物成本高，一些不法商贩趁机将一些低成本假冒伪劣产品销往农村骗取农民钱财，许多农民深受其害，盼望质优价廉产品进入农村。1999年前后，不少新闻媒体报道了一系列不良商贩销售假种子，导致农民颗粒无收的坑农事件，引发了邮政人的思考。种子是农业生产的必需品，其质量问题，直接关系农民切身利益，关系到农民有没有饭吃的大事。邮政部门在履行普遍服务义务的同时，能不能涉足农村地区商业服务，为保障农民利益，促进农民增收提供一些实实在在的帮助？经过一番调查之后，湖南邮政认为，为农民提供种子邮购配送服务完全可行。

背景四：逐步完善的网络

到目前为止，湖南邮政建成和完善了全省邮政实物运递网、邮政综合业务计算机网和邮政金融计算机网三大网络，拥有了机械化、自动化、信息化水平较高的实物运递网和综合业务计算机网（该网已与邮政金融计算网实现融合）两大网络，实现了实物流、信息流、资金流“三流合一”，从而形成了邮政“两网三流”的核心竞争力，是邮政参与现代物流服务的强势资源，已经成为全社会共享 共用的“公共服务平台”。

1999年，邮电分营以来，邮政以服务“三农”为出发点，做好普遍服务的同时，就如何利用网络优势服务“三农”方面做了大量的基础工作，特别是完善了省－市－县－镇－村的五级配送网络的建设。1999年，湖南邮政投资200多万元，在全省建成了覆盖全省各市、县的95个三级配送中心，3万个末端村邮政配送服务站，网络配送能力得到加强。五级配送网络的不断完善为服务“三农”工作打下了良好基础。

二、发挥邮政网络优势服务“三农”的内涵

邮政肩负着国家赋予的为社会公众提供普遍服务的义务。湖南邮政在独立运行以后一直奉行“以诚待客、以信立业”的企业价值观，以诚信赢得客户，以诚信取胜市场，自觉履行普遍服务的职责。如何充分利用行业优

湖南省邮政局党组织书记、局长 章干泉

势，满足客户的个性化需求，为社会大众提供一站式优质服务，是湖南邮政着力研究的一项重要课题。自中央提出"三农"问题以来，湖南邮政就如何落实"三个代表"，帮助农民解决生产生活中的困难、促进农民增收进行了认真思考。覆盖全国、直达乡村的邮政网点是当前农村地区公共服务和商业服务的主要力量之一。建立和拓宽满足"三农"多种需求的公共服务、商业服务渠道，对于改善农民生产生活条件，促进农民增收意义重大。

三、发挥邮政网络优势服务"三农"的主要内容和做法

湖南邮政60%的支局所处于农村，湖南邮政局党组对如何发挥邮政服务"三农"问题非常重视，对其意义认识深刻。湖南邮政局为服务"三农"工作提供了人力、物力上的大力支持，从省至市至县均有专门机构与人员从事"三农"服务工作。2000年初邮政开始具体实施服务"三农"的工作。

（一）推进农资配送，实践服务"三农"

在农资配送方面，湖南邮政从种子邮购配送起步，逐步向农药、化肥、饲料、洗衣粉等各类农资产品和生活日用品配送发展，不仅方便了农民，也大大减轻了农民负担。湖南邮政自2000年初以来，在考虑如何方便农村用邮同时，也一直在为如何更好服务于"三农"，方便农民生产、生活而寻找新的服务方式。从2000年的种子邮购到2001年的洗衣粉、2002年的农化产品、2003年的饲料邮购等，湖南邮政在立足网络致力于服务"三农"方面每年都有新的突破。

1.种子邮购成为邮政服务"三农"的切入点

（1）种子邮购

1999年以来，许多报纸、电视台相继刊登、播放了一些不良商贩销售假种子的坑农行为，引起了社会强烈反响。种子是农村生产必需品，湖南邮政也在思考以此为切入点开展服务"三农"的工作。在经过社会调查之后，2000年元月，湖南邮政与省内种业龙头企业－亚华种业签署了双方联合向农村邮购配送质优价廉良种的协议。2000年3月，湖南邮政正式启动种子邮购配送服务。到目前为止，全省邮政共为农民配送杂交水稻、油菜、蔬菜、玉米等各类良种共100个品种近300万公斤，配送面覆盖全省每一个县（市、区）。

（2）种子邮购引发的风波

越来越多的农民通过邮政渠道购买种子，引起了其他种子经营者尤其是种子部门的强烈不满。一场种子邮购风波迅速波及全省，很多邮政机构都受到种子经营户的冲击。面对这场风波，湖南邮政一方面通过媒体宣传种子邮购的合法性，给农民增收带来的方便和好处；另一方面积极向各级党委、政府汇报，争取支持。恰在这时，新的《种子法》颁布，新《种子法》给邮政部门开展种子邮购提供了法律依据。最后，省政府副省长郑茂清出面表态，在《湖南日报》上发表题为《良种搭邮车、科技送下乡》的署名文章，明确支持种子邮购，才将这场风波平息下去。种子邮购风波的平息，打破了种子市场的行政垄断，形成了开放性、多元化的市场竞争格局。

2、农资配送走向多样化

在开展种子邮购配送的同时，湖南邮政还根据农户需求，积极开展了化肥、农药、日化产品邮购配送的配套服务，深受农民欢迎。

（1）化肥

湖南邮政在开展种子邮购配送的同时，根据农户需求，积极为农民朋友组织所需各种化肥，在配送油菜种子时，将种植油菜所必需的硼肥及时配送给农户；在种子下秧之时，及时将井冈霉素等生产资料配送到农户手中。同时，还根据各地农作物种植情况适时组织“生物春”、“肥力高”等低毒高效农化产品进行入户配送，大大方便了农户。2000年至今共配送各类化肥近50个品种200多吨。

（2）饲料

湖南是养猪大省，生猪出口量居全国第一。饲料在湖南农村市场需求非常大，然而在市场上有不少生产规模小、产品不达标、含有瘦肉精等违规元素的饲料。2003年6月，湖南邮政与荷兰汉高集团在华投资的汉德利公司联合开展向农村配送绿色健康饲料的行动。在配送健康产品的同时，在饲料行业首次向农村引入绿色环保消费概念。在开展配送活动过程中，与汉德利公司组织以村为单位开展养殖市场发展，并举办科学养殖知识讲座，每次讲座都是座无虚席深受欢迎。2003年6月至今年5月，共组织科学饲养知识讲座达200多次，参加人数达7000人次。健康饲料与科学养殖的结合，使得农户的养殖效益大增，为农户铺就了一条致富之路。此项服务自2003年6月开办至今，共向农户配绿色健康饲料3000吨。

（3）日化产品

湖南邮政密切关注农民的生活需要，积极为农民提供日常生活用品邮购配送服务。洗衣粉是农村千家万户日常生活必需的消耗品，而假冒伪劣洗衣粉充斥着农村市场。2001年10月，湖南邮政经与省内最大的日化生产企业–湖南丽臣公司协商联合开展洗衣粉邮购配送服务，同时为防止社会不法商贩假冒，湖南丽臣公司生产了专由湖南邮政配送的“爱美洁”牌洗衣粉向农村市场配送。由于洗衣粉质量达到国家标准，价格较市场上同等产品偏低，该项业务自2001年11月开办以来，配送量逐年递增，至今共向广大农民配送洗衣粉20万件计200吨，“爱美洁”品牌以其质优价廉的特点得到了广大农户的认可。

湖南邮政在开展服务“三农”活动过程中，坚决不干坑农行为，在选择合作厂商时非常慎重，一是选择具有良好信誉的知名厂商，二是采取试点成功后全面推广的形式，无论是亚华种业，还是湖南日化，亦或是汉德利，均是省内外、国内外知名企业。湖南邮政服务“三农”的行为将带给三湘农民更多的实惠。

（二）推进网络票务，实践服务“三农”

利用邮政网点和计算机网络优势，为广大客户特别是广大农民提供生活便利，是邮政实践“三个代表”，服务社会、服务“三农”的有效途径之一。网络票务是一项轻型高效业务，市场潜力巨大。湖南邮政抓住社会热点、难点问题，及时、准确、大胆切入，充分利用了邮政普遍服务优势，利用了全省联网的185电话语音服务网络、营业网点、社区站和村邮站，以及投递服务网络，信息收集－预订受理－投递到户等一体化的服务功能，创造性地推出邮政“185–EMS”火车票预订、快递服务项目。做到了把铁路客票送到民工手中，真正体现了“服务三农”的基本宗旨。

1.定位准确，政策到位

通过185电话订送车票自2002年就在湖南衡阳、岳阳等局先后进行了试点，并于2003年在长沙铁路总公司所辖9个车站逐步推广。湖南省邮政局一方面在铁路和邮政业务深入剖析的基础上对业务设计重新定位于收件人付费的特快专递业务，并命名为“邮政185火车票特快专递收件人付费业务”，这一做法得到了铁路部门的认同，得到了国家邮政局的肯定；另一方面把争取政府部门出台邮政185特快专递火车票预订、快递业务的相关政策作为重中之重，先后向湖南省物价局和国家邮政局以及国家发展改革委员会提出了业务认定的申请。春运前夕，国家发展改革委员会下发了《国家发展改革委办公厅关于邮政企业开展铁路客票预订、寄递业务收费有关问题的复函》（即1345号文件）。一举解决了该项业务的市场准入和资费问题，为湖南邮政乃至全国邮政开展业务做了重要的政策准备，使邮政以国营主渠道的身份进入铁路客票市场成为可能。

一等奖

以信息化为基础的速递邮件处理流程再造

上海市邮政局

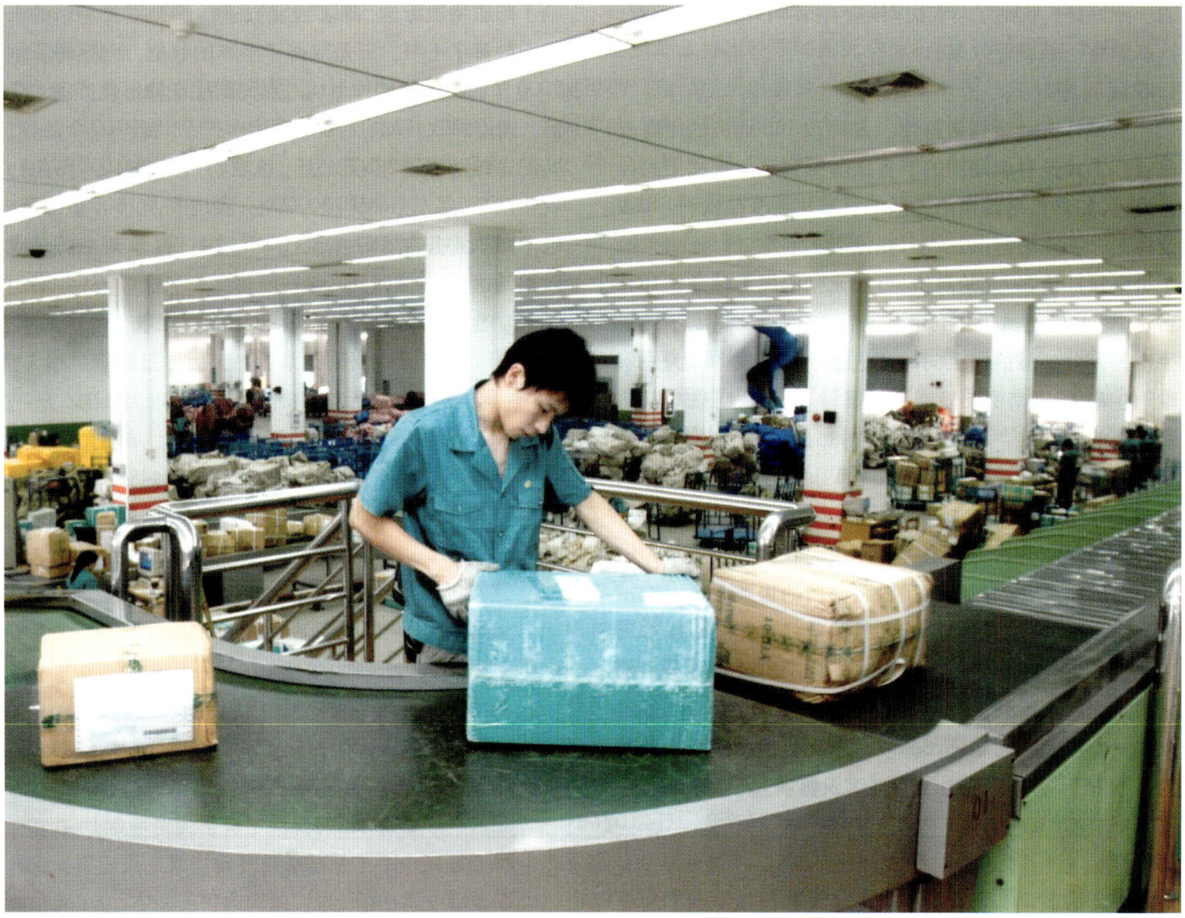

上海市邮政局包裹处理现场

上海市邮政局是国家邮政局七大一级邮区中心局和三大国际互换局之一，建有普通邮件处理中心、报刊发行处理中心和速递国际邮件处理中心。

速递国际邮件处理中心承担着上海市及周边地区省市邮政局转关、转口的国际及港、澳、台进出口邮件、国际特快、国内特快、市内特快、国际特快专递收件人付费、中速快件、台湾包裹快件、国内特快代收货款、市内特快回执业务、国际航空及水陆路包裹、函件处理等业务。

目前与97个国家和地区建立了直封特快邮件业务，同62个国家和地区建立了邮件直封总包关系，并与国内61个城市及本市248个邮政支局建立了邮件直封总包关系，共设置进出口直封格口630个。

根据生产作业需要实行24小时运转制，配备了两套大型的分拣设备，90多套电脑、终端设备，日处理特快邮件约9万件。2002年6月以来，上海邮政在全局范围内实施了以信息化为基础的速递邮件处理流程再造，实现了速递邮件信息共享，加快了处理速度，提高了处理质量，为增加市场竞争力创造了有利条件。

一、上海邮政速递邮件处理流程再造的产生背景

（一）邮政速递业务面临日益激烈的竞争

长三角及上海地区是外国速递巨头抢滩中国大陆、进入国内市场的“桥头堡”。区域内邮政速递业务（EMS）面临的市场竞争最为激烈。FeDEx、UPS、DHL、TNT等四大国际速递巨头全部加入了中国特别是长三角和上海市场的特快业务竞争，他们建立了适合市场经济的现代企业制度，凭借雄厚的资本和技术装备优势及完善的信息及服务网络，他们已经从中国邮政手中夺去了大量的市场份额，并继续以高达20%的速度增长。据统计中国邮政国际特快业务的市场占有率已由最高峰时的97%跌到现在的30%左右，面对如此激烈的市场竞争态势，邮政速递业务的整体效率仍然比较低下，只有改革才有出路。2001年邮政特快专递提速以来，全国重点城市之间的特快专递基本可以实现次日送达，但大多数地区的寄达时间需要3～5天，客户对特快专递的速度普遍不满。除了体制、机制原因外，邮政速递流程僵化，处理手段落后是造成效率和业绩低下的一个重要原因。

（二）再造前上海邮政速递邮件的处理流程

1.营业窗口速递业务处理流程（图1）

2.邮件处理中心速递邮件分拣封发处理流程（图2）

3.原有速递业务生产作业流程的不足与缺陷

分析以上的速递作业流程，原有的速递邮件处理流程存在着以下不足与缺陷：

——环节众多，重复劳动，费时费力，造成生产作业流程的低效率。由于以前基本上是手工作业，从支局

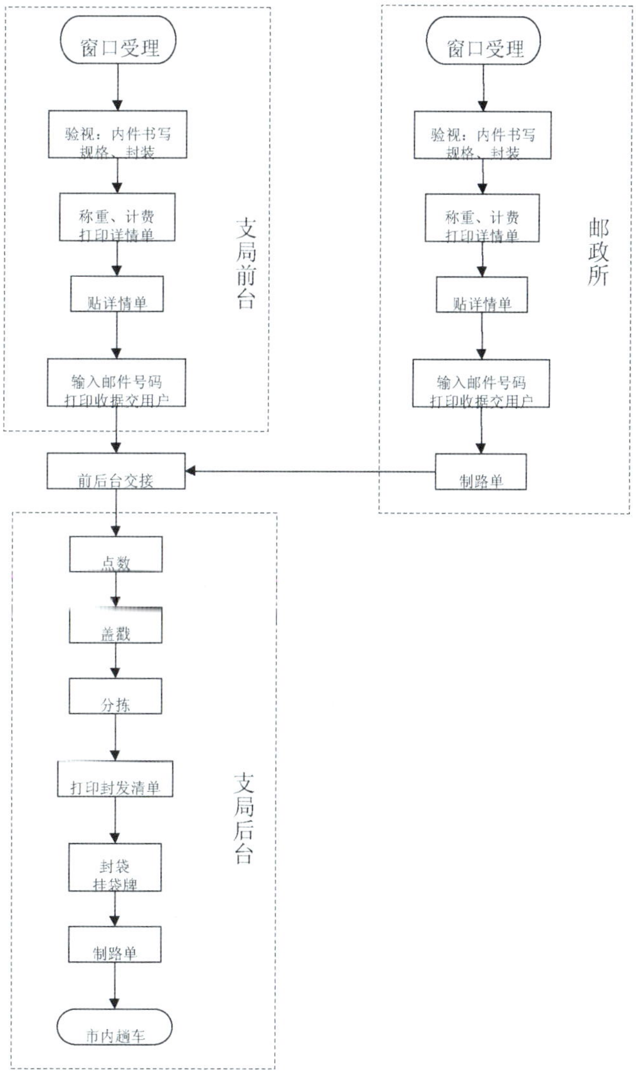

图1 营业窗口速递业务处理流程

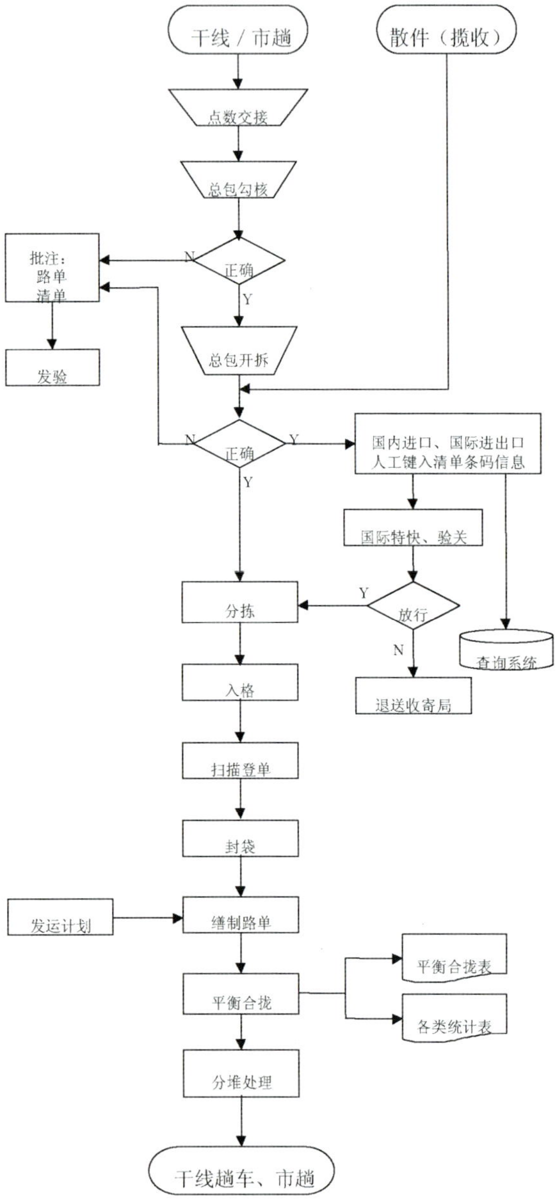

图 2　处理中心速递邮件分拣封发生产处理流程

营业窗口到内部处理中心，要经过登单封发、接收开拆、勾挑合拢、搬运分拣、封发登单、复核检查等多个环节，不但大量耗费劳动力，而且容易出现差错。由于重复搬运，又容易造成邮件破损。遇到业务量突然增加，给生产的作业组织带来极大的困难，甚至造成邮件延误。

——邮件信息不能共享。原有的处理流程中，实物流与信息流相互割裂，下一个生产环节无法知道上一个环节的生产信息，必须重新获取必需的生产信息方可进行生产，每一环节所得信息的作用单一，造成资源的浪费。

——机械分拣设备作用不能得到充分发挥，由于速递邮件使用的条码只有流水号信息，自动分拣设备没有直接可利用的寄达局名信息，进入分拣工序前必须人工键入格口识别码，速度慢，差错率高。

——缺乏对处理流程各个环节的监控管理手段。如缺乏稽核功能，监督检查难以实施；营业窗口计费一旦发生错误，没有事后把关环节；速递邮件的运输时间无法监控；业务量、业务结构统计分析缺少有效手段等。

（三）上海邮政速递业务流程再造开展的基础

2003年，上海邮政速递邮件的年处理量已达1866万件，比邮政独立运行初的2000年增加61%，要提高邮政速递业务的市场竞争力，就要紧紧依靠科技手段，改革传统的作业方式和流程。计算机信息技术和分拣自动化技术的迅速发展，为实现速递邮件处理流程再造提供了可靠的技术条件。上海邮政在邮电分营以后，坚持科学技术为第一生产力的方针，在邮政计算机网络的建设与应用和高新设备的研制方面，持续不断地加大资金投入力度，在科技成果的应用与转化方面，取得了可喜的成绩。自行设计和生产了大型自动化分拣设备，运用计算机开发了窗口“一席清”营业系统，初步建成了综合计算机网络。运用系统论的管理思想，对设备进行整合，对制度进行改革，对流程进行再造，就可以建成信息化、科学化、规范化的速递邮件处理新流程，提高生产效率，增加竞争力。

二、上海邮政速递邮件处理流程再造的内涵

上海邮政速递业务流程再造的内涵是依靠科技进步，应用系统论的管理思想，电子计算机、网络通信与智能化分拣等高新技术，改进传统的速递作业组织与方式，全过程优化作业组织和邮件处理流程，完成了对上海邮政速递邮件处理流程的再造，实现了速递邮件处理的管理创新。同时，计算机信息技术和分拣自动化技术，为实现速递邮件处理流程再造提供了可靠的技术条件。

三、上海邮政速递邮件处理流程再造的具体做法

（一）速递邮件处理流程再造中的技术改造

1.建立流畅和完整的速递邮件处理的信息流

在"信息化改造传统邮政企业"战略指导下，经过持续不断的努力，所有营业网点均实现了邮件收寄的电子化处理。上海邮政所辖14个邮政区局、600多个营业支局（所），逐步推广统一的"电子化支局作业系统"，为目前的生产作业和运行管理打下了扎实的基础。

近年来上海邮政还逐步建设了以计算机网络技术为支撑，提供综合数据传输的邮政综合计算机网（简称综合网）平台。实现邮政营业网点与各邮件处理中心以及生产部门与相关各级管理部门的联网。从功能上满足对外服务、对内生产作业、通信管理方面信息的采集、传输、处理、存储和综合利用的需求。

为了使上海邮政投入大量资源的信息网络充分发挥效益，消除"信息孤岛"现象，在速递邮件处理流程再造时，上海邮政充分利用了以上信息和网络技术平台，通过邮政"电子化支局作业系统"收寄的速递邮件的收寄信息、支局封发信息和速递邮件的总包信息，通过综合网网络平台先于速递邮件的实物流传送到速递邮件处理中心的邮件处理计算机系统，在生产的全过程中，利用支局已生成的各类信息（收寄局、寄达局、重量、资费等）进行邮件分拣封发的相关处理，在处理的同时又生成新的邮件封发处理信息，供下一环节操作使用，由此实现了速递邮件信息一次输入或产生，全处理过程的多次共享。经过整合后的速递邮件信息流的畅通无阻保证了速递邮件处理流程再造的成功实施。

2.研制开发速递邮件处理的自动化分拣设备

为了提高上海邮政速递邮件处理中心的生产效率，上海市邮政局于研制智能交叉带式邮件分拣系统，该系统应用了多项机械、自控和计算机网络技术领域内较新的技术成果，研制成功的分拣系统在生产实践中取得了很好的效果。智能交叉带式分拣机可以同时分拣物品类和扁平件类邮件，较好地满足了速递邮件种类的分拣需求；它采用条形码高速阅读自动识别设备、邮件自动称重系统和邮件外型体积自动测量系统，在分拣系统高速分拣运行的情况下，准确识别条形码，实现了真正的高速自动分拣。同时在分拣过程中依靠信息对分拣邮件的数量和重量实施动态控制，当分拣完成后可自动打印邮件的路单、清单和袋牌信息，并自动进行平衡合拢，确保了邮件的分拣质量。机械化、自动化、信息化设备的应用，大大提高了邮件分拣处理的效率，彻底改变了速递邮件传统生产模式。

3.构筑实时控制的邮件运输网络

由于邮政速递业务的具有很高的时限要求，在速递转趟专网的车辆配置了GPS全球定位系统，对网路运行情况进行全程监控，所有装有GPS系统车辆的运行路线均在监控室电子地图上反映，以便于掌握车辆运行状态，对突发状况及时进行处理，确保邮件处理时限。

4 进行实物流和信息流的系统集成

如果不对信息系统与邮件分拣系统进行集成，那么这两个系统仍然各自是孤立的系统，先进的技术和设备仍然停留在孤立应用阶段，生产效率难以大幅度提高。经过精心的策划组织及技术攻关，上海邮政应用系统集成技术将原有的生产作业信息处理系统与邮件分拣系统成功实现集成，在实施"网络分拣"技术方面列于全国邮政行业的前列，也毫不逊色于国外发达国家邮政。

速递邮件上的条形码为"三九码"，它只是速递邮件在收寄处理时的流水号，没有其它任何信息（如收寄局、寄达局、重量、资费等），但是它具有较长的位数，收寄一亿个速递邮件流水号可以不重号。"网络分拣"技术的实施就是要充分利用速递邮件的流水号作为邮件的唯一标识，实现分拣技术的突破。具体作法是：邮政支局所收寄速递邮件是通过计算机广域网将该邮件的所有信息（包括收寄局、寄达局、重量、资费和流水号信息）先于邮件传送到速递处理中心信息系统的数据库中去，当邮件到达速递邮件处理中心进行"三九码"扫描获得邮件流水号信息的同时，从数据库中获得该邮件的其他各类信息，从而信息合成后，能够进行准确的分拣。该项集成融合了计算机网络通信、数据库、实时控制等诸多技术，使邮件处理生产模式发生了革命性变革。

（二）速递邮件处理流程再造中的生产作业组织重新设计

1.收寄环节作业组织与流程的优化

各营业网点对速递邮件进行收寄、封发处理后，在支局所等营业场所采集的相关信息必须上网传输，对于邮政上门揽收的邮件也不例外。由于揽收邮件具有收寄量大、收寄时间晚，必须送回营业网点进行处理，处理时限紧张等特点，为了确保揽收的速递邮件能及时进行处理，确保所有揽收邮件信息能够录入，并上网传输，促使各营业网点必须对生产作业组织、人员安排进行合理地调整。

2.速递邮件处理中心生产作业组织的重新设计

上海邮政速递邮件处理中心彻底废弃了原有的人工处理封发环节，重新设计了生产作业组织，使速递业务

的处理流程发生了根本的变化。以速递邮件国内出口业务为例，其新的业务流程如下：

与传统的速递邮件处理流程相比，新流程（图3）的特点是：

——信息流贯穿于整个生产流程，生产的进行依赖于信息流；

——复杂、繁重的生产过程由自动分拣系统替代，从而从根本上降低了劳动强度，复杂劳动化为较简单的劳动；

——整个邮件分拣封发生产环节由原来的开拆接收、封发登单、人工总包称重、封发清单制作、封发路单和袋牌制作等6个环节减少到电脑开拆与接收扫描勾核、自动分拣2个环节，处理邮件的技术手段和科技含量有了很大的提升，加快了邮件处理速度，也提高了生产质量；

——增加了邮件稽核和统计分析功能。

3.速递转趟运输网络改造

为加快速递邮件的传递速度，通过对上海道路交通状况的调查，并根据上海市内邮件网络运输的特点和各支局交接邮件的现状，对市区速递转趟运输网络进行了调整和优化。改变原来线型循环集散速递邮件总包的网络组织，按照20分种时间半径，采用多点辐射集散速递邮件总包方式，建立了14个速递邮件汇集点。实行以后支局收寄的速递邮件到达处理中心的时间提前了30—40分种。

4.对邮政速递大客户的服务模式进行变革

上海邮政为邮政速递业务的大客户专门建立了大宗速递邮件收寄中心，专为速递邮件量较大的大宗用户进行服务，服务时间延长至晚上九点。大宗速递邮件收寄中心在进行速递邮件收寄后，无须像营业网点那样进行后台封发工作，而是将特快邮件的散件装入集装小车后直接送至速递处理中心，并利用收寄信息直接上自动分拣机进行分拣。大宗速递邮件收寄中心的建立，减少了营业后台的封发环节，加快了邮政速递大客户的邮件处理速度，提高了邮政大客户的服务水平。

（三）速递邮件处理流程再造中的管理方式创新

速递处理生产作业组织和流程重新设计后，如果延用原来的管理方法，一定不能适应新的作业组织与流程。上海邮政吸取和应用国内外先进的管理理念与方法，创新管理方式，确保速递处理新的流程成功运行。

1.在速递处理的全过程推行JIT生产方式管理

JIT（准时制）生产及管理方式是丰田汽车首创并在许多国内外大型制造企业得到推广应用的一种先进的生产管理方式，上海邮政在速递处理的全过程吸收了JIT生产的精髓，应用了这种先进的生产管理方法，取得了明显的成效。

在营业窗口邮件收寄环节，推行JIT方式，保证邮件信息及时上网传送和邮政在支局所的封发频次。

依靠特快邮件转趟车辆上安装的GPS车辆定位和监控系统和速递邮件集散中心的建立，特快邮件的驳运也实现了“JIT”生产。

速递邮件处理中心各生产环节，凭借畅通的信息流，全面推行“JIT”生产方式，做到了生产的每一个环节，处理流程的每一个工位，邮件处理都能准时进行。

“JIT”生产管理方式在速递邮件处理全过程的应用，使邮件处理的每一个环节都基本消除了延误现象，实现了邮件处理的“零等待”。

2.从“职能导向”管理转变为“流程导向”管理，实现了全过程生产组织和管理的扁平化

速递处理流程重新设计后，上海邮政有关部门适时调整改变了速递生产与管理的重点，由过去的“职能导向”管理转变为目前的“流程导向”管理，由于在流程所有层面信息及监控系统的完备与畅通，使生产与管理效率大大提高，因而在生产作业组织和管理上可实现扁平化，在支局和速递邮件处理中心实施的扁平化管理，使管理人员大幅度下降，管理效率大大提高；由于新的流程生产环节的减少，邮件处理中心生产作业组织得到了精简，压缩了生产作业人员，大大提高了生产效率。

3.实施CRM（客户关系管理），建立以满足客户需求为导向的客户管理方式

上海邮政速递流程的再造，提升了上海邮政客户管理与服务的模式，由于新的处理流程具有较强的适应性，大大增强了客户服务能力，特别是对邮政极其重要的那些大客户，新的邮件处理流程可以适应实施CRM的需要。

大宗速递邮件处理中心的建立，提高了上海邮政的大客户服务能力，内部处理能力的提高，确保了邮件处理的时限，组织速递转趟专网，缩短了趟车运行时间，减少了交接支局所，这些措施都能确保上海邮政可随时响应大客户的需求，为他们提供优质的服务，确保上海邮政CS（客户满意工程）的实施。

四、上海邮政速递邮件处理流程再造取得的成果和意义

（一）上海邮政速递业务流程再造取得的成果

1.提高了生产效率、确保了邮件处理时限

速递邮件处理新流程把邮件的收寄、开拆、传输、稽核、统计、分拣、封发等作业环节有机地联系起来，形成了人机结合的生产流水线。在邮件信息完整的情况下，

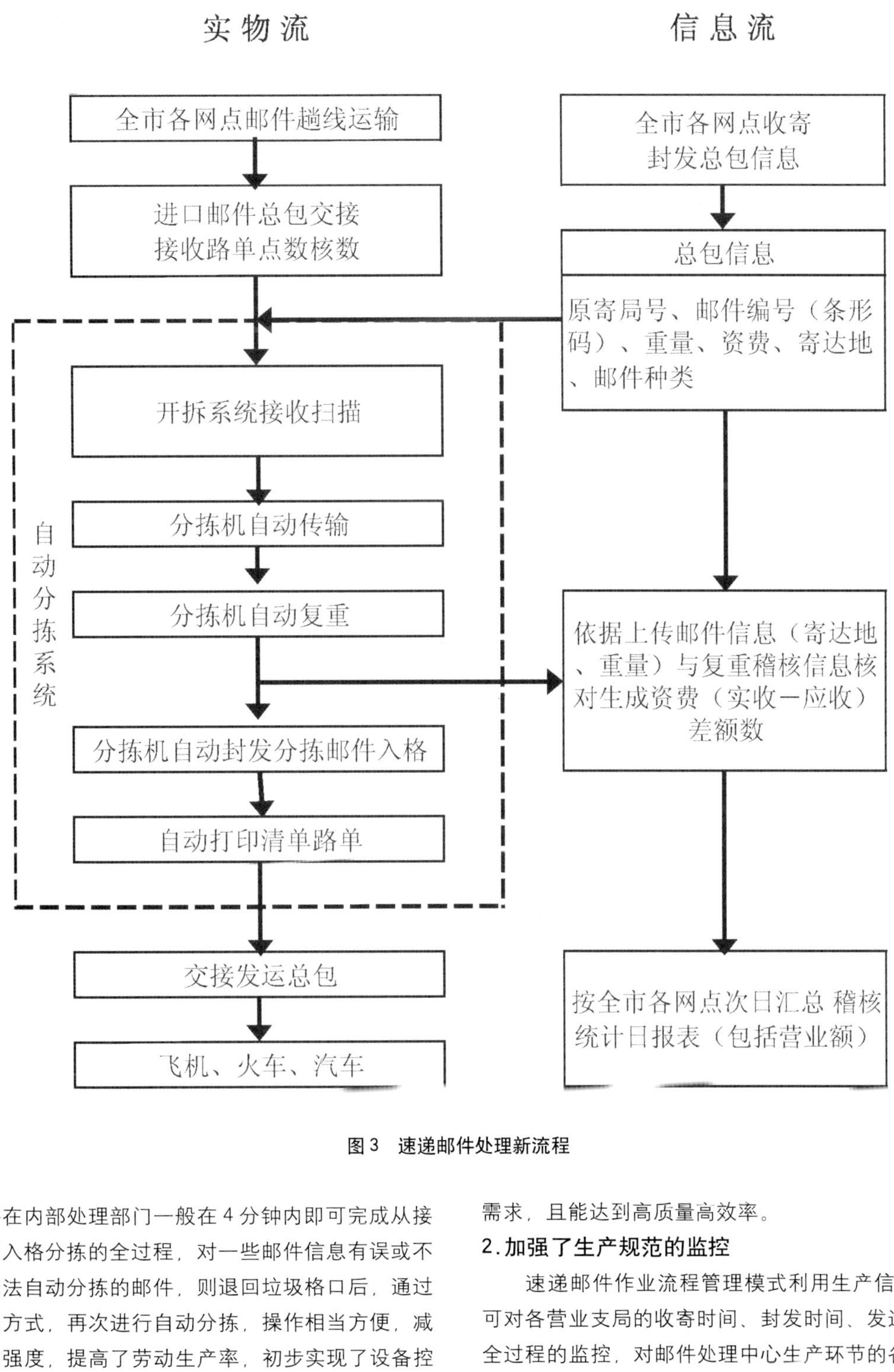

图3　速递邮件处理新流程

每件邮件在内部处理部门一般在4分钟内即可完成从接收开拆到入格分拣的全过程，对一些邮件信息有误或不完整而无法自动分拣的邮件，则退回垃圾格口后，通过补信息的方式，再次进行自动分拣，操作相当方便，减轻了劳动强度，提高了劳动生产率，初步实现了设备控制和生产管理的现代化，结束了长期以来手工分拣处理特快邮件的作业流程，工作效率有了明显地提高。原来业务高峰时处理2万件总有部分邮件不能赶发有效航班，由于实行了新流程，在作业人员不增加的情况下，处理近5万件都能有效赶发。满足了快速增长的特快专递业务需求，且能达到高质量高效率。

2.加强了生产规范的监控

速递邮件作业流程管理模式利用生产信息的共享，可对各营业支局的收寄时间、封发时间、发运时间进行全过程的监控，对邮件处理中心生产环节的各个时间了如指掌，由此，使邮件处理的时限“透明化”。由于自动分拣机系统本身携带动态秤，根据邮政营业网点封发后上传的信息，能对上机分拣的每一件邮件进行称重校验，汇总出各个邮政营业网点当天发生的营业额，对一些重量差异较大的邮件根据资费差异设定范围后，单列汇总成该邮政营业网点应收资费和实收资费的差额数，重点核实，达到了对各营业支局的规范操作进行监控的目的。

3.提高了生产质量和服务质量

速递邮件作业新流程集实物传输和信息处理于一身，自动化程度比较高；收寄、封发信息的上传共享，实物开拆信息与上传信息进行核对，使生产质量有了确切的保障，也使速递邮件的开拆核剔操作变得相当简便；条形码高速阅读、自动识别功能，使邮件上包工作十分方便和迅捷，每秒2米的邮件传输速度保证了速递邮件的处理时限，作业人员只需把工作精力集中在封发复核方面，确保了生产质量；信息流与实物流的二流合一，使速递邮件全程跟踪查询能力大大提升，邮政服务的质量又有了新的提高。

4.提升了管理手段

速递邮件作业新流程利用自动化和全过程的信息化，使传统的管理模式发生了质的变化，管理手段也由现场管理、环节管理、手工统计管理，提升到集中管理、全过程管理和自动化、无纸化管理，管理更及时、更有效。自2002年以来，上海邮政开发利用了支局封发时限监控、支局收寄封发信息上网率统计、速递内部处理监控、GPS邮运车辆监控管理等软件工具，对速递邮件处理流程实行了全过程监控。自动稽核手段的运用促使各收寄局进行规范操作，杜绝了营收单位只顾自身业务收入，损害全局利益的情况，有效地控制了邮件资费的跑、冒、滴、漏现象，提高了速递邮件的含金量。同时，利用各种自动统计功能，还可对每个邮政营业网点的邮件组成的结构进行自动统计分析，为市场营销和拓展提供了依据。

5.实施效益

2002年实施后，至2003年底，年度效益额已达432万元；2002年效益贡献率为－6%，2003年效益贡献率达1.8%；2002年的投入产出率为－40.2%，2003年投入产出率为11.26%。

（二）上海邮政速递业务流程再造的深远意义

上海邮政速递业务流程再造除了以上所列举的实际成果外，还具有更深远的意义。

1.全面提升上海邮政的信息化应用水平

上海邮政从80年代末90年代初开始在邮政生产的各环节引入计算机技术，至今已经有近20年的历史，经历了多个发展阶段。根据国外管理与信息技术专家的研究，IT技术引导企业发生变革要经历如下5个层次(图4)：分别为局部应用(localized exploitation)；内部集成(Internal integration)；业务流程重新设计 (business process redesign)；经营网络重新设计 (business network redesign)；经营范围重新设计 (business scope redesign)。

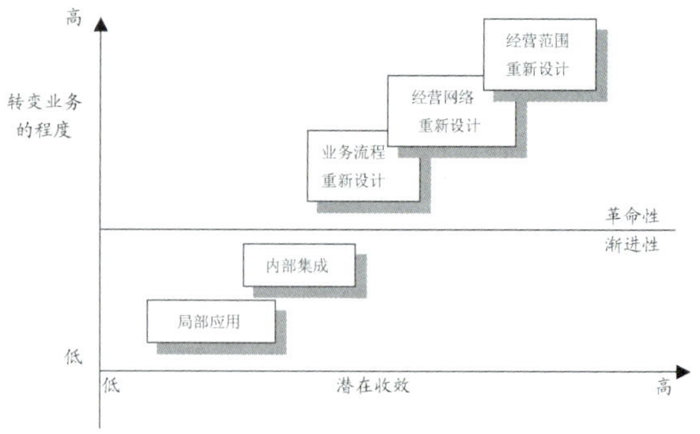

图4　IT引导企业重组的5个层次

对照此5个层次的理论，上海邮政的IT应用在速递业务流程再造前，大多仍停留在第一和第二个阶段，既局部应用和内部集成阶段，在此阶段建成的计算机处理系统都是一个个局部的、孤立的或关联度比较低的系统，如邮政给据邮件登单系统、速递跟踪查询系统等；上海邮政速递业务流程再造的实施，为上海邮政信息技术的应用带来的革命性的变革，标志着上海邮政计算机技术的应用已经起了质的飞跃，完成了速递业务流程和经营网络的重新设计，将步入IT引导企业转变的最高层级 — 经营范围的重新设计。

2.为普邮处理中心的建设改造提供了宝贵经验

速递业务流程的成功再造，为上海邮政的普邮处理中心的建设，提供了有益的探索和经验。事实上，上海邮政2003年开始建设的浦东邮件处理中心，在生产作业和网络运输组织、生产流程的重新设计、信息技术与分拣技术的应用、信息系统的集成、管理方法的创新方面都从速递业务流程再造中吸取了宝贵的经验，并获得了极大成功。

有鉴于此，2004年3月5日，在国家邮政局召开的《速递工艺方案专题研讨会》上，有关领导和专家充分肯定了上海局速递邮件处理流程再造的成功经验，并决定在全国邮政系统内推广上海模式。

成果创造人

主要创造人：杨文新

参与创造人：李惠德、陈良安、邵钟林、金志刚、夏丽华

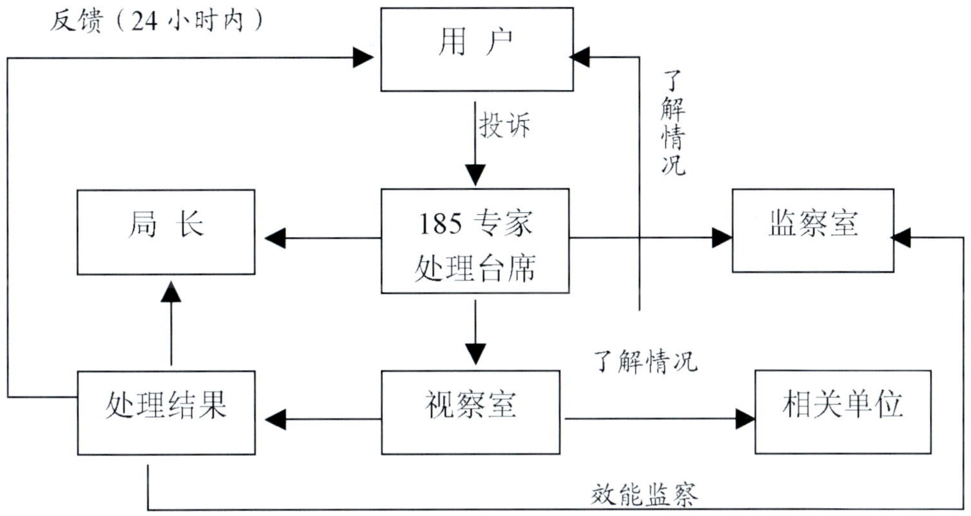

图3 185投诉处理流程图

（一）激活了专业局的发展潜力

2001年6月，石家庄市邮政局将连续几年完不成任务的专业局——函件广告局作为公司化改革、实行专业营销的试点，16名在岗职工一夜间全部下岗，同时通过局内文件和社会媒体进行招聘，重新组建了函件广告局。该局业务人员完全凭营销业绩获得个人收入，高的月收入近万元，少的仅有一、二百元。2001年上半年，函件局收入仅400万元，下半年完成了700余万元，到2002年实现收入1500余万元。改革以来，各专业局的收入比重持续增长（见下表）。

年份	2000年	2001年	2002年	2003年
市区收入(万元)	22550	24170	25223	26148
专业局收入(万元)	18529	20479	21731	23073
比　重（%）	82.17	84.73	86.16	88.24

石家庄市邮政局专业局收入比重情况表

实行专业营销之前，石家庄局集邮业务收入来源主要依靠各邮电分局营业窗口的零散客户，2001年全局邮品收入1900万元。公司化运作后，该局撤消了营业窗口的集邮业务专台，加强了集邮公司的专业营销力度，大力发展集团客户，针对"为中国足球加油"、"十六大"和"中秋金月饼礼品"等题材和市场需求推出适销对路的邮品和服务，在2002年中国集邮总公司减量政策的影响下，仍然超额完成收入计划，实现收入4200余万元。在实行专业营销过程中，还促使具有商业头脑的营销人才脱颖而出，全局共有146人次由营投部门流动到专业局工作，同时各专业局还从社会上引进专业营销人才60余人。

（二）增强了企业整体竞争实力

石家庄市邮政局将各专业的营销活动有机地整合起来，抢抓各类商机，整合专业营销，体制了企业的整体竞争实力。先后策划了高考经济、申奥成功、国足出线、情人节、国庆、中秋、圣诞节等大型营销活动，将专业营销贯彻于活动当中：

——2001年10月1日，既是国庆节又是中秋节，专门策划了"双节送大礼"活动，以集团客户为目标客户，推出了包括鲜花礼仪、集邮票品、知名品牌食品及商函服务等在内的一系列营销方案，打出了"送礼就拨185"的服务口号，仅一个月时间就创收107余万元。

——2002年春节期间，185客户服务中心与邮政礼仪公司联合策划实施了"无公害蔬菜搭上邮政车"营销活动，并被中央电视台新闻联播报道。

——2002年"五一"期间，组织开展了以"火红的五月，绿色的真情"为主题的营销活动，将储汇局的绿卡消费积分、集邮公司的"为中国足球加油"系列集邮、速递局的EMS有奖寄递、函件局的"母亲卡"开发等专业促销活动有机地融合在一起，形成了规模经营，实现了整体效益。

——2002年7月"南三条首届小商品国际博览会"期间，该局的综合专业营销再结硕果：以"拨打185，邮政为您服务"活动为主题，以临时邮局为切入点，全面推出了185、邮购、物流、广告、集邮、彩扩等综合专业服务，共与26家商户达成代理意向，与300多家商户达成

没有收入指标压力后，邮政分局的营业服窗口服务水平有了明显提高

一等奖

分销意向，制作专题中邮广告25万份，创收10余万元。

——2002年圣诞节组织开展了“拨打185，圣诞老人到您家”活动，受理业务178笔，创收1.1万元。

——2003年春节和情人节仅几天时间，就分别创造了44.38万元和2.24万元的业务收入。

——2003年中秋节，成功开展了“买月饼到邮局，免费速递全国”综合营销活动，销售月饼6.43万盒，实现收入473.19万元。

——2003年12月6日至7日，在河北省博物馆文化广场成功举办了纪念《毛泽东同志诞生110周年》邮票首发暨石家庄邮政百年华诞活动。各专业局不仅现场宣传、受理业务，而且活动前期积极开展专业客户赞助集资公关活动，通过“以会养会”方式，实现收入115.50万元。

（三）窗口服务水平明显提高

实施专业营销以来，石家庄市邮政局市区邮电分局的管理水平和窗口服务水平普遍有所提高。在对客户群进行分层次服务的同时，该局还根据地理位置划分了不同层次的服务：在市区中山路沿线的邮电局所实行优质服务；其它临主要街道和县城内的局所实行规范服务；城乡结合部和偏远的农村支局所实行普遍服务。

分层次服务与市场实际需求相吻合，优化了企业资源配置。在此基础上，该局进一步加大服务监查力度，建立了由市局、县局（专业局、市区邮电分局）和基层班组组成的三级服务视察体系，实行一级查一级，层层负责任的监督管理制度。该局视察室内聘20人，建立了专职的检查队伍；储汇局因业务情况特殊，配备专职的业务稽查员14名，其他专业局和邮电分局设兼职检查员；县邮政局根据本局情况设专职或兼职视察机构、配视察人员；各单位班组也设置了兼职检查员，形成了业务与服务检查相结合、上下联动的视察网络体系。同时，聘请了195名社会监督员，定期召开座谈会，听取意见和建议；每年还请社会各界500余人对全局行风情况进行评议。

在服务过程中，该局将解决服务热点、难点问题作为推动行风建设的切入点。一是努力解决城市楼房通邮问题。提出了“道路通、邮路通，报刊送到您手中”的服务口号，使一周内通邮率达到了100%。对暂不具备通邮条件又迫切要求通邮的用户，主动与城建、交通等部门联系，克服困难、创造条件设立特殊道段，满足用户需求。二是努力解决缺报少刊问题。通过加强投递环节的发、排报质量管理，最大限度地减少因错分、错排造成的报刊短缺，通过与用户签订“定位妥投协议书”，落实服务承诺。经过努力，石家庄市邮政局服务满意度逐年上升（图4），2003创历史最好水平，达93.88分，居全省同行业首位、全国省会局第3名（用户满意度的国家邮政局达标标准为80分；河北省邮政局达标标准为85分）。

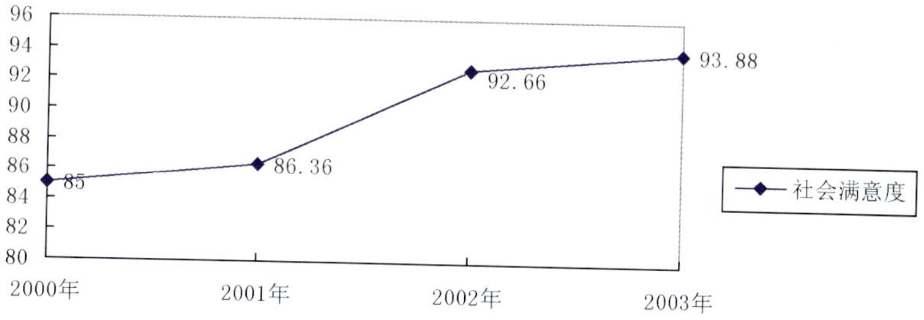

图4　石家庄市邮政局社会满意度示意图

（四）“两个文明”建设双获丰收

物质文明建设方面，专业营销使石家庄市邮政局的经济效益几年来持续增长（图5），全员劳动生产率也由2000年的11.47万元／人、2001年的14.36万元／人、2002年的15.11万元／人发展到2003年的17.87万元／人。

精神文明建设方面，石家庄市邮政局连续7年被河北省委、省政府命名为“文明单位”，2002年荣获全省“五一奖状”、省级“明星企业”和省“用户满意服务单位”称号，并曾被中国质量管理协会评为“全国用户满意服务单位”、被全国总工会授予“全国模范职工之家”、被国家邮政局授予“全国邮政设备管理先进单位”等多项荣誉称号；长安邮电分局曾荣获“全国五一劳动奖状”、“全国创建文明行业工作先进单位”并被授予“全国精神文明创建活动示范点”。

五、推行邮政专业营销管理机制的创新与实践有三点启示

（一）得益于全国邮政改革大形势所创造的良好外部环境；

（二）得益于班子团结、大胆实践，坚持在发展中解决问题、在解决问题中求得发展的正确决策；

（三）得益于广大职工任劳任怨、拼搏奉献的苦干、实干精神。

成果创造人

主要创造人：赵永祥

参与创造人：刘景春、张彦石、刘海山、张英芳、陈国旺

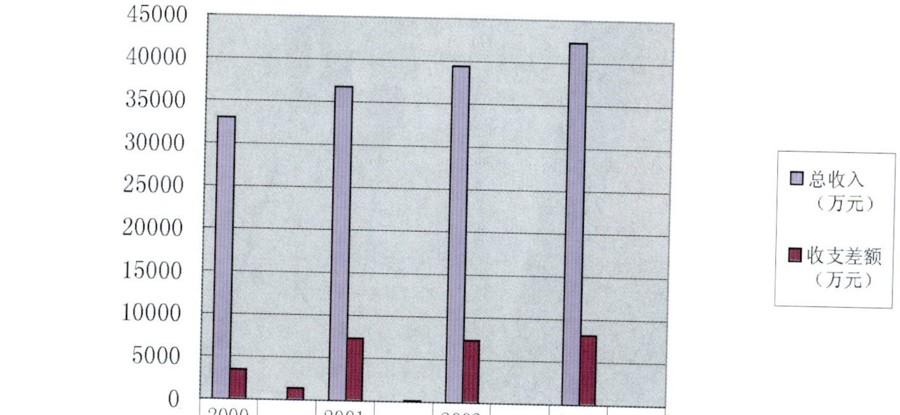

	2000年	增幅%	2001年	增幅%	2002年	增幅%	2003年	增幅%
总收入（万元）	33001	22.59	36701	11.21	39402	7.36	42341	7.46
收支差额（万元）	3490	1354	7332	110.1	7344	0.16	8118	10.55

图5　石家庄市邮政局2000-2003年收支差额情况图

分公司成功完成试点之后，全省也成功铺开。流程的设计本着由市场决定流程、组织支持流程、机制保障流程的原则，压缩了管理层级，缩短了管理链条，优化人员结构，使组织架构得以扁平化，建立对市场联动配合、快速反应的动作机制。重组后的组织构架一改以往传统的机构设置方式，打乱了原有的部门设置，改善了专业分割的散乱状态，避免了上传下达过程中的信息失真和响应滞后等情况。

市场对服务质量的要求逐渐提高，对各不同客户群制订规范化、标准化的营销处理流程也随之成为BPR工作的重点环节。本地网将企业原有的各种工作方式、规则、程序等等进行归纳整合、修改完善，并通过国际咨询机构的科学论证，前端组织架构按客户群设立，形成了前端面向不同客户群的营销服务流程，计费账务管理流程（图2）；后端建立环环相扣的管理体系，整合为建设与维护两条线，形成网络资源调配流程，滚动性投资及效益评估流程等；整个架构以及所有流程的设计都体现了速度、效率、质量、成本、服务等设计理念，动态响应市场，构建起一个后端—前端—客户的完整整体。

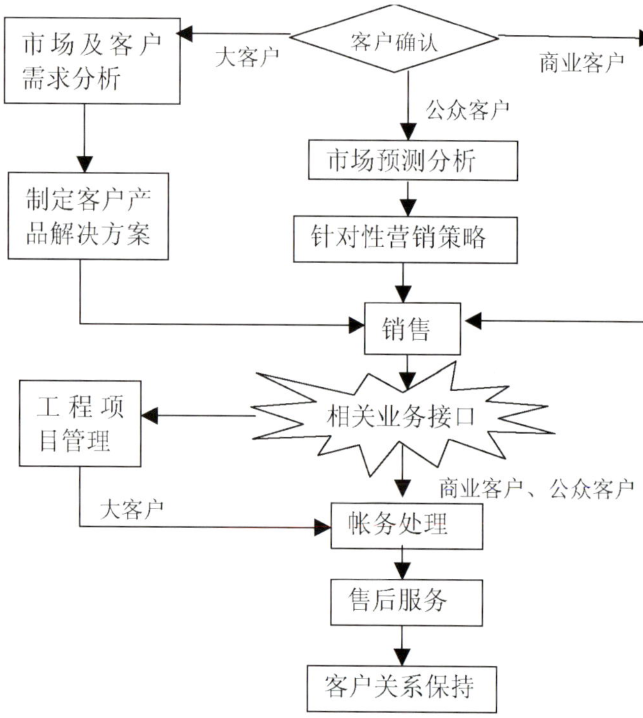

图2　面向客户的前端服务营销处理流程

可以看出，该流程是按客户的分类平行运行，操作上相互不交叉。客户经理点对点责任制既有利于用户单向联系，又有利于避免客户经理推诿责任，提高整体办事效率。优质高效的后台运作系统是前台服务营销工作正常运转的坚实基础，企业内部的流程由此延伸到客户端，把客户和企业紧密联系起来，从而真正实现客户→前台→后台的闭环式营销与服务。

（四）建立健全营销渠道

过去处于垄断经营地位的电信企业缺乏市场意识，整个管理都是面向生产流程的，未考虑市场的需求。进入市场经济初期，仍处于垄断状态下的电信企业销售产品的方式也仅仅局限于装修一下营业厅，搞一点社会委代办（扩大营业厅数量，提高营业厅覆盖率的变相做法），仍然不会主动出去找顾客，电信和顾客之间缺乏最基本的沟通通道。

2000年公司组建之初，激烈地竞争就呈现“山雨欲来风满楼”的态势，决策层深感要在竞争中取胜，周到的服务与过硬的产品同样不容忽视。

湖南电信在完善内部原有营销渠道的基础上，大力拓展外部营销空间，使得企业的分销网络遍布城市乡镇的每一个角落，方便了广大电信用户。对于自身，主要通过统一营业厅格局，实行营业员标准化服务，规范服务用语，简化用户业务办理程序等手段来提高办事效率，提升前台服务水平；在仔细分析研究各细分客户群特点的基础上，建立大客户、商业客户、公众客户服务部和10000号客户服务中心受理平台构成前端的主要组织架构，各部门间职责明确又相互协作（图3），对各类客户全面覆盖，开展针对性营销，提供个性化服务。

外部营销渠道，主要是通过推行城市社会代办、农村模块代办等方式为城乡用户提供方便快捷的服务。为了更好的服务于电信客户，代办人员都需经过严格培训，必须熟悉电信业务种类、资费、业务处理流程、简单障碍处理等。这种方式一般采取租用业主场地，如农村模块代办就是租用村民的私房，成

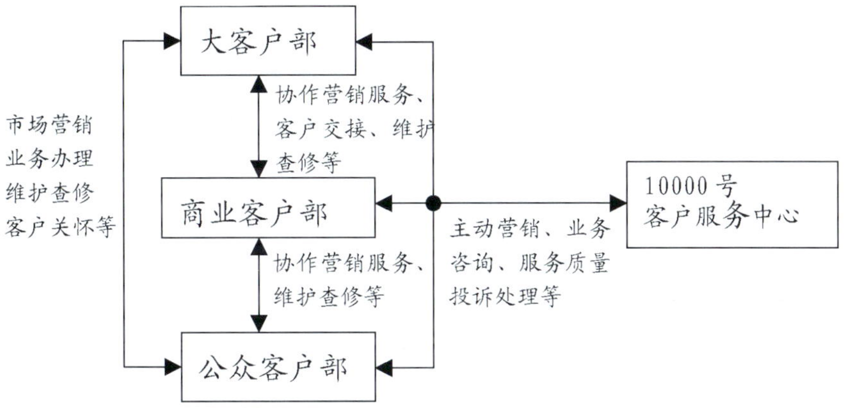

图3　部门间协作关系示意

本低，一改过去的“机房重地，闲人免入”，接近机房设备的工作人员都要通过政审的惯例，甚至把设备都放到了农民家里；或由业主自行租赁营业场所，企业无需重新修建营业场地，节省投资，降低了成本（2001年实行农村模块代办以来，共计节省3000万以上的农村支局、所的筹建费用），提高了生产效率。目前全省共有实行统包责任制的农村电信网点3909处，占农村网点总数的89.2%，农村统包责任网点服务的用户数已超过363万户；城市代办网点也有3400多处，这些网点在提供近距离客户服务和开拓市场等方面都发挥了重要作用（图4），如2003年各地发展的小灵通用户中，就有15%以上是由这些社会代办网点发展的。

据统计，湖南电信的渠道营销网络在14个本地网的覆盖率达到了98.7%，其中大客户及商业客户的服务营销渠道、10000号客服中心整体覆盖率均达到了100%，全省的大客户稳定率保持了100%。各营销服务渠道针对性营销服务效果也十分显著，各渠道业务收入增长率达到8%以上，渠道营销发展业务之和在本单位各单项业务发展总量中所占比重达到80%以上（其余20%左右的业务量是用户在营业厅自发办理的业务）。2003年的客户综合满意度指数与2002年底相比分别提高了0.66个百分点。

无论是内部渠道还是外部渠道的建设完善，还是即将提到的组合营销等新出台服务营销方案的实施，湖南电信在具体操作中都采取先试点再推广的做法。一个新方案的提出到实施，其间难免经历多次反复的尝试。试点的好处就在于试点单位可以作为全省推广的范本，实

湖南省电信有限公司在中国电信首届光缆带业务大赛中获得团体一等奖及组织奖

大客户中心

程控机房

现大规模标准化的建设，全省统一模式便于管理，既提高了工作效率，又节省了大量的生产成本。

内外服务营销渠道的建设与完善，彻底改变了传统的以产品为依托的渠道建设模式，建立依托于市场和用户的全新的营销服务体系，解决了拥有强大服务能力和庞大顾客群的电信企业缺乏双方沟通管道的问题，解决了电信企业几乎无销售系统的问题，令电信企业真正完成了从面向生产过程的“车间”向具备完善销售环节的现代化公司的转变。

（五）实施全员营销和组合营销

为了使更多的用户享受到电信服务，使电信服务的网络覆盖面更加广阔，湖南电信近几年组织了声势浩大的全员营销和组合营销，所有员工利用业余时间进行业务宣传并代替用户办理业务。这一方面为用户提供了多种入网途径，例如用户可亲自到营业厅办理或直接委托电信员工办理，还可以电话申请社区经理上门受理等等，极大的方便了客户；另一方面用户可选择适合自己的套餐业务进行一次性办理，不必再为了开通新业务而多次进行申请，使得用户手续更加快捷方便；同时，还使企业的用户规模迅速增加，企业生存空间更加宽阔。

1.全员营销

湖南电信拥有16000多员工，每个人每天前进一小步，就可以推动整个企业向前迈进一大步。据统计，通过全员营销发展的用户数约占总发展数的20%。

2000年至2001年期间，全省开展了“百万电话大行动”和“三百万工程”。在“百万电话大行动”中，各级电信企业从用户利益出发，实行价格优惠，组织成批开发，开展预装机，建立农村电话村级模块代办等灵活的服务创新方法和经营策略，使得广大用户争相入网，短

职责划分 / 用户分类		大客户经理制	农村统包责任制	10000号客户服务中心	社区经理制	商业客户部	城市社会代办
公众客户	农村用户		√	√			
	城镇用户			√	√		√
商业客户					√	√	√
大客户		√		√			

图4　湖南电信营销渠道服务范围（职责）划分

湖南电信首次公开招聘高层管理人员面试现场

蓝色通道

短9个月活动期内，共放号285万户。"三百万工程"又使得湖南的主线用户在短短16个月内翻了一番，两次大型业务发展活动中新增的主线用户超过了前50年的总和。2002年，面对电信同质、异质业务的激烈竞争，湖南电信又一次明确了加快业务发展的思想，推出了"效益杯"业务发展竞赛活动，最终实现净增主线103万户，净增宽带23.6万户，净增公话5.86万户，对全省的业务收入起到了强有力的拉动作用。2003年6月，为了应对更加严峻的市场形势而组织开展的"拼搏杯"劳动竞赛共发展主线用户48.02万户，小灵通49.33万户，宽带16.61万户，来电显示70.86万户；实现业务收入33.13亿元，月均实现5.52亿元，比上半年月平均数增加4900万元；2003年的收入也因此保持了相对平稳的增幅（图5）。

2.组合营销

为了适应竞争激烈的电信市场，许多电信运营商都采用组合营销的策略。组合营销有利于企业发挥综合业务优势，降低经营成本，提高客户忠诚度，利于客户获取更高价值，便于客户使用一个账单结算通信费用，简洁方便。湖南电信实行组合营销的目的就是出于以下两点：一是提升客户价值，提高客户满意度，维系客户关系，培养客户忠诚度，有效引导用户的消费行为等；另一方面是提升企业价值，深化服务理念，创新营销模式，培育推广新型增值业务，通过产品组合有效化解各业务的资费风险等。

湖南电信采用的组合方式目前主要包括两种类型：一种是多产品间的组合，其中包括电信产品与电信服务，电信产品与其他行业产品或服务的组合。例如，鉴于广

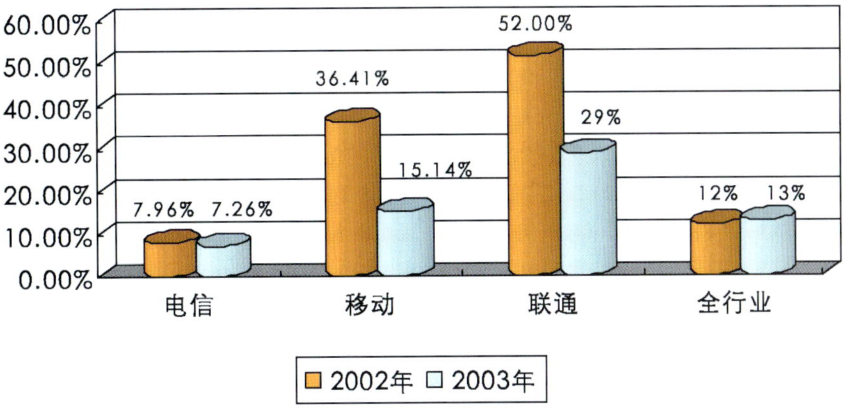

图5　2002－2003年湖南省全行业通信收入同比增幅变化情况

长沙第二电信枢纽中心大楼

大互联网用户对上网速率及网上资源需求水平的提高，湖南电信2000年开始在全省范围内组建宽带城域网；为使用户一次性办理宽带接入和应用服务开通业务，湖南电信提供宽带接入与网络游戏、网上教育等业务组合；考虑到新装用户对宽带终端产品不熟悉，湖南电信又推出宽带接入与宽带终端产品的组合销售，使用户不必再为购买价格合适质量又有保障的终端产品而伤脑筋；而在2003年小灵通业务推出之初，用户对此业务十分陌生，为了更大程度的方便用户购买使用，先后推出了预存话费送手机、银行存款租手机、固定电话担保送手机等方式进行促销，并逐渐形成了品牌效应，目前，全省小灵通用户已超过100万。另一种是单一产品各元素间的组合，主要包括针对单一业务的各种价格套餐和优惠政策等。例如为了使长途电话较多的用户用得更舒心，湖南电信实行超额优惠，通过分档次优惠政策，使这些用户获得更多的实惠；对部分话机不够用的单位实行月消费增量包干，免费为其增装电话，推行"一室一机，一人一机"，既方便了用户，又使企业实现了增量增收；为减少用户每月前往营业厅缴费的麻烦，湖南电信还实行预存一定话费，赠送有效期内的一定通话费，既方便了用户，又实惠了用户，同时还很有效地保住了用户。

（六）倡导个性化、亲情化服务

个性化、亲情化服务变得日益重要，客户是企业生产经营的中心，换言之，企业的生产经营必须以满足客户的不同需求，用较低客户成本实现较高客户价值为出发点。

湖南电信近几年一直努力实施客户关怀工程，并将其作为提高客户价值的一个有效措施。客户关怀工程的实施对象为"中国电信"所有的现实用户和潜在用户，针对不同客户群，依托业务支撑系统，建立完善客户档案资料，使经营部门、各渠道和一线服务营销人员充分掌握各类客户的业务使用偏好和消费变化情况，从而提供更具针对性的关怀方式。

对大客户，提供各种形式的积分奖励关怀；通过各种节日、重要纪念日的问候来增进感情；借助亲情关怀工程建立其良好的互利合作关系，为用户提供个性化、订制化的服务，挖掘用户潜在需求，提高用户自身价值，实现企业和用户双盈的目标。例如郴州市电信分公司在湘南学院的"校园一卡通"的顺利实施为其他企业树立了高校针对性营销的成功典范。2003年初，郴州市电信分公司对郴州湘南学院进行市场调查，发现每位师生身上都携带学生证、工作证、医疗证、借书证、开水票、洗澡票、餐卡、电脑上机卡、电话卡、上网卡等上十种不同种类的卡，不方便使用。于是，企业从校方、师生和自身三方利益出发，开始实施组网计划，最终“一卡在手，走遍校园”的预期目的得以实现，同时还达到了三方获利的目标：师生人均持卡数由11张变为1张，校方相关管理人员由23人到目前仅有卡证管理人员5人，月均公话收入也由8万上升到15万。

对商业客户的亲情关怀主要是做好中、高端客户的走访联系（包括日常走访 、节假日重点走访、客户单位主要领导人或家庭重要事件亲情走访、筹建或在建商业区客户单位的培育性走访等）和低、末端商业客户的日常性、针对性和培育性的联系沟通。

对公众客户的关怀内容包括各种慰问、祝福和祝贺、积分回馈、日常访问等。针对户生命周期的获取、提升、成熟、衰退、离网的五个不同阶段，对客户实施不同的关怀。在客户处于获取期时，重点进行关注，定期了解客户需求；在客户处于提升时期要对客户经常拜访，了解客户需求并尽量满足；在客户处于成熟期时，要通过各种形式的关怀，提高客户忠诚度；在客户处于衰退、离网期时要认真分析，实施客户挽留计划；针对不同需求的客户实施不同的关怀，实施不同的关怀等。客户的年龄、性别、文化程度、职业特点、家庭结构、经济状况、社会地位的不同，使得个性化的商品有着很大的生存空间。

永州市电信分公司的“特制卡”就是个性化商品的成功尝试。以前湖南省的电信卡类业务管理方面原因以及各运营商低价倾销导致电话卡折扣太低，一度陷入低谷。永州分公司就是在这种情况下推出了“电话特制卡”业务，针对用户的不同需求为其订制卡面，取得了很好的效果。例如，单位周年庆典可将单位形象照片印制在电话卡上，可作为公关礼品也可消费，既实在又体面；政府公关则可将地方名胜、具有代表性的大型厂矿企业等印制于卡面；学生毕业将个人写真印制在电话卡送给同学留念等等。可以说，永州电信特制卡引导了用户电信消费新潮流，打破了电话卡销售的固有形式，为用户提供了更为个性化的空间。

为满足全省电信客户更加高层次的需求，湖南电信筹建了一个与电信用户共同追求现代化生活品质、分享新资源、新科技的亲情组织—湖南电信俱乐部。俱乐部是面向大客户、商业客户和个人高端客户的，为其提供有差异化的通信服务。作为湖南电信俱乐部会员，可以享受贴切的亲情服务；品味到最新的电信时尚；获得个性化的服务；享受电信消费及相关消费的会员优惠。对于特大客户将实行一对一专人服务，对部分商业客户和高端个人用户，在营业厅开设专柜或VIP会员接待室，安排专人为会员提供优先、舒适服务；10000号客户服务中心对VIP用户实行优先接入，并提供24小时在线服务；机场专设湖南电信VIP接待室供会员休息侯机，还有专门通道提供优先登机服务等等。

（七）加快改革和机制转换，为推进营销服务管理创造良好环境

推行服务营销并不是一项孤立的工程，而是涉及到包括企业软（业务流程和管理机制）、硬件（企业信息化平台）、资金、人员素质等多方面的基础建设，这些环节不同步改善，服务营销战略的宏伟蓝图将无法得以实现。湖南电信推行服务营销是以以下几项基础管理改革为前提的。

首先是推进机制转换。一是通过推行目标管理体系优化管理模式，对下属单位实行以目标管理为主线的考核管理办法。二是深化人事制度改革，完善竞争上岗机制，建立空缺岗位的公开招聘机制，实行领导人员公开招聘、竞争上岗、公示制度和试用制度。三是完善薪酬制度，深化企业内部工资分配制度改革。对下属单位实行工资总额与经营管理效果挂钩；对员工实行岗位薪酬与绩效考核挂钩；将领导者的任职和业绩紧密挂钩。四是深化劳动用工制度改革，规范企业用工行为。五是建立员工职业发展设计机制，培育核心员工和优秀人才，努力打造学习型企业。

同时，把财务集中管理、投资计划和物资采购集中管理、计费账务集中管理、本地网综合化集中维护和网络资源集中动态管理作为全面推进管理创新的切入点，在加强财务管控，有效配置资源，改善服务质量，提高经济效益等方面取得了显著成效，为推进服务营销管理提供了可靠的保障。

第三是加强企业信息化平台的建设。电信运营支撑系统是企业信息化平台的重要组成部分，运营支撑系统是推行服务营销不可缺少的部分。电信企业的支撑系统包括前文提及的电信“九七”系统（“市话业务计算机综合管理”软件系统）、本地网计费系统、综合结算系统、综合网管系统、资源管理系统、客服系统、经营分析系统等。对于“九七”系统，多年来在使用中不断的升级和完善，包括营业受理、配线配号、订单管理、机线资源管理、统计查询等几个子系统，并与计费等其他支撑系统实现了接口。通过实行计费、维护、网络资源等的集中管理对本地网计费系统、综合结算系统、综合网管系统、资源管理系统进行了集中改造，例如，目前全省14个本地网长途电话收费话单全部集中在省中心进行处理实现了长途电话原始话单数据的实时采集、实时处理和实时下发。企业的OA（办公自动化）系统是企业信息

加强本地网络资源管理 提高网络资源利用率

上海市电信有限公司

一等奖

项目组全体成员，右一为成果主要创造人张宝娟

一、概况

（一）网络资源和网络资源利用率研究

上海电信本地网网络结构庞大，资源种类繁多。网络资源的集中管理越来越显得重要，2002年5月，上海电信成立了网络资源中心，担负起网络资源集中管理的重任。中心极其重要的一项职责是“负责电信网网络资源的管理，合理分配网络资源，提高网络资源的利用率”。提高网络资源利用率是一项系统工程，除了利用技术手段外，更重要的是通过管理改进业务流程、改进管理模式、充分利用信息资源。2003年，网络资源中心在中心主任的直接领导下，从各个专业科室抽调人员组成了“资源挖潜小组”，展开了“加强本地网络资源管理，提高网络资源利用率”的专项研究工作。

（二）网络资源利用率研究的必要性

1.网络资源利用率研究是现阶段网络发展阶段的必然要求

电信产品和其他一般产品一样，都有其生命周期。产品生命周期一般来说，可以分为四个阶段：产品引入期，成长期，成熟期和衰退期，如图1所示。产品引入阶段是指在市场上推出新产品，产品销售呈缓慢增长状态的阶段。成长阶段是指该产品在市场上迅速为顾客所接受、销售额迅速上升的阶段。成熟阶段是指大多数购买者已经接受该项产品，市场销售额缓慢增长或下降的阶段。衰退阶段是指销售额急剧下降、利润渐趋于零的阶段。

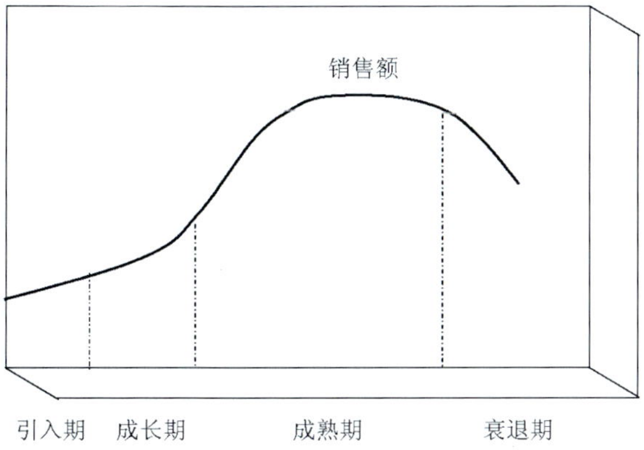

图1　企业产品生命周期图

图2　网络生命周期图

一个网络的生命周期一般为规划、设计、实施、运行、优化，如图2所示：

电信业的语音业务经过其高速成长阶段现在已经到了成熟期。而支撑语音业务的上海本地网络也经历其快速扩张阶段到了优化期。

一般来说，网络开通初期侧重对网络覆盖的调整及异常现象的排除，在网络平稳运行期，侧重对网络安全、设备利用的优化调整。上海电信发展至今，网络结构趋于稳定，所以在网络平滑过渡到下一代网络前期，势必要加强对本地网络的管理，提高网络资源的利用率。

2.网络资源利用率研究是企业管理现代化创新的方向之一

一般人常有一个概念，创新就是要做全新的东西。做全新的东西只是创新的一种形式，大部分真正的创新不完全是做全新的东西，而是在现有的技术进步成果的基础上进行逐步改进。创新理论鼻祖熊比特关于创新的深刻定义指出：创新是新的生产函数的建立，即企业家对生产要素的新的组合。

在电信网络渐进的形成过程中，随着技术的日新月异，各种各样的网络设备推陈出新，更新换代的速度非常快。但因为网络资源的成本非常高，同时由于其承担的是“通信”这样一种特殊任务，所以不可能随着新设备、新技术的不断涌现，大规模的快速更新原有的网络设备、网络结构。网络的铺设由于其先期的限制，发展至今必然会出现各种瓶颈；由于种种历史原因，上海电信各专业网络资源数据库数据并不完全一致，若干存在着资源虚占现象，导致现场资源的闲置浪费；长期以来，由于体制的原因，网络资源分散管理，从而形成了各自的网络资源壁垒。随着上海电信本地网络的快速发展，以往注重较多的是网络的扩张，设备的扩容，而对原有已降低使用，甚至少用、不用的资源没有一套机制来激励退出。长久以来的只增不减，形成了今日网络资源的占用率高、利用率低的现状，造成了大量资源的浪费。种种现象表明，以往对网络资源的管理手段已经跟不上网络的快速发展和激烈的市场竞争所要求的快速响应。必须寻找一种现代化的管理方式，对相关流程进行合理重组，制定一系列的制度和措施并贯彻实施。加强本地网络资源管理，提高网络资源利用率势在必行。

二、加强本地网络资源管理，提高网络资源利用率

著名的管理咨询顾问拉姆·查兰认为优秀的管理者惟一具备的一项最重要的能力就是：把最复杂的事情分解成一些基本要素的诀窍。电信网络是复杂的，从不同的角度来看，会对网络有不同的理解和描述。如可以从功能、逻辑、物理实体、对用户服务的界面上等不同的角度和层次进行划分。上海电信目前共有220个交换单元，仅市区各汇接局的汇接能力总计为428841爱尔兰。对于上海电信本地网这样一个超大型的庞大网络，如何加强本地网络资源管理，提高网络资源利用率头绪众多，思路繁杂。我们针对上海电信目前的实际情况，把现阶段提高网络资源利用率的重点放在业务提供层、中继网络层、光纤骨干层。

信息产业部领导与成果主要创造人张宝娟（前排中）在发奖大会上

（一）释放现网闲置网络设备

闲置网络设备，是指两个模块间经传输设备、传输路由沟连，但实际并无话务量或者话务量极低的设备。

1.现状分析

随着上海电信本地网络的发展，现网中有些平台、汇接局已经完成其历史使命，逐步退出上海电信本地网络。虽然这些平台、汇接局在现网中已经没有任何作用，其与其他端局、汇接局的路由已经被调整至新的路由走向，但它们原来与其他端局、汇接局的绝大部分网络设备仍然沟连。近几年来，随着上海电信本地业务的发展，本地网络资源相对紧张。如果能对这些闲置的网络设备进行清理，将大大缓解交换、传输资源紧张问题，释放出来的这些资源可以得到再次利用，本身的价值得以最大体现。

2.提出方案并确定最佳方案

（1）多方案的提出

这样的平台、汇接局在现网中存在较多，小组成员根据平时的工作经验积累及对现网话务情况的调查，提出了3种方案（图3）：

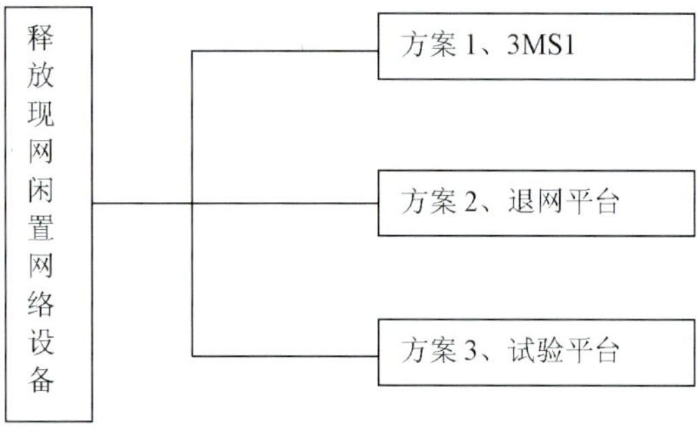

图3　释放现网闲置网络设备方案

方案1中3MS1共有中继模块820只，其中与他局沟连496只。因为3字片的主要汇接局由原来的3MS1、3MS2逐渐转变为3MS3、3MS4，从而导致原经3MS1、3MS2的大量路由调整至3MS3、3MS4，但绝大部分当初沟连的中继连接并未随着路由调整而相应拆除。在这种情况下，3MS1、3MS2的话务量就非常低，中继利用率接近0，远远低于70%。

方案2，退网平台是指曾经为上海电信作出巨大贡献的一些较大的平台，如APEC会议期间专门在东方明珠设立的APEC平台，为APEC会议的顺利召开提供了完善的通讯保障，如今这样的平台已经完成了历史使命并停止使用，可以退出上海电信本地网络。

方案3，试验平台种类繁多，基本都在某些端局、汇接局局里面，当初仅作为试验用，与相应端局有1～6个中继电路连接。等到试验结束，这些平台就不再使用，但基本上无部门发起组织拆除，导致与其相连的局端中继设备闲置。统计全网此类平台发现，总共有“柳林展示

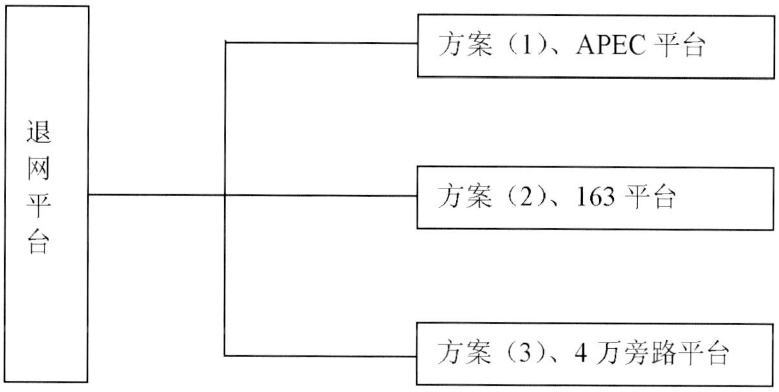

图 4　退网平台方案分析

厅"、"管局语音信箱" 等 23 只，占用中继设备 45 套。

（2）方案的对比择优

方案 1，中 3MS1 虽然目前绝大部分中继设备闲置，但还是不能轻易拆除。一是因为 3MS1 话务量虽然极低，但部分局至 171、17900、17901 等的迂回路由仍然经过 3MS1 汇接；二是因为根据公司规划，3MS2 已用作小灵通主要汇接局之一且改名为 PMS2，但公司目前尚未对 3MS1 进行规划，其今后主用用途一经定位很多已经沟连的中继设备可以再次利用，即使不需要也可以随工程大批量拆除。

方案 2，退网平台曾经为上海电信作出巨大贡献，如今这样的平台已经完成了历史使命并停止使用，可以退出上海电信本地网络。

方案 3，试验平台由于历史原因，这些平台存在多头管理、职责不清等问题，小组在短时间内难以理清其产权，无法进行拆除。

根据以上分析，对照三个方案的情况可见，方案 2 具有明显优势，可行性和可操作性都比方案 1 和方案 3 要强，因此，方案 2 是三个方案中的最优方案。

（3）最优方案的再分析

我们再来对方案 2 进行分析，发现具体有 3 个平台组成（图 4）：

方案（1）APEC 平台是 APEC 会议期间，为保障会议所需的各项通讯而专门设立的一个局"东方明珠 5088"，会议圆满结束，APEC 平台也就完成了历史使命并停止使用，可以释放与其他局沟连的中继资源。

方案（2）的 163 平台为原"163" CHINANET 网接入号专用平台，随着业务的发展，163 的路由已经逐步从由 TMS1～TMS4 特服汇接局至 163 平台调整到全网至公共数据旁路平台。

方案（3）的 4 万旁路平台原为上网接入平台，随着社会对上网的需求越来越大，当初设计的容量已经远远不够，上海电信根据市场需要新建立了公共数据旁路平台，并于 2001 年开始将原 4 万旁路平台业务调整至公共数据旁路平台，现已经全部调整完毕，4 万平台上已经无话务量。4 万旁路平台具体涉及到 2AS1、4AS1 等 8 只服务接入器，与全网 108 个端局、汇接局有直达中继，包括与 2MS1 等资源非常紧张的交换单元共 931 只中继模块连接。

（4）最终方案的确定

对比以上 3 种方案发现：

方案（1）APEC 平台地处浦东陆家嘴经济贸易区，随着上海经济的大力发展，类似 APEC 的大型国际会议极有可能再次举办，如果该平台不拆除，到时可以直接利用，减少了一拆一装的工作量。另一方面，与 APEC 平台相连的除了长途局，主要为 8MS2、8MS4，而 8MS2、8MS4 作为 8 字片主要汇接局，资源相对不紧张，释放被 APEC 平台占用的网络资源对缓解全网资源紧张问题、提高网络资源利用率贡献并不大；

方案（2）163 平台属于长途通信部管理维护，据运维处与其相关人员沟通得知可能计划另外用作其他业务平台。若 163 平台直接用作其他业务平台，其与本地网的中继路由可以马上利用起来，现将其拆除只是暂时释放这些资源，到时又要重新沟连，增加相关部门不必要的重复劳动；

方案（3）4 万旁路平台业务已经全部调整至公共数据旁路平台，目前已经无话务量。而且 4 万旁路平台所占的中继资源非常庞大，释放后可以在很大范围内很大程度上缓解部分局的资源紧张问题。另一方面，通过与总师室等技术权威部门协调，一致认为 4 万旁路平台接入服务器从技术角度分析已经比较落后，可再利用的可能性不大。

综合以上比较分析，我们资源挖潜小组一致选择方案（3）4 万旁路平台作为最佳方案。

的各种原因。用系统图表示如图6：

4.确定要因

小组成员根据系统分析图，对调度现场进行了调查并通过电话询问等方式，对各种因素进行了逐个确认，并编制了要因确认表(表3)。

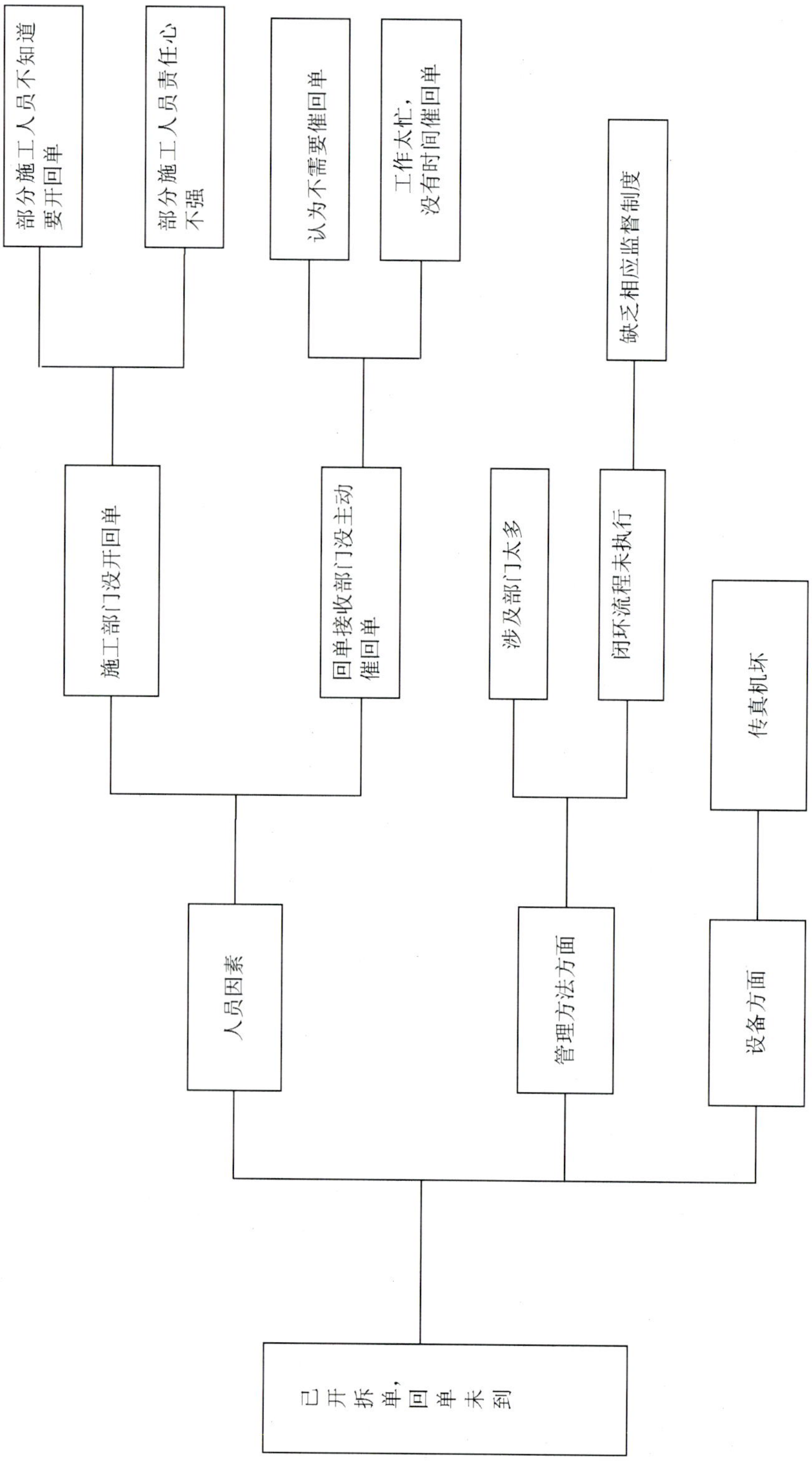

图6 系统分析图

单进行催讨。传输调
常规工作来做，对施
回单进行电话询问摧
都能收到回单。

效果检查：新增
内工作上手，极大地
传输调度系统的使用，
度人员能根据系统的
对于超过规定时间而
行电话催促，完成率

实施三：协调监
(1)制定相关制度
从工单发出到施
一个比较完善的闭环
施工完成后施工人员
年10月我们会同工程
门召开专题会议，起
理办法》(试行)，以
及时发送回单，使每一
(2)传输调度室
摧讨回单对传输
但意义却是非常重大
月专门制定了摧讨回
入传输调度作业文件
不错。

效果检查：网络
工管理办法》、传输调
能在自制定之后认真
门的大力配合之下，
照制定的闭环流程顺
形同虚设，而是切切

7.效果检查

至2003年10月
回单未到”的回单38
部1542只中继模块。

(三)优化传输光路

1.现状分析

在传输的日常调
对用户光缆的调度中，
多，但往往由于前级
进行退单处理；或者
该局向的光路申请需
了我们对市场响应的

小组经过全体成员对结果论证的确认，最终确定以下3个为要因：

(1)部分施工人员责任心不强。

要因确认表					
序号	末端因素	论证方式	结果论证	论证人	是否要因
1	部分施工人员不知道要开回单	电话询问	8个施工人员全部知道要开回单	马怡颖	否
2	部分施工人员责任心不强	电话询问	施工人员虽知道要开回单，但由于不重视经常会因各种原因未开回单	马怡颖	是
3	认为不需要催回单	现场调查	6个调度员全部知道要催回单	洪坚	否
4	工作太忙，没有时间催回单	现场调查	调度员反映调度任务重，人员少，没有时间催回单	洪坚	是
5	涉及部门太多	现场调查	回单反馈只涉及传输中心、电信工程公司2个相关部门	殷洁 沈丽中	否
6	缺乏相应监督制度	系统跟踪	虽有一个比较完整的闭环流程，但缺少相应监督制度，致使回单发送环节未执行而无人过问	殷洁 王根虎	是
7	传真机坏	现场调查	传真机已经过设置，若传真机坏导致某次传真任务不成功，即会自动反复传送，最大可达100次，因传真滞后而导致的回单未收到现象极少	洪坚	否

表3 要因确认表

一等奖

以深化诚信服务为目标的通信企业经营管理

山西省通信公司太原市分公司

梁国准副总经理（左二）在营销活动现场

山西省通信公司太原市分公司是隶属于中国网通集团山西省通信公司的国有独资企业。公司现拥有总资产14.9亿元，员工1758人，服务面积6988平方公里，所属营业网点遍及全市10个县(市)区，是承担着太原市国民经济与社会信息化建设重任的主导通信企业。

太原通信建成的连接国际、国内畅通无阻的通信网络，已经成为沟通太原市与全省、全国以及国际间交往的纽带。2003年，太原通信完成固定资产投资3.98亿元，实现通信业务收入12.52亿元，实现利润2.84亿元，在网通集团省会分公司中名列第一。

一、诚信服务理念提出的背景

(一)通信市场逐步放开，诸侯鼎立局面日渐形成，企业面临严峻挑战

根据我国加入WTO后政府电信领域的承诺，未来3年是电信市场开放步伐最大、开放领域最多的关键时期。根据协议规定，作为14个第二批开放城市之一，太原将在2004年底开放移动电话和数据业务；在2006年底开放基础电信服务。与拥有雄厚资金实力、先进管理经验和技术手段的国际电信巨头相比，我们还有相当的差距，我们企业将面临前所未有的竞争压力。

与此同时，我国国内通信市场6大运营商鼎立的竞争局面已经形成。就太原通信市场而言，2003年我公司业务收入比重由上年的49.41%降至48.23%，移动公司比重有37.57%上升至37.61%，联通公司比重由13%上升至14.16%。此外，铁通在固定电话市场上也咄咄逼人，北方电信山西分公司与山西广电联手抢占宽带市场。不难看出，我们面对的将是来自国内、外的全方位的竞争威胁。

(二)融合重组完成，信息化建设持续发展，企业迎来发展机遇

2003年，中国网通集团为降低集团整体运营成本支出，加快集团整合和品牌建设步伐，对中国吉通和网通控股公司进行了融合重组。太原通信根据集团公司统一部署，在较短的时间内成功实现了对本地吉通、网通控股公司的融合，在网络、业务和人员方面进行了合理调整，将一批懂管理、善经营的人才吸纳到企业的重要岗位，为企业下一步的发展壮大了力量。

党的十六大明确提出，信息化是加快工业化和现代化的必然选择，是改变国民经济增长方式的核心产业。十六届三中全会上又提出把信息化作为知识经济社会中资源配置的一项重要手段。由此可见，信息化必将在完善市场经济体制中发挥越来越大的作用，其建设步伐也将不断加快。

机遇与挑战并存，我们必须牢牢抓住机遇，积极应对挑战，不断改进技术、创新管理，发掘新的竞争优势，使企业在通信市场国际化大潮中永远立于不败之地。实践证明，技术改进和价格让步已失去竞争优势，只有通过管理创新才能使我们永保活力；只有不断提高诚信服务水平才是我们保持竞争优势的立足点和出发点；只有借助诚信服务领先优势，我们才能在激烈的市场竞争中站稳脚跟，永立潮头。

(三)以ISO9000认证为契机，确立“诚信永远在线”质量方针

随着通信体制改革的不断深入，通信市场垄断经营格局被逐渐打破，市场竞争的形式和特点发生了巨大的变化，竞争的程度也更加激烈。为创建世界一流通信运营企业，提高企业的市场竞争能力、盈利能力和快速的市场反应能力，变革原有的管理体制和服务理念。2002年10月21日，我公司正式启动了ISO9001:2000质量体系认证，希望借助国际先进的管理标准提升企业的管理水平和服务质量，建立以市场为导向，以客户为焦点，以效益为中心的企业流程体系。同时，公司提出了“诚信永远在线”质量方针。这一方针成为公司坚持管理创新、机制创新和服务创新，营造诚信工作、诚信服务良好氛围的基石。2003年9月，通过公司全体员工共同的努力，公司顺利通过了ISO9001:2000质量体系认证，获得了加拿大埃尔维和国内泰尔认证中心颁发的证书。

二、诚信服务的基本内涵

“诚信”二字对企业而言有着丰富的内涵。“诚”有三个层次的解释：第一层次是指诚实，即企业应提供货真价实的产品，让客户享受物有所值的服务，做到童叟无欺；第二层次是指诚心诚意，即企业不仅要诚实，而且要主动，要站在客户的角度，想客户所想，急客户所急，尽可能使客户享受到方便的、快捷的、人性化的服务；第三个层次是指诚惶诚恐，即企业要始终以客户为上帝，惟恐客户不满意，把困难和风险留给自己，以客户的满意度和价值观作为判断业务成败的标准和改进发

展业务的动力，使客户享受到超值的服务。"信"也有三个层次的解释：第一层次是指信用，即企业在经营实践中要践约守诺，信守合同，不出尔反尔；第二层次是指信任，即企业应不断践约，使客户对企业品牌上升为心理上的认同；第三层次是指信誉，即企业要努力赢得良好的社会评价，被社会认可。

诚信是内强企业素质，外树企业形象的基石。诚信服务是服务行业共同推崇的理念，是一个企业的生存之基，发展之源和立足之本。通信企业作为典型的服务型企业，具有鲜明的服务特色，服务是通信企业永恒的主题，通信企业的市场拓展和壮大必须通过为客户不断提供优质、诚信的服务来实现。

三、深化诚信服务的主要内容和做法

（一）树立诚信服务意识、强化诚信服务理念

2001年9月，中共中央在下发的《公民道德建设纲要》中提出了"爱国守法、明礼诚信、团结友善、勤俭自强、敬业奉献"的20字公民基本道德规范，其中首次把"诚信"作为公民必须遵循的基本道德准则提出。中国网通集团公司在成立伊始，也将"诚信铸就品牌、服务编织未来"作为企业理念，强调"诚信"是中国网通集团铸就知名品牌的立足之本，"服务"是中国网通集团经营战略的具体体现和参与未来市场竞争的基本手段，提供优质诚信的服务是企业经营战略的出发点和落脚点。

太原通信从实施《公民道德建设纲要》入手，结合集团公司企业理念和山西通信"服务永无止境"的企业宗旨，提出"诚信永远在线"质量方针，加强组织领导，开展宣传教育，努力培养员工诚信服务意识，深化员工诚信服务理念，使员工把诚信服务理念由表面的感性认识变成深层的理性思维，融入员工的潜意识。首先，公司要求各基层单位将诚信服务作为本单位的一项重点工作来抓，通过制定员工培训计划和方案，有步骤、有目的对员工进行教育，利用专题讲座、组织生活会、观看宣传片、知识竞赛等方式开展形式多样的宣传教育活动。其次，公司借助太原通信报、龙城热线网站、企业文化丛书、板报等媒介帮助员工提高思想道德水平，树立诚信服务意识。此外，公司还制定了《诚信员工守则》，作为员工树立诚信理念，规范工作的行为准则。通过这些形式与内容相结合，教育与管理相结合的有效途径，在全体员工中逐步营造出全心全意为客户提供诚信服务的良好氛围。

（二）制定诚信服务规范、构筑制度支撑平台

没有规矩，不成方圆。一套科学完善的服务规范是监督和保障规范化、标准化服务的有效手段。依据集团公司和省公司有关文件精神，太原通信结合实际制定了《"首问负责制"实施细则》、《"180经理服务热线"实施细则》等一系列服务管理规范。针对宽带、固话用户的个性化需求，出台了《太原市通信分公司数据宽带业务个性化、差异化服务管理办法》、《太原市通信分公司实行个性化、差异化电话障碍查修管理办法》；大客户作为通信企业的战略性资源，已经成为运营商争夺的重点，为了进一步规范大客户管理，确保为大客户提供优质高效的服务，公司出台了《三级大客户服务管理办法》和《三级大客户服务管理实施细则》；为了对通信服务质量进行有效的监督，公司引入社会监督机制，聘请了新闻、行政机关等20多家单位作为企业的社会监督员，并制定了《社会监督员管理办法》，定期召开社会监督员会议，听取他们的意见和建议，希望以此促进我们不断改进工作。

（三）完善诚信服务体系、创新诚信服务模式

公司在强化员工诚信服务理念的同时，进一步完善现有的服务体系，不断创新服务模式。公司将2003年定为太原通信的"服务创新年"，旨在围绕创新诚信服务模式，深化诚信服务措施，拓展诚信服务功能，完善诚信服务机制，采取积极有效措施，打造诚信服务品牌，全面提升企业的核心竞争力。

在服务创新年，我们确立了提升诚信服务水平的三个基本策略：一是把面向普通客户的满意服务做实，向普通客户提供方便、快捷、优质服务；二是把面向高端客户的优质服务做精，向高端客户提供个性化、差异化、等级化的服务；三是"以客户为关注焦点"，建立面向客户、服务于客户的业务流程，实现服务质量的持续改进。同时，还提出了强化服务的五个观念：即从被动服务向主动服务转变，从单一服务向综合化服务转变，从大众化服务向个性化服务转变，从窗口服务向全员服务、全过程服务转变，从事后服务向事前服务转变。

太原通信在贯彻"诚信永远在线"质量方针，深化企业管理创新，提升诚信服务水平的工作中主要采取了以下措施：

1.建立"以顾客为关注焦点"的流程体系，优化服务流程

2002年底，公司导入国际先进的管理工具ISO9000标准，借鉴ISO9000体系中"以顾客为关注焦点"的理念，从客户需求出发，全面优化、整合企业的运营流程。在将近一年的时间里，公司领导重视，全员参与，先后组织了多次流程讨论，编写制定了市公司和各郊县分公司的《质量管理手册》和包括综合、服务、产品、网络在内的流程体系文件，将507个操作流程和384份记录固化下来。其中，还专门编写了《服务评价、持续改进》体系文件，将与服务有关的包括服务质量检查操作流程、首问负责制操作流程、客户满意度调查操作流程等在内的20个流程和23份记录规范到体系文件中。同时，从提高诚信服务水平出发，重新优化了客户投诉、咨询、申诉、建议操作流程，大大缩短了受理解决客户投诉等问题的路径。在流程运营体系持续改进的过程中，公司还组织专人召开会议讨论修订了多个产品、网络线流程，如2M数字电路操作流程、30B+D业务操作流程等，进一步理顺了企业内部的上下流程，上下工序和岗位之间的衔接，简化了面向客户界面的流程操作环节。通过公司对流程体系的持续改进和优化，努力实现了使每一个流程都与市场的"零"距离接触，把客户的满意度无差异的传递给每一个业务流程和岗位，让客户真正感受到了企业的诚信服务。

2.打造"3X"服务品牌，拓宽四条服务渠道，推行"五心"服务

"星级服务、用心服务、诚信服务"的"3X"服务品牌是太原通信服务品牌对传统的继承和发扬，是为适应新的市场形势而推出的一个完善的服务模式。"3X"服务品牌是相辅相成的价值链，星级服务是基础，用心服务是保证，诚信服务是根本。公司在打造"3X"服务品牌的过程中，采取了硬件和软件相结合的方式。在硬件方面，要求服务窗口按标准化规范为客户服务提供有力的技术支撑和完善的业务平台；在软件方面，要求员工对客户服务做到全心全意、一丝不苟、精益求精、尽善尽美。通过硬件和软件的完美结合，将"3X"服务品牌打造成传承过去、兼顾现在、着眼未来的兼容并蓄、内容全面的品牌模式。

随着客户群的的日益庞大和客户需求的差异化、个性化，建立多样的、畅通的、便捷的通信服务渠道已经成为当务之急。为此，公司进一步完善服务体系，重点建设"金、银、蓝、绿"4条服务渠道。其中，"农村乡镇服务金色通道"是指在农村建立起依托支局所，以农村客户经理分片包干责任制为基础，由农村统包人员代营、代维、代收的"营维合一"的服务营销模式，从而巩固和拓展了农村市场。"10060客户服务银色通道"是以电话密码注册方式，为集团客户，商务客户和公众客户提供业务咨询、业务查询、业务办理、客户投诉等多种服务，使客户足不出户就可实现电话全业务受理，省时、省事，把方便留给客户，使客户确实感受到信息社

宁凤莲总经理（左二）在省政府分局检查工作

会带来的方便和快捷。"城市社区服务蓝色通道"则是在总结社区服务经验的基础上，在城区建立起分片包干、责任明确、贴近客户、零距离沟通、市场反应灵敏的社区服务中心。"大客户服务绿色通道"的建立旨在对大客户实行一站受理、一站购齐的一揽子服务，在售前、售中和售后服务中为大客户提供畅通无阻的服务绿色通道，提高大客户对企业的认可度。例如，2003年9月，山西省证券投资有限公司入驻国贸大厦开业在即，要求开通2条2M入户联网电路和1条155M数字电路。但是，由于国贸大厦刚刚竣工，线路设备等资源均不具备，在这种情况下，我公司想用户所想，急用户所急，在未与客户签定协议，未交费用的情况下，大客户服务中心协调各部门，连夜加班为客户拉光纤，装设备，在用户提出申请的第二天就顺利开通电路，保证了用户的正常开业，赢得了用户的信任和赞誉。

公司在拓宽营销服务渠道的同时，努力创新服务理念，提出在5个主要服务环节向客户提供"五心"服务，即让爱心、细心、耐心、真心和诚心贯穿于创星级服务的全过程，赋予星级服务新的内涵，让"星＋心"服务模式成为太原通信一道亮丽的风景。所谓"爱心"服务，就是在营业窗口实现"爱心"服务，即在星级营业厅的环境中，要以"一切方便客户"为标准，在接待客户、业务办理、咨询反馈等环节上创新服务手段，增加服务内容，继续完善已经开展的免填单、一台清服务和双屏选号服务，提供触摸屏系统查询，颗粒自主服务区，开展向客户双手递单、站立送客服务，用爱心换取客户舒心；"细心"服务，即在装移修机窗口开展"细心"活动，以"让客户省心"为目标，开展资料核实、线路和交接箱整治、障碍查修不过夜等活动，通过细致入微的工作，让客户感到省心；"耐心"服务，即客服中心24小时全天候为客户提供咨询、查询、办理业务等服务，以"宁肯自己麻烦千遍，不让客户为难半分"的精神，拉近客户与企业的距离，以"耐心"的服务，带给客户开心的感觉；"真心"服务，即强化后台支撑，减少业务差错，让客户放心，让企业放心；"诚心"服务，即在大客户服务工作中实行"诚心"服务，大客户经理要用真诚的心代表企业为大客户提供差异化服务和个性化解决方案，并对客户使用情况进行连续跟踪，主动为其提供合理化建议，保证做到有诺必践，言必信，行必果，以"诚心"服务，赢得大客户满意。例如，2003年，我公司接到工行五一路支行反映，称其5月至7月均产生大额话费。我公司对此非常重视，在最短的时间内，派人测量线路，检测计费系统，均无异常。所有检查记录表明问题原因不在我公司，但我们仍积极帮助客户查找其内部原因，最终发现是其DDN设备的备份系统出现故障，我公司技术人员无偿帮助客户解决了问题，使得客户对我们细心、耐心、诚心的服务，给予了高度的评价。

3.争创两个服务品牌——数据宽带业务服务品牌和电话修障服务品牌，利用品牌效应占领市场

优化流程、制定规范、明确职责，把数据宽带业务建设成同行业中具有一流综合竞争力的服务品牌。数据宽带业务作为通信行业新的利润增长点逐渐被各大通信运营商纳入经营范围，成为通信市场新的竞争焦点。我公司利用雄厚的网络资源和规范的基础管理优势，很快拥有了一定的业务量。但是，由于数据宽带业务毕竟是一类新业务，业务流程和操作规范还很不完善，不可避免的存在一些问题，如待装户的管理、丢票问题、无法查询等。为了有效解决这些问题，公司借助ISO9000质量体系认证，加大流程优化力度，进一步规范了宽带业务流程。首先，公司于2003年4月将数据宽带业务纳入九七系统，取消人工处理环节，有效解决了丢票、无法查询业务处理经过、安装时限过长等问题；其次，我们还充分发挥通信营业受理点多面广的优势，实现数据宽带业务在所有能受理市话业务的窗口都能受理。同时，在人工受理的基础上，开办了网上受理业务，极大的方便了客户；第三，各部门经过反复讨论修改，出台了《数据ADSL业务受理、装移修操作规范暂行规定》，明确了部门职责、操作规范和时限要求，解决了待装户管理、工单稽核、障碍处理等环节的漏洞；第四，为了加强监督考核，我们又制定了《数据宽带业务个性化、差异化服务管理办法》明确了宽带业务的客户满意度、客户投诉率、修障总时限、修障及时率等质量指标和服务规范要求，并设置专人检查跟踪流程，协调督促、迅速整改、逐步完善、稳步提高的办法，对数据宽带业务的各个环节进行跟踪检查，逐步优化完善处理流程，对发现的问题及时进行通报，督促整改。经过一年多的规范，数据宽带业务流程更加顺畅，客户满意度不断提高，竞争优势明显增强，为我们争创数据宽带业务服务品牌奠定了良好的基础。

打造电话修障服务品牌，对电话修障实行个性化、差异化服务。电话修障作为公司的传统服务项目，已经形成了一套较为完善的服务规范，公司在规范化工作中加强督查，严格执行《太原市通信分公司电话装移修规范服务管理办法》和《入户服务规范》，使电话修障的满意度不断提高，客户投诉率逐步降低。

为适应客户对电话修障的个性化、差异化需求，公司又出台了《太原市通信分公司实行个性化、差异化修障服务管理办法》。针对不同的客户群体采取不同的维护服务时限，压缩障碍历时，明确了大客户电话修障的客户满意度≥85分，客户投诉率≤1‰，电话修障A级大客户时限4小时，B级大客户时限8小时，C级大客户时限16小时，对A级、B级大客户的派障时间延长到22点30分，电话修障及时率达到100%；明确了上门服务人员符合《入户服务规范》和《太原市通信分公司电话装移修规范服务要求》，服务规范达标率100%；明确了大客户电话修障的流程和大客户管理职责，A级大客户由大客户服务中心负责管理，B级大客户、C级大客户由各县（市）分公司、中心局、分局负责管理。

4.提升三类通信服务水平——查询服务、营业受理服务、后台支撑服务

为适应经济的发展和客户需求的增长，我们充分发挥114查号台家喻户晓的品牌优势（客户的认知程度），拓宽服务领域，增加服务功能，丰富服务项目，将114查号台变成综合性的查询服务平台，从而刺激话务量的增长。公司在清理数据库，对114客户资料和号簿资料进行核对的基础上，不断拓宽114服务项目，增加可直接收取费用的附加服务，逐步向客户提供多层次、多样化的信息查询服务。通过这些措施，强化了114查号台的服务品牌形象，使114查号台变成普通百姓的"万事通"，商家离不开的广告推销员。

营业受理服务主要是指以营业服务为主的客户办理业务的5种方式：营业厅办理业务；189受理业务；大客户经理受理业务；通过银行、邮政储蓄、电话卡受理收费业务；代办人员上门直接代客户办理业务。公司主要通过以下措施全面提升营业受理服务水平：一是加强了代收费管理，引导客户通过银行缴纳话费。以前由于银行在向客户提供缴费发票方面存在着管理上的漏洞，导致客户在银行缴费时很不方便。为此，公司及时召开各专业银行分析协调会，确定专人负责发票的稽核、管理，对银行发票使用情况进行有效监管，从而发挥银行缴费点多面广的优势，让客户就近缴纳话费，实现利益双赢。另外，还通过制定《委托银行代收话费协议》，加强对银行代收话费的管理。二是营业厅实行一台清服务，提高了业务受理速度。自2003年起，公司营业厅开始实行一台清服务。当年3月份开始设备的安装，5月份设备安装调测全部完毕。与此同时，一台清服务管理规范的制定

梁国准副总经理（中）接受阳曲县政府赠送的锦旗

一等奖

和服务人员的培训工作也同步进行。目前，公司所有营业厅均已全部实现一台清服务。三是简化手续，方便客户，实行了免填单服务。从2003年元月份开始，在大南门市话营业厅做试点，对部分业务实行免填单服务，并逐步在所有营业厅推行。目前，随着免填单服务试点工作的不断深入，实行免填单服务的业务种类也在不断增加，已扩展到包括市话、智能网、无线市话等在内的多项业务，极大地方便了客户，老年人和文化层次较低的客户群体对此感触颇深。四是采取密码方式，通过189受理业务。189电话预约受理业务为客户提供了简便、快捷的零距离服务。客户通过拨打189客服热线，可以足不出户的办理公司经营的所有通信业务，而且，由于实行客户密码受理方式，使189电话预约办理业务更加安全，真正体现了公司的人性化服务理念。五是通过触摸屏查询办理业务，减少人为接触环节。公司在6个主要营业厅建立自助服务区，安装触摸屏，通过触摸屏查询系统，向客户提供通信业务知识，通信业务资费情况、用密码查电话费用明细，办理简单的通信业务。

为了使职能部室人员树立服务于前台的观念，进一步强化后台支撑意识，及时帮助前台解决工作中遇到的实际问题，公司定期、不定期的召开服务问题分析例会和协调会。通过服务问题分析例会和协调会的召开，及时弥补了企业管理上的漏洞，强化了工作流程中的薄弱环节，有效降低了客户投诉率。2003年1月至今共召开分析例会23次，协调会40余次，内容涉及业务管理、九七流程、工程施工等多个方面，分析例会的快速处理机制取得了显著成效。

5.采取四项措施——认真贯彻执行三个规范，加强回访工作，加大满意度测评力度，理顺客户投诉渠道

2003年，集团公司的《客户服务中心服务规范》、《入户服务规范》、《营业厅窗口服务规范》下发后，分公司立即将“三个规范”手册印发公司各部门，做到管理和服务人员人手一册，要求各单位认真组织学习，务求领会精神，确保贯彻落实到位，并以此为契机在管理人员和服务人员中掀起了业务学习的新高潮。

为了进一步加强回访工作，公司根据“三个规范”的要求，加大力度督促相关单位严格执行回访制度。为此，公司出台了《回访规范制度》，明确规定了各单位一把手、主管领导和服务人员定时、定期、定量进行回访，保证分公司、责任单位和责任人三级回访工作的全面落实。此外，《回访规范服务用语》也以制度的形式对各专业不同回访对象的服务用语作出了明确规定，并在工作中得到了认真执行。在6个100%回访的基础上，公司还对查询业务、无线市话业务、公话业务的客户进行了回访。在自动回访过程中，如有不应答、不满意、很不满意的客户，则必须进行人工回访，针对人工回访中发现的服务问题，特别是对客户反映的一些突出、疑难问题本着快速、彻底的原则及时上门回访，认真妥善处理。为了约束服务人员的言行，公司还给服务窗口配备了录音电话，使用录音系统督促工作人员按照规范进行回访、催欠。实践表明，上述措施在窗口单位的回访中发挥了重要作用，取得了对服务监督、检查的良好效果。

2003年年初分公司根据不同的业务种类，细分满意度指标，将业务管理、运行维护等部门的绩效同满意度测评结果挂钩。如在县(市)通信分公司、中心局、分局将每个线务员的绩效同客户满意度测评结果挂钩后，电话装移修的客户满意度有了显著提高，平均得分达到85分以上。以北城中心局为例：5月份，新安装电话的客户满意度得85.37分，电话修障的客户满意度得87.77分，在回访中没有发现一例客户反映不满意和很不满意的情况。在对通信营业、装移修、数据业务进行调查的基础上，还增加了对特服业务、公话业务、无线市话业务、大客户服务、数据宽带业务的满意度测评。与去年同期相比，提取客户电话数量增长了81%，实际接通增长了138.9%，提取客户电话数量明显增加；在利用满意度测评系统进行测评的同时，增加了人工电话拨测，保证了有效接通率。

为理顺客户投诉渠道，便于客户反馈意见，分公司采取五种方式受理客户投诉、咨询、查询、申告。一是各营业网点设立客户接待处，明确专职投诉处理人员和值班电话，受理客户投诉，解答客户咨询，力争在最短时间内使问题得到解决；二是对于每个业务受理电话、办公电话，接听员工都必须严格执行首问负责制，在第一时间，第一地点受理客户投诉；三是保证在任何时间180、189等投诉受理电话、业务咨询电话、对外公布监督电话、业务处理电话、线务员的联系电话全部畅通无阻；四是根据业务发展要求，给无线市话办公室、数据网络公司、数据局等四个单位，增设了180受理客户投诉终端，确保在第一时间受理客户投诉；五是对受理的客户投诉，180台应在规定时限内以督办单的形式转交责任单位，责任单位在规定时限内迅速查清投诉原因，减少和避免客户损失，使投诉做到件件有落实，事事有回音，对因责任单位和责任人引发的服务问题，将严厉处罚通报。

（四）优化服务指标统计、强化监督考核机制

1.改进满意度调查系统

公司97计算机网管中心新近开发了满意度调查系统，回访全部采用电话录音自动回访，实现了6个100%回访：即投诉回访100%；装移机回访100%；修障回访100%；数据业务回访100%；新业务回访100%和停复话回访100%。新的满意度调查系统利用先进的统计技术和统计手段，对回访结果设立科学的权重值，对数据进行分析处理后，自动生成各营销单位满意度测评统计分析表和综合满意度分析图。这一系统的运用大大节省了时间和人力投入，提高了满意度测评的准确率，加强了考核的说服力，促使公司的各项服务工作更加规范化。

2.修订完善《检查考核办法》

为了进一步加大服务质量监督考核力度，使服务检查更加制度化、规范化，确保诚信服务工作的有效实施，公司修订完善了《太原市通信分公司通信业务、服务质量检查考核办法》。新办法对考核项目、指标、力度、业务种类等进行了调整，尤其是进一步明确了对新业务、重点业务的检查考核。新办法突出体现了考核指标严，考核项目细，考核力度大，检查考核逐渐从前台服务向后台支撑服务、职能管理部门延伸的特点，保证了对服务质量检查考核的合理性、科学性、指导性和可操作性。

3.加强二级检查工作

服务工作是一项涉及范围广，责任单位多的系统工程，为了使服务检查工作在全公司形成一个体系，保证诚信服务在每个部门、每个岗位和每个员工身上都能真正得到落实，2002年底公司出台了《二级检查考核办法》，规范了窗口单位和后台支撑单位的自我检查。同时，还举办了检查人员培训班，对窗口单位和后台支撑单位的检查人员进行了全方位的培训。该办法的实施使服务检查工作更加深入、细化，为完善诚信服务体系，推行个性化、差异化服务提供了有力保证。

4.推行黄红牌制度

在创建诚信服务工作的过程中，营业厅作为公司的窗口单位，营业厅人员的诚信服务意识和诚信服务水平直接影响到客户对公司形象的评价。为了将营业厅服务更好的置于客户的监督之下，对营业厅服务起到有效的督促作用，公司在所有营业厅推行了黄红牌制度。2003年1至11月份共有9个窗口被评为黄牌营业厅，1个营业厅被评为红牌营业厅，9个营业厅被评为优秀营业厅。

5.将服务质量纳入流程考核

为了推动流程体系的持续改进和优化，规范公司内

宁凤莲总经理(左一)在迎泽中心调研

部运营流程的执行，公司出台了《太原市通信分公司ISO9001质量管理体系考核办法》。该考核办法将内审和外审检查中发现的涉及满意度调查、装移机回访、首问责任制执行、客户投诉的处理以及服务质量检查工作的实施等服务内容纳入考核，并将考核结果同绩效挂钩。

四、深化诚信服务的实施效果

(一) 经济效益显著提高

2003年，分公司在开展以深化诚信服务为目标的通信企业经营管理中，实现通信业务收入12.52亿元，同比增长13.78%，在网通集团省会分公司中名列第二。实现利润2.84亿元，同比增长44.51%。电话普及率达到44.5%，在网通集团省会分司中名列第一。其中，深化诚信服务工作创造直接经济效益1174万元，占企业当年利润总额的4.1%，实现投入产出率9.4%。公司在经济效益稳步提高的同时，圆满完成了省公司下达的各项通信服务质量指标。

1.服务质量指标

①客户满意度提高

2003年分公司综合客户满意度得83.26分，与去年同期相比提高0.492分（图1）。在省公司组织的客户满意度调查中，分公司1季度综合满意度得分列全省各地市分公司第2名，2季度综合满意度得分列全省各地市分公司第1名，3季度综合满意度得分列全省各地市分公司第2名，4季度综合满意度得分列全省各地市分公司第1名。并在通集团公司服务大检查中，被评为第1名（图1）。

②客户投诉率降低

2003年1—11月份共受理客户投诉3815件，2002年1月份至11月份受理客户投诉4153件，在客户数量增加的情况下，客户投诉比去年降低了10.35%。2003年年投诉率为0.25%，平均月投诉率为0.021%。

③窗口服务全部达规范

强化基础管理，建立起统一、科学、完善的窗口服务管理模式，电话装移修、通信营业、特服业务的规范化窗口达标率达到100%。

2、运行维护指标

2003年，公司全面完成了集团公司下达的各项运行维护指标，为公司业务的发展提供了稳定的网络支撑，也为深化诚信服务工作提供了有力的技术保障。

①长途网络接通率

日忙时和夜忙时均完成省公司考核指标。其中，日忙时平均完成值为98.20%，高于考核指标1.20个百分点，较2002年提高了0.72个百分点。夜忙时平均完成值为97.86，高出考核指标0.86个百分点，较2002年提高了0.76个百分点（表1）。

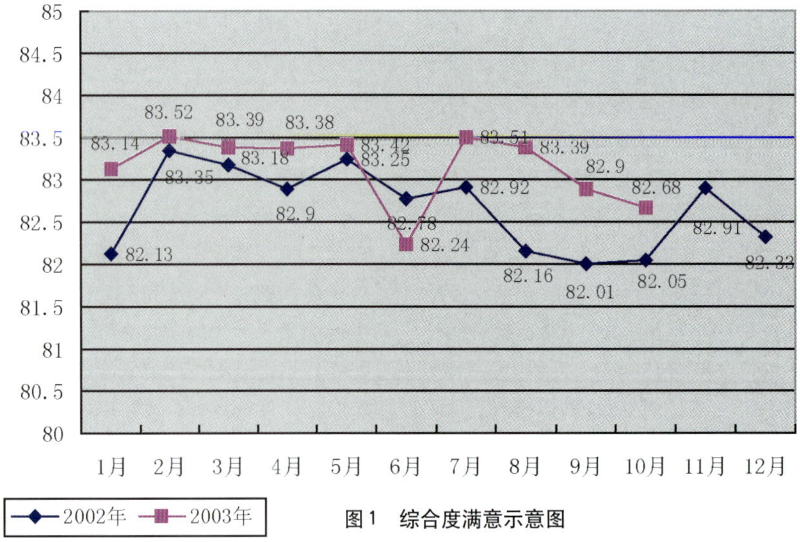

图1 综合度满意示意图

月　份	1	2	3	4	5	6
今年日忙时	98.62	97.85	97.93	97.59	97.77	98.57
今年夜忙时	98.26	97.76	97.76	97.19	97.19	98.07
去年日忙时	96. 98	96.17	96.23	96.77	98.18	97.61
去年夜忙时	97. 01	96.15	95.9	96.39	97.61	97.73
月　份	7	8	9	10	11	12
今年日忙时	97.54	98.58	98.18	97.52	99.18	99.18
今年夜忙时	96.72	98.02	98.73	97.15	98.76	98.76
去年日忙时	97.31	97.21	98.03	97.88	98.83	98.52
去年夜忙时	96.56	96.62	97.23	97.91	98.19	98

表1　长途网络接通率

②省际呼叫到达率。

全面完成省公司考核指标，省际呼叫到达率平均完成值97.8%，高于考核指标1.8个百分点，日、夜忙时完成值分别高于考核指标1.85和1.48个百分点，较去年同期增长0.85个百分点（表2）。

月　份	1	2	3	4	5	6
今年日忙时	98.12	97.54	97.53	97.66	97.78	98.57
今年夜忙时	97.34	96.72	96.74	96.94	97.39	98.07
去年日忙时	95. 73	96	96.53	96.98	97.69	97.77
去年夜忙时	95. 83	96.34	95.5	96.13	96.5696.83	
月　份	7	8	9	10	11	12
今年日忙时	97.67	98.35	98.18	97.39	97.56	
今年夜忙时	96.8	98.31	97.73	97.25	97.33	
去年日忙时	97.13	96.73	96.86	96.68	97.81	98.22
去年夜忙时	96.52	96.18	94.63	94.75	96.34	97.09

表2　省际呼叫到达率

宁凤莲总经理节日慰问数据营业厅员工

③ 16900 拨号接通率

今年上网接通率全面完成考核指标，16900拨号接通率平均完成值达到99.51%，高于考核指标4.51个百分点，较2002年提高了0.17个百分点（表3）。

月　份	1	2	3	4	5	6
今年值	99.79	99.78	99.41	98.57	98.34	99.89
去年值	98.9	99.13	98.99	99.02	99.24	98.78
月　份	7	8	9	10	11	12
今年值	99.64	99.76	99.82	99. 72	99.70	99.72
去年值	99.7	99.73	99.63	99.83	99.71	99.41

表3　16900 拨号接通率

另外，本地网用户申告障碍修复及时率达到99.86%，高出考核指标1.86个百分点；本地网电话申告障碍率为0.94%，优于省公司考核指标1.06个百分点；本地网电话障碍申告百户历时为107分钟，优于去年同期50.5分钟。

（二）创造了良好的社会效益

今年，太原市通信分公司荣获"全国五一劳动奖状"，同时还被评为2003年度全国信息产业系统先进集体。太原通信还连续10年保持了"山西省文明单位"荣誉称号，连续7年被市委、市政府命名为"文明单位标兵"，是山西省和太原市"模范企业"、太原市"十佳文明窗口单位"。太原通信还在2003年市委、市政府组织的创建文明城市"诚信服务进万家"活动中，以优异的成绩被评为"十佳诚信服务单位"。在以"诚信、维权"为主题的"3.15"活动期间，由山西省消费者协会与省通信公司开展的创建"诚信营业厅"活动中，太原通信所属的25个营业厅被评为"诚信营业厅"称号。在太原市行风双评检查中，以103.2分的成绩名列各通信运营商之首。2003年，太原通信全面超额完成了各项工作目标，在省通信公司组织的"经济效益杯、企业管理杯、优质服务杯"三杯竞赛中，太原通信在全省各地市分公司中是唯一一家连续两年囊括全部三杯的企业，名列全省效绩考核第1名。

成果创造人

主要创造人：宁凤莲、梁国准
参与创造人：李瑞萍、杨　杰、桑改英、姜桂香、郑　琳、魏培力、杨宇皓、李　伟

宁凤莲：汉族，山西万荣人，1956年12月出生，山西财经学院会计学专业毕业，经济学学士，1982年1月参加工作，1986年12月加入中国共产党。

1982年1月至1993年1月，太原市电信局会计员、计划员，审计科副科长、科长，副总会计师。

1993年1月至1994年10月，太原市电信局总会计师。

1994年11月至1996年10月，山西省邮电管理局财务处副处长。

1996年10月至2000年7月，山西省邮电管理局财务处处长、财务部主任。

2000年7月至2002年9月13日，山西省电信公司财务部主任。

2002年9月13日至今，山西省通信公司副总经理，党组成员。

2002年9月26日至2004年6月，兼任太原市通信分公司总经理、党委书记。

梁国准：汉族，1961年2月出生，中国共产党党员，高级工程师，1984年7月，长春邮电学院无线电工程专业毕业，获工程学学士学位。

1984年8月至1993年12月，先后在内蒙古赤峰市邮电局任长途传输、长途交换机务员，电路工程师，基建科副科长，电信科科长等职。

1994年1月2002年6月，先后任内蒙古呼伦贝尔盟邮电局副局长、电信局局长、电信分公司总经理职务。

2002年9月至2004年5月，任太原市通信分公司副总经理、党委副书记。

2004年6月至2005年3月，任太原市通信分公司总经理、党委书记。

2005年3月至今，任山西省通信公司网络运维部总监。

一等奖

局所实行联岗联片
激发企业创新活力

河南省通信公司林州市分公司

史原平总经理与同志们探讨创新的思路和方法

林州市通信办公楼

林州市通信分公司隶属于中国网通河南省通信公司安阳市分公司，是承担林州全市基础电信网络建设和运营，并肩负国家抗震救灾、应急通信、党政专用通信等普遍服务义务的主导通信企业。公司现有员工300余名，设两个城区分局，15个乡镇支局，通信网络遍布全市的各个角落，率先在全省实现了村村通电话。

截止2003年，公司已建成了总容量达到20余万门的本地电话交换网络；覆盖全市的光缆SDH传输网络；覆盖林州城区及部分乡镇的无线市话网络；拥有固定电话用户、小灵通用户、数据用户、宽带用户等20余万户。

林州市地处晋冀豫交界的太行山区，全市共有人口98万，面积2046平方公里，90%为山区、丘陵，共有545个行政村，1860个自然村。多年来，林州市通信分公司以推进农村信息化为己任，确定了“尽职负责，高效规范，精益求精，用心服务”的工作准则，树立了林州通信“负责、可信、高效、规范”的企业形象；同时，秉持“创新每一天”的价值理念，在工作中不断创新求变，求得更大的发展，跨上了一个又一个新的台阶。

一、联岗联片制度产生的背景

提升农村信息化水平，为农民提供方便、高质的通信服务，引导农民充分利用现代信息技术，成为促进农村经济发展，提高农民收入的重要途径。在农村信息化的前沿阵地——农村支局所，贯彻以人为本、科学管理的理念，加强企业管理，激发基层通信企业活力，显得日益重要。农村支局传统的管理体制和模式严重制约员工积极性的发挥，农村支局各工种及业务范围的划分与人员的配备上的短缺成为目前基层通信企业普遍存在的最突出的问题之一。为此，林州市通信分公司率先提出“创新管理，激活基层生产力，推动农村信息化发展”的目标。

（一）农村经济的飞速发展对农村通信支局传统管理体制提出挑战

近几年，随着农村经济的飞速发展，农民传统的生产方式和生产观念发生了巨大改变，开始认识信息的价值并充分围绕市场信息进行生产。这一变化对通信支局的通信能力、服务手段、服务质量等提出了更高的要求，而通信支局人员的配备和培养却滞后于社会经济的发展，企业的管理制度和业务流程已不能适应社会信息化发展的要求。如何贯彻“人性化”的管理理念，整合企业人力资源，建立规范合理的企业制度和流程；既解放了劳动力又节约了人力资源、劳动成本，提高了企业的整体效率；充分调动员工的积极性、主动性与创造性，让他们在团结、紧张、和谐的工作氛围中最大限度地挖掘自身潜力，能够更快捷、更准确、更贴心地为用户提供有效的服务；适应日益加快的农村信息化和社会经济建设的进程，已成为对企业管理的基本要求。

（二）企业管理上因循守旧的思路和模式制约了员工积极性的发挥

在传统的通信支局管理方式中，大家往往片面地注重于以往形成的明确分工模式，认为其能增强员工的责任感，提高劳动效率。但是，它提高的只是个体的劳动生产率，在目前中国通信行业的基层机构中，原有的组织形式已经造成企业有效信息资源的巨大浪费，致使企业协调、控制和运作成本的上升，导致企业总体生产效率的下降；同时过分强调对员工个体工作结果的管理，忽视其完成的过程和必要的组织协调。这些均是对通信网络技术的进步、企业规模的扩大、外部竞争环境的变化以及员工人性的漠视，实际上是陈旧的管理思想在作怪，也是大家惯常所谓“重发展、轻管理”的一种典型体现。

（三）适应市场发展，依据实际情况，打破原有组织形式，整合业务范围，推出联岗联片制度已成为可能和必须

林州通信各支局普遍设有机务员、营业员和线务员，将工作内容进行分析、归纳，基本如图1所示。

近年来，随着林州市通信设备集成程度、智能程度的提高，设备功能模块的分散、控制部分的集中，集中监控系统的逐步扩大和完善，支局通信设备的可操作性的逐步降低，支局机务工作的技术含量以及工作量逐步

业有所专、一专多能，综合素质明显提高；能够创造性地开展工作，提高了工作效率，提升了企业整体服务水平。尤为重要的是，员工的成就感，以及对企业的认同感和归宿感极大增强。

企业的创新活力被有效激发，员工大胆摸索和创新，提出了很多值得应用和推广的创新思路，并且大多数已经被采纳——利用交换机的自测功能，定时从交换机上检测出障碍用户，变"被动服务"为"主动服务"；编写简单实用的程序，实现"自动停复话"；用心钻研，实现用户报停即时计费；创新光纤备用模式，不增加任何投资，将链状网变成了"环状网"；研发开通了60余个接入网点的停电自动报警系统，而每个点仅仅只投入了19元；通过内部网站、职工论坛、局长信箱等提意见、建议上千条，为企业创造了显著效益。

（二）人力成本得到有效压缩，企业经济效益显著

在双联制度的推动下，企业人力成本得到有效控制，直接节约人力成本588.6万元。

企业的绩效并没有收到人员减少的制约，反而取得了大幅度的提高。2001年至2003年，实现固定电话装机10万余部。截止目前，林州通信分公司发展固定电话用户18万户，小灵通用户15000余户，数据用户近400户，宽带用户近7000户，连续3年业务收入平均增幅达到13.84%，远远高出全省平均水平，业务收入在全省同级企业排名中由原来的第8位跃居第3，超过地方经济在全省排名9个位次。

（三）社会效益明显，企业形象得到提升

在双联制度的推动下，林州市通信分公司的工作取得了显著提高，得到了各级领导及社会各界的认可，取得了一系列荣誉。2002年1月，被省委、省政府授予"省级文明单位"；2003年12月，林州通信被国家人事部、信息产业部授予"全国信息产业系统先进集体"。此外，公司还先后被河南省通信公司、河南省通信工会授予"河南通信先进集体"、"创新管理最佳集体"；被安阳市委市政府、林州市委市政府授予"安阳市抗击非典先进集体"、"安阳市消费者信得过单位"等近30项荣誉。

事实证明，调整工种业务范围、推行联岗联片制度对农村通信支局来说，是一种具有普遍意义的、卓有成效的、全新的管理机制，极具现实意义和推广价值。这一更为科学的管理手段，节约了企业成本、盘活了企业人力资源、激发了农村通信的活力、促进了农村通信服务水平的提升，有力的推动了农村信息化进程，为地方经济建设奠定了坚实的基础。

一等奖

成果创造人

主要创造人：史原平

参与创造人：孙武昌、张志勇

史原平，男，汉族，1971年1月出生于河南省内黄县。

1994年毕业于南京邮电学院通信工程专业，大学本科学历，在读研究生。

历任内黄县邮电局运维部主任、局长助理、副局长，安阳市电信局建设部副主任、质检站站长等。2000年10月到林州网通分公司（原电信局）任总经理、党总支书记至今。

史原平同志到林州主持工作以来，林州网通步入了发展的快车道，企业实现了大踏步、跨越式的发展。

2001年第一季度实现放号51716部，占年计划的172%，为林州历年发展用户总数的60%。

2002年在市场趋于饱和的情况下，完成当年装机计划的110.26%。

2003年仍然克服重重困难，完成年装机计划的229%。

2004年首季"开门红"劳动竞赛中，固话全年任务指标的114.83%；小灵通用户完成上级公司下达全年任务指标的137.69%；宽带完成全年计划的104.56%。

2005年元月，业务收入、收入增幅、业务增量、业务发展均跃居全省第一名。林州分公司被评全省"十佳

县公司第一名”，史原平同志也被授予全省“十佳县公司经理”。

2005年元月，林州分公司的业务收入、收入增幅、业务增量、业务发展均跃居全省第一位。短短4年时间，林州分公司用户规模增长了150%；固定电话入户率达到了77%；业务收入平均增幅由8.37%上升到了11.23%，全省排名4年内提高了8个位次，目前位居全省县级公司第一名，超过地方经济在全省综合排名11个位次。

在史原平同志带动下，林州网通分公司牢固树立“运维就是服务 运维就是效益”的观念，使运维工作迈上了新台阶。林州网通分公司来话接通率提高近10个百分点，达到了67%左右；网络有效率从97%提高到了99.55%。

在史原平同志“人性化”管理理念的的支撑下，林州网通的全体管理人员站在为员工负责、为企业负责、为社会负责的高度，紧抓安全不放松，实现连续三年无安全事故，同时被省公司授予“安全生产先进单位”荣誉。

史原平同志从制度建设入手，大力提倡和强调“以人为本”的管理模式，培植企业发展的根基。在史原平同志的领导下，林州网通分公司从制度、流程的制定和落实着手，使全局的生产、管理活动逐步“规范、高效”。将所有规章制度汇总、归纳和补充，使之更加完善、简洁和精练，更加适用、规范和系统，更具“人性化”，更易于被员工接受和执行；同时，把“尽职负责，高效规范，精益求精，用心服务”的工作准则贯穿其中，力求使之符合用户的消费心理和行为习惯；并充分站在员工的角度，使之充满着对员工负责与关爱。同时，将企业生产、管理活动中的每一个新问题和差错，都往制度和流程中套一套，如果套不住，或者走不通，则修改、补充；同时每出台一个文件，必须镶嵌进《制度汇编》中。

史原平同志在抓好企业发展经营的同时，致力于企业的管理创新，形成了一系列的创新成果。

2002年以来，史原平同志结合基层企业的实际情况以对人力资源政策等进行充分调查研究的基础上，铲除机制上的弊端，解决工作中的矛盾，以人为本，大胆创新人力资源管理模式，推行联岗联片制。目前，员工已从枯燥、单调的工作环境中彻底解脱出来，能够保持一个良好的工作状态；全体员工既分工又合作，既节约了人力资源又提高了企业的整体效率；员工自身素质和业务技能得到了提高，企业焕发出勃勃生机。相关论文《推行联岗联片：让企业员工“活”起来》在《邮电企业管理》上发表。以此为基础的论文《推行联岗联片制度的必要性和可行性》，被评为“全国理论创新学术成果一等奖”（中国管理科学研究院主办）；创新成果《局所实行联岗片 激发企业创新活力》被评为第一届“全国通信行业管理现代化创新成果”一等奖。

2003年，他撰写了论文《加大改革力度，创新“代办”机制》，并在《通信企业管理》上发表。文章结合实际认真分析了“有关‘代办员’的法律及现实问题”、“有关‘代办’业务的利弊”等，并从“打破身份界限，实行竞争上岗”、“加大改革力度，重组工作流程”、“完善绩效考核，增强企业活力”、“根据业务及市场特点，确定业务发展模式”等角度，为“代办员”的使用和管理指出了一条更为科学合理，更有利于推动企业健康发展的行之有效的方法。

2004年，他撰写的论文《固网亟待一场革命》在数百篇优秀的文章中脱颖而出，一举夺得全国“固网业务创新与发展”第一名。在该文中，他从技术、市场、客户以及可操作性等多个层面，用慎密的思维、严谨的理论和详尽的数据，阐述了固网的创新思路和方法；用“强大的电话簿功能”、“信件与短信收发”、“语音和视频短信、短消息”、“视听享受”、“固网QQ”、“游戏、交互性游戏和虚拟现实”等一系列能给客户创造价值的应用功能，展现了固网“革命”后的广阔空间，为固网的明天描绘出了美好的蓝图。

在他的带领下，2001年以来，林州通信的工作得到了社会各界的充分肯定，获得：

“全国信息产业系统先进集体”

“全国通信行业管理现代化创新成果一等奖”

“省级文明单位”

“河南通信先进集体”

“河南通信创新管理最佳集体”

“河南网通“2005年第一季度业务发展十佳县（市）公司”，

以及安阳市委市府、林州市委市府先后授予的近40项荣誉。

本人也由于较为突出的贡献，得到了社会各界的充分肯定和大力表扬，先后获得：

安阳市“新长征突击手”、“五一劳动奖章”、“十大优秀青年”；

被省通信公司评为“先进工作者”等；

被省委、省政府评为“河南省劳动模范”；

2005年，被省网通公司评为“2005年第一季度业务发展十佳县（市）公司经理”；

被中国管理科学院评为“2004年度中国百名科学管理先进人物”。

《中国改革报》、《人民邮电报》、《河南通信报》等媒体先后对林州通信分公司及他本人的先进事迹进行了专题报道。

的侧重个人应用，如日、韩运营商的信息服务、图片下载、视频游戏等。尽管英国Vodafone等在探索企业邮件、销售队伍管理等方面的信息化应用，但是应用局限在少数几个领域。可以说，在发达国家，完善的信息化基础使得移动信息化的需求不是很迫切，在一定程度抑止或者推迟了移动信息化的发展。因此，在我国率先探索移动信息化发展的系统模式，将在全球范围内都具有重要的原创价值，有利于实现争创世界一流的战略目标，以及服务和业务双领先的战略重点。

在此背景下，2001年底公司组织全公司中层以上管理干部在温州召开了发展战略研讨会。会议在充分调研的基础上，通过头脑风暴等方法，分析了自身的优势和劣势。会议认为，公司现有的运营模式是大规模的移动语音业务推广，而移动信息化除了移动语音外，还集成了移动数据业务，更多的是针对用户需求的解决方案定制，两种方式在组织流程、商业模式、产品开发和营销推广等方面存在着很大的差异，是一种战略性的转变，存在着很大的困难和风险，但是另一方面，公司也有着用户规模、网络质量、运营管理等方面优势。最后统一认识，作出了在继续拓展移动语音业务的同时，积极推进移动信息化发展的战略决策。

移动信息化战略一经推出，就得到各界广泛认同。浙江省委省政府相关领导相继对浙江移动的移动信息化建设表示肯定，作了重要指导与批示。信产部、中国移动集团公司领导在实地考察了相关情况后，向全国作出了以移动信息化推动社会信息化的要求。中央电视台、新华社、人民邮电报等媒体也做了连续的跟踪报道。

二、移动信息化发展战略的目标和内容

浙江移动认为，信息化发展可以分为两个阶段：一是以信息化设备为中心，客户需要到有计算机等设备地方才能够实现信息化应用，一般意义上的信息化多是如此；二是真正以客户为中心，有客户的地方就有信息化应用，从而增强企业与客户、企业与员工、以及企业与供应商之间的实时交互，这就是移动信息化。它可以理解为“移动”＋“信息”＋“化”，就是以移动通信网和移动互联网为综合通信平台，充分利用移动商务网和移动产业网上的各种信息资源，推动社会、企业和大众工作生活方式的根本变革。具体讲，浙江移动的移动信息化发展战略包含以下内涵：

（一）移动信息化发展战略的总体目标

“科技创造价值，移动改变生活”，充分利用移动通信的“移动性、个人性、实时性、规模性”优势，在提供移动语音业务的同时，深入客户工作生活，尤其是集团客户运营管理的各个环节，使客户能够随时、随地的实现信息化应用。并以此强化用户尤其是集团客户的整体捆绑，拉升移动信息化数据业务这一第二条增长曲线，实现企业从传统的移动通信运营商向移动信息运营商的战略转型，以移动信息化推进国民经济和社会信息化。

（二）移动信息化发展战略的核心手段

移动信息化实际上是创造市场、开拓市场的发展战略创新，其核心是开发和推广移动信息化解决方案。移动信息化解决方案具有三个特点：一是真正以客户为中心，渗透到客户工作生活和企业运营的每个环节，按需定制，让用户移动起来；二是“随时、随地，无纸、无址”，无论何人，无论何地，无论何时都可以享受到移动信息化带来的便捷、高效、个性化的服务；三是经济而有效地实现。一般意义上的信息化牵涉大量软硬件投资，而移动信息化能够充分利用手机终端，在切入初期，其硬件投入很少，使用维护简单，容易见实效。

（三）移动信息化发展战略的发展路径

规划为三个阶段：一是移动信息化业务阶段，创新移动信息服务和应用，通过移动信息化业务组合增强对用户的黏性，实现用户的整体捆绑。该阶段的效益除了移动信息化收入外，更多的体现为用户捆绑后离网率降低带来的间接效益，公司移动信息化数据业务收入占比达到15%；二是移动信息化产业阶段，创新商业模式，创建完整的移动信息化产业链，充分借助各方面资源来推动移动信息化，移动信息化整体市场容量达到产业化规模，公司移动信息化数据业务收入达到25%；三是移动信息化社会阶段，实现移动通信同信息化的全面整合，在全社会范围内基本实现无缝、移动、高速的信息化。移动信息化数据业务收入达到35%。目前，已初步达到移动信息化产业阶段。

（四）移动信息化发展战略的网络基础

一是以移动无线为基础的移动通信网，实现二代移动通信网络的全方位、立体化全覆盖，实现二代半网络（GPRS）的全省覆盖，并及时向第三代高速宽带移动通信网络演进；二是以移动互联网为代表的移动信息网，建设覆盖全面的移动互联网络，建设公司自己的信息高速公路（CMnet）；三是以移动梦网为平台的移动商务网，实现“一点接入，全网服务”；四是以移动服务网为架构的移动产业网，整合产业链，带动众多的互联网内容提供商、服务提供商，以及系统集成商等合作伙伴的发展。

用开发，现在可
台。如经过与宏
一的车辆定位
避免服务不规
是政府信息化
设，重点实施
税务和移动工

（四）实施移动

为了实现
济性，公司整合
服务，重点做好

1.实行重点市

一是全面
调查和集团客户
大客户系统中建
万家企业数据库
从集团总部到地
展模式，省市联

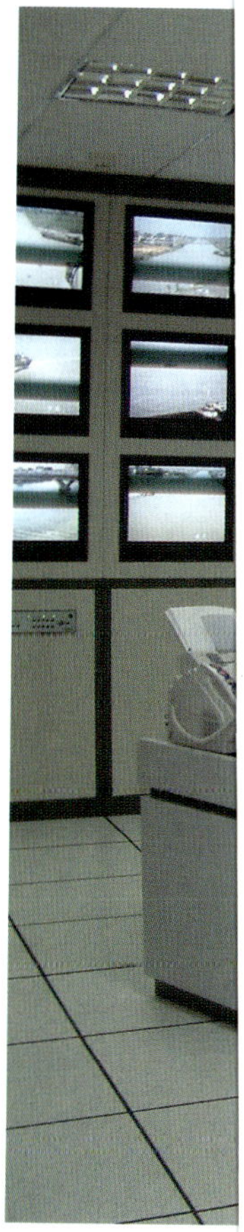

三、移动信息化发展战略的实施

为实现移动信息化发展战略的总体目标和部署，浙江移动以移动信息化商业模式的创新为核心，从6个方面开展移动信息化建设。

（一）建立、优化移动信息化组织系统平台，夯实战略实施的基础

战略在很大程度上决定了组织结构。移动信息化发展战略的核心是提供一站式解决方案，无论在业务的开发、推广，还是服务上，都同传统规模化推广、业务内容单一的移动语音业务有着显著的差异，这就要求调整优化移动信息化组织系统平台，确保组织资源有效配置。

1.针对移动信息化特征，整合优化移动信息化组织和流程

在移动信息化先期试点和探索的基础上，公司整合优化组织流程运作机制，重点体现在3个方面：

（1）成立移动信息化专职机构

公司打破重组传统的金字塔型科层结构，形成1个职能部门（市场部）、2个生产部门（大众营销中心和集团客户部）、3个支撑部门（客服中心、数据中心和业务支撑中心）的扁平化、专业化市场组织，其中，新成立专职的移动信息化发展推广部门——集团客户部。同时，横向到边，理顺各部门的界面和流程；纵向到底，各分公司组建相应的集团客户部门。

（2）制定移动信息化管理制度

集团客户部成立之初，就制定了浙江移动《移动信息化管理办法》、《移动信息化管理细则》、《移动信息化考核评估办法》、《移动信息化百千万工程实施指导意见》、《移动信息化客户经理管理办法》等多项管理制度。其中建立了分公司和集团客户经理两层面的KPI考核指标，每日短信公布、每周跟踪比对、每月绩效管理，实施了目标驱动的闭环管理。

（3）完善移动信息化营销服务流程

移动信息化具有个性化定制特征，尤其需要一站式服务，要求打破职能界面，真正以客户为中心。为此，公司开展移动信息化流程穿越，让涉及移动信息化产品解决方案营销、服务和生产流程环节上的人，穿越岗位、穿越部门、穿越客户，换位思考，将技术脑袋换成客户脑袋。在客户体验和流程穿越基础上，开展流程跨越，形成移动信息化流程规范汇编，推动从职能型组织向流程型组织的转变。

2.结合移动信息化内涵，率先建设移动信息化支撑系统

移动通信，很大程度上具有个人特性，而移动信息化的发展，很大程度上是针对企业集团客户，而这就需要解决两个重要问题：一是如何强化移动信息化的集团特性，二是如何实现对移动信息化个性化营销的支撑。为此，公司在整个中国移动通信集团内率先建设了移动信息化集团大客户系统，并成为中国移动商业客户计费系统（B-BOSS）的重要试点，实现了从对大众市场的支撑向对移动信息化定购式营销服务支撑的转变，实现了从粗放式营销服务管理向精细型营销服务管理的转变。如，利用系统实现对集团及其成员相关信息的动态管理，构筑健全的集团客户数据库（超过10万家），奠定了移动信息化关系营销的基础；又如，直接支撑客户经理和产品经理的一线工作。像异动管理模块能够帮助客户经理更好的实现离网预警和客户挽留：事先，按照系统设置的深层次预警指标，短信预警；事中，通过对集团大客户月均话费、呼转等异动指标进行跟踪，短信告警；事后，实时跟踪。

（二）创新移动信息化商业模式，明确增值和盈利的方式

通过有效的商业模式，实现企业与用户的增值与共赢，是移动信息化发展的内在动力。公司在传统的企业对用户（B-C）、企业对企业（B-B）商业模式基础上，深入企业运营实际，尤其是客户关系管理、企业资源计划管理和供应链管理3个重点领域，创新发展了多样化的移动信息化商业模式。

1.向用户的客户延伸，建立B-B-C商业模式

公司不仅为用户服务，还深入到企业用户的客户关系管理流程中，提供具有移动特色的客户关系解决方案，为用户的客户创造价值，即强化了用户捆绑，增强了整体黏性，也增加了业务收入。比如，现在浙江最严重的一个问题是电力短缺。公司开发电力负荷无线实时监控系统，在电表上装一个电力负荷短信触发装置，超过用电限制立即发短信到监测中心，实现对工业用户用电的单独到户控制，做到"停机不停线"、"有序用电"。结合移动小额支付平台还可以实现短信远程缴电费。2003年，浙江宁波大红鹰集团移动信息化解决方案获得中国移动企业精品工程一等奖，其中很具特色的就是短信防伪系统，消费者只需发一个查询短信，输入防伪编码，马上就能得到大红鹰的短信回复。目前，公司已经开发了公交"3G"合一的无线监控和调度、IC卡移动小额充值、水电煤费用通知、银联"即时通"、移动证券之星、商场贵宾客户的短信杂志等多项该类型解决方案。

2.向用户的员工延伸，建立B-B-E商业模式

公司深入企业内部运营管理流程，通过移动信息化

行业集团客户经理、首席集团客户经理三级联动，加强对企业集团的关系营销，形成上下齐动的客户拓展模式。推行首席客户经理走访制度，由各级公司管理层亲任首席客户经理，带队走访客户，充分发挥公司管理层的关系资源优势。组建省市县三级信息化讲师团，在省内的30多个地、市、县，针对不同部门和行业开展信息化系列巡讲活动，用信息化的语言与客户进行沟通交流，积极宣传和推广精品案例，强化移动信息化对用户的吸引力。还通过针对集团客户中关键人物的移动信息化体验，强化高端营销服务。

4.实行积分计划和统一支付的“虚实结合”

移动通信具有个人特性，而移动信息化更强调集团特性。在此情况下，开展集团积分计划，实施统一支付，是捆绑客户，实现从个人特征向集团特征转型的重要创新。公司积极鼓励集团客户建立银行帐户部分统一支付，对于没有条件统一支付的，设立虚拟集团帐号。对实行统一支付的集团予以适当优惠并提供集团客户特别帐单服务，帮助集团客户进行话费管理。设计和推广集团客户移动信息化消费积分和信用积分计划。将集团客户享受的总体优惠同集团客户移动信息化整体积分挂钩，将集团客户关键人物享受的总体优惠和积分回报同集团客户整体积分挂钩，将集团客户按时缴费的信用记录与集团积分挂钩。

（五）强化移动信息化人才队伍建设，确保战略的有效实施

同移动语音业务的规模化营销服务相比，移动信息化更复杂，对人才队伍的要求也更高。在此情况下，为确保战略实施，公司从3个方面来加强人才队伍的配置和建设。

1.加强移动信息化人才队伍的配置

按照移动信息化对人力资源的要求，公司通过内部人才选拔和外部招聘引进的形式，着重加强移动信息化3支专职队伍的配置：一是考虑到移动信息化购买决策很大程度上是企业相关决策人作出的特点，加强面对面营销服务的集团客户经理队伍建设。其中，鉴于企业集团解决方案复杂程度一般同其规模成正比的关系，将集团客户经理分为两类：专门针对中小企业集团的区域集团客户经理，结合区域营销中心开展工作，发挥规模化效应；专门针对重点集团客户的行业集团客户经理，为行业中具有相似需求的集团提供专业的营销服务。同时，按照市场潜力和用户规模测算集团客户经理规模，目前客户经理数量比2002年增长50%以上；二是考虑到移动信息化产品和解决方案需要量身定制的特点，加强了产品经理队伍建设。明确了产品经理的职责和能力要求，按照一个产品经理服务一定数量重点集团的配置比率，实现针对重点集团客户的产品经理100%的配置；三是考虑到移动信息化是一个全新的发展模式，加强综合管理队伍建设，尤其强调创新、务实的能力和素质。

2.加强移动信息化人才队伍的工作效率优化

在人才配置和队伍建立的基础上，公司通过3个方面进行系统的效率优化：

（1）个体效率优化

专门聘请第三方公司开展一线集团客户经理工作效率的科学分析和优化，如发现80%销售业绩来自40%的客户经理，而业绩一般的客户经理往往将一半以上的时间花在低价值的工作上，例如路上奔波、代办入网手续及代办手机维修等杂事上。通过减少低价值工作，每个工作周节省了8个小时。

（2）团队合作优化

推行集团客户1＋1＋n的团队专业化服务，即：一个集团客户经理，负责上门沟通，了解需求；一个产品经理，根据集团客户经理的需求反馈，在集团客户经理的配合下上门了解、激发集团客户移动信息化深层次的需求，然后量身定制和提供解决方案；n个项目支撑人员，为信息化解决方案提供后台支撑。对外营销服务以客户经理为主，统一客户界面，而各种方案制定、工程实施计划尽量在公司内部沟通解决。

（3）绩效考核优化

针对3支队伍分别设计了相应的关键绩效考核指标，并同薪酬挂钩。如客户经理主要按照对现有客户的销售业绩、发展新客户的销售业绩、客户离网率、客户满意度和新产品收入比例等进行考核，做到千斤重担千人挑，人人头上有指标。同时，按照公司的活力曲线，实现业绩考核末尾3%的黄灯比例。如果连续两次或者累计3次黄灯，则要转岗、降岗或者下岗。

3.加强移动信息化人才队伍的培训和发展

公司通过以下2个方面进一步提升移动信息化人才队伍的素质：

（1）开展相应知识和技能的培训、教育

通过内部培训机构——浙江移动理工学院，按照移动信息化工作的要求进行相应的培训，如对客户经理进行客户需求（集团和个人）、集团大客户部新产品和服务、销售和市场营销技能、谈判技巧的培训；

（2）二是基于信息化系统加强知识的共享

在集团大客户系统中开辟知识共享库，里面包括全省11个地市移动信息化工作人员的相关工作案例和经验，如移动信息化解决方案实施案例、各行业集团客户营销服务经验、重点竞争集团客户维护经验等等，及时更新，并把该项工作列入对各地市基础管理工作的考核和评比。通过这样的在线方式，能够及时获取相关知识和经验，提升个人能力和素质。

（六）充分利用外部资源，加强移动信息化产业合作

移动信息化不是一个部门、一个企业就可以完成的。在从移动通信运营商向移动信息运营商的战略转变过程中，公司在产品研发、运营推广等方面存在一定的薄弱环节。为此，公司大力整合移动信息化产业生态圈，积极利用外部资源，弥补自身发展弱势，建立与客户、合作伙伴的价值共同体，有所为有所不为，实现"开放、合作、共赢"。

1.合作研发，提升移动信息化解决方案价值内涵

公司坚持核心能力保护基础上，对公司资源持开放式利用态度，尤其在合作研发领域，开展了多样化尝试。有"联合研发"模式，通过公司数据业务中心同相应应用开发商合作研发，如移动会易通，移动定位业务等；有"委托开发"模式，由公司提出需求，委托技术提供商和应用开发商开发，知识产权归公司所有，如企业移动小总机、企业信息机等；有"引进开发、系统集成"模式，如在电力移动信息化解决方案中，积极实施行业嵌入式引进开发，如短信GPS定位系统等。

2.合作运营，推动移动信息化的规模性扩张

主要有五种形式：一是"代理运行"，通过代理商大力推广商务IP电话等产品。二是"批发代理"。联合服务提供商、软件开发商，积极开展行业应用的联合开发，推动行业短信、企业短信等的批发代理。三是"服务租用"。如主机托管服务。四是"捆绑销售"。加强和主要家电、手机分销商、IT产品厂商的合作，利用合作伙伴的渠道大力推广如随E行。五是"合作运营"。积极引入外部合作投资者，由合作方投资建成手机邮箱、移动商城等平台，开展运营收入分成。

3.合作实施ACT计划，实现行业资源的有效整合

实施ACT伙伴计划，利用咨询公司（C），找到各行各业的应用开发商（A），并把他们和通信技术供应商（T）组织起来，形成一个松散但有效的组织，帮助公司推动行业应用的发展。目前，相应的咨询公司已经协助在石油、民航、汽车服务、医药卫生、物流、公安、铁路、大型零售业、保险等10个行业中，建立合作并找到40多个应用合作伙伴，20个技术合作伙伴；建立"ACT行动合作伙伴"会员俱乐部，召开"浙江公司移动信息化合作伙伴计划"大会。

四、移动信息化发展战略实施的效果

（一）移动信息化规模迅速扩大，客户捆绑效应日益显著

在信息化大旗下，移动信息化规模迅速扩大。截至2003年12月，全省签约集团客户达到8万家，虚拟网内个人客户达到461万（图1、图2）。其中，第三方集团大客户满意度调查显示，浙江移动集团用户的忠诚度比全网用户高出24%。而集团内个人客户离网率仅为全网用户离网率的26.1%。

（二）移动信息化收益目标超额完成，有力的拉升了第二条增长曲线

2003年，公司以集团客户市场为核心的移动信息化整体收入超过60亿（含语音），移动数据业务收入占比超过11%，2004年上半年更是突破16%。截止2003年10

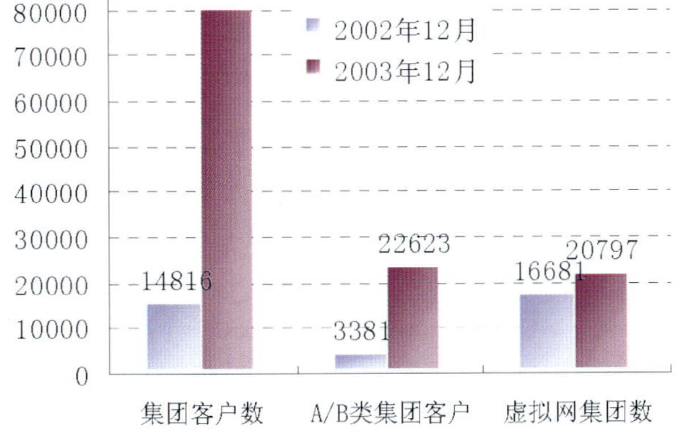

图1 2003年1-12月集团客户发展

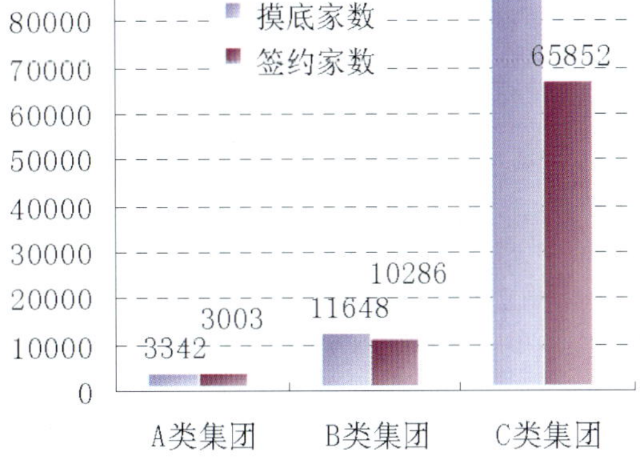

图2 2003年1-10月摸底和签约集团情况

月，全省累计发展移动信息化普及点12086家。公司获得中国移动通信集团公司企业精品工程示范基地称号，2003年宁波海关、浙江公安解决方案获得集团公司企业精品工程一等奖，温州正泰、浙江电力、金华横店集团解决方案获得二等奖，所获奖项占集团公司全部一、二等奖的近一半。2003年，公司被授予了"2004年集团客户工作示范单位"称号，同时有8个项目在"全国百家精品工程"评比中获奖，其中电力集团合作项目获一等奖。还中标"中国浙江"政府门户网站。

（三）推动了国民经济和社会信息化水平，实现了移动信息化的社会效益

移动信息化有效的推动了国民经济和社会信息化水平，体现了良好的社会效益。

1.提升了移动信息化实施单位的效率和效益

如全国第一个移动信息化项目－宁波海关项目，通过虚拟专网、短信报关审批等移动信息化应用，海关审批件回复时间从平均2.5小时减少到45分钟，海关的叶关长将其精辟的概括为3句话"得实惠，得人心，得跨越"。

2.通过农村移动信息化建设，推动了移动信息化扶贫工作

积极推动"信息扶贫，信息下乡，信息进村"，推广农村移动信息化基本应用，探索农业生产过程的移动信息化。如利用无线宽带技术，为地处偏远的金华源东乡建设大白桃销售专业网站，解决了非典时期的销路问题。

3.开发移动信息化解决方案，支持公益事业

公司开通手机公益募捐短信平台，已募捐近百万。还与团省委合作，以"中国移动优质低偿服务支持青少年无偿公益服务"为原则，全省投资2000万，打造100个"天天"社区青少年服务中心。

4.起到了良好的乘数效应，拉动了整个产业生态圈的发展

移动信息化发展，带来设备制造业、软件开发业、计算机制造业等整个产业生态圈的发展，带动了众多合作伙伴的发展。甚至在缓解就业压力上也有很大的作用，据不完全统计，仅在代销点、代理商、代维商领域，浙江移动就已为社会解决了4万多人的就业问题。

5.推动了浙江省信息化环境建设，推动我省的可持续发展

6.在全国起到了一定的示范作用，推动着国民经济、社会和人们生活方式的变革

一等奖

成果创造人

主要创造人：徐龙

参与创造人：钟天华、胡松苓、钱　力、陶　晨、姚志坚

徐龙，男，1957年生，高级经济师，浙江大学——香港理工大学品质管理学硕士。现任中国移动（香港）有限公司董事，浙江移动通信有限责任公司党组书记、董事长、总经理，具有28年电信行业的丰富运营经验。

Beijing 2008

中国移动通信
CHINA MOBILE

北京2008年奥运会移动通信服务合作伙伴
Mobile Telecommunication Services Partner of the Beijing 2008 Olympic Games

上海移动通信有限责任公司

上海移动通信有限责任公司，是中国移动（香港）有限公司下属全资子公司，主要经营上海地区的数字蜂窝移动电话（网号"134–139"）、IP 电话、互联网接入业务以及相关的信息服务、技术开发、技术服务等业务。

2004年，公司全体员工在以郑杰为总经理的经营班子带领下，创造了运营收入111.02亿元、净利润30.3亿元的业绩。同期，客户总数达到856万户，全年通话量达143亿分钟，实现业务量和业务收入的同步增长。网络运行能力得到提高，圆满完成F1赛事、亚太经合会第60届年会等重点通信保障任务。在营销渠道建设上，形成"自有、代理、集团和E渠道"相结合的营销服务网。在客户服务上，开展"积分回馈"、"梦网卫士"、"总经理信箱"等活动，为钻石、金、银卡等VIP客户提供全方位、个性化的服务，满足了市场需求。

作为上海移动通信市场的主导运营商，公司不断建立健全先进的人力资源管理机制，积极构建和培育鲜明、独特的企业文化。先后荣获"全国五一劳动奖状"、"中国用户满意鼎"、"全国推进用户满意工程先进单位"、"上海市文明单位"等多项荣誉称号。上海移动正积极行动起来，为创建公平的信息社会而努力奋斗！

上海移动企业现代化创新工作得到各级主管部门的指导帮助，图为中企协企业现代化管理创新评审办公室的专家在听取上海移动总经理郑杰有关管理创新工作的介绍

上海移动多功能新营业厅

客户在办理业务时感受企业文化

为F1上海赛车场网络覆盖进行全面优化

上海移动通信有限责任公司

地址：上海市长寿路200号　　邮编：200060
电话：021-32069999　　传真：021-62986200
网址：http://www.sh.chinamobile.com

以实施网络科学化管理为目标的网络支撑平台

山东移动通信有限责任公司

一等奖

山东移动部分成果创造人员

一个企业要想获得持续和快速发展，就必须不断地对企业实施管理或技术创新，这是保持基业长青的动力和源泉，山东移动自成立以来，积极致力于企业的管理创新工作，以集团公司的“业务与服务双领先”战略为出发点，以科学的发展观来指导和引领企业的发展，在公司运营与管理特别是在运维支撑系统做出了一些积极和大胆的探索和尝试。

山东移动从2000年开始对网络的维护工作进行细分，从网络安全、质量、效率、服务4个层次建立新的网络运维体系，追求人员、流程、设备的完美融合，打造了凝聚着精确管理与知本管理思想的网络支撑平台。网络支撑平台的建设不是简单的“拿来主义”，而是根据自己的体制和需要寻找的一种适合自己的建设思路和方法。山东移动没有盲从“世界潮流”，而是吸收TMN（电信管理网）和eTOM（增强的电信运营图）的先进管理思路，并创造性的将TMN的分层管理模型和eTOM的业务流程框架结合在一起。

一、创新网络支撑平台实施网络科学化管理的产生背景

21世纪初的中国电信发展进入了同质化竞争的时代，随着中国通信业的迅速发展和通信业应用的日趋饱和，通信行业之间的竞争也越来越激烈，在这种同质化竞争的时代，企业何以保持核心竞争力，何以保持持续快速发展，一言以蔽之，企业不仅要关注话音业务、网络规模、用户规模，更要注重企业效益的提升，对网络运维而言，也要从“以网络为中心”（根据网络能提供的服务制定市场策略）向“以市场为中心”（针对市场的需求提供网络服务）转变，注重规模效益，降低运维成本，提高投资回报率，将网络运维的管理模式从粗放式运作向精细化经营转变。纵观“网络规模时代”的运维模式的粗放经营方式主要体现在以下6点：

（一）网络维护侧重于指标管理，不注重用户感受

长期以来，“指标考核”使得维护人员过分偏重于指标的提升，而不是从用户的感受提高网络质量。如：长途来话接通率从40%上升到60%用户感受明显，但从60%到64%难度很大且用户感受不明显，这时就应当把重点转移到通话质量的改善上，消除背景噪音、时延、单通、串音等。

（二）集中化维护缺乏告警统一监控和分析手段

在以设备厂商网管为主的维护模式下，每种设备都有自己的监控终端，维护人员需要在数台甚至数十台维护终端前往返奔波，与集中监控、集中操作、集中管理的要求相差甚远。当一个专业网络发生故障时往往会引起相关网元或设备告警，由于缺乏统一的告警分析手段，这就需要各专业维护人员逐级查找故障，长时间协调，才能定位故障的根本原因。

（三）对网络效益的挖掘不够

山东移动上市以来，经过几年的高速发展，网络规模不断扩大，高速增长的网络规模发展与网络投资压缩存在一定矛盾，一方面资费的变相下降导致话务量猛增，网络负荷急剧增大，急需扩容；另一方面又要节省支出，把有限的资金用于3G和传输网的建设上，这就要求公司运营要在适当投资的情况下充分挖掘网络潜力。

（四）缺乏对资源的统一管理

由于缺少对资源统一管理的手段，一方面难以掌握资源的分布情况和利用情况，无法做到对网络的精确规划和调度；另一方面无法精确测量现网的总体运行效率，对资源浪费和拥塞无法预警，对网络的安全运行造成了一定隐患。

（五）人员培养与知识共享

一直以来，网络部门为公司各部门输送了大量的人才，在以网络为中心向市场为中心的战略指引下，网络

创新小组商讨问题

部门的人员流失率有所增加，如何保证在人员减少情况下，维护水平不降低，维护知识和经验不流失，是各省移动公司都面临的课题。

（六）流程组织与监督

在实施流程电子化管理以前，网络部制定了各种各样的规章制定和管理办法，但由于缺少监控手段的支撑，各分公司的执行情况参差不齐，难以进行量化考核和工作评估，难以评估影响流程执行的改进点。

二、创新网络支撑平台实施网络科学化管理的基本内涵

网络支撑平台简称NSP（Network Support Platform），其目的是使技能、业务水平不同的生产者合理的分布在合适的岗位，运用完善的生产工具，高效的执行网络维护与优化任务，使网络维护的三要素：维护人员（生产者）、网络设备（劳动对象）、操作工具（劳动工具），通过规定"人的行为"（作业任务）和"行为的顺序"（业务流程）使之完美的融合在一起。

（一）网络支撑平台总体功能框架

山东公司将TMN（电信管理网）的分层管理模型和eTOM（增强的电信运营图）的业务流程框架结合在一起，以业界最先进的J2EE平台作为企业应用基础架构，构建了接口标准的、扩展灵活的、面向流程的、体现精确管理和知识管理思想的网络支撑平台，网络支撑平台总体框架（图1）。

NSP平台总体框架自下而上分为4层：

1.网元管理层

对应于各专业网管，实现的是对各专业网络的配置管理、性能管理、故障管理、安全管理和用户管理功能。

2.网络管理层

实现对所有专业网络的综合管理功能，侧重的是通信网全程全网的管理功能。其中网络监测平台实现网络告警集中监控，性能分析平台实现网络性能综合分析，生产操作平台实现网络设备集中操作维护，资源管理平台实现网络资源统一管理。

3.业务管理层

实现以流程管理贯穿整个网络管理全过程和精确管理思想，指挥调度平台参考eTOM业务流程框架建立了网络运维流程体系：包括故障处理流程域、投诉处理流程域、资源调度流程域、网络优化流程域、新业务开发流程域、网络规划流程域、网络设备维护管理流程域、支撑系统开发流程域、日常维护流程域、SLA（服务级别协议）管理流程域和贯通价值链的合作伙伴管理流程域，各域包括的一级流程下又分为多级的子流程，流程与流程

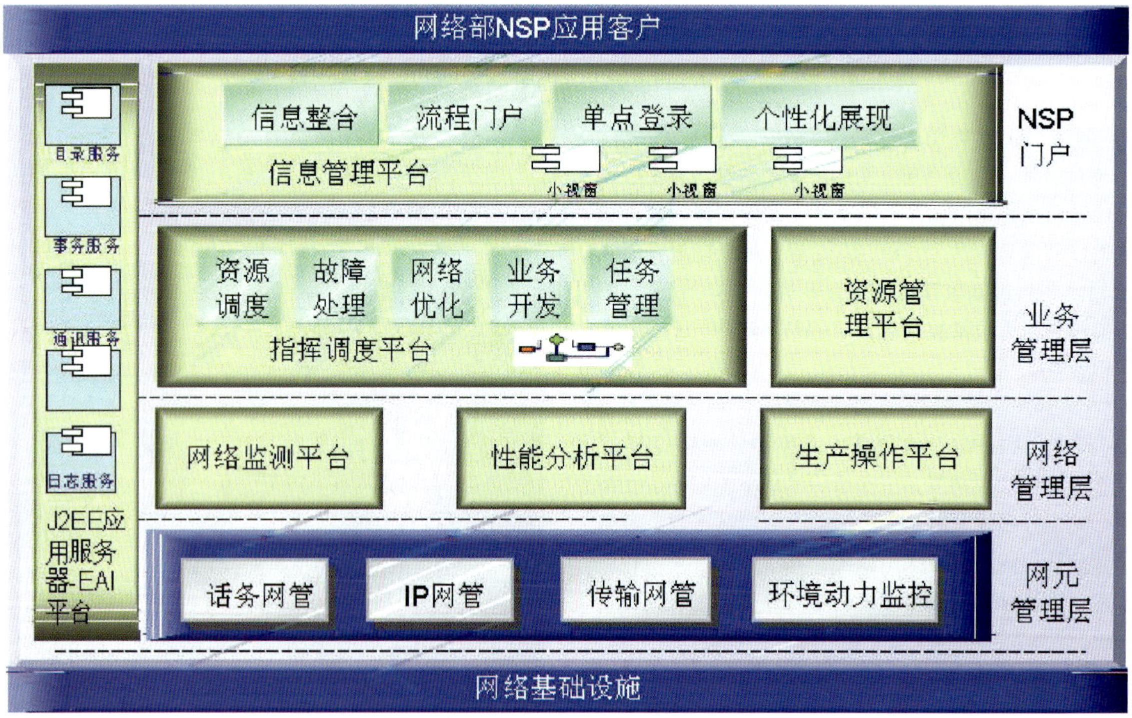

图1 网络支撑平台总体框架

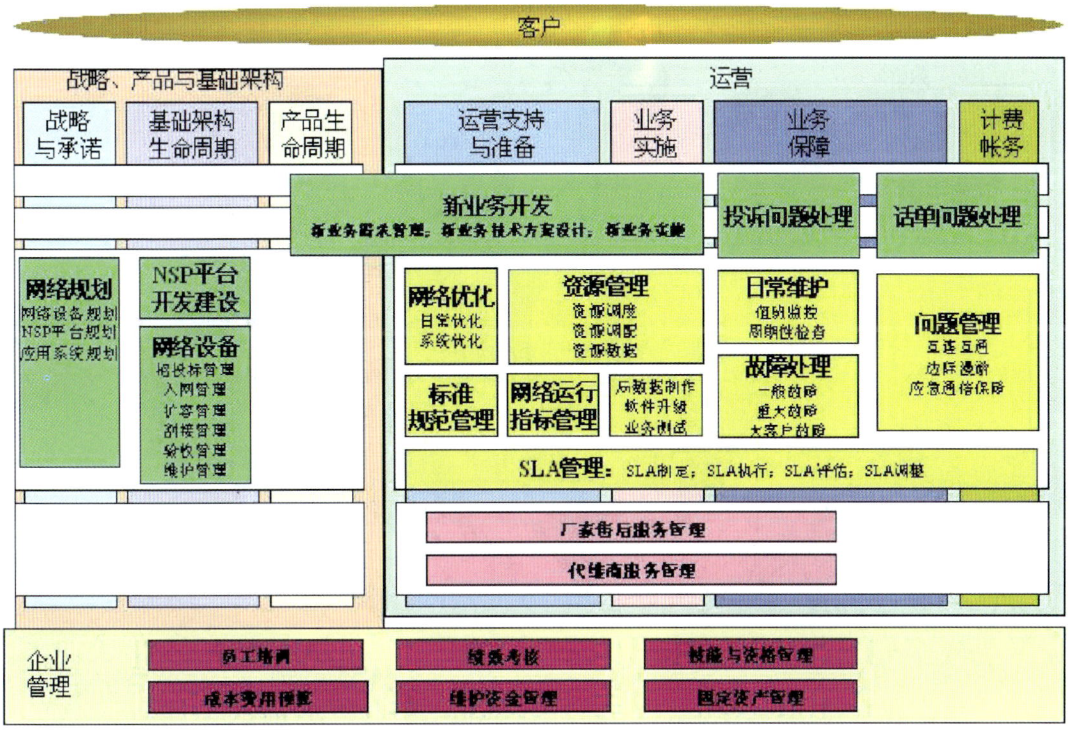

图 2　NSP 流程体系

之间存在关联，比如由网络优化流程关联到资源调度流程；NSP 平台通过流程将网管系统贯穿起来，如从网络监测平台产生的故障处理需求可以触发故障处理流程，资源调度流程可以从资源管理平台获得可利用的资源信息。通过流程的贯通，NSP 实现了运维工作的制度化、规范化、流程化和电子化。NSP 流程体系（图 2）所示。

4.NSP 门户

NSP 门户是网络部员工协同工作的平台，是访问 NSP 所有系统的统一入口，是所有后台支撑系统和办公系统的前台展现。通过构建统一信息门户实现信息整合、统一入口、单点登录和个性化设置，以满足员工、客户和合作伙伴以多种手段访问 NSP 应用的需要。其中在线值班与作业计划管理构成了网络维护工作平台；个人工作室、协同工作室、文档中心和学习评估系统构造了知识管理的平台；岗位与绩效管理以及业务流程的监控为管理者提供了方便的管理视图。

（二）网络支撑平台各子平台的应用

1.网络监测平台

（1）告警集中监控和告警关联性分析

网络监测平台的建设，使山东移动真正具备了面向全网的“集中监控、集中操作、集中管理”的能力。告警集中监控可以从宏观上掌控全省网络的运行情况，通过告警关联性分析迅速判断一点故障对于全网造成的冲击，并结合各专业网络的告警情况迅速定位故障点，集中力量进行关键点的故障排除。

（2）告警与流程的结合

在省公司集中监控的情况下，仍然有相当一部分告警需要市公司处理，网络监测平台与流程的结合能够直接将告警转换成故障工单，并通过故障管理流程派发到市公司或通过代维管理系统派发到代维公司。不但提高了故障处理效率，缩短告警历时，而且形成了从故障产生到故障处理过程，直至故障消失的闭环管理。

2.生产操作平台

（1）一点接入、集中鉴权、集中日志

通过生产操作平台可以对所有地市、不同种类的网元实行操作；并针对不同层次的维护人员开放不同的指令集，有效的避免了人工失误对设备造成的影响；通过自动记录操作设备的指令和输出结果加强对操作过程的事后分析和监控。

（2）局数据自动核查和辅助制作

交换机的局数据有数万条，手工核查一遍需要耗费大量的精力。“局数据管理系统”所具备的“局数据自动核查”功能，将核查过程交由性能强劲的服务器来自动处理，时间快、准确率高；独特的“局数据辅助制作系统”能根据集团公司的标准局数据生成交换机指令文件，

团队精神

并且自动下发执行，形成了从局数据的管理、修改、核查的闭环管理。

3.性能分析平台

（1）网络效率分析和无线专家分析系统

网络效率分析主要是对话务的预测，通过建立精确的话务预测模型来反映话务量发展趋势，并对网元的扩容和调整给出合理建议。专家分析系统固化了网优专家成熟的网络优化和分析经验，当某项性能出现恶化时，专家系统可以进行关联性分析并定位性能恶化的原因，提出优化建议。

（2）投诉分析和网络覆盖评估系统

该系统利用电子地图保存网络投诉信息和网络测试数据，实现对网络投诉的辅助分析和网络覆盖的评估。网络投诉分析系统是网管系统向客服系统提供支撑的一个尝试，其目的是为网络投诉处理人员提供一个高效的接收、查询、处理网络投诉的平台，帮助进行投诉问题的查找和解决，提高网络运营的工作效率。网络覆盖评估系统能够根据路测数据和通话质量测试数据，自动生成移动G网、联通G网、联通C网的网络覆盖和通话质量的对比图，从而做到知己知彼，有针对性地进行网络优化与覆盖。

4.资源管理平台

（1）资源的统一管理和调度

资源管理平台包含全省所有的物理和逻辑资源，山东每年基站电费支出过亿，通过对基站电费的精确管理，有效的避免了虚报基站电费的情况，并且经过分析发现在春、秋两季关闭基站空调能够节省电费，仅此一项就为公司每年节省电费支出近千万。备品备件管理系统实现了全省备件资源的统一管理和调拨，减少了备件的库存量，为公司节省了大笔购买资金。

（2）资源效率分析

资源效率分析系统从网络资源的利用情况、网络质量、资源利用效益三方面综合、客观的评估网络资源的利用效益。为网络规划和为网络资源的精确调度提供可靠依据，最终实现资源的最大利用率。

5.指挥调度平台

（1）管理扁平化、决策科学化、运维信息化

实现管理的扁平化是每个管理者的梦想，但是由于“等级”的存在，所以日常工作很难“越级处理”。通过对管理流程的梳理，利用科学的手段消除不增值环节、简化处理过程，使领导不必再反复的参与审批，只需在关键环节上进行“监督”和“考核”即可。

（2）通过工作流技术实现了基于角色的流程管理

实施工作流系统以后，通过给员工赋予适当的角色，将角色映射到工作流程的不同环节来进行业务流程的执行和监控，从而实现了业务流程的制度化、规范化、电子化、流程化和自动化，并在此基础上建立了可精确管理的绩效考核体系。

6.信息管理平台

对知识的管理和继承。"技术支持中心"、"新员工园地"给员工提供了一个开放的学习和交流环境，通过建立一系列激励机制促进维护人员间的知识交流与共享，使维护过程中产生的经验得以继承和重用。学习与评估系统能够对员工定期进行网上考试，也可以进行自测，并对自测的历史成绩进行曲线展现，直观的显示员工的业务技能提升的过程。

三、创新网络支撑平台实施网络科学化管理的主要做法

（一）网络支撑平台的建设历程

1998年山东移动进行省级网管一期工程建设，2001年进行网管二期建设及改造，这时网管由单纯的报表统计向集中监控、集中维护、局数据集中制作演进。2002年经过对运维现状的分析和对未来运维趋势的思考，山东移动形成了新的运维体制，并在此基础上产生建设NSP的设想，从网络维护、网络优化、网络管理等各个层面对新的运维体制进行全面支撑，并提出6个平台的总设想。NSP的建设历经数年，最初就与浪潮合作，2003年结盟华为并打造新的管理平台。

（二）网络支撑平台的建设方法

1."兵马未动，粮草先行"

信息系统的建设耗时、耗力，且耗资巨大，在建设前一定要进行充分的可行性论证。山东移动在建设NSP前经过半年的调查和摸底，包括目前网络维护现状、人员素质、工作的处理流程，找出目前工作中的"软肋"与"瓶颈"，并有针对性的提出解决方案。对未来网络维护的发展趋势进行充分的预测和探讨，并确立了集中化维护的网络维护体制和精细化的管理体制，设定了期望目标，这一切都是NSP存在的理论基础。在实施前我们还进行了充分的技术和人才储备，这些人才是NSP建设的中坚力量。

2.选择合适的合作伙伴

我们和合作伙伴都本着"NSP的成功是一个多赢格

山东移动部分员工合影

轻松愉快地工作

局”的思想，抛弃狭隘的功利主义，同心协力。我们与华为进行了“优势互补”：吸取华为在进行信息化建设过程中的一些精华，同时输出我们先进的维护理念，帮助其开拓信息化建设市场。借助合作伙伴强大的技术优势、规范的运作体系和良好的信誉，使我们在NSP建设过程中一帆风顺。

3.掌握正确的方法论

在进行NSP业务流程体系建设的过程中，只有掌握业界通用的、正确的方法论，才能保证业务流程再造的顺利实施。NSP业务流程再造分为“发起、关注、发明、推行”4个阶段：

发起阶段的工作目标是确定项目的目标、范围和收益，建立项目组织与工作计划；

关注阶段的工作目标是收集问题，诊断现状，与同行业或内部的最佳实践比较，找出差距，确定改进目标及方案；

发明阶段的工作目标是详细设计未来的业务流程、组织与IT系统，有选择性地进行测试；

推行阶段地工作目标是通过宣讲、培训，使所有目标客户群适应新的流程管理系统，适应新的工作方式。

针对现状，我们从流程、组织、IT3个方面进行了改进：

流程方面：

采用结构化方法设计流程，对业务分层、分级、分阶段处理，建立清晰的业务框架。

从业务运作过程管理的角度，而非技术角度设计流程

制定流程活动模板，形成完整的流程文档。

优化流程，清除流程中的非增值活动，建立闭环的流程体系。

组织方面：

建立清晰的流程角色、职责与岗位的对应关系。

减少管理层极，实现扁平化。

IT方面：

采用业务指导IT，IT支撑和使能业务的原则，集成孤立的应用系统，用端到端的工作流平台来固化和规范业务流程的运转。

4.网络运维流程梳理、建模与固化

网络支撑平台按照业务愿景、流程目标、角色职责、KPI（关键绩效指标）、对应岗位与技能要求、模板以及相关的业务规则等内容建立了每类业务的流程体系，并在工作流系统上实现了网络优化、故障处理、资源调度和新业务开发等流程的IT化管理。下面以网络优化流程为例来说明流程梳理、建模和固化的过程。

（1）首先确定网络优化的业务愿景：实现网络资源配置与服务质量的最优均衡，增强网络赢利能力，提高网络服务质量，使之保持或超过客户满意度。

（2）其次确定网络优化的流程目标：提高网络资源利用率，改善网络服务质量。

（3）再次通过流程梳理确定网络优化流程的活动组成，参与流程的角色，并制定角色职责说明书、活动模板和KPI指标。网络优化流程由以下几个过程组成：受理网优问题、分析网优问题、制定网优方案、评审网优方案、实施网优方案、验证网优效果。

在这一系列的过程中，为了做到对业务流程的精确管理，员工的角色可以细化为问题受理人、问题分析人、方案制定人、方案审批人和方案实施人等角色，网络优化流程中角色与对应活动的关系如图3所示。

为了使网络优化流程能够达到其业务愿景与流程目标，为流程中的关键角色设定了可量化考核的KPI指标，如问题受理人的KPI是网优问题响应及时率，方案制定人和方案实施人的KPI是网优问题解决率，方案审批人的KPI是审批时限。

（4）然后根据流程角色职责说明书和流程活动模板进行流程建模。

（5）流程建模后进行相关配置。将网络优化流程各个环节通过工作流系统固化后，在投入运行之前，必须进行相关配置。

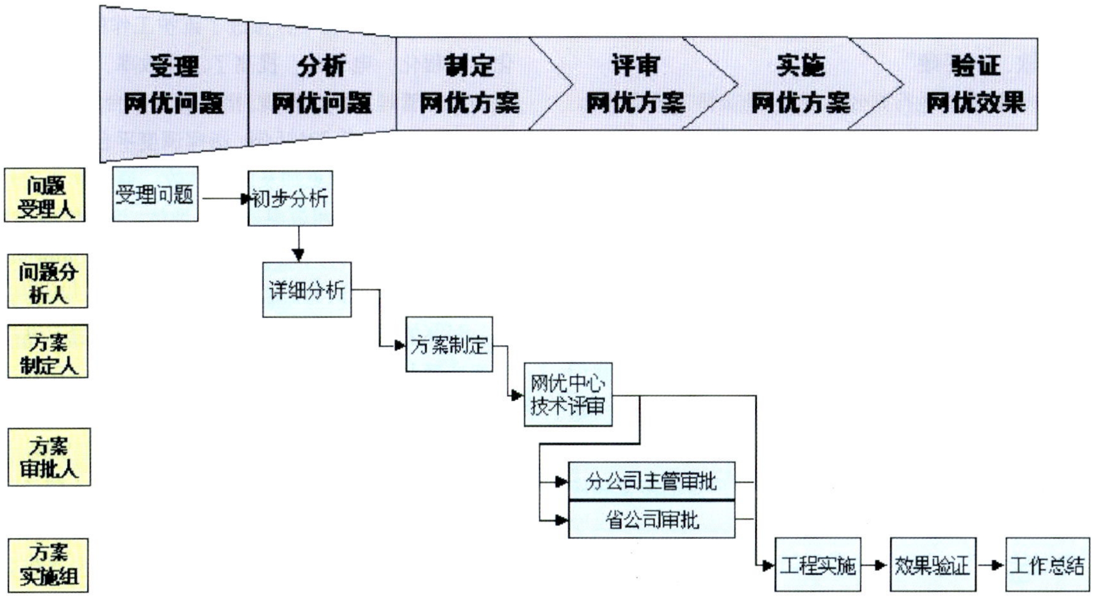

图 3　网络优化流程中角色与对应活动的关系

（6）配置好流程后，运行流程。问题受理人通过新建任务发起网络优化流程，然后提交给问题分析人进行分析，方案制定人根据分析结果制定优化方案后，提交方案审批人进行审批，接下去是方案实施，最后是实施方案效果验证和网络优化工作总结。

（7）流程统计与优化。网络优化流程具有以下统计功能：

以部门或个人为单位统计受理的网络优化问题中一般问题、重要问题和关键问题的比例，问题解决率和问题解决超时率。

按问题来源统计受理的网络优化问题中一般问题、重要问题和关键问题的比例，问题解决率和问题解决超时率。

按流程状态统计一段时间内处于各个状态的流程的数量。

按流程运转时间统计一段时间内所有已完成流程的各个环节的平均用时、最大用时和最小用时。

通过流程的统计分析功能可以比较容易地发现流程执行中存在的问题，进而对流程进行有针对性的优化和改进。

网络优化流程经过上述过程固化下来后，通过一定阶段的实施，基本达到了以下管理目标：

通过网络优化工作电子化，实现了网络优化经验的传播和共享。

规范了网络优化业务处理过程，提高了网络优化工作效率。

方便对分公司日常优化工作的监控和管理。

提高了网络资源利用率，改善了网络质量，提升了客户满意度。

5.长期规划，小步快走

我们要制定长远的目标和规划，但短期建设不能"大干快上"，要针对自己制定的目标和步骤，分批次、有秩序地进行。我们制定了NSP发展五年规划，从2002年进行可行性论证，确定NSP的建设思路，到2003年批量实施，到2004年大范围推广，我们每一步都走得非常谨慎，我们目前仍然按照我们的远景目标在井然有序的实施。

6、建立完善的项目管理机制

在NSP每个项目的开发过程中涉及需求征集、需求分析、系统设计、交付开发商开发、软件的测试、上线、反馈、改进等多个环节。我们用软件工程理论建立了一套符合自己情况的项目管理机制，在每一个环节都建立了规范的流程。如：对于需求的管理，我们建立了"需求评审制度"，通过对每一个环节的精确控制，让我们这个庞大的项目一直有条不紊的进行着。

（三）网络支撑平台的推广方法

信息化建设属于"一把手"工程，在集中化维护体制改革、业务流程重整上必须关注利益相关人的反应，一种模式的转变在开始时都会遇到困难和抵制，这由两个方面的原因造成的：一是新模式有诸多不完善的地方；二是触动了一部分人的利益，处于维护自身利益的本能，对

一等奖

加强精细化管理 实现SIM卡业务创新

江苏移动通信有限责任公司

1995年12月18日江苏移动诞生了第一张SIM卡，标志着江苏移动通信进入了数字移动通信时代。GSM数字移动通信发展迅速，目前，江苏移动在网用户数近1500万，在中国移动集团位居前茅。移动运营商在提供通信服务的过程中，SIM卡是唯一一种呈现在用户面前的有形产品，也是一种与用户接触、交流最紧密的媒介，在运营商与用户沟通中起着非常重要的桥梁作用，作为最大的移动通信运营商不仅应该认识到SIM卡在与用户沟通过程中的重要性，更要充分利用SIM卡在与用户沟通过程中的桥梁和纽带作用。

随着移动通信的迅速发展，SIM卡的用量也直线上升，在市场竞争越演越烈的今天，用户换网频次呈现上升趋势，进一步增加了SIM卡的使用量，江苏公司每年销售SIM卡近900万张。随着移动通信的发展SIM卡技术也同步发展，容量不断增大：从3K、8K、16K到现在的32K、64K；品种也不断丰富：普通卡、STK卡、OTA卡、证券卡、银行卡等等。SIM卡虽小，却联系着我们的每一个用户，SIM卡在担当用户识别模块功能的同时，不断推出的新技术、新功能也促进了移动新业务的发展。同时SIM卡成本也是用户成本的一个组成部分，在向国际一流通信企业迈进的过程中，有必要进一步加强SIM卡流通过程中精细化管理，实现SIM卡业务创新，真正实现“业务、服务”双领先。

一、加强精细化管理，实现SIM卡业务创新的产生背景

在GSM数字移动通信网络商用以来，走过了10年历程，SIM卡使用量逐年递增，在早期的SIM卡管理方面，因量小、号段少，SIM卡管理主要以手工管理为主，工作效率低下，尽管制定了各种业务规定和工作流程以减少人为因素造成差错的几率，但仍存在一定的差错率。随着数字移动通信的迅速发展，号段资源管理工作量也越来越大，SIM卡使用量越来越大，而在SIM卡流通过程中，无论是SIM卡生产组织管理，还是SIM卡数据管理和物流管理等诸方面，均缺乏有效的管理手段，原管理模式存在诸多难以克服的弊端：

(一)管理手段落后，工作效率低下，存在一定的差错率

在SIM卡流通过程中，原管理流程如下：分公司手工填写SIM卡申请单，传真至业务卡中心，业务卡中心再根据申请单手工分配SIM卡数据并分卡商登记造册，或发厂家生产或自己组织生产；自己生产时，在各卡商的计算机上手工输入各批次的开始ICCID、开始IMSI、数量、短信中心号码等数据，选择卡种生成生产文件再进行生产；生产结束后，手工加密Ki等数据，然后手工下发并备份SIM卡数据，同时填写发料单并登记发放SIM卡的品种、数量、号段等信息。整个流程以手工操作为主，工作效率低，虽制定了一系列管理规定、操作流程和数据复核制度以减少因人为因素造成差错的几率，但人为因素在所难免，总是存在一定的差错率，从而造成不必要的经济损失。手工操作工作效率低，市场保障的及时性不够，已远远不能满足市场发展的需要。

(二)备卡数量长期居高不下，占用大量资金，存在经济风险

在原SIM卡数据管理模式下，根据集团公司业务规范规定SIM卡号段与ICCID、IMSI一一对应，即SIM卡按万号进行分组，在同一个分组中SIM卡可以相互通用，不同分组的卡则互不通用。除新用户入网时SIM卡按号段投放外，为满足用户补换/卡需求，必须为每一个号段配备一定数量的SIM卡备卡（已个人化好的SIM卡）用于补/换卡。随着营业厅数量的不断增加，每一个号段配备备卡由原来的500张增加到1000张备卡，仍不能满足补/换卡需求。目前，我公司共有2930个号段，每个号段按配备1000张备卡计算，全省备卡量达293万张，占用资金达8400多万元（最高峰时全省SIM卡库存达483万张，占用资金达1.35亿元）；按每年新增500个号段计算，占用资金年递增1400万元。

随着科技进步，SIM卡技术也日新月异，采用新技术必然对老产品产生冲击，造成老产品积压。同时SIM卡采购价格也呈持续下降趋势，如果为减少产品积压造成的经济损失，就需要放慢新产品或新业务的推广速度，必然影响新产品和新业务的推广。在SIM卡发展过程中，从最早的3K卡到后来的8K、16K、64K卡，我公司在推出16K和64K卡后，造成8K卡积压，就单纯因积压而报废的8K卡达50多万张，直接经济损失达750多万元，还不包括产品降价造成的经济损失。所以，SIM卡库存量越大，其因技术进步而带来的经济风险就越大，也不利于新技术和新业务的迅速推广，影响产品更新换代速度。

(三)不能实现跨区办理补/换卡业务

在集团内各公司按号段或按十万号或按HLR管理SIM卡数据，在不同分组的SIM卡不能通用，同时因涉及到SIM卡实体，一直不能实现跨地区办理补/换卡业务。集团公司为提高客户满意度，提高服务水平，满足大客户补/换卡需求，统一为大客户免费配备一张备卡，并建立了跨区联络员制度，制定了旨在保障大客户通信的相关应急通信保障流程，通过邮寄SIM卡实体等措施，满足大客户通信保障需要。但这种补/换卡方式及时性差、工作效率低，不能为用户提供普遍性服务。原管理模式并不能代表中国移动业务领新、服务领先应该具备的水平，同时在原管理模式下，无法解决跨区、跨省实时办理补/换卡业务的难题。

(四)很难满足用户对SIM卡的个性化需求

SIM卡个人化后，其中的数据和应用菜单就已固化在卡中，随着OTA技术的应用，解决了梦网业务菜单动态下载的难题，实现了用户可以根据需要选择梦网业务。但对于移动证券、移动银行、一卡双号等业务，用户必须预约，不利于个性化业务的推广和普及。对于异型SIM卡、透明SIM卡和特殊业务的个性化SIM卡，很难及时满足用户对SIM卡的个性化需求，不利于个性化业务的普及和迅速推广。

以上问题对SIM卡管理模式提出了挑战：在满足市场发展需要的前提下，如何降低每用户SIM卡成本，回避SIM卡技术更新带来的经济风险？如何提高SIM卡供应保障速度，满足瞬息万变的市场需求？如何克服SIM卡流通过程中的区域性限制，提高服务水平和客户满足度、实现全网补/换卡业务？如何充分发挥SIM卡在与用户沟通过程中的桥梁作用，实现并让用户感知业务领先？唯一途径只有对原管理模式进行彻底变革，运用科学的

管理理论、先进的管理手段进行不断创新，以满足不断发展的市场需要。

二、加强精细化管理，实现SIM卡业务创新的基本内涵

SIM卡在业务发展中占有重要地位，保障SIM卡供应是保障市场发展的必要条件，供应不足会影响业务发展，供应过量会造成SIM卡积压和资金积压；SIM卡技术进步，新的卡种不断推向市场和价格不断走低，对积压的老产品产生一定的冲击，处理不当造成不必要的浪费。合理储备和控制SIM卡量，不仅避免积压大量资金，而且可以提高新产品的推广和普及速度。

加强精细化管理，实现SIM卡业务创新的内涵，就是"科学技术是第一生产力"，充分依靠科技创新，对原生产方式进行大胆革新，以"硬件"为手段、"软件"为灵魂，加快转变业务卡中心责能，改变被动式管理为主动式管理，对SIM卡流通过程中的各个环节实施精细化管理，不断引进、采用新技术，实现SIM卡业务和服务创新。

三、加强精细化管理，实现SIM卡业务创新的主要做法

在满足市场需求的前提下，采用"软件"、"硬件"相结合的方式，通过不断创新，对SIM卡流通过程中的每一个环节实施精细化管理，加强精细化管理涉及两方面内容："硬件"创新和"软件"创新，"硬件"创新主要是

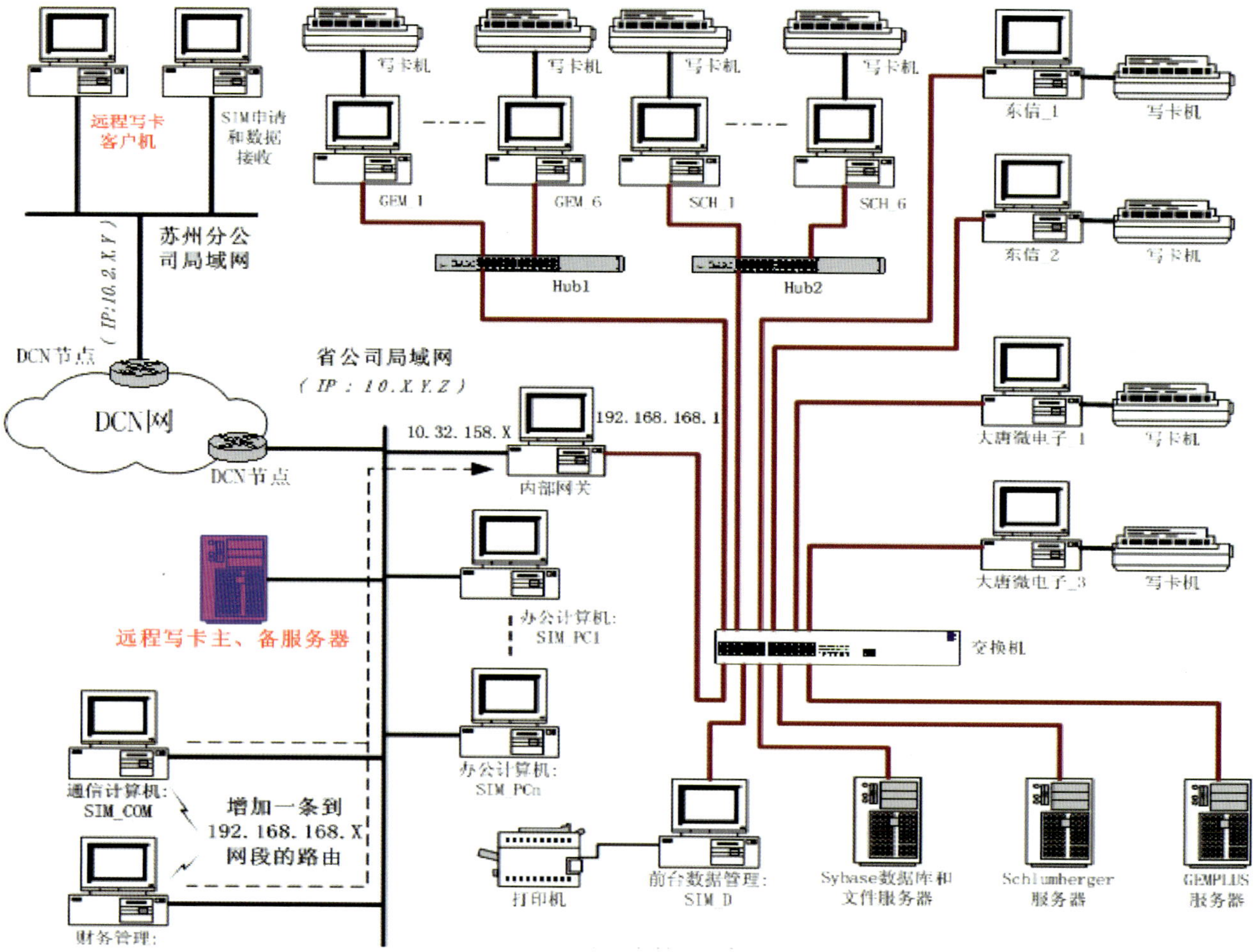

图1　网络结构示意图

指管理手段的创新，"软件"创新就是管理理念和管理方式的创新。

（一）通过技术创新实现管理手段的创新

管理手段是实现高效管理的基础，管理手段落后，将严重影响管理效果。根据SIM卡流通特点，对流通过程中的各个环节进行分析研究，针对薄弱环节，通过技术创新实现有效管理。

1.利用科学手段，实现SIM卡计算机化管理，提高了劳动效率，实现无差错生产

针对SIM卡生产组织管理、数据管理、SIM卡物料管理等方面以手工操作为主的现状，基于Sybase数据库自行开发一套"业务卡综合管理系统"，实现了从SIM卡申请、数据分配、生产批次生成、数据备份和下发、SIM卡物料收发管理、数据统计查询等各方面实现了计算机化管理，在提高工作效率的同时，彻底消除了人为因素造成差错的可能性，实现了无差错生产。拓扑结构图如图1所示。

该系统由四个子系统组成：远程申请子系统、数据生成子系统、数据管理子系统、辅助管理子系统。

（1）远程申请子系统实现了业务卡网络化申请，分公司卡管理员通过客户端程序在公司的DCN网上直接选择号段进行申请，申请结束后直接形成电子申请单，避免了手工填写申请单时的笔误和手写体识别错误，达到提高分公司卡管理员的工作效率，减少SIM卡申请环节错误几率的目的。

（2）数据生成子系统主要完成SIM卡数据分配功能。该系统直接从电子申请单中读取分公司申请数据，指定生产厂商后自动分配ICCID、IMSI数据，并按固定格式生成INP文件（INP文件是江苏移动制定的与各卡商个人化设备间的接口文件规范），实现各环节的自动化，提高工作效率，避免差错。INP文件采用标准的接口文件规范，其内容包括：数据输出文件名头、批次号、开始ICCID、开始IMSI、生产数量、SIM卡品种、短信中心号码、业务接入号等字段，其应用覆盖我公司全部SIM卡卡种和应用。根据生产方式不同可以选择自己生产或送厂家全个人化生产，方便生产管理和数据查询。

原来各卡商的SIM卡生产设备全部都是单机版，缺乏统一管理，生产实施时，必须在写卡用计算机上手工输入开始ICCID、开始IMSI、生产数量、短信中心号码、卡种等数据，为避免输入错误，制定了一人输入数据、另一个人复核制度，工作效率低下，员工工作压力大，还存在一定的差错率。随着SIM卡需求量的不断增长，原方式已不能满足市场发展的需要，针对数据输入瓶颈和差错高发环节，对各卡商的发卡设备进行了升级改造，在实现发卡设备网络化集中管理的基础上，将原来手工输入数据改为直接从文件中读取数据，直接形成生产批次文件实施生产，从而实现生产数据输入、输出自动化。与数据生成子系统有机结合，并形成接口标准，用INP文件作为两系统的数据媒介，即数据生成子系统输出的INP文件，作为各卡商生产SIM卡时数据输入文件，彻底解决了数据瓶颈，消除了人工差错，提高了劳动效率，为迅速保障市场需求奠定了基础。

（3）数据管理子系统完成卡数据的自定备份、加密下发、自动出据发料单和自动发送通知邮件通知各分公司卡管理员的功能。当SIM卡生产阶段结束后，按生产批次号管理生产，并在系统中进行出帐、下发处理。首先将输出报告备份到数据服务器，然后进行传输加密后下发各分公司，并自动出据发料单，库房管理员凭发料单发卡。同时自动发送通知邮件并将发放明细和数据文件明细发至各卡管理员OA邮箱，通知各卡管理查收数据和SIM卡实物。实现了数据输出和SIM实物发放的信息化管理。

（4）辅助管理子系统完成统计、查询、字典维护、数据和实物网上签收等功能，还为远程写卡系统提供基础数据。

四部分组成一个完整的计算机综合管理系统，实现了SIM卡流通过程中各环节管理的计算机化，提高了工作效率，实现了无差错生产。

2.对生产方式进行大胆创新，创造性提出并实现了一种新的SIM卡个人化方式——远程写卡，大幅度减少SIM卡库存及其占用资金，实现跨区实时办理补／换卡业务

根据集团公司业务规范ICCID、IMSI和手机号码之间保持一一对应关系，在原管理模式下无法实现一卡对应所有的号码。因此，为满足用户补／换卡需求，必须储备一定量的实卡，其备卡数量的多少与补／换卡业务开放范围的大小有直接关系。在提高服务水平的同时，势必会增加服务成本，提高服务和降低服务成本长期以来就一直是一对矛盾。原管理模式和生产方式，决定了SIM卡库存数量及其占用资金长期居高不下并与日俱增，无法实现跨区办理补／换卡业务，很难满足用户个性化需求。

经仔细分析，矛盾的焦点主要集中以下两点：一是因为一张SIM卡写入数据后其使用范围就基本固定，不能任意对应其它的用户号码；二是SIM卡数据必须在投放市场前预先确定并写入SIM卡中，同时将数据录入到HLR和BOSS系统中。如果在SIM卡销售时根据用户需要

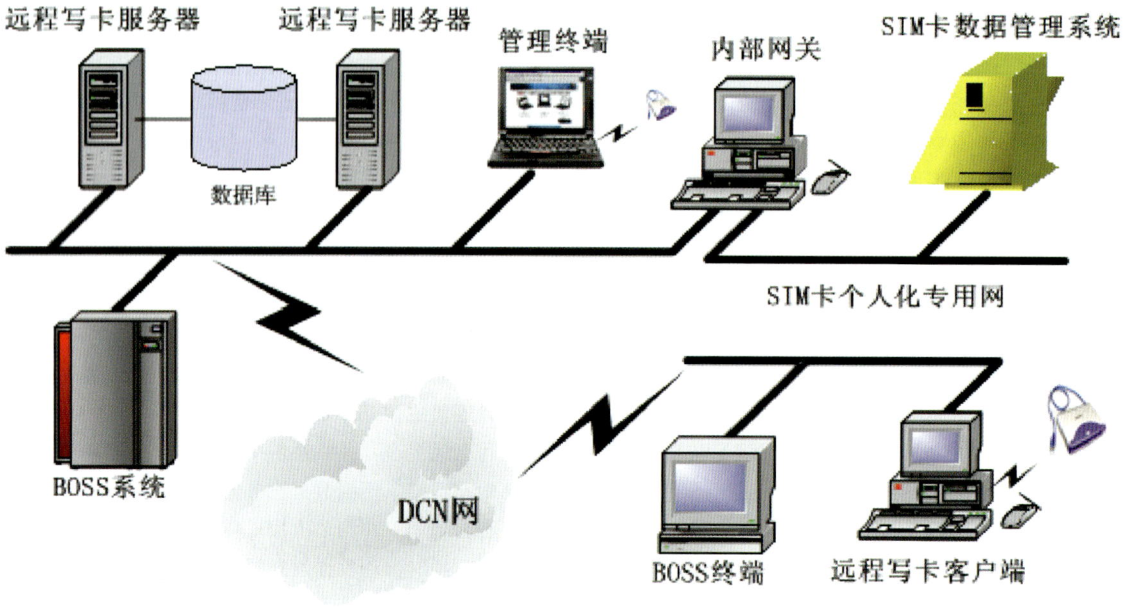

图2　远程写卡系统示意图

再将用户数据写入SIM卡，就不需要预先为每一个号段准备备卡，从而实现一张空卡可以满足所有用户补／换卡需要。解决矛盾的关键是能在销售网点实现现场写卡，即实现远程SIM卡个人化。

根据上述思路，在集团公司业务卡中心的大力支持、协助下，我公司对原管理模式进行了大胆创新，创造了一种全新的SIM卡个人化方式——远程写卡，将原来储备SIM卡实卡，改为储备SIM卡数据和空卡，并根据用户号码现场实时写入数据，由原来为每一个号段储备一定量SIM卡变为储备少量的空卡满足所有号段的补／换卡需要，较大程度地减少了备卡数量及其占用资金。在实现远程写卡后，SIM卡数据管理不再有区域限制，任何一个具有远程写卡能力的营业厅，可以调用任何一个号段的数据并进行现场个人化，从而实现了跨区实时办理补／换卡业务。将个人化过程延伸到营业厅后，使满足用户对SIM卡差异化需求成为现实。该系统的拓扑接口如图2所示。

远程写卡作为一种新的SIM卡个人化方式，既是对生产方式的创新，同时又为SIM卡精细化管理提供了十分有效的管理手段。

（二）借鉴先进的管理理念，建立先进的SIM卡管理理论和管理模式，实现管理模式的创新

良好的管理手段仅是实现精细化管理的条件基础，为达到对SIM卡进行全方位管理的目的，有必要对原管理流程进行创新。就SIM卡本身而言，其实就是一种商品，除有其固有的特殊性外，作为商品就有其生产、储存、流通的共性，在现代超市商品管理中涉及进货、储备、销售等各个环节，而具有商品特性的SIM卡，长期以来，基本没有对其流通特点进行分析、研究，在SIM卡申请时缺乏计划性管理，基本处于不考虑成本的储备状态，对SIM卡的生产、储备、销售缺乏理论指导，业务卡中心的工作职责主要以满足市场需求为主，缺乏对分公司SIM卡管理工作的指导和监管。随着市场竞争越演越烈，实施全面预算管理是必然趋势，在降低运营成本的同时，要向管理要效益，必须改变原来计算成本而不控制的管理方式。

1.建立科学的生产原则和应急保障机制

在普及远程写卡基础上，为节约生产成本，确立了以厂家生产为主、业务卡中心应急保障为辅、远程写卡作为补充的SIM卡生产原则。为确保市场供应，在进一步加强全面预算管理的同时，强化SIM卡生产的计划性管理，进一步加强业务卡中心内部管理，优化业务流程，强化生产设备的维护和管理，在“业务卡综合管理系统”的支撑下，建立、健全业务卡中心应急保障机制，提高应变能力和反应速度，确保满足分公司紧急需求和应急保障生产。远程写卡系统除用于补／换卡业务外，进一步拓展该系统应用范围，实现通过远程写卡系统办理新用户

入网。这样，在业务卡中心生产周期不能满足市场需求时，远程写卡系统就可以作为生产补充手段，进行小批量现场生产，满足瞬息万变的市场需求。

2.借鉴现代物流管理经验建立全新的SIM卡物流管理模式

借鉴现代物流管理模式和经验，并成功应用于SIM卡管理，建立科学的SIM卡物流管理模式。

首先，根据我公司市场发展情况和SIM卡销售情况，对相关数据进行总结、分析，并以销售旺季的SIM卡需求量为依据，确定全省SIM卡需求的基础数据。

其次，对销售的SIM卡按用途进行进一步划分，在远程写卡系统满足用户补／换卡需求和确保供货周期的前提下，充分分析库存量、SIM卡生产周期、SIM卡在途时间、销售周期等数据及其内在联系，确定了新增市场用SIM卡的周转周期为一个半月，从而确定全省新增市场用SIM卡的合理库存量为150万张（上下浮动20%，120万张～180万张），并根据各分公司的新增市场的发展情况，对新增市场用SIM卡的合理库存量逐级分解、落实。

最后，进一步提高认识，充分理解计划性与供应保障之间的关系：无计划的生产将是无保障的生产。进一步强化SIM卡计划性管理，确保SIM卡生产的有序性。在既定生产原则的指导下，理顺SIM卡生产的各个环节，确保SIM卡供应的及时性和计划性。制定了每月申请一次、分两批供货的供货原则，并以公司文件的形式层层落实。在提高我公司生产计划性的同时，进一步方便了卡商的生产组织，在卡商有计划落实生产的同时，也为卡商按时、按质、按量供卡打下了坚实基础。

3.统一认识，加强支撑力度和监管力度，实现SIM卡“0积压”

针对制定的生产原则，进行广泛宣传和沟通，充分认识保持合理库存的重要性和回避技术升级可能带来经济风险的有效性，使分公司充分了解业务卡中心的生产能力和保障能力，并以远程写卡系统作为保障补充，消除分公司对因控制库存、缩短SIM卡周转周期和加快SIM卡流通速度后可能产生SIM卡供应短缺的顾虑，使分公司由被动管理变为主动管理。

管理模式转变后，对分公司卡管理员提出了更高的要求，在统一认识的同时，加强各级卡管理员的培训，进一步提高各级卡管理员的管理水平，加强SIM精细化管理力度并逐级落实。

进一步强化业务卡中心责能，改变以满足需求为主的被动式管理方式，严格审查分公司SIM卡需求的合理性，对于新号段的首批申请量严格控制在合理范围内，确保申请的SIM卡全部能销售出去，剩余部分号源由业务卡中心应急生产或通过远程写卡系统现场写卡，做到用户买一张我写一张，力争实现SIM卡“0积压”。

四、加强精细化管理，实现SIM卡业务创新的实施效益

实施SIM卡精细化管理以来，收到了良好的经济和社会效益。

（一）大幅度减少SIM卡库存及其占用资金

我公司最高时SIM卡库存483万张，占用资金达1.35亿元，在新的管理模式下，加强精细化管理后，SIM卡库存维持在150万张左右，减少SIM卡库存达300多万张，减少备卡占用资金达8400多万元，收到了良好的经济效益。

全省SIM卡库存维持在合理数量后，SIM卡流通周期进一步缩短，有效提高了SIM卡流通速度。SIM卡周转周期缩短后，理想状态下一张SIM卡从出厂到销售结束，其周期为一个半月，当SIM卡技术更新时，从新产品投入市场到全部升级结束，理论周期也就是一个半月，有效减小了SIM卡技术进步可能带来的经济风险，有利于SIM卡新技术和新业务的迅速推广和普及。

（二）彻底消除了SIM卡备卡数量与日俱增的趋势

按每年增加500个号段计算，每个号段配备卡1000张，每年备卡库存增加50万张。远程写卡系统推广后，不再需要配备备卡，彻底消除了SIM卡库存随号段增加同步增长的趋势，只需配备少量空卡即可满足所有号段、所有用户补／换卡的需要。

（三）实现了跨区实时办理补／换卡业务，提升了业务能力和服务水平

远程写卡创造了一种全新的SIM卡个人化方式，为实现SIM卡精细化管理奠定了基础，解决了不能跨区办理补／换卡业务的难题，实现了跨区实时办理补／换卡业务，为满足用户对SIM卡的个性化需求提供了物质基础，进一步提升了业务、服务水平和客户满意度。较大程度地减轻了各级卡管理的工作量，受到了分公司普遍好评。进一步拓展远程写卡系统的应用范围至新用户入网，并作为业务卡中心应急保障生产的辅助手段，同时为满足用户对SIM卡差异化需求提供了物质基础，实现“双领先”。

远程写卡作为一种全新的SIM卡个人化方式，是对SIM卡生产方式的改革创新，属全国首创，于2003年7月2号向国家专利局提出了“基于互联网的智能卡远程并发

写卡系统”的专利申请，7月7号国家专利局受理了该项申请（申请号为：03146268.5），于2003年9月12日通过初审，现已进入实审阶段。

（四）为全集团加强SIM卡管理，实现SIM卡业务创新提供了一条成功经验

作为集团公司第一个试点单位，对SIM卡管理进行了成功的创新，并参与制定了集团公司《远程写卡业务规范》。在我公司成功试点的基础上，有不少兄弟公司来我中心交流、学习，浙江公司组织地市公司卡管理员来我公司进行了深层次广泛交流，并成功引入管理经验和管理手段——远程写卡，推广后迅速取得了良好的经济和社会效益。

作为科学、有效的管理手段——远程写卡，受到了集团公司的高度重视，集团公司在总结江苏试点经验的基础上，制定了《远程写卡业务规范》，计划今年在全集团推广，并通过一级BOSS系统实现各省远程写卡系统互联，8月份开始在江/浙两省互联试点，并开放跨省补/换卡业务。在全集团推广具有很好的经济效益：

* 全集团内按平均每1万号配备卡500张～1000张计算，号段数按50000万计算：全集团备卡数量为：50000 × 500 ＝ 2500万张～5000万张

* 每张SIM卡平均价格按15元计算：全集团备卡占用资金达：3.75亿元～7.5亿元

* 全集团号段递增9000万个号段，减少占用资金递增：9000 × 500 × 15 ＝ 6750万元～1.5亿元。

通过采用科学管理手段，对SIM卡实施全面精细化管理，实现了SIM卡业务创新，该经验在全集团推广后，在大幅度减少全集团SIM卡库存及数亿元占用资金的同时，实现跨省实时办理补/换卡业务，进一步提升中移动的业务和服务能力，实现“业务、服务双领先”。

四、结束语

小小SIM卡是唯一一种直接与用户接触、交流的物理媒介，在运营商与用户沟通中起着非常重要的桥梁作用，如何充分发挥SIM卡的沟通桥梁作用将是我们不断创新的主题。小小SIM卡真正体现了精细化管理的重要性，“细节决定成败”：严格细致的管理产生了良好的经济效益，不断创新的愿望，实现了“双领先”的真正落地。

成果创造人

主要创造人：王建

参与创造人：廖　源、甘　俊、王长年、何建初

王建，男，现任江苏移动通信有限责任公司董事长、总经理、党组书记。1956年出生，1975年参加工作，1986年入党，硕士，教授级高工，江苏徐州人。1982年7月至1992年10月，在徐州邮电局先后担任市话班长、邮电局副局长；1992年10月至1996年6月，任江苏省邮电管理局电信处副处长、处长、副总工；1996年6月任江苏省邮电管理局副局长、党组成员；2001年3月任江苏省通信管理局局长、党组书记；2003年1月至今任现职。在王建同志的带领下，江苏移动连续几年取得了优异的发展业绩，年运营收入超过140亿元，总资产达226亿元，走出了一条规模效益型的发展道路。王建同志先后荣获全国用户满意服务杰出管理者、全国质量管理先进工作者等荣誉称号。

户；使用集团IP电话的集团客户1161户，提供行业信息化解决方案3167个。尤其是无线DDN在邮政的率先应用反响极大，天津邮政通过GPRS网络实现无线网点互联，全国首家商用邮政无线营业厅在天津开通，国家邮政总局计划推广此应用。集团客户收入比重有2002年的20%提高到30%。

（四）抢占渠道先机，掌握市场调控主动权

经过一年的区域营销，郊县12个分销中心所辖农村市场在业务发展和收入份额上都有较大提高。其中：净增用户发展指标，2003年12月农村所占比例高达62%；用户到达数指标，由2002年年底的50.57%提高到2003年年底的53.05%；收入份额指标，由2002年年底的51.67%提高到2003年年底的54.42%。

除了郊区，在市内大众营销服务部全方位部署了营销网络，网络触角延伸向各社区。以校园营销渠道的建设为例，在大专院校建立学生直销队伍，学生宣传与体验互动，效益与报酬挂钩，委托合作厅建设营销阵地，周密策划以天津移动冠名的系列校园活动为载体，策划了"动感之星"形象素质艺术大赛，将企业文化融入校园文化，扩大知名度和影响力，在校园争夺中领先于竞争对手。

结 语：

变革带来的新问题、新挑战是千载难逢的机遇，改革创新是一个持续的过程。天津移动将坚定不移地推进改革、创新、发展，不断深化战略驱动的闭环管理体系，打造核心竞争力，向公司战略目标稳步迈进。

成果创造人

主要创造人：张学红

参与创造人：张政树、薄今纲、阎五四、李　杰、王国栋、张朝晖、施境昌、陈　君

张学红，天津移动董事长，总经理。2004年，又是张学红的丰收之年，在组织重组、架构优化、流程整合，以及精细化管理等方面的坚决改革和持续创新，继续显现出实质性的成效。公司核心能力的提升和良好的业绩表现给员工和各级管理者带来信心，也让张学红这位力主"以理性、开放型管理思维重塑天津移动"的总裁更加坚定了"使天津移动精品化"的决心。激情迈入2005年的张学红提出，要实施天津移动定位转型，逐步由电信运营商向信息服务提供商转变，继续通过精细化管理、差异化经营，努力打造企业的核心能力。IT手段的全面整合，人力资源的个性化提升等将使天津移动在更多层面上实现精细化，使"立体创新"战略得到不断的深化。

以实现跨越式发展为目标的通信企业资本运营管理

中国联合通信有限公司

一等奖

中国联合通信有限公司（简称“中国联通”或“联通集团”）是经国务院批准于1994年成立的国有控股的大型综合性电信运营企业，主要经营全国性基础电信业务和增值电信业务，包括GSM和CDMA移动通信业务、国际国内长途通信业务、数据通信业务、互联网业务及IP电话业务、批准范围内的本地电话业务、无线寻呼业务等。

中国联通拥有纵横全国、连接世界的长途传输光缆63万公里，还有覆盖全国的GSM移动通信网、CDMA移动通信网、长途电话网、数据通信网、互联网和寻呼网。中国联通拥有1亿移动电话用户，按用户数是世界第三大移动通信运营商；中国联通的国际国内长途通信、数据通信和互联网业务持续高速发展，在中国电信市场占有重要地位。

2003年中国联通资产规模2129亿元，营业收入667亿元，长期合同员工5万人。中国联通的高速发展得到国内外各界的广泛认可。

一、成果产生的背景

（一）为了适应电信行业竞争形势，壮大公司实力

中国电信行业过去长期在计划经济体制下运行，是高度垄断的“政企合一”型行业，与国际先进水平存在巨大差距。1990年，全国固定电话只有685万户，移动电话用户为1.8万户，电话普及率仅为1.11%。当年电信行业的落后局面严重制约了国家改革开放和国民经济发展。

1992年，党的十四大确立了建立社会主义市场经济体制的改革目标。按照这一改革总目标，国有企业开展了以建立现代企业制度为主要内容的改革，同时国家开始在垄断行业进行引入竞争的探索。1994年党中央、国务院做出了对我国电信管理体制进行改革的重大决策，在我国电信行业引入竞争机制，相继成立中国联通、吉通、网通等新兴电信运营企业。1994年7月19日，中国联通作为打破垄断的第一家新兴电信运营企业正式成立，从此揭开了我国电信发展史上的一个崭新的篇章。

1998年以后，国家进一步推进电信行业体制改革，经过邮电分营、剥离移动业务、中国电信南北分拆等一系列改革，形成了目前中国电信、中国网通、中国移动、中国联通、中国铁通、中国卫通六大电信运营公司，我国电信市场初步形成了竞争格局。

同时，1999年我国加入WTO的谈判正在紧锣密鼓地进行，加入WTO的一项重要承诺就是开放电信市场。随着电信市场逐渐开放，电信领域将成为国际化竞争市场，包括中国联通在内的我国电信企业将直接面对有国际电信巨头参与的角逐。同时，在经济全球化的形势下，中国的电信企业也需要走出去，成为国际化公司，建立与国际接轨、符合市场经济规律的公司管理模式。

中国联通需要快速发展，壮大自身实力，既是企业生存延续的意义所在，也是体现和巩固我国电信行业改革成果，为国家信息化建设、现代化建设做贡献的客观要求。

（二）为了解决公司资金短缺的难题，消除公司融资结构的制约

电信行业具有全程全网、联合作业的特点，是高投入、高技术、资金密集、规模经济效应显著的行业。只有筹集巨额资金，使网络建设达到了较大规模，实现对全国的网络覆盖，企业发展才能逐步进入良性循环轨道。中国联通成立初期，没有国家资本金，注册资本金13.4亿元，由铁道部、电力部、电子部下属企业等15家企业法人出资设立。在投资动辄几百亿、上千亿元的资金密集型的电信行业，这点资金只能是杯水车薪。当时弱小的中国联通由于影响和实力有限，又处于亏损状态，赢利前景渺茫，因而在银行贷款融资方面也面临极大困难，很难筹集到公司发展所需要的宝贵资金，公司发展壮大受到极大的制约。到1998年底，中国联通成立近5年，资产规模只有172亿元，移动用户142万户，市场占有率只有5.7%，1998年营业收入只占电信行业的1.1%，当年亏损0.77亿元。

为了解决联通成立初期资金十分短缺这个严重阻碍联通发展的问题，为联通日后的成长壮大提供起码的资金保障，中国联通只得另觅新路，在通过多种方式筹集资金方面进行了艰辛的探索，采用了“中中外”融资项目的做法。所谓“中中外”融资项目，是指中国联通成立之初为解决资金的困难而在特定的环境下所采取的特殊融资方式，即由中国联通股东单位所属的一家中方企业与境外公司设立中外合作或合资公司，后者再与中国联通签订项目合作合同，提供资金，双方在一定区域内联合投资通信网络，建成后由中国联通经营，双方按约定的比例在合作期内分享项目产生的效益，项目执行期通常为15年。从1995年4月起，中国联通以此种方式签订“中中外”项目合同49个，合作方涉及10多个国家和地区的30多家大型电信企业，实际投入资金102亿元人民币。

这种融资方法，虽然解决了部分资金来源，但由于“中中外”融资方式使境外投资者对所注资地区的联通业务进行直接干预，股东权责与管理层权责严重混淆，部分股东直接干预公司的日常经营管理，甚至直接控制分公司日常运作，公司无法形成统一的运营管理，严重影响了全程全网运营及规模效益的发挥。同时投资商直接从各地区分公司分取现金流，中国联通每年收入现金流的75%到85%都要返还给投资商。因此，“中中外”模式带来的管理分割问题，极大地困扰着中国联通的正常发展，中国联通的生存和发展面临很大困难。

中国联通就是在这样的宏观形势和微观背景下，以资本运营为突破口，走出了一条超常规、跨越式发展之路。

二、成果的内涵及主要做法

中国联通从1999年初起，为摆脱经营困境，筹集建设资金，求得良性发展，按照“整体上市、分步实施”的资本运作总体战略，通过清理“中中外”项目，实行资产重组，建立起与国际接轨的公司治理结构和管理机制，先后在纽约、香港和上海挂牌上市，完成了大规模资本运作。通过成功的资本运营，中国联通不仅实现了企业的超常规、跨越式发展，同时为我国电信行业近几年的

快速发展做出了巨大贡献。中国联通的资本运营做法有几个特点：(1) 融资规模大，创造了多项境内外资本运营记录。(2) 创造了资本运作的新模式：以境外红筹公司股权作为出资在境内设立公司并上市；建立适应“两国三地”法律环境和证券监管要求、并适应境内电信运营需要的公司组织架构和管理模式。(3) 在关系国民经济命脉的基础行业以较少的国有资本控制了大量的非国有资本和社会资金。(4) 为保证成功融资以及所筹集资金的有效应用，公司在治理结构和企业管理等方面进行了一系列的配套改革和创新，促进了中国联通企业管理水平和整体素质的提高。

（一）审时度势，确立“整体上市、分步实施”的资本运营战略

中国联通成立后的前四年即1994－1998年期间，尽管在打破垄断、自身发展方面迈开了重大步子，在极为艰难的条件下，建立起了中国第二大公共移动通信网。但公司仍处于生存困难的境地，网络建设资金严重短缺，生产运营体制不顺，公司处于亏损状况。面对严峻的挑战，中国联通意识到，作为电信行业的后来者，要在电信市场的夹缝中生存和发展，必须在经营观念、融资方式、管理体制等方面进行一系列改革、创新，走不同于传统国有企业的发展道路。为此，中国联通管理层针对公司网络建设资金严重不足、经营管理体制不顺等主要矛盾，做出了“整体上市、分步实施”的资本运营战略决策，并相应推出了一系列重大战略举措，在境内外成功地开展了一系列富有创新、灵活、有效的大规模资本运营，从根本上扭转了公司命运。

（二）实施资产重组，建立现代企业制度，奠定实施资本运营的体制基础

要成功地在境内外开展大规模资本运营，首要条件是必须建立符合国内外资本市场规范的公司治理结构和管理体制。然而，当时中国联通所面临的形势却是：建立初期所采用的“中中外”方式虽然对公司初期筹资起到了一定的作用，但同时也造成了公司产权关系模糊、治理混乱的局面，严重影响了通信网络的全程全网管理，特别是不利于公司到境内外股市进行大规模规范融资。1999年初的中国联通要真正进入资本市场，就必须妥善解决不规范的“中中外”融资方式带来的企业体制和治理方面的困扰。为此，公司通过两个步骤完成了建立符合资本市场要求的现代企业制度的改革：

1．全面清理“中中外”项目，明晰公司产权关系

从1999年初起，中国联通着手坚决清理“中中外”项目。这一举措引起大多数境外投资公司的强烈抵制，国外很多财团结成联盟对中国政府施加压力。中国联通坚持维护国家利益、以理服人、以诚相待，并按照“退还本金并给予适当补偿”的原则，经过一年多610多次的艰苦谈判和细致的工作，按政策偿还境外投资者本金加补偿共计146亿元，中国联通取得了项目资产的全部权益，完成了对“中中外”项目的清理。这项战略举措的实施，既考虑了资方利益，又充分保护了国家利益，偿还境外投资者本金加补偿全部由中国联通向银行贷款承担。更重要的是此举清理了长期困扰中国联通发展的体制障碍，明晰了产权关系，为公司上市融资和建立现代企业制度创造了必要条件。

2．实施资产重组，理顺公司治理结构

完成清理“中中外”项目后，中国联通按照国务院批准的整体重组方案，立即进行资产重组。先后完成了国信寻呼公司成建制划入、国家财政追加资本金、收取入网费增加国家资本金、原有股东增资等4项工作，使中国联通的国家资本金达到125.7亿元，原有股东股本金由13.4亿元增资为33亿元。重组后中国联通资本金为158.8亿元，国家股占79.18%，从此中国联通成为国有控股的大型电信运营企业。

重组改制完成后，中国联通制定了“两新、两高、一综合”的发展战略（建立新机制，建设新网络，采用高技术，实现高增长，发展综合电信业务），吸取国际电信运营公司的先进经验，设置了清晰的业务组织结构，有效整合网络、人员、品牌等资源。中国联通依照《公司法》修订了公司章程，建立健全了股东大会、董事会、监事会和高级经理层，从而形成了规范的法人治理结构。同时，撤消了部分不规范的分支机构，实行一级法人的管理体制，实现了公司对所属分公司的统一管理。

（三）通过在香港设立红筹公司，成功实施境外上市融资

2000年初中国联通在完成明晰产权关系、实施资产重组后，按照“整体上市，分步实施”的资本运营战略方案，着手寻求通过资本市场筹集建设资金，壮大公司实力，实现跨越式发展。

由于中国联通需要大量的资金用于电信网络建设及偿还“中中外”融资，因此选择适宜的上市地点和合适的上市时机成为中国联通资本运营成功的关键。比较境内外资本市场，国内A股市场容量有限，当时最大发行规模仅为30亿元，而且国内投资者主要是按照企业的净资产和赢利水平等实际效益指标来衡量企业价值，不可能向中国联通大量投资；而国际资本市场容量巨大，对中国电信行业的发展前景普遍看好，同时国际资本市场采用基于EBITDA（指息税折旧摊销前赢利，普遍用于电信企业评估）和用户增长率的企业估值方式，比较适合中国联通投资规模大、业务处于发展初期，具有较大的发展潜力等实际情况。显然，如果首先在国内A股市场上市，将无法实现巨大的筹资目标，因此，中国联通选择了首先在境外上市，面向国际资本市场筹资。

2000年4月，中国联通在香港设立中国联通股份有限公司（联通红筹公司），并将12省GSM移动通信业务、联通全国范围的长途数据互联网、寻呼业务资产作为首批上市资产注入境外上市公司。经过周密运筹，管理层在亚洲、欧美进行路演，成功说服众多国际著名机构投资者以颇高的定价购买中国联通股票。2000年6月联通红筹公司圆满完成了面向全球的首次股票公开发行，并在香港、纽约两地挂牌上市，首次公开发行股票28.28亿股，每股15.58港元，发行市盈率高达380倍，共筹资56.5亿美元。这是香港至今最大的一次股票首次公开发行，也是亚洲第二大的股票首次公开发行，并进入了全球股票首次公开发行史上前十大发行行列，也是我国企业最大规模的首次公开发行。联通红筹股的成功发行，为大规模的网络建设和业务拓展提供了有力支持。2001年6月，中国联通股票被正式列入香港恒生指数成份股，充分体现了资本市场对中国联通的认可，标志着中国联通正式步入国际资本市场。所筹资金为中国联通的跨越式发展奠定了资本基础。实施境外上市后，中国联通的股权结构见图1。

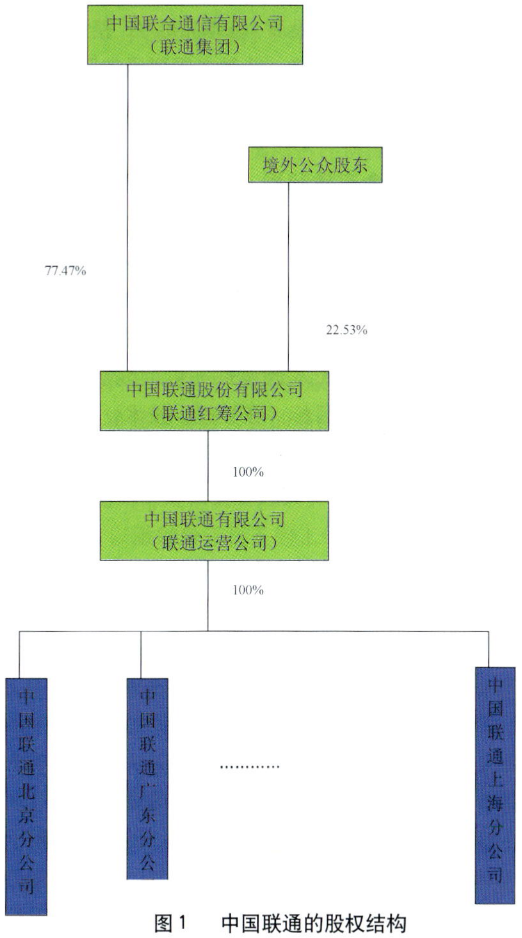

图1　中国联通的股权结构

（四）创造股权出资新模式，成功实现境内A股上市

2001年中国联通开始建设CDMA移动通信网。为筹集建设资金，公司决定继续通过资本市场融资。此时国际资本市场持续低迷，对中国电信行业裹足不前。而相比之下，国内A股市场经过几年的快速发展，市场规模不断扩大，市场表现较好，投资者对大盘蓝筹股比较认同。基于以上因素，公司决定通过A股市场进行融资。但中国联通的主体资产已注入境外上市公司，如果由境外的联通红筹公司在境内A股市场直接发行股票（业界称之CDR），会涉及“资本管制”问题。

为解决这一问题，中国联通进行了资本运营的创新，采取以境外的联通红筹公司股权作为出资，在境内设立控股公司并发行上市的资本运营方案，得到国家主管部门的批准。2001年12月，中国联通集团以持有的境外联通红筹公司股权作为出资，在国内设立中国联合通信股份有限公司（联通A股公司）。

2002年10月，联通A股公司向社会公开发行50亿股公众股，筹集资金115亿元。本次发行以50亿股发行量创国内新股发行规模的新记录，是A股市场最大的流通股，融资额列国内第二大首次公开发行上市。同时，中国联通成为第一个进入国内A股市场的基础电信运营商，也是第一家将境外红筹公司资产引入境内A股市场的上市公司。这标志着中国联通正式进入境内资本市场，从而进一步提高了公司形象，扩大了公司发展的社会公众基础，成为境内外三地上市的国际企业。

中国联通A股公司以控股公司的形式发行A股，既要符合境内外现行的政策和法规，又要保证联通A股公司作为控股公司与联通红筹公司对应相同的资产和业务，并使境内的少数股东和境外股东拥有一致的权利。为此公司通过建立“特别限定机制”，在公司章程和相关文件中对保护少数股东利益做了具体规定，主要包括以下内容：

1. 对中国联通A股公司资产、业务、债务融资、股利分配等方面进行限定，规定其经营范围仅限于持有联通红筹公司的股权，不直接经营任何其他业务，也不进行债务性融资，使A股公司与联通红筹公司对应相同的据支持。

在具体分析中，网管中心根据网管采集的数据，每周在网站中公布全省后30个的"最忙小区、最闲小区、最差小区"情况，省公司进行检查、跟踪，监督相关地市分公司解决问题。例如：齐齐哈尔分公司随着经营政策的出台，GSM网络所承担的话务量日益增长，最忙小区不断增加，由于GSM网络投资减少，短期内扩容难度较大。为了解决网络容量与业务发展和经营收入的矛盾，齐齐哈尔分公司组织交换、基站等技术人员，对部分基站采用半速率方式，解决了小区超忙问题。

五、建立运行维护网站，实施信息化管理

我们从2002年提出并开始建设运行维护网站，尝试由传统的运行维护管理方式向信息化管理方式转变，经过两年来的努力，运行维护网站不断完善，有力地促进了管理效率的提高（见附图六）。

（一）建立网站的依据

随着我公司的快速发展，我们感到传统的运行维护管理方式已经不适应，主要表现在以下几个方面：

由于传统的维护管理模式受到实现条件的限制，缺乏有效的监督、反馈机制，很难实现对流程每个环节的有效监督和反馈，不能实现闭环的管理，容易出现推委、扯皮问题，使工作流程不能得到顺畅的实施。

由于公司网络规模的急剧膨胀，使网络资源、设备数量迅速增长，人员分工逐步细化，工作环节不断增加，工作流程日趋复杂，公司对网络资源、人力资源的管理需求日益迫切，而传统的管理方法无法满足对资源管理的需求。

公司办公系统通过电话和传真传递信息，这种工作方式有比较明显的局限性，不仅增加了人力、物力，而且使流程的节奏受到传播媒介的限制，造成信息传播渠道不畅，影响工作效率。

为了解决以上问题，提高运行维护管理的工作效率，保障工作流程的顺畅实行，改进运行维护工作的管理手段，使省公司运行维护部门能及时掌握地市分公司情况，并为地市分公司提供高效率的服务，同时也使地市分公司能够随时掌握省公司的管理信息，保持全省运行维护工作的一致性，我们规划并建设了黑龙江联通运维工作管理网站。

调试设备

（二）网站的系统构成与功能

网站结构包括运行维护管理和专业管理两大部分。根据我省现行运行维护管理体制架构的模式，进行网站栏目的结构设计，体现了集中运行维护体制的要求，充分发挥了专业管理内容的灵活性和专业性。

运行维护网站建设在全省办公网的基础上。网站的栏目内容设计包含运行维护管理工作的大部分环节，栏目内容面向全省运行维护专业人员，由各环节的相应人员进行信息发布与更新。内容的形式设计体现了实施与监督、监督与反馈、反馈与跟踪的闭环管理模式，并通过严格的时间管理提高整体工作效率。

同时，为提高运行维护部门与相关部门之间配合工作的效率，加强各部门之间的沟通工作，在网站中设置了各专业部门的栏目，为运行维护部门与各专业部之间、专业部门与各地市分公司之间提供了一条通畅的沟通渠道。

2003年6月，我们在网站上又开通了工单流转系统。该套系统既实现了省公司与地市分公司之间双向的工单流转功能，又实现了闭环管理、时限管理、过程管理和考核管理的功能，使全省网络日常运行管理工作完全实现了电子化，大幅度提高了运行维护专业的工作效率，使运行维护管理水平上了一个新台阶。

（三）运行维护网站所起到的管理作用

目前，运行维护网站已经为全省运行维护专业工作与管理的重要工具，每日登陆网站的人员平均190人，网站总体信息量已超过18000条记录。

通过网站的闭环监督机制，减少和避免了各工作环节中推委、延滞的问题；同时通过全省相关部门和人员相互交流、互相学习的过程，将成功的经验在全省推广，促进了运行维护工作整体质量的提高。

随着网站的进一步发展，我们将尝试建设全省网络资源和设备管理数据库，通过管理网站实现相关的使用、更新和管理功能，实现或部分实现资源管理系统的功能，真正发挥信息化管理的优势。

六、几点体会

在几年来的运行维护管理实践中，我们有如下几点体会：

（一）要牢固树立为市场经营提供支撑与服务的理念。我们围绕着“以市场为导向，以客户为中心，以效益为目标”的指导思想，在全省运行维护专业深入开展“网络就是产品、网络就是服务、维护出效益、维护出质量”的思想教育，积极促进运行维护由传统的自我评价为主向以客户评价为中心转变，由传统的网络维护向产品维护转变，实现了运行维护观念的明显转变。

（二）坚持向改革创新要效率。我们在改革创新运行维护体制和机制过程中，始终围绕着提高运行维护工作效率、提高网络资源利用率、节约成本的基本原则，积极探索，主动调整，使运行维护工作管理体制和机制不断完善，促进了运行维护工作效率不断提高。

（三）紧紧把握建立规范化的运行维护管理体系。我们紧密结合公司快速发展和网络规模迅速扩大的实际，注重建立健全管理制度、管理标准、运行流程，完善管理方式和手段，推动运行维护工作向模式化管理发展，不断促进管理水平提升，使全省运行维护工作迈进了规范化运行的轨道。

成果创造人

主要创造人：陆德智

参与创造人：张新忠、李文涛、吴　限、刘　胜、范永安、徐　刚、张　松、刘赫瀛

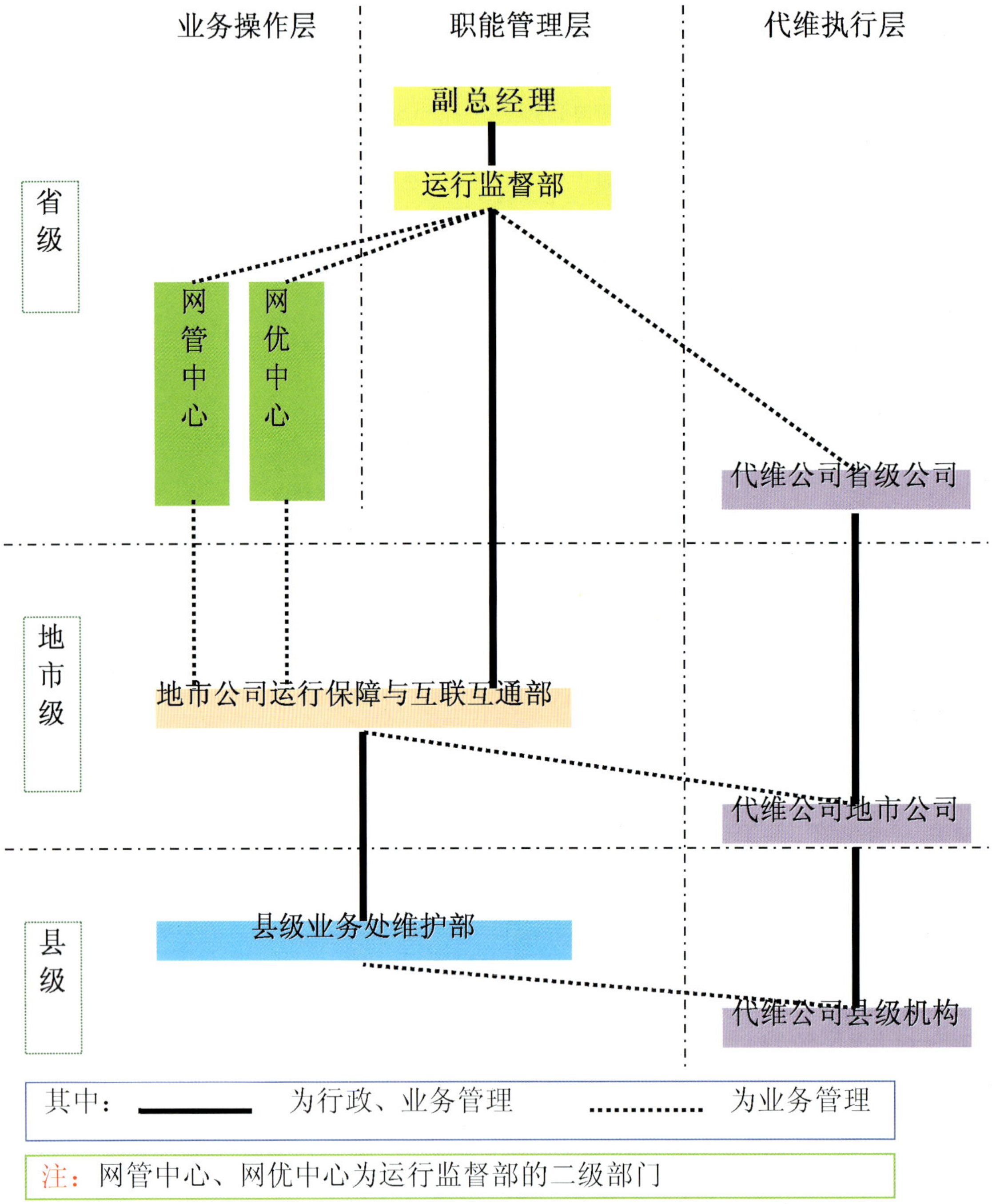

附图一：运行维护管理组织架构

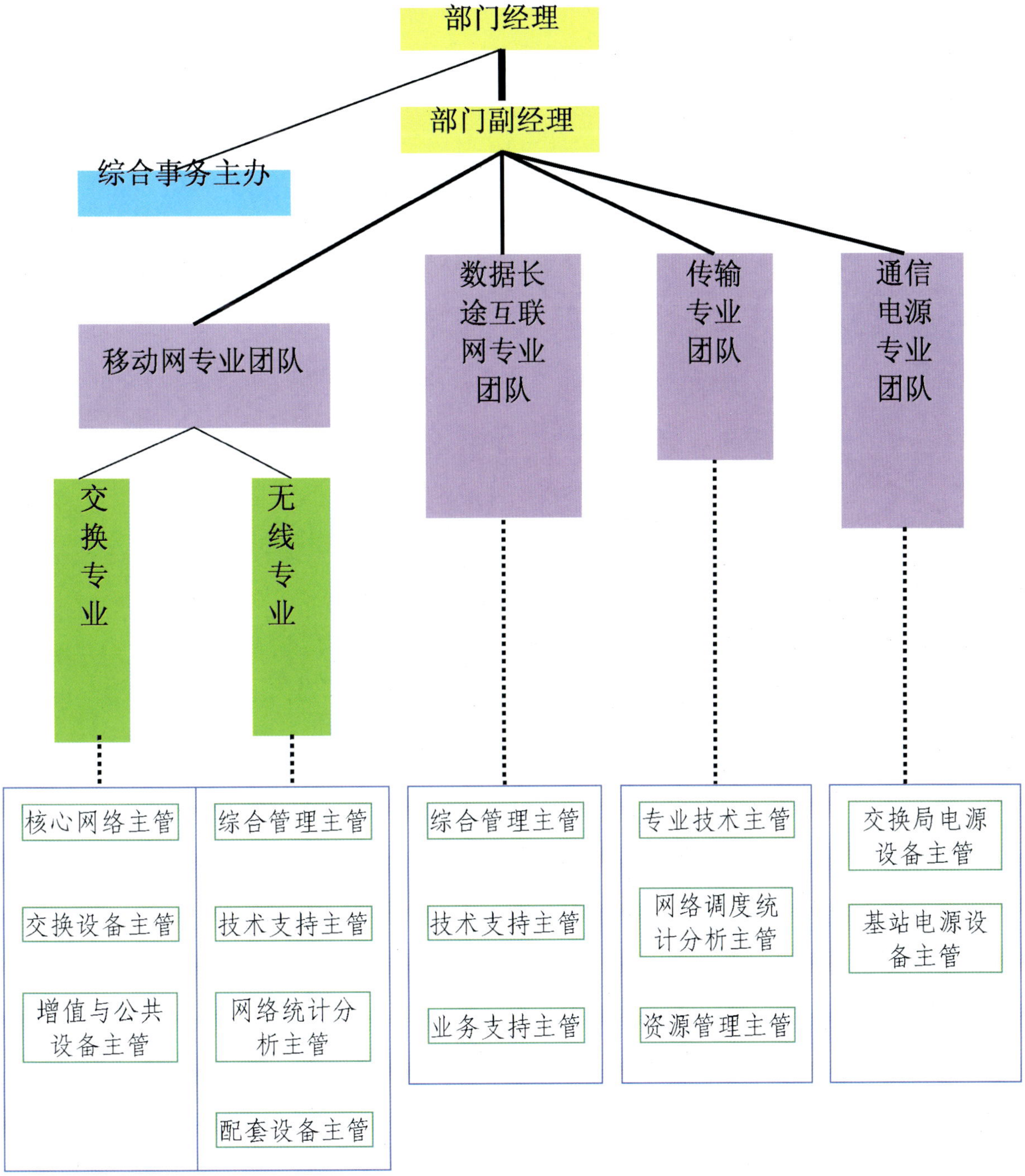

附图二：省公司运行监督部内设机构

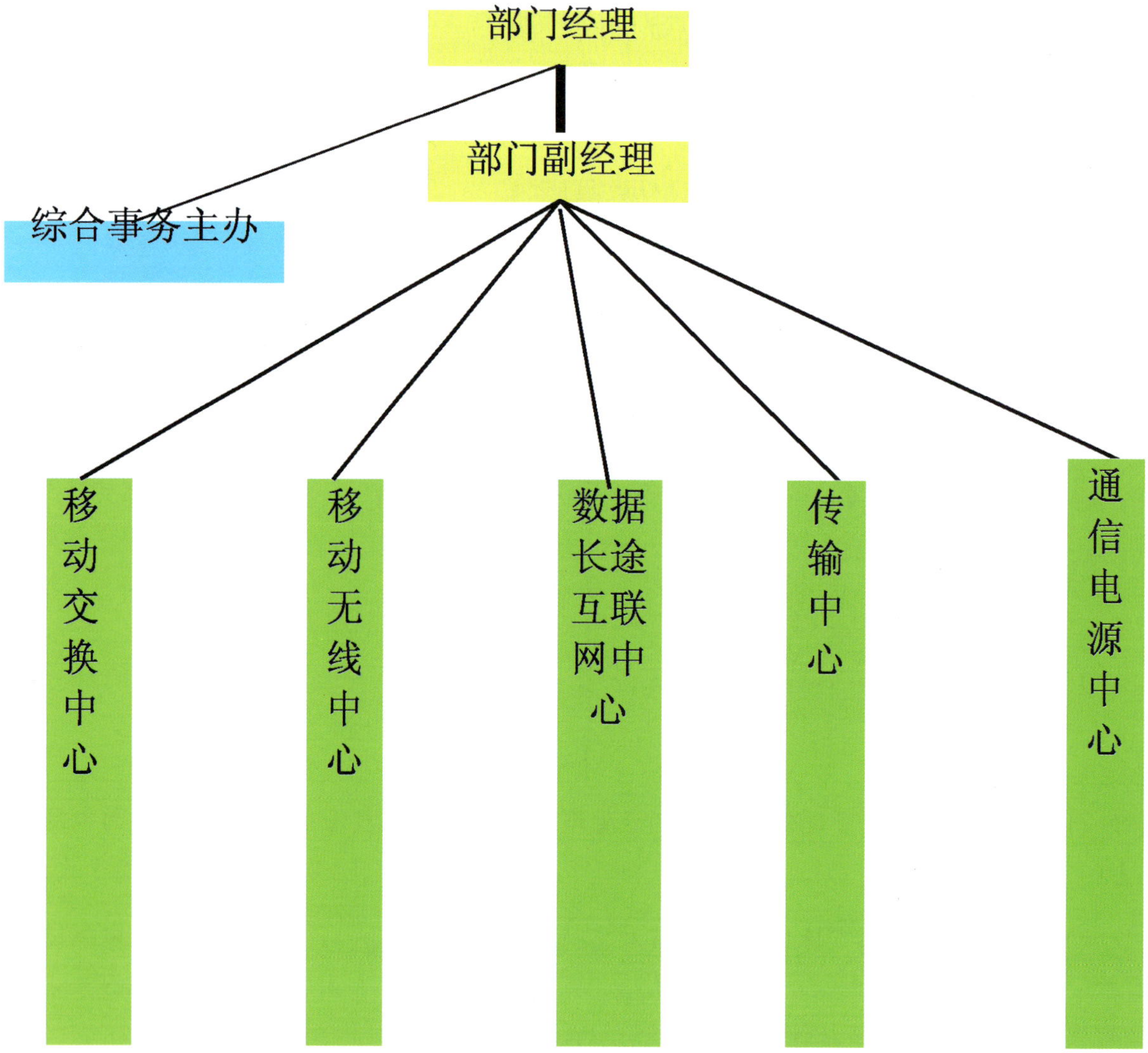

注：在哈尔滨分公司，数据中心、互联网中心和长途中心为单独设置形式

附图三：地市分公司运行保障部构成

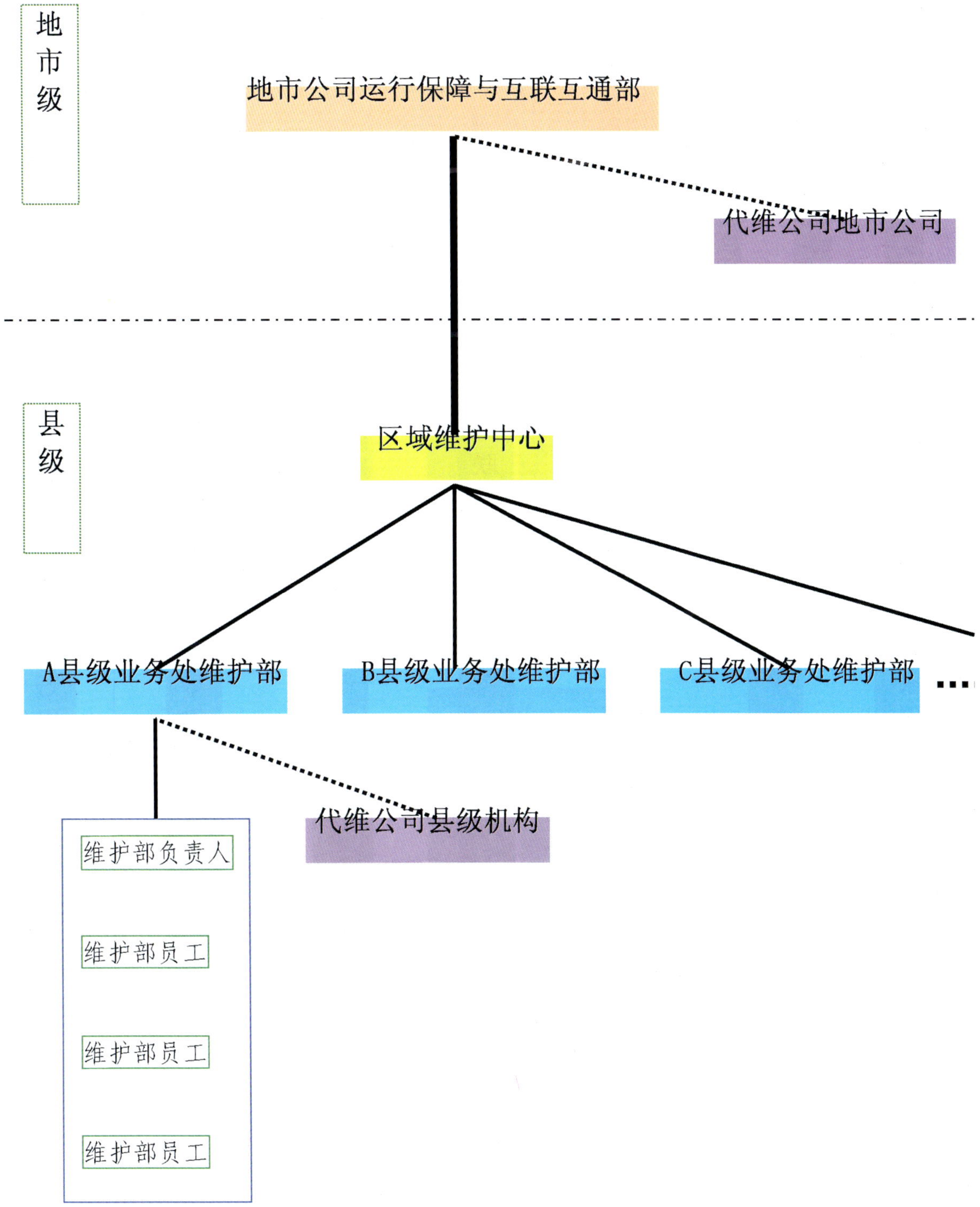

附图四：区域维护中心构成

中国联通
CHINA UNICOM

引 领 通 信 未 来

网络今非昔比 精彩无处不在

伴随小巨人姚明不断超越的历程，中国联通的移动通信网络已经发生了翻天覆地的巨变，网络覆盖和通信质量得到全面提升。

中国联通CDMA网络已覆盖全国所有城市、县城（西藏个别县城除外）、高速公路及主要交通干道、旅游景点、近海海域、乡镇及农村地区。CDMA的领先技术和全面覆盖保证了更出色的通话质量，为您提供高接通率、低掉话率、音质更清晰、更健康、更保密的通话服务，特别是CDMA1X网络无可比拟的数据传输速度让您可以提前享受到基于中高速率的、丰富多彩的准3G移动增值业务。

就象姚明征战国际篮坛短短几年所取得的瞩目成就一样，中国联通的移动通信服务也在缔造沟通新境界，让您随时随地尽享精彩的移动通信生活。

球场上，篮球是我的语言；球场外，中国联通的CDMA移动通信网络助我沟通世界。

联通新时空
CDMA

客户服务热线10010 话费查询专线10011
中国联通网址 www.chinaunicom.com.cn

掌控通信
是一种超越
双模手机
跨越曾经不可逾越的网络障碍；
在CDMA和GSM两网之间自由穿梭；
充分体味移动通信带来的无限精彩；
从此拥有覆盖全球的通信网络；
更有丰富终端选择。
掌控通信，是一种超越……
世界风
真正全球畅通
全国统一销售热线：10016
中国联通
CHINA UNICOM
引领通信未来

1.业务收入完成情况图：
金额单位：万元

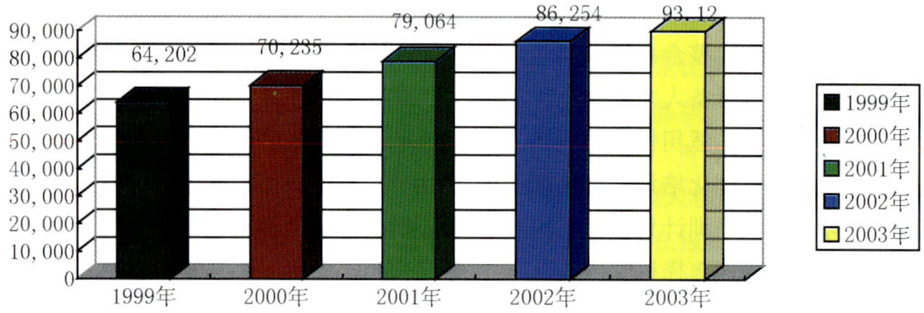

2、全员劳动生产率完成情况图：
单位：元/人

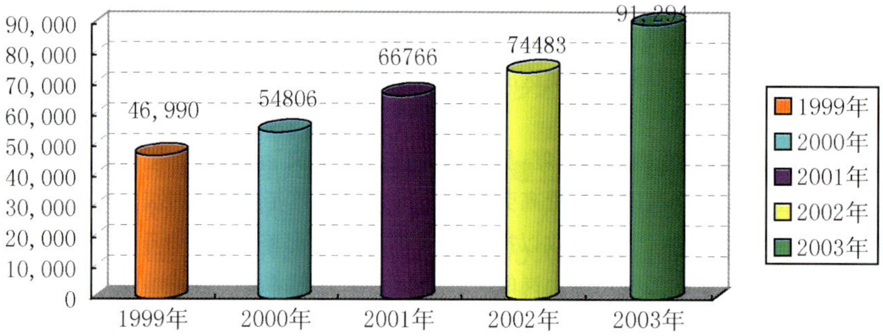

3、支差总金额图：

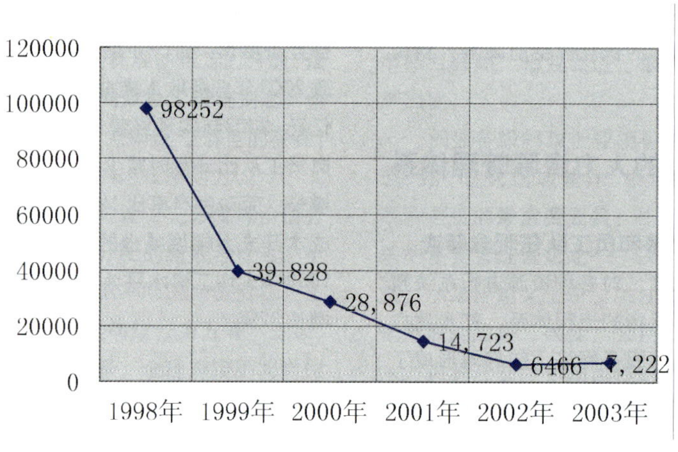

图3 云南邮政主要经营指标对比图

问渠哪得清如许，唯有源头活水来。云南邮政通过深化改革，适时构建起了以岗位管理为核心、以进入退出机制、激励约束机制和培训发展机制为三大支柱的新型人力资源开发管理体系，引起了社会各界及全邮政单位的关注，并在全行业内进行了经验交流，较好地体现了推动先进生产力发展的要求，为云南邮政向现代企业制度迈出实质性步伐创造了条件。

王强主任（左一）与同志们深入交谈

成果创造人

主要创造人：王 强

参与创造人：李 佳、李春明、赵卫萍

王强，男，高级政工师，1956年出生，1979年入党，1970年参加工作以来，一直在邮政，在自己的岗位上做出了卓有成效的贡献。他先后从事过电信汽车队工人，党办干事、团委书记、劳资科干部、干部处干部、从1997年3月至2003年5月，一直在云南省邮政局人事教育处，后来的人力资源部从事领导工作，主要负责全省人力资源的管理和开发工作。

王强同志在国家局和云南省邮政局党组的正确领导下，带领云南省邮政局人力资源部，紧紧围绕提高邮政企业经济效益和市场竞争能力这个中心，将三项制度改革作为解放和发展生产力、促进企业可持续发展的有效途径和根本动力，坚持省局党组的"小步快跑，逐步到位"的渐进改革方针，以开展岗位分析评价工作为突破口，着力建立人力资源开发管理系统平台，抓好人力资源管理运行机制创新，使三项制度改革取得新突破，较好地体现了支撑和推动先进生产力发展的要求。

邮电分营后，企业负债沉重，人才严重流失，体制不顺、机制不活、责权利关系不明确、管理粗放等诸多弊端日益明显，传统的管理体制已不适应甚至成为制约邮政打造核心竞争力、参与市场竞争的"瓶颈"。面对严峻形势，为适应生产力发展和市场经济规则要求，进一步疏通生产力发展的"瓶颈"，尽快步入改革的"快车道"，王强同志在省局党组的领导下，以省局机关为突破口，以推行岗位管理为核心，通过对现行管理运行机制的改革，扎扎实实地走好改革创新"五步棋"，即：科学设岗求突破；岗位评价探新路；竞聘上岗引人才；分配改革激活力；二次开发强素质。通过改革创新，促进了云南邮政员工队伍观念转变和素质的提高；促进了企业发展和经济效益的提高；促进了管理创新。

王强具有较强的管理能力、分析能力和洞察能力，大胆实践、努力拼搏、与时俱进，围绕邮政通信建设、经营、发展这个中心，在创新人力资源管理模式上有突出的成效，将传统的人事管理演变为战略型的人力资源管理。通过改革，使云南邮政初步建立了以岗位分析和评价为平台，以岗位管理为核心，以进入与退出、激励与约束、培训与发展为三大支柱的新型人力资源管理体系，使邮政员工工作积极性不断高涨，较好地完成了企业的各项经营管理任务，促进了企业的全面发展。

邮政企业专业化经营机制的创新管理

太仓市邮政局

二等奖

太仓市邮政局是隶属于苏州邮政局和地方政府双重领导的公用企业。负责太仓市邮政网的统一规划、建设、运行管理和经营服务工作，行使邮政行业管理职能，承担邮政普遍服务义务。目前，全市邮政共32个支局所，有储汇、集邮、报刊发行、报刊零售、速递、商函广告、物流等7个专业公司。截止2003年底共有282人，固定资产6742万元。

2000年以来，太仓市邮政局紧紧围绕企业经营战略目标，以管理创新作为提升企业核心竞争的战略路径，按照"积极探索、稳步推进、有情操作"的原则，积极探索邮政企业专业化经营、模拟化公司运作机制，深化分配制度改革，企业面貌发生了可喜的变化。2003年，全局实现邮政业务总量5306.77万元，业务收入5001.54万元，收支差额481.52万元；收入产出率达57.63%，全员劳动生产率17.78万元/人年，总资产产出率49.07%，净资产产出率54.67%，效益贡献率53.96%；与1999年相比，邮政业务总量、业务总收入分别增长165.08%和52.23%；4年累计效益额1644.52万元，年均效益额411.13万元，初步实现太仓邮政经营发展目标。太仓市邮政局先后被授于"太仓市首批文明行业"、"苏州市文明单位"、"苏州市学习型企业"、"江苏省学习型示范企业"、"江苏省文明行业"等光荣称号，两个文明建设都得到了可持续发展。

一、实施邮政企业专业化经营机制创新管理的背景

邮政独立运营后，随着市场竞争格局的变化和国企改革步伐的不断加快，太仓邮政面临的生存与发展的环境日益艰难，形势日益严峻，一些生产力与生产关系不相适应的深层次矛盾日渐显露，阻碍了企业的可持续发展。从外部环境看，中国加入WTO后许多快递业的跨国公司纷纷抢占市场，各地逐步发展起来的小型快递公司也不断蚕食市场，邮政企业的垄断地位已不复存在，行业的利润空间越来越小；国企改革已全面进入实质性阶段，如民航、铁路、石化等大型国有企业改革风起云涌，形势的发展逼迫邮政企业必须加快改革步伐，在有限的时间内建立起相适应的现代企业制度。从太仓邮政内部来看，企业内部的管理体制、业务流程和运营机制还基本处于多年不变的状况，改革的步伐远远落后于其它行业，企业发展面临着一系列"剪不断、理还乱"的困扰：一方面，由于太仓地方经济总量较小，区域经济发展相对滞后，企业运营的市场空间相对有限，传统业务难以

成为邮政独立运行后的支柱，新增长点业务只“新”难“长”，企业缺乏具有核心竞争力的“拳头产品”，经营发展举步维艰；另一方面，企业内部财务状况困难，资金几乎断流，仅1998年分营时的亏损额即达到970万元，企业运营资金严重短缺，职工情绪低落，企业发展缺乏动力。针对上述情况，全局先后采取压缩成本、减员增效、实行经济责任制、风险抵押等一系列改革措施，但见效甚微，截止1999年底仍挂帐数百万元。现实要求我们必须实行管理创新。

二、邮政企业专业化经营机制创新管理的实施

面对严峻的发展环境，我局领导班子通过对企业一系列深层次矛盾的分析，认识到面临的种种困难，表面上看是业务经营、财务状况上的差距，实质上却是思想观念不解放、经营机制不灵活的问题。邮政独立运营后，我们虽然也坚持“发展是硬道理”、始终把发展作为解决前进中一切问题的根本途径，但在实践中并没有真正为发展扫清障碍，所谓的向体制和机制“要收入、要效益”并没有落实到行动上。局领导班子一致认为，创新企业经营机制、促进经营方式由粗放经营向集约经营转变，是提升企业核心竞争能力、赢得市场生存空间的内在迫切要求；敢不敢破除企业发展道路上的障碍、探索管理创新之路，是衡量领导班子是否热爱事业、热爱企业、热爱员工的试金石；我们既要“胆大”敢于改革，勇于创新，又要“心细”稳妥改革，成功创新。2000年，我局先后组织相关部门到海门局、泰州局、上海地区兄弟局和本市其它行业改革先行单位学习取经。在此基础上结合本局自身实际，深入调研，广泛征求意见，最终决定从推进邮政专业化经营入手，尝试实行以模拟独立核算形式为主的模拟化公司运行模式，真正建立起“收入靠贡献”的激励机制。通过四年多的探索和实践取得了预期的成效，企业综合效益稳步提高。

(一)构建模拟化公司，为推进邮政专业化经营提供机制保障

推行邮政专业化经营、模拟化公司运作是太仓邮政企业经营机制、构建模拟化公司运营模式、提高市场竞争能力的大胆尝试。2000年，局领导班子着手实施模拟化公司运行试点，成立了由综合办公室、人事教育部、计划财务部、经营服务部相关人员组成的创新管理实施领导小组，首先选择商函广告专业试行模拟独立核算。在试点运行过程中，创新管理领导小组对实施过程中出现的问题及时研究分析，不断修改完善方案，经过深入细致的调查摸底和测算后，进一步明确了推进专业化经营的目标：即划小核算单位，使专业公司在思想上树立起自主经营、相对独立的市场经营意识和竞争意识，引导专业公司扩大经营规模、提高参与市场竞争的能力。同时，强化专业公司的成本观念和效益观念，自觉降本增效，压缩成本开支，实行理性经营，控制高本低效业务，重视发展低本高效业务，促进有效收入的增长和业务结构的优化。在商函广告专业取得一定成效的基础上，又逐步在速递公司、发行公司、零售公司、递送公司推行专业模拟独立核算制度。

我局推进专业化经营、实施模拟核算的具体运作模式是：将专业公司在财务核算上完全视为独立实体，实行业务收入与收支差额双重考核的办法。每年初根据全局的经营发展目标，下达各专业业务收入和收支差额指标，经协商双方签订协议，在核定的经营范围内赋予其自主权，明确其承担的相关责任：即完成全年的专业收入计划和上交收支差额任务、承担日常业务发展和经营服务过程中的一切管理责任，核定公司人数、确定保底工资、确定超额利润分成比例，确定每月工资总额的70%与收支差额挂钩、30%与业务收入挂钩。专业公司根据与局方签订的协议制定内部二次分配方案，经全体员工认可签字后报市局备案。具体的分配流程为：每月由计财部门按收支情况核算完成比例，由人教部门根据完成情况下达当月工资总额，专业公司按二次分配方案对员工进行内部考核，分配情况报人教部门审核，由局长审批后划入职工绿卡帐户。

经过四年多的实践，我局模拟化公司运作基本达到了预期的效果。通过对收入和收支差额按不同权重实行双重考核，促使各专业公司在业务发展过程中自觉地调整业务结构，高效业务增长明显，业务成本得到了有效的压缩，企业经营效益不断提高。如速递公司2001年纯EMS收入比2000年净增103万元，增幅为18.79%，2002年比2001年净增100万元，增幅为15.05%，2003年比2002年净增118万元，增幅为15.70%；而相对低效的代理海空运业务2002年比2001年收入减少了225万元，2003年又减少232万元，降幅分别为34.25%和53.53%。同时，业务成本费用逐步降低，2001年、2002年、2003年全局业务支出比业务收入分别低5.06个百分点、7.09个百分点、7.40个百分点，基本实现了企业经营利润的最大化。我局在推行专业化经营、实施模拟化公司运作的过程中，着重把握好4个环节：

1.明确业务、资产、人员等模拟独立核算界面

改革是一个摸着石头过河的探索过程。4年多来，我局坚持按照有利于企业经营发展的原则，通过不断磨合和优化，逐步明确了各模拟独立核算公司经营的业务范围，侧重明确了业务、资产、人员等二级模拟独立核算

界面。如商函广告公司模拟核算之初是以公司本身业务收入计划作为模拟独立核算的测算依据，业务经营范围为：商业信函、广告明信片、邮递广告、代发广告、邮政自身媒体户外广告、代理其它媒体广告、喷绘业务、名片制作等业务。一开始，局里只对公司实现的业务收入进行核算、考核，而各支局完成的商函广告收入不计入公司的收入中，造成其只顾自身一块业务发展，而忽视对支局广告业务发展的指导和支撑，不利于全局专业化经营发展。2002年，该局在深入调研后对过去的模拟独立核算方案做了改进，即对各专业下达全局的专业收入计划，而且明确支局的专业收入实绩纳入本专业公司的业绩考核，从而使各专业公司在抓好自身业务发展的同时，能够兼顾支局的业务的同步提高。在资产核算分为3种类型：具有明显专业属性的专业资产（如商函广告公司的大型喷绘设备、广告设计制作设备等），占有的邮政企业通用资产（如车辆等），占用的房屋场地、水电及通信设施等，分别采取计提折旧和分摊成本费用的办法纳入核算。而在人员划分上则由人事教育部按照省局定员定额标准进行测算，核定人数，合理设置，优化配置，逐步实行竞争上岗。

2.明确模拟独立核算公司的收支范围和标准

实行模拟独立核算的各专业公司，在拟定模拟独立核算协议时对收入和支出范围、标准作出明确的界定。从三方面加强收入管理：根据业务忙闲、特点按月下达收入计划；实行帐务集中管理，各专业公司的收支、帐务往来集中到局帐务室统一管理；加强收入与支出的控制。如速递公司在营业日报中要反映当日现费收入、欠费回收、欠费发生等情况；对商函广告公司的广告业务实行合同管理，收入必须与支出同步，避免了截留或虚列收入、成本的现象。在成本支出控制中突出两个方面：对固定成本按规定标准进行测算，列入成本支出；对可变成本支出实行严格控制。对可预见的支出参照往年发生情况核定费用，对业务发展所必须的支出在模拟独立核算协议中明确标准。如，在对商函广告公司模拟独立核算时，将全年460万元的收入计划按业务的季节忙闲分解到月度收入计划，第2季度、第4季度收入计划大于第1季度和第3季度，收支差额计划同比增减，超额部分可积余到下月，鼓励公司发展业务能快则快，利于完成全年任务。在成本核算时，对公司的设备折旧费、工资性费用、养老、医保等固定成本按标准列支；对水电费、通信费、低易品及业务用品、修理费、招待费等按局有关规定，核定其年度或月度的支出标准，超额自负；对公司新增车辆、添置的新设备由其承担折旧、维修及日常费用；对业务酬金、宣传费等，则根据其经营效益在签定的协议中明确计提标准，按局规定报批使用。通过加强成本核算，专业公司自觉形成了严格控制成本的观念。商函广告公司模拟独立核算前用车频次较高，凡是外出就向局车队申请用车；实行独立核算后，按规定公司向局申请用车必须支付交通费每公里1元，并计入其成本，用车的频次明显下降，原来一个人下乡用一辆车的现在几个人合用，外出没有时间限制的一般都乘公共汽车，当天可以赶回程的尽量不住宿。水电费、电话费等费用开支都明显减少。

3.赋予模拟独立核算公司应有的管理权限

各专业公司即模拟独立核算公司实行经理负责制，公司经理由局按照有关程序任命或公开竞聘上岗。公司副经理可由经理提名，经人事教育部考察后由局任命。公司有权根据工作需要对公司内部人员进行调度使用，公司经理对副职有变更建议权，有权根据局考核细则对本公司员工行使经济奖罚权；有权按规定对公司员工的报酬进行二次分配，但考核后月报酬不得低于当地最低工资标准（不含养老金等代扣代缴）；有权对违反纪律人员作下岗处理（下岗人员进入局内部劳务市场，由人事教育部负责培训合格后再上岗）；有权聘请业务代办员，但需报人事教育部，并接受指导，签订代办协议，按规定支付代办酬金；对局给予公司超额完成收支差额的奖励，有权制定内部分配办法，报人事教育部审核、局领导审批后发放。公司因经营发展需要招聘劳务人员，须报人事教育部同意，经局领导审批后由局通过劳务中介公司招聘后使用，劳务人员的劳动报酬由专业公司承担。实行专业化经营、模拟独立核算以来，专业公司的人员变动调整达27人次，其中经理岗位调整2人次，副经理岗位调整4人次，下岗人员12人（经人教部重新培训后再上岗），招聘劳务人员15人次。

4.正确处理模拟独立核算公司与企业、支局及相关部门的关系

推进专业化经营、实施模拟独立核算后，各专业公司仅仅在形式上是独立的机构，其原来的性质不变，局方对各专业公司仍按原模式下达业务收入、收支差额计划及其它各项生产、服务、安全等考核指标，并对公司的生产经营活动过程实施监督检查和考核。局方下达给速递、商函、发行、零售、集邮等专业公司的业务收入计划就是全局该专业的计划。对支局下达全年的业务收入计划中，各专业的收入计划是指导性计划不单独考核，只是把支局全年收入计划完成情况同支局长个人挂钩考核。因此，支局与公司在业务上实质是代办关系，公司承担着对支局的业务指导和服务支撑的职责，同时公司按照局规定的业务代办费标准结算酬金给支局。专业公司与其他作业环节或专业之间发生的业务代办关系按局有关规定结算费用。如速递公司每天进口的特快专递都是由局递送公司和各农村支局投递员负责投送，速递公司按局有关代办费规定，根据业务量按月支付酬金给递送公司和支局投递员，支付的费用计入速递公司的成本。各专业公司对各类物品的领用、车辆的使用、设备维护管理、物业管理、水电管理、物资采购管理、交通工具管理等后勤支撑服务，仍由原相关部门提供，各部门必须确保优质服务，保障供应，有偿使用，建立分帐，按月核算。当月各部门发生的一切费用，在月底报计财部统一结算。

（二）改革分配制度，为专业化经营、模拟化公司运作提供支撑

为确保专业化经营、模拟化公司运作的稳步推进，我局以完善企业激励机制为目标努力探索分配制度改革，从试点到全面推广前后经历了5个阶段、两年多时间。每一项改革方案出台前都经过调查、摸底、分析，真实地了解和掌握基层单位和职工的想法。市局组成了由各部室人员参与的专门小组，负责对经营机制和分配制度改革方案进行反复讨论和测算，做到既符合法律、法规和政策，又力求兼顾部门实际情况和职工的承受能力。在试点运行的过程中，要求各相关部门和人员及时做好跟踪调查，了解和收集专业公司试点运行的情况，及时调整、补充和修改，使改革方案变得更合理、更完善、更便于操作，为邮政专业化经营、模拟化公司运作的稳步推行提供了有力的保障。

2001年初，我局首先选择了6个有代表性的农村支局试点推行支局酬金制，然后分4批逐步完成全部支局的改革；2002年初，又分别在邮运封发、车队等后勤支撑部门全面推行计件工资制，在机关管理部门实施与支局及重点业务联系挂钩制。通过先易后难、分步实施、及时调整等一系列探索实践，确保改革的整体推进、逐步完善，最终基本形成了太仓市邮政局分配制度改革的整体框架。具体来说，可以分为4种形式：

1.计件制

主要在邮运封发和车队实行。邮运封发组的计件工资制是依据部门的全年作业量测算核准定员人数，用核定的年度工资总额作为基数测算邮运封发全过程10多个工序的作业量单价，再将职工每月完成的实际作业量乘以单价即为当月应得的计件酬金。部门负责人按业务量统计、结算职工当月计件酬金，同时交财务部确认，人教部审核、经局长审批后统一划入职工绿卡。车队的计件工资制是按照年度车队实际行驶里程总数，以核准定员人数的年度工资总额为基数测算里程单价为每公里0.20元，驾驶人员每月凭出车单上核定的里程数结算工资。由车队长核实后统计汇总结算当月计件工资，交人教部审核、经局长审批后统一划入职工工资卡（绿卡）。

2.酬金制

主要是在支局实行。支局酬金制依据市局下达的全年量、收计划，将职工的工资总额作为测算基数进行量化，分解成具体的计件标准。在确定计件标准时突出重点业务所占比例，每月根据各支局完成实绩由市局结算计件酬金，支局按市局核算后的金额以及职工个人完成量收等情况，对照支局二次分配办法与职工个人进行酬金结算。支局将分配明细情况报市局人教部审核、经局长审批后统一划入职工工资卡（绿卡）。

3.岗薪制

对象是各专业公司经理和支局长。对专业公司经理核定月岗薪标准，具体考核将岗薪标准的70%与模拟独立核算协议中的收支差额指标挂钩考核，30%与业务收入计划指标挂钩考核。支局长主要依据支局业务收入计划测算的人均劳动生产率，适当考虑支局规模、所属网点数来确定支局长月岗薪标准，从1800元至3000元共划分为6个等级。每月考核时先根据当月实际完成的人均劳动生产率、对照标准确定当月的实际岗薪标准，然后将扣除基本收入、年功津贴、技能津贴后的剩余岗薪的40%与支局收入计划挂钩考核、40%与支局当月的邮储业务余额增长计划挂钩考核、20%与其它业务完成情况挂钩考核。凡经考核达不到当地最低工资标准的按最低标准发放（如今年为540元／月），凡超额完成任务的实行上不封顶。目前单月最高的个人收入职工为4103元，支局长为7696元。

4.联系挂钩制

24名机关管理人员以两人一组形式挂钩23个支局，每月利用两个星期六集中组织到挂钩支局调研，帮助支局发现问题，探讨和研究经营发展对策，传达上级最新信息动态和要求，了解职工思想状况，帮助解决支局的一些实际困难，每次调研都写成包括发现问题、解决措施、建议和对策等文字材料。同时，管理人员部分工资、奖金与所挂支局捆在一起，依据支局完成情况同比例增减。

上述4种分配形式的实施，打破了员工身份界限、解决了机关与基层的隔阂，充分体现了多劳多得、同工同酬的分配原则，极大地调动了全体员工发展业务的积极性。正如一些原先自称为“三等员工”的三产人员说的：“以前干重活、苦活、脏活是我们，拿钱多的是正式工，现在改革了、公平了，我们的干劲更足了，钱也比以前

邢军同志

二等奖

成果创造人

主要创造人：邢　军
参与创造人：金云达、江　挺、陈玉冬、胡慧新、曹　虹、盛小玲、王　飞、薛　默

邢军，江苏省太仓市邮政局局长、党委书记。1989年毕业于南京邮电学院管理系。本科学历，在读EMBA，国际职业经理人，高级会计师。

在邮政行业由计划经济体制下的传统管理模式向市场经济体制下的现代管理模式过渡期，邢军同志是基层企业领导中积极的探索者和改革者之一。早在1994年，他就对农村投递方式进行了大胆创新，在全国邮电系统率先实行了农村投递摩托化；1995年，他提出的“邮政速递以EMS为主，全面代办空海运及其他通道速递业务”的经营模式在江苏邮电系统推广；邮电分营以来，面对企业亏损、经营举步维艰、员工人心涣散的严峻形势，他审时度势，在经营机制转变和分配制度改革中又创造性地推出了“专业公司模拟独立核算”、“支局酬金制”、“岗薪制”、“计件制”、“挂钩联系制”等一系列切实企业实际的改革措施，有效地调动了员工的工作积极性和创造性，使太仓邮政逐步摆脱困境，走上良性发展的轨道，形成了一套独具行业特色的企业运行机制。2003年11月，太仓邮政实施的“专业化经营管理”模式在江苏省邮政系统全面推广，其大胆开拓和锐意创新的胆、识、谋被同行业界认同。他所领导的太仓邮政企业通过了ISO9001国际质量体系认证，先后被评为苏州市文明单位、苏州市学习型企业、江苏省读书自学先进集体、江苏省文明行业等荣誉称号。

邢军同志善于学习，学研并重。1990年在华东区第一次邮电经济和管理学术交流会上其论文获全国中青年邮电经济理论研究征文一等奖。近年来先后撰写了10余篇邮政经营管理研讨文章发表在国家级刊物上，具有较高的理论水平和现实指导价值。1994年，与人合著的《邮电企业经济活动分析》由南京大学出版社出版；2002年，与人合著的《网络邮政》由中国科学技术出版社出版，对深入研究邮政发展具有积极的指导意义。

太仓市邮政局

太仓市邮政局全貌

太仓市邮政局局长、党委书记：邢 军

太仓市位于江苏省东南部，东濒长江，南邻上海，是江苏省经济发达的县(市)之一，也是苏州区地域面积、人口、经济总量最小的一个县级市。太仓市邮政局现有在岗职工324人，内设32个支局(所)和储汇、集邮、报刊发行、报刊零售、速递、商函广告、物流等7个专业公司。截止2004年底固定资产6780万元。

近年来，太仓局紧紧围绕企业经营战略目标，把创新管理作为提升企业核心竞争力的战略路径，按照“积极探索、稳步推进、有情操作”的改革原则，努力探寻邮政企业专业化经营、模拟化公司运作机制，深化分配制度改革，通过六年的努力，经济运行质量和经营效益不断提高，企业面貌发生了可喜的变化。2004年，全局实现邮政业务总量5477.07万元，业务收入5102万元，收支差额498万元，与1999年相比，邮政业务总量、业务总收入分别增长170.77%和51.98%；收入产出率达62.57%，总资产产出率56.56%，净资产产出率61.36%，效益贡献率20.61%；五年累计效益额1745万元，年均效益额349万元，职工收入逐年提高，初步实现太仓邮政经营发展目标。近几年先后被授予“太仓市首批文明行业”、“苏州市文明单位”、“江苏省读书自学先进集体”、“江苏省学习型企业示范点”、“江苏省模范职工之家”、“1999–2000、2001–2002年度江苏省文明行业”等光荣称号。通过了ISO9001：2000质量管理体系认证。2004年，在获得首届全国邮政企业管理创新成果二等奖后，又荣获第一届全国通信行业企业管理现代化创新成果二等奖。

2003年10月，江苏省邮政局在太仓召开现场会，在全省推广太仓局专业化经营管理经验

“路漫漫其修远兮”。2005年太仓市邮政局将继续高扬发展主题，坚持改革与创新，努力提升整体服务水平，为地方经济发展和邮政现代化建设作出新的贡献。

地址：江苏省太仓市城厢镇东昌路28号　　邮编：215400　　电话：0512–53567961　　传真：0512–53567555

扁平管理 系统创新

广州邮区中心局

二等奖

广州邮区中心局

广州邮区中心局是广东省邮政局1999年9月1日按国家邮政局邮区中心局体制改革组织原则组建成立的，是中国邮政7个一级邮区中心局和三大国际邮件互换局之一，其属下的广州邮件处理中心是亚洲最大的、最先进的、现代化程度最高的处理中心，是中国邮政的示范窗口。主要业务功能为：本邮区范围内除特快外各类邮件的分拣封发；省内80%以上的进出口总包邮件的经转；省际一级干线汽车邮路的运输和管理；火车邮路（我局承办）的派押管理；航空邮件的接发；全省邮件容器的调拨管理；邮运汽车的保养和维修等业务。至2003年底，本局有从业员工2232人，固定资产从1999年的4.27亿元上升到2003年的9.88亿元。

广州邮区中心局成立以来，秉承“内强素质，外树形象，为邮政经营提供优质的支撑服务”的企业精神，与时俱进、优化组织、整合资源，使企业生产能力不断提高，日均邮件运输量3929万袋公里/天，总包邮件接发量9.7万袋/天，分发函件213.8万件/天，扁平件41.6万件/天，包件2万件/天；网路结构逐渐完善，拥有汽车邮路27条（其中一级干线8条），火车邮路7条（其中一级干线邮路4条，二级干线3条），国内航空邮路43条，国际航空邮路12条；根据省局”改造传统邮政，建设电子邮政，发展网络邮政”的战略方针，在全国率先按邮件”三状化”组织生产作业，邮件处理实行“一平四化”，即一个大平面生产车间，邮件装卸机械化、邮件运输容器化、邮件标识条码化、信息处理网络化；大力采用电子信息技术及自动化技术装备，生产科技水平迅速提高。取得了令人瞩目的成绩，被评为全国邮运文明单位和广东省文明窗口。其中，我局参与的”广州邮件处理中心工程建设与创新”项目获得广东省邮政局科学技术进步奖特等奖，”广州邮件处理中心引进系统设备维护研究”、”广州邮区中心局生产作业系统业务需求”分别获得广东省邮政局科学技术进步奖二等奖和三等奖，科技工作取得可喜的成绩。

广州邮区中心局处理中心

然而广州邮区中心局有了成绩不骄傲自满，而是继续探索更先进更科学的管理方法和手段，使企业持续快速地发展。

一、审时度势，以创新管理解决企业面临的难题

实行邮区中心局体制以后，邮区中心局成为专门负责邮件分拣封发、转运和总包运输的生产单位，提高邮区中心局的运行效率，降低邮区中心局的运行成本对于确保邮政通信的质量和邮政企业的长远发展都具有非常重要的意义。

广州邮区中心局承担着广东全省乃至华南大部分地区总包邮件的经转和运输任务，负责广州邮区内所有邮件的分拣封发和全省邮袋容器的调拨管理等工作，在全省、全国乃至全亚洲都具有重要地位。因此，如何突破传统的生产管理模式，采用现代化的管理理念与管理方式，切实发挥广州邮区中心局现代化的技术装备优势，为全国邮区中心局的组织管理提供一个成功的范例是摆在广州邮区中心局面前的重要问题。

广州邮区中心局成立之初，面临四大难题。一是中国邮政生产运营体制实施重大变革，即实行中心局体制，广州邮区中心局与全国一样需要深入领会国家局战略部署，适应并顺利纳入新体制下的全国邮政生产运行网络，并在其中做出重要贡献；二是邮区中心局由原省邮政运输局、广州邮政枢扭局、省报刊发行局的报纸科、期刊科三部分组成，由不同单位组成的邮区中心局如何解决系统整合这一具有共性的难题；三是在邮区中心局进行了一定程度的生产设施现代化装备后，需要进行内部生产组织优化调整和生产作业流程重构，使之既适应现代技术手段，又适应邮区中心局体制；四是邮政面向市场商业化经营时，用户不断变化与不断提高的服务需求、竞争的压力与邮政的适应能力严重不足。

在这种情况下，传统的高长型的组织管理模式无法再解决这些问题，必须对现有的管理模式进行改革与创新。广州中心局以邮件处理中心的扁平化组织管理为核心，带动全局管理系统优化，在管理创新方面做出了有益的探索与实践，取得了较好的效果。他们的做法可以归纳为一句话，即"以系统创新为保障的扁平化管理"。

二等奖

二、科学探索，选择适合自身发展的管理模式

现代企业将组织整合作为管理改革与创新的重要手段，通过组织整合达到企业对外适应环境、内部顺畅协调、运行高效节约，具有较强的自组织与自适应能力，从而促进企业的稳定与发展。广州邮区中心局成立之初，事实上各种环境与内部因素使得其必须进行内部组织整合，否则不仅上述难题难以解决，更使其不能有效发挥一级中心局应有的效能，影响本邮区乃至全网的生产运行。但是，采取什么模式进行整合，是面临的又一课题。如果模式选择不对，不仅整合目标难以实现，而且可能带来更大的混乱。经过认真研究，广州邮区中心局决定，实行扁平化管理。

扁平型组织结构是国际上先进的管理组织模式，它一改传统的高长型的组织结构模式，转而成为管理层次更少，职能部门和管理人员大幅度减少的组织机构构架。扁平化管理不仅仅是减少管理层次，节省管理费用，更重要的是改善了管理的功能，加速了横向和纵向的信息沟通，实现了系统优化。

从组织结构图来看，扁平化给人的直观感觉是"金字塔"的"塔尖"大幅度降低，使组织结构更加"扁平"。这一看似简单的变化，事实是包括了从集权管理到分权管理的管理理念的根本转变，减少了管理层次，加大了组织管理的幅度，从而大大减少了中层管理人员的数量。它打破传统部门的边界，从我们非常习惯的主要依靠纵向行政指挥和协调为主，转向主要依靠业务流程规范为主的管理，并需要畅通的信息传递，这种变革对传统企业管理模式来讲具有根本性，需要企业具备相应的条件，并且成功与否也具有一定的风险性。目前发达国家的扁平化管理也只能说是一种趋势，还没有完全普及，国内成功案例也不是非常多。那么，广州邮区中心局为什么选择了这一模式作为管理改革的方向，又为什么能够取得成功？关键有两点：一是广州邮区中心局具备实施扁平化管理较好的基础，有较完备的管理、设备、人员、信息系统等基础；二是广州邮区中心局实施了与之配套的系统化管理创新工程。

广州邮区中心局明确提出管理改革与创新的指导思想是以邮件处理中心的扁平化管理为范例，精简机构和管理人员，促进生产管理的规范化、信息化和高效率，从而实现系统创新。其中邮件处理中心扁平化管理的具体思路是：以生产作业流程再造为核心，以规范化管理为基础，以总监负责制为保证，以人本管理为前提，以完备的信息系统建设为支撑。

（一）以生产作业流程再造为核心

邮区中心局成立之前，邮件处理中心生产作业模式是分科作业，设置不同的车间（科）处理不同种类的邮件，邮件处理分别由平函科、给函科、包刷科、航空科、转运科、押运科等16个科室负责，每个科室设1—3名科长，还要设少至2名多则十几名的管理人员，造成管理人员数量过多，管理直接费用加大，同时科室之间协调的工作量增加，使得管理间接费用加大。在生产作业流程设计上，每种邮件的处理过程都要经过总包接收、散件分拣封发、总包发运等环节，交接手续繁琐，而且各科室之间难以实现人员的合理兼职和车辆、设备的统一调度，造成资源的浪费，效率低下。这种传统的生产作业组织方式无法作为具有明显现代管理特征的扁平化管理的基础。

广州邮区中心局

针对这种情况，广州邮区中心局以新的邮件处理中心投产为契机，对生产作业流程进行了再设计。生产作业流程再设计的具体思路是：适应新投产邮件处理中心技术要求，以简化作业环节、减少重复作业、实行"三状化"处理为核心，坚持"严把两头、简化中间，分区作业、紧密衔接"的原则，对生产作业流程进行重新设计。

生产作业流程再设计的具体做法是：

1.精简生产机构，取消平函科、给函科、包刷科，新设邮件处理中心负责国内普通邮件的处理。邮区中心局生产机构由原来的16个压缩为现在的14个。

2.新的邮件处理中心生产总流程共设置3大作业区。邮件总进口接收区：位于处理中心北部，主要负责各类邮件的接收、贮存、分类和开拆；分拣封发作业区：位于处理中心中部，主要负责信函状、扁平状、包状邮件的分拣封发处理工作；邮件贮存发运区：位于处理中心南部，主要负责各类本封、经转总包邮件的贮存、装车发运工作。这样就形成了北进南出的生产作业流程。

3.简化生产环节和交接手续，提高作业效率。所有进入邮件处理中心的邮件均在邮件总进口接收区卸交，该环节负责对进口总包邮件严格把关，在邮件总包条码达不到设计要求的情况下先进行点数交接，然后在规定的时间内进行勾挑核对。为提高作业效率，邮件处理中心内部各环节取消交接手续，简化了手续交接。所有出邮件处理中心的邮件均在邮件贮存发运区装车发运，并与相关运输人员办理交接手续。

新的流程既简化了作业环节和交接手续，又为扁平化管理提供了良好的条件，使得作业效率得以大幅度提高。

（二）以规范化管理为基础

所谓规范化管理是从邮区中心局生产作业的整体需要出发，对各个作业环节、处理过程制定出相应的制度、规程、指标和标准，并严格地实施，使企业协调、自动地运转，减少了直接指挥和环节，为实施扁平化管理奠定了基础。广州邮区中心局在生产作业流程再造的基础上，制定了一系列生产作业和管理规范，如：

1.业务流程规范

邮件处理中心内部取消交接手续后，为了确保各个生产作业环节的有效衔接，广州邮区中心局根据新流程的要求规范了了各个作业区的职责，特别是制定了各作业流程的作业方法和标准，具体到各个生产工序、生产监控、设备安全维护、生产应急各个方面等，进行作业流程、作业环境的标准化，并用文件形式固定下来，提高了工效，实现简洁高效的流水线作业，充分体现"规范化"的管理理念。

2.岗位职责规范

按照生产作业流程设计岗位，做到界面清晰，职责清楚，相互配合，紧密衔接，不留空白，避免交叉，工作均衡，权责任对等。岗位职责规范的具体内容主要包括各岗位的职责、权限、工作内容、考核内容和考核方法。

3.规章制度规范

针对新的技术设备和信息技术的应用，原有的规章制度已经不适应生产作业的要求，广州邮区中心局结合生产作业流程的优化，制定了一系列的规章制度，《广州邮件处理中心员工手册》、《生产现场管理办法》、《劳动纪律及考勤制度》等一系列规章制度的出台，促使管理有章可循、违章必究，大大强化了管理力度。

4.生产数据处理的规范

扁平化管理要求上下部门及平行部门之间及时的进行信息勾通和共享，为此，各部门应按照统一的标准提供相关的数据资料。广州邮区中心局对生产数据处理规范的内容主要有：建立生产数据统计规章制度，规范生产数据统计的内容和报表格式，规范生产数据统计工作的考评内容和方法。

5.生产质量管理规范

实施扁平化管理之后，生产管理幅度加大，必须制定生产质量管理规范，以免造成生产质量失控。为确保邮政生产作业质量，广州邮区中心局邮件处理中心建立了一支综合质量检查队伍，专门负责质量检查与监控工作，他们根据上级主管部门的质量考核要求，结合本局具体生产管理情况建立质量考核指标体系，并定期进行考评；规范质量检查与监控的内容、方法和责任，保证质量检查与监控落到实处。重点检查进出口邮件的规格质量、规格。邮务监督3班轮值，每班对生产现场管理的考核记录不少于3个班组，对职工劳动质量的抽查不少于10人次，确保了生产质量。

6.生产现场管理规范

由于实施大平面作业，邮件种类多、数量多、设备复杂，对生产现场管理提出了更高的要求。为保证正常的生产秩序，广州邮区中心局对生产现场管理制定了严格的规范。主要内容包括定置管理、封闭作业管理。定置管理要求：按照科学、合理、方便使用的原则绘制定置图，生产用品、用具严格按定置图所标图位置摆放，如有变动，应及时更改，报相关部门备案；设备、设施一经安装投入使用，不随意挪动其位置。工作终了，所有用品、用具要及时归位，定置图以外的用品不得进入定置区。封闭作业管理的要求：建立封闭作业管理制度，主要包括建立来宾登记制度、值班制度和检查巡视制度；划分生产作业区域，严禁生产人员串岗，非生产物品严禁带入生产现场；加强作业现场的摄像监控；加强处理中心装卸站台的管理：严禁邮件处理中心以外人员（包括司机）进入内部作业区，邮件交接完毕，要求生产作业人员及时关闭装卸站台闸门。

上述规范的制定为实施扁平化管理奠定了良好的基础。

（三）以总监负责制为保证

生产流程的再设计，必然需要建立与之相适应的组织管理体制，广州邮区中局通过对流水线作业的大型企业、中外合资企业的参观学习，结合邮政的实际，进行观念创新。在实践中紧密围绕“调整、创新、增效”的工作方针，按照“流程创新与体制创新紧密结合”的原则，本着精简管理层次、压缩冗余人员、提高管理效率的目标，在邮件处理中心推出了总监负责制的管理模式。

在这种管理模式中，邮件处理中心生产组织架构分为监督管理层和生产作业层。监督管理层由总监和监督组成，设总监1名，副总监1名，邮务监督10名，行政监督4名。遵循“权责”对等的原则，结合管理实践，总监主要负责整个处理中心的全面工作，侧重负责处理中心的生产调度、人事教育、党务工作、邮件质量、时限管理和综合管理等，并向上级领导负责。副总监协助总监工作，侧重负责技术设备、安全保卫、工会等工作。行政监督负责各项具体的行政事务，包括综合办公、人事统计、后勤及安全保卫等工作。邮务监督负责具体的生产事务，包括业务调度、机械设备、质量检查、现场指挥和管理、绩效管理及24小时轮值，直接管理到各个生产环节，具体到每一位员工，并对主管领导负责报告。

引进竞争机制，对总监实施动态管理。为了使以总监为核心的管理层次更加客观、准确地抓好生产管理工作，处理中心对其推行“经济利益与生产作业层的经济利益脱离”的全新的管理方式，在各岗位间实行定期轮换，定岗期间通信质量管理落实到人，加强通信时限，使管理更公平、更具体、更到位。并根据工作业绩实行绩效考核，考核结果作为评先和奖励的依据，将管理层的主管分为不同的级别，如邮务监督、行政监督分为一、二、三级，虽然其管理的职能不变，但绩效考核的结果将作为是否给予晋级和加薪的依据，做到岗位能上能下。

总监负责制的推行，不仅仅是生产管理人员称谓的变化，更重要的是减少了管理层次，扩大生产管理人员的管理权限，强化了管理人员的责任意识，从而为扁平化管理提供了制度保证。

（四）以人本管理为前提

扁平化管理所带来机构的调整、权责利益的重新分配，这种变革无论是对企业的高层管理者还是企业的一般员工都会产生影响，他们可能对变革不适应甚至阻碍变革的推进。面对这种情况，广州邮区中心局的领导认识到只有解决了“人”的问题，即员工的观念和认识问题，扁平化管理才能够真正推行。要解决“人”的问题，必须树立“人本管理”的理念。“人本”管理的核心应该是把人视为企业的最重要资源，通过激励、调动和发挥员工的积极性和创造性，引导员工去实现预定的组织目标。因此扁平化管理需要全员的有效参与。

以“人本管理”为理念，广州邮区中心局积极推行三项制度的改革，即人事制度、用工制度和分配制度的改革，通过激励，调动和发挥员工的积极性和创造性。首先是人事制度改革，一方面精简机构，压缩人员，先对局机关进行大幅度的“减肥消肿”，按照精干、效能的原则因事设岗，通过思想动员、双向选择、民主评议、组织考核，党委确定等程序，首先精简压缩机关人员，使机关人员由成立之初的97人精简为现在的65人，精简率达到33%，基本控制在占生产人员9%的以内。另一方面，打破身份界限，干部能上能下、能进能出，仅2001

年就提拨年轻干部6名，晋升职务的15名，平调、岗位交流的26名，逐步过渡到2002年，16位科级领导退出领导岗位，公开招聘管理人员，在广东邮政率先公开竟聘副处级领导干部。

其次是进行收入分配制度的改革，建立员工收入能增能减的动态机制。推行多种形式相结合的分配制度。生产人员试行计件、计时工资相结合的分配制度。生产人员的收入由基本工资和辅助工资组成，奖金实行计件或计时工资制，劳动报酬具体根据各作业工序、岗位劳动强度、职工等级和差异系数所形成的单位产品或工时的价值来确定。

再次是进行劳动用工制度的改革，建立职工能进能出的机制。广州邮区中心局以机关人员的精简推动了全局的减员增效，以"统筹规划、制定目标、分步实施、渗漏解决"的方式，对劳动合同期满的合同工进行全面考核，择优留用，逐步淘汰综合素质低、表现差的人员。自成立邮区中心局以来，在生产作业组织多次变化调整，工作量增加的情况下，尽量减少用人；采取灵活多样的用工方式，在业务高峰期使用季节性劳务工以降低劳动力成本。

以人本管理为前提，实施三项制度改革，不仅仅改变了机构臃肿，人浮于事的局面，而且，为扁平化管理创造了良好的环境。

5、以完备的信息系统建设为支撑

在现代化企业中，信息管理工作在企业中将发挥越来越重要的作用。计算机管理信息系统是扁平化管理的必要支撑手段，通过信息系统使企业管理和生产运营中的指令传输及数据收集、加工、传递、存储等管理工作简单、实时、规范。

广州邮件处理中心的邮件信息系统主要通过计算机网络收集、储存并处理所有引进机电系统设备的数据，作为信息处理工具辅助操作人员、维护人员和管理人员进行日常工作。该系统的主要功能有邮件分拣计划、期刊分发计划的编辑管理；在线视频监控生产作业现场；产生事故报告；生产作业计划编制与生产调度管理；清单路单管理；档案查询；数据统计分析；邮件装卸平台和大院管理。该系统提供与邮政综合计算机网接口：与综合网按照一定数据格式和传输方式交换清路单、验单和接发计划等信息。

高效的信息管理系统不仅大大提高了邮政生产的作业效率，更重要的是有力的支撑了管理扁平化。

三、成效卓著，以实际效果证明管理手段的正确性

扁平化管理实现了传统管理向现代管理的飞跃，有效的促进了企业内部资源的整合，最大限度的发挥了广州邮区中心局邮件处理中心大平面生产的优越性，在实践中取得了很好的效果，主要表现在以下几个方面。

（一）精简了机构，降低了成本，提高了效益

改革后的广州邮区中心局，全局管理机构由成立之初的21个减少到目前的9个，生产机构由原来的16个减少到目前的14个，共减少管理人员69人。其中，邮件处理中心投产以后，采用大平面生产作业，废除了原有的包刷科、平函科、挂函科、转运科等科室的设置，减少了科级管理层，生产班组由原来的32个，减少为13个，领导者由原来的6名科长减少为现在的正副总监。通过精简机构，创新管理，有效地降低了各项费用，如与2001年相比，2002年在国内航空运量增加16.05%，国际航空运量增加213.54%，邮件处理量增加7.2%的情况下，而邮政业务成本只增加了7.8%，邮运费用降低了1414万元。2003年在生产邮运产品量比2002年略有增加的情况下，邮政业务成本反而减少了10.68%，邮运费用更是减少了3100万元。

（二）优化了流程，确保了生产质量，提高了劳动生产率

由于实行了总进口和总出口严格把关，简化了内部交接手续的制度，在邮件总进口和总出口环节执行勾挑核对手续，处理中心内部各个环节采取无纸化交接，同时增强了相关部门的质量意识和责任感，邮件处理差错率降低了69.50%。通过流程优化，邮件内部作业的时限缩短了4小时，加快了邮件全程传递的速度，提高了邮政的市场竞争能力。

（三）规范了管理，强化了自我管理意识，实现了集约化管理

广州邮区中心局通过制定岗位职责规范、规章制度规范、生产质量管理规范等一系列的规范，提高了管理的规范化水平，强化了员工的自我管理意识和自我管理能力，减少了一线生产管理人员12人，但管理质量没有降低，有效地实现了集约化管理。

（四）创新了管理制度，强化了责权意识，增强了管理效能

邮件处理中心整个生产管理实行总监负责制，实行扁平化管理，使信息的上传下达时间得以缩短，生产调

度指令得以迅速的传递到生产现场，有效地避免了传统管理方式所造成的环节和程序繁琐、低效等弊端，增强了管理效能。

（五）建立了MIS系统，强化了信息沟通，实现了系统优化

广州邮区中心局邮件处理中心利用信息技术，创建了一个面向邮件处理流程的MIS应用系统，一方面促进了邮件实物处理的效率和质量，减少了邮件处理的差错率，另一方面生产作业流程的再设计也为MIS系统的顺利实施奠定了良好的基础，生产作业流程再设计与MIS系统有机结合，实现了邮件的实物处理与信息处理达的协同作业。MIS系统的有效实施取得了如下效果。一是邮政生产管理工作的程序化，即各生产部门都有相应的作业流程；二是生产作业的标准化，即建立了各类邮件处理的操作标准；三是报表文件的统一化，即各种文件报表都有固定的内容、周期和格式；四是数据资料的代码化。

总之，广州邮区中心局邮件处理中心由于积极推行信息化管理，通过MIS系统这个神经中枢，邮件处理中心总监可以及时了解整个生产现场的生产作业情况，同时由于赋予了总监更大的管理权限，使得总监可以及时有效处理行政和生产上的问题，加大了现场管理力度和应急处理速度，实现了实时指挥调度，大大提高了处理中心现场管理的效率和效益。

四、科学决择，系统性创新是改革成功的基本经验

广州中心局管理成功的基本经验可以总结为两点，一是科学地选择了适合于自己的管理模式，二是以系统性管理创新支撑管理模式转变取得成功。

管理理论研究和企业管理实践中已经总结和提炼出许多优秀或先进的管理模式，每一种管理模式都有其特点与适用条件，企业选择管理模式要以企业现在的基础为依据，没有普遍适用的管理模式，因此可以说每一种管理模式都是企业自己的。广州中心局成立时，可以说初步具备有实施扁平化管理的基础，一是生产设备条件较好，给生产流程再设计提供了较好的基础；二是管理基础和人员素质管理较好，便于动员和实施新的管理方式和管理流程，也便于制定和实施管理规范，从而使以规范为主要管理方式的扁平化管理得以实现；三是有较好的经济条件，使得信息系统等方面的相关建设得以投入。在这种情况下，广州中心局管理改革选择扁平化管理组织模式，是正确的选择。

扁平化管理是需要一定条件支撑的，广州中心局除了具有上述较适宜的基础外，进行了系统化管理创新，造就了所需要的条件，这也是其实施扁平化管理得以成功的必要条件。广州邮区中心局扁平化管理的实践告诉我们扁平化管理是一个系统工程，它不单纯是减少几个生产部门，也不是形式上的“扁平”，它要求企业要有科学的管理基础。事实上，任何企业只要能成功地进行这样的系统性创新，组织扁平化就是必然的结果。许多企业扁平化改造没有成功的关键是系统化的管理改革与创新没有成功。

业务流程再造（或再设计）是对生产过程、管理过程的科学化改造，是现代管理科学、管理技术与企业生产技术、工艺流程、管理基础、管理文化的综合与升华，经过再设计使之科学化，再经过规范化使之形成规范，使企业形成以规范为特征的扁平化管理基础。

广州中心局的信息系统开发与应用也具有很强的科学化与系统化思想特征。其一，业务流程再设计后成功运行的条件之一是有较好的管理信息系统支撑，从这一方面讲，信息系统建设是业务流程再造成功的基础；其二，信息系统的开发也要以业务流程再造与规范化为基础，许多信息系统建设不成功的原因并不是技术问题，而是由于其建立在原来并不科学的管理系统的基础上，只是对落后管理方式的电子化模拟，而成功电子信息系统开发的途径是“先科学化，再规范化，再电子化”。广州中心局信息系统建设走的正是这样一条路。

人的问题是改革成功与否的关系问题，任何管理改革都涉及到人的观念更新、工作与管理习惯改变、新知识新技能的获取、利益的得失等多方面的问题，以人本管理的观念，解决改革中人的问题，是广州邮区中心局改革成功的又一关键。

广州邮区中心局的实践证明，以人为本管理为前提，以流程设计为核心，以制度创新为保证，以规范管理为基础，以信息系统建设为支撑，实施扁平管理，系统创新的一整套经验，不仅使广州邮区中心局取得了明显的经济效益和良好的社会效益，更重要的是探索出了一条精益管理的路子，对全国其它邮区中心局实施规范管理和精益管理起到了很好的示范作用。

历史已经翻开新的一页，我们又站在了新的起跑线上，面对新的机遇和挑战，我们坚信，在国家邮政局和省邮政局的正确领导下，坚持以发展为主线，加快改革，创新机制，科学管理，就一定能够将广州邮区中心局建设成为中国邮政现代化的窗口。

成果创造人

主要创造人：赵德福
参与创造人：郑李泰、李建华、甄美换、李　晖、赵　卫、初永青、何贤军、张崇晏

二等奖

江苏移动通信有限责任公司

创新成果合影，中间为江苏移动通信有限责任公司党组书记、董事长、总经理：王建

江苏移动通信有限责任公司是中国移动（香港）有限公司在江苏设立的全资子公司，是江苏省内主要的移动通信运营企业。

近年来，公司围绕“争创世界一流通信企业”的发展战略目标和“服务与业务领先”的近期战略重点，积极锻造企业综合竞争能力，以优质可靠的网络和体贴周到的服务满足不断增长的移动通信需求，取得了持续、快速、稳健的发展，目前移动电话客户总数已超过1500万，2004年运营收入达140亿元。

展望未来，江苏移动将更好地承担起国民经济与社会信息化建设的重任，以扎实有力的工作提升企业综合实力，以高品质的移动通信服务回报社会，实现发展的新跨越。

一流的网管监控大厅

移动应急通信车为重要活动提供通信保障

地址：江苏省南京市虎踞路81号　　邮编：210029
电话：13800250222　　传真：025-86668128

江苏移动通信大厦

二等奖

构筑“联效联心”激励机制

广东省电信有限公司汕头市分公司

成果主要创造人 魏苏宝

广东省电信有限公司汕头市分公司，是一个以经营固定电话业务为主的通信企业，企业拥有固定资产68亿元，电信员工2445人，电信用户规模超134万户，其中：固定电话用户123万户，互联网宽带接入用户6.5万户。现已建成一个高速率、宽带化、多媒体、大容量的现代通信网络，通信技术达到世界先进水平；卫星通信地球站、国际海缆登陆站和粤东信息大厦，是汕头电信面向新世纪的三大标志性建设工程；国际海缆登陆站的建成以及亚欧、中美、亚太二号海缆的登陆，使汕头电信成为国际海缆系统骨干站点、国际信息高速网络枢纽节点。

1996年汕头电信建成全国首个正式投入使用的市话业务计算机管理“九七工程”基本系统；1997年在全国率先完成“九七工程”本地网覆盖率工作；1998年，汕头市步入广东省首批“电话市”行列；1998年成为全国首家通过IS09000质量认证的电信运营企业；1999年，成为全国首批百个政府上网单位之一。

一、实施“联效联心”激励机制的背景

近年来，中国电信的运营环境发生了根本性的变化，中国电信业进入了全业务竞争时代。汕头电信发展形势亦相当严峻：市场份额不断缩小，前进步伐相对滞缓，企业对市场的反应相对迟钝于竞争对手。因此，强大的外部压力呼吁着突破性、创新性的激励机制的产生。

中国电信完成了公司化改造并顺利在海外上市，使中国电信向现代企业制度方向改革，向创建世界级现代电信企业目标前进的步伐明显加快，企业的营销渠道建设、流程重组（BPR）、五项制度改革等正在不断地形成与发展，有效的管理制度正增强着企业的活力和竞争力。但如果没有强有力的岗位绩效评估激励体系作为支撑，企业的各项改革就会失去动力。因此，构筑使企业、部门、员工目标一致的“联效联心”的激励机制摆上了重要议事日程。

二、“联效联心”激励机制的具体实施

（一）机构重组，实现组织功能的突破性发展

以面向市场、面向客户的营销前端为起点向后端实施机构重组，着力于前端机构重组，并完善组织职责配置，实现组织功能的突破性发展。

1．实施组织机构重组，明确渠道化营销的各实施主体。

设立大客户服务中心、商业客户服务中心、公众客户服务中心和10000号客户服务中心等4个机构，形成4个营销服务渠道。通过大客户经理、区域代表、社区经理和10000号服务人员对应于不同的客户群提供营销服务。具体重组如下：

（1）将原用户服务中心一分为三，分别设立大客户服务中心、商业客户服务中心、10000号客户服务中心。

（2）将原电信营销中心号簿资源管理纳入10000号电话服务中心，与114、180等构成统一的公众资源。

（3）将各终端维护公司更名为“××终端服务公司”，调整部分维护职责，增加营销职责，实施“营维合一”。

（4）公众客户服务中心以虚拟机构设置，包括终端服务公司和电信营销中心。各区域终端服务公司实现“营维合一”。电信营销中心负责管理各形象营业厅及其他代办营业厅、点，向所有客户（三大客户群）服务。

（5）为配套改革有效实施，成立资源管理室，挂靠运维部。原电信营销中心的号线调度管理职能、MDF维护职能以及资源管理职能等由新设立的资源管理室负责。

2．明确营销渠道各机构职责，确保各渠道互不冲突、互为补充

大客户服务中心负责管理大客户经理，做好大客户的保持和发展工作。隶属大客户部管理。

商业客户服务中心负责管理“区域客户代表”，每一个“区域客户代表”负责若干个社区的商业客户营销工作。隶属市场经营部管理。

××终端服务公司，负责区域内设备维护、业务管理等工作。营销工作和维护工作分别接受市场部和运维部管理。

电信营销中心统一管理各形象营业厅、营业厅和社会代办营业点，负责全市电信业务的演示、宣传，面向三大顾客群提供服务。负责全市范围内的所有用户的现金收费。

10000号客户服务中心，包括112、114、180和号簿等，负责受理客户的故障申告、业务投诉，业务建议，分析客户申告、投诉信息；负责用户调查、用户回访、用户满意度征询工作；为三大客户群营销渠道的营销服务工作和营销服务质量提供资源支撑和监督作用；为职能

管理部门提供服务质量执行情况的详细资料和考核资源依据。

资源管理室主要为大客户部、商业客户部、各终端服务公司提供管线、号源、各交换点MDF等资源支撑，为企业通信建设、业务发展提供决策信息和依据。隶属运维部管理。

3．实现了组织功能的突破性发展

（1）形成虚拟公众客户服务中心，减少了机构的层叠，实现了组织的扁平化，缩短了流程，提高了组织工作效率。对客户响应加快，各区域终端服务公司积极性较高，有利于形成有效的管理团队。

（2）营业厅由电信营销中心统一管理。有利于统一企业形象、统一服务标准、执行相同政策，可以避免企业内部区域间的竞争，能更好地满足区域间业务的交叉受理，能更好地支撑不同的客户群。实现电信营销中心的营销工作重心转移，以营业服务、营业营销、营业推广和对三大客户群和三类客户经理的业务支撑和配合为主，同时管理其他代办营业厅、点，发展社会代办渠道。

（3）商业客户服务中心独立设立，发挥举足轻重的渠道功能。从企业效益上看，商业客户是个十分重要的群体，是企业创造高效益和低运行成本的重要源泉，只有商业客户做好了才能为企业培养出更多的大客户，只有紧紧抓住这个群体，企业才有做大、做好的基础。

（4）10000号客户服务中心，发展成为面向所有客户群提供营销服务的基础平台，建立10000号客户中心制渠道的同时，也将10000号发展成为服务质量监督及考核资源中心。

（5）调整、扩大南区试点单位维护职责，把动力、交换、传输设备的用户级维护交由汕头南区濠江电信服务公司负责，把全程全网的核心部分集中在后台支撑部门，后台形成技术支撑中心。

（二）科学设岗，实现岗位的更合理分布，以职责、制度和流程管人

以人力资源部门牵头，各机关部室、基层单位积极配合，在充分调研的基础上，根据企业工作的实际情况，科学合理地设置岗位，做到岗位职责明确、上下流程清晰。

我们设岗的突出点主要体现在两个方面：一是以市场响应、客户需求为根本出发点，以机构重组后职责为依据设置岗位，从根本上改变了原来岗位设置的不合理布局，在岗位总数不变情况下，实现了岗位数量从后端向前端的移动；二是弱化管理上的层级关系，以扁平化为原则设置岗位，以岗位职责、管理流程、业务流程实施管理，以职责、制度和流程管人。

在改革前，分公司管理人员、后台支撑人员、营销渠道人员分别占从业人员总数的22%、50.5%和27.5%。这些数字充分说明，岗位分布很不合理，管理人员和后台支撑人员过多，而直接面向市场的营销人员数量偏少，营销力量严重不足。改革后，管理岗位仅占从业人员的15%，后台支撑人员占从业人员总数的34%，而营销渠道人员占到从业人员的51%。

重新定岗后，取消了所有基层生产部门的经理助理、管理员、班（组长）层次，直接按职责设置岗位，以岗位职责、管理流程、业务流程开展工作，弱化了层级关系，减少了中间环节，流程更加顺畅。

（三）以岗定薪，承认劳动者个体能力、经验、素质的差别性

激励机制的员工薪酬包括3个部分，即基本工资（福利、津贴）、岗位综合补贴和生产奖金（岗位业绩奖励）。

1．基本工资（福利、津贴）

基本工资（福利、津贴）是国家政策性所规定的，赋予企业劳动者的一项基本权利，该部分基本工资不纳入岗位绩效考核范围。

2．岗位综合补贴（基数固定）

岗位综合补贴量化因素我们主要考虑几个方面：技能鉴定等级、管理层次（职务）、工作经验（企业工龄、其他工龄）、学历要求、职称要求和突出贡献情况等。对各层级岗位量化指标进行打分，按事先设定权重计算积分。用安排于岗位综合补贴的工资总额除以各层级所有员工总积分，即为每一分的薪酬，以此计算各岗位综合补贴。

岗位综合补贴承认劳动者个体能力、经验、素质的差别性，而这种差别性正是能否高效、优质工作，能否创造性、创新性工作的重要源泉，通过有效的激励有利于更充分更有效的发挥，对企业的发展来讲是一笔可贵的现实或潜在的资源。

岗位综合补贴是岗位绩效考核奖励的一个重要组成部分。

3．生产奖金（岗位业绩奖励，基数浮动，按分公司整体业绩浮动管理）

我们将岗位综合补贴（基数固定）和生产奖金（岗位业绩奖励，基数浮动）两个部分均纳入到岗位绩效考核范围严格考核。

（四）竞争上岗，实现人力资源的合理配置和有序流动

除分公司总经理、副总经理外的所有岗位都通过竞争形式应聘上岗。

我们的竞争上岗坚持公平、公正、公开原则，做到"四个公开"：岗位公开、岗位要求和条件标准公开、竞争上岗的程序公开、竞争上岗的结果公开。竞争上岗工作严格按照公布岗位、申报岗位、资格审查、笔试、答辩、综合素质测评（分三级共同测评）、成绩汇总、审核考试考核结果、初定人选、任前公示、申诉处理、确定聘用、签订聘约等13个步骤来开展。

通过竞争上岗，我们达到了预期岗位设定目标，做到：

1．减少了管理层级，实现管理扁平化，组织沟通渠道更顺畅，也提高了办事效率。如以前不论大小会议都是部门领导或管理员参加，现在开会只是涉及流程的相关岗位人员参加，直接沟通、直接布置、直接落实。

2．实现了人员从管理向生产、从后台到前台的合理、有序流动，解决了原来组织中部肥胖问题和营销渠道人员不足问题。如企业发展部原达到基准岗位"业务主管"的共有6人，按定岗只有5个位置，所以该6人中有1人跨部门申报了业务支持室"高级业务主管"岗位，通过竞争应聘，从原来的管理岗位走向了生产岗位。

3．在员工中树立了"岗位靠竞争，薪酬靠业绩"的意识，营造了优秀人才脱颖而出的良好氛围，真正做到了"能者上，庸者下"。如龙湖终端服务公司2个管理员，基准岗位是"主办"，经过竞争下聘为"业务员"。

（五）严格考核，建立有效的绩效评估体系

在"机构重组、科学设岗、以岗定薪、竞争上岗"基础上，我们对岗位业绩考核激励的目标就是建立一个分层次的到部门（到岗位）业绩考核体系，贯穿于各层次部门（岗位）业绩考核的核心指标就是企业的效益指标和各部门（岗位）职责指标。

我们通过强化岗位目标管理，形成了上下连贯的指标链系，通过岗位目标的实现和指标链的层层保障，把员工的岗位综合补贴（基数固定）和生产奖金（岗位业绩奖励，基数浮动）的总和（称之为"绩效奖励"）与考核的核心指标直接挂钩。

1．绩效评估体系内容

（1）建立KPI（关键绩效指标）体系并将其纳入到绩效管理流程中。

（2）公司目标层层分解落实到岗位，有利于公司目标的实现。

（3）岗位权利、责任更加一致。

（4）指标数量及权重的调整，使考核重点更加突出。

（5）IT系统提出了新的要求（资源支撑）。

（6）对考核管理人员的素质提出了更高的要求。

（7）通过业绩合同可以实现公司内的层层管控。

2．考核管理机构

（1）绩效考核领导小组。

组长：总经理。

副组长：副总经理。

组员：总经理助理、机关各部室负责人。

（2）绩效考核办公室——人力资源部，负责绩效考核的日常工作。

（3）各部室、基层单位成立绩效考核考评小组，负责对本单位员工进行考核评议评分。各部室绩效考核考评小组在本专业职责范围内监督、检查和协调基层单位绩效考核的实施及考评有关工作。

整个绩效考核按照统一管理、直接上级考核直接下级的分级考核方式开展工作。

3．考核对象：分公司所有在岗在位人员（不含临时工）

4．绩效考核周期：分为月度考核和年度考核

5．绩效考核流程

6．绩效考核指标体系的设计

绩效考核指标以业务收入、成本管理、内部服务与协作三大项目作为核心考核指标，其中内部服务与协作主要体现为前后台、上下游的考核评价。

各机关部室按三大项目指标5：2：3的分值比重进行考核，即：业务收入占50%，成本管理占20%，服务与协作占30%。

各基层单位在以上三大项目考核指标为主体的基础上，辅以业务发展、通信服务质量和欠费率等考核。

有关指标体系设定的情况：

（1）各单位的业务收入、成本管理、业务发展、通信服务质量和欠费率等项目指标下分别由若干分指标（具体指标）构成，这些分指标即为分公司分解下达给各机关部室、基层单位的具体指标任务。

（2）各基层单位的协作与服务项目由各机关部室对其进行评价；各机关部室的协作项目由各机关部室相互评价，服务项目由各基层单位评价；对资源管理室、计算机站、业务支持室和10000号客户服务中心等带有普遍支持意义的基层单位，除各机关部室对其评价外，各相关基层单位也同样对其进行评价。

（3）突出贡献和重大否决项目，不设置考核基本分值，加、扣分标准由分公司绩效考核领导小组视具体情况确定。

对于在管理创新和技术创新方面取得突出成果和贡献的，受到省公司以上表彰或奖励的，直接在绩效考核总得分中加分；对于违反党纪、政纪，发生违法犯罪行为，发生重大通信事故、重大服务质量问题、安全事故（火灾事故），违反计划生育政策以及其他恶性事件、造成严重不良后果的事件等，分公司除按有关规定、程序处理外，直接在绩效考核总得分中扣分。

（4）考核指标力求体现职责不同，考核重点（侧重点）不同。

① 在对机关部室的考核指标中，一是突出各机关部室对基层单位的服务和机关部室间的协作、配合，所以，机关部室在服务与协作指标上占有比基层单位更大的比重；二是突出专业部室对主要负责的专业指标的责任，如：市场经营部、大客户事业部的业务收入指标、计划财务部的成本指标，其考核分值比其他协作的部室高出10分。

② 营销服务基层单位和专业产品（业务）基层单位的业务收入考核指标占有较大的考核份量，并且按该单位的直接服务区域、经营专业产品（业务）或服务对象来考核其收入。如：电信终端服务公司按其服务区域的服务用户来考核；数据通信分局按其经营的数据业务来考核；大客户服务中心按其服务对象来核算。在突出业务收入考核的同时，业务发展、服务质量也是营销服务、专业业务单位的考核重点。

③ 维护单位以通信质量指标为考核重点，占有较大的比重。兼有业务与维护的单位在服务质量与通信质量分值上基本保持平衡，有利于经营与维护“两手抓、两手硬”。

（5）各机关部室、基层单位对考核指标进行延伸和扩展。各机关部室、各基层单位，在分公司下达的考核指标基础上进一步细化、分解、落实到具体岗位，形成从分公司到各机关部室、各基层单位，再到具体岗位的上下连贯的指标链系。同时，由于分公司下达到各单位的分指标不搞面面俱到，各部室、基层单位则更注重于根据部门内各岗位工作实际和岗位工作重点设置切合岗位实际的指标，考核到各岗位。

7．考核资料的报送

（1）相关基层单位和指标监控部门每月按规定上报时限将业务收入、业务发展、服务质量、欠费率指标完成情况报送市场经营部；每月6日前将通信质量指标完成情况报送运行维护部；每月6日前将成本管理指标完成情况报送计划财务部。

市场经营部、运行维护部和计划财务部负责审核并核定各单位考核分项指标（具体指标）完成情况，并按考核计分办法核算各单位考核指标得分，填写（业务收入、成本管理、业务发展、通信质量、服务质量、欠费率）得分汇总表，经分管公司领导审核同意后，于每月10日前将得分汇总表送人力资源部。

（2）各机关部室、基层单位应于每月6日前将《服务与协作指标评价表》（附表十八由机关部室和基层单位填写；附表十九由机关部室填写）报送人力资源部。

人力资源部负责服务与协作评价指标得分的汇总工作，并填写附表二十六，于每10日前报分管公司领导审核。

（3）人力资源部于每月12日前核算各单位绩效总分，并报分公司绩效考核领导小组审批。

8．绩效的核算

将生产奖金和岗位综合补贴纳入绩效考核，强化绩效考核的导向作用，加大绩效考核结果的奖惩力度，以激励员工，推动企业目标的实现。每月纳入绩效考核的奖金额度（基数），由人力资源部根据分公司工资总额预算和使用的实际情况具体核定。

（1）分公司对各部门的奖金分配。

部门奖金总额＝（部门岗位综合补贴总和＋分公司奖金基数＊部门全员奖金系数）＊部门绩效得分率

（2）部门对员工的奖金分配。

个人绩效奖金＝（个人岗位综合补贴＋部门绩效奖金基数＊个人奖金系数）＊个人绩效得分率

（3）分公司总经理、副总经理奖金。

个人绩效奖金＝（岗位综合补贴＋分公司月度绩效考核奖金基数＊个人奖金系数）＊分管机关部室绩效平均得分率

9．建设绩效考核IT支撑系统

共享系统资源，减少考核主观偏向，提高了考核效率、考核准确性和考核透明度。

依据绩效考核流程和有关报告资料，由综合办牵头，计算机站在企业OA网上开发了绩效考核子系统，该子系统实现的主要功能有：

（1）实现OA系统中绩效考核子系统进入权限的有效管理。

（2）设置严格的系统自动侦错功能，防止人为干预与以外差错。

（3）各单位绩效考核报表的填报和指标监控单位数据的导入。

（4）系统自动完成资料的报送、审批和汇总。

（5）各单位绩效考核总分、各大项指标及明细指标的完成情况及得分查询。

三、“联效联心”激励机制的成效

（一）企业管理水平提高

通过两年的实施和验证，“联效联心”的岗位绩效评估激励体系较好地摒弃了以往激励机制的弊端，考核激励的主体明确，激励效果明显；以业务收入、成本管理和服务与协作为贯穿上下的核心考核要素，考核重点明确；充分地调动了各岗位员工的工作积极性；同时对企业的营销渠道建设起到了强有力的支撑作用，充分地调动了各个渠道的大客户经理、商业客户经理、社区经理以及10000号服务人员的工作积极性。

“联效联心”岗位绩效评估激励体系在企业管理思想、管理方式和管理手段等方面也实现了重要突破和显著成效，可归纳为：

1．变推动式发展为拉动式发展

企业激励的主体是人，激励的核心是充分调动和发挥与企业目标一致的人的积极性和创造性，以合理的激励方式形成企业强大的内在驱动力，变任务推动式发展为企业目标和内在价值的合力拉动式发展。

2．以核心指标链管理替代传统繁杂事务性管理

我们激励体系最核心工具是目标管理法。以全员目标管理推动企业绩效考核实施，建立从分公司到各机关部室、各基层单位，再到各岗位的指标体系，形成自上而下连贯的指标链。

3．以效益为中心，构筑核心考核要素，工作中心明确

汕头分公司绩效考核指标以业务收入、成本管理和内部服务与协作三大项目为核心考核指标，其中内部服务与协作主要体现为前后台、上下游的考核评价。各机关部室按三大项目指标一定比重进行考核，各基层单位在以上三大项目考核指标为主体的基础上，辅以业务发展、通信服务质量和欠费率等考核。

4．树立内部客户观念，强化了前后台合作

基层单位的协作与服务项目由机关部室对其进行评价；各机关部室的协作项目由部室间相互评价，服务项目由各基层单位评价；对资源管理室、计算机站、业务支持室和10000号客户服务中心等带有普遍支持意义的基层单位，除各机关部室对其评价外，各相关基层单位也对其进行评价。

5．强化了岗位职责，充分体现职责不同，考核重点（侧重点）不同，考核指标对考核对象的针对性更强，为员工的个性化管理与职业发展创造了有利条件

在对机关部室的考核指标中，既突出各机关部室对基层单位的服务和部室间的协作、配合；又突出专业部室对主要负责的专业指标的责任。对营销服务基层单位和专业产品（业务）基层单位的业务收入考核中，在重点考核业务收入的同时，注重对业务发展、服务质量的考核。

6．完善IT系统建设，强化系统资源应用，提高了办事效率，减少评价的主观偏向，考核结果有说服力，员工满意度高

分公司正在原有的OA系统上增加业绩评估功能，将减少各单位、个人填报表格，并以系统资源数据为依据实施考核，减少各级评价机构的主观偏向，评估准确性高，员工满意度高。

7．加大考核力度，激励效果明显

激励办法将各岗位员工除基本工资以外的收入（平均约占个人收入的60%）与业绩评估结果直接挂钩，强化业绩评估的导向作用，加大业绩评估结果的奖惩力度，有效激励员工，推动企业目标的实现。

（二）企业效益明显

企业通过创新激励机制，取得了较好的经济效益和社会效益。2003年分公司实现业务收入160844万元，利润总额41226万元，企业资产保值增值率达到107.56%，全员劳动生产率65.78万元／人。2002年，汕头电信分公司被中国质量协会授予“全国质量效益型先进企业”，是中国电信唯一得到此殊荣的企业；被广东省电信公司授予“文明单位”和“优质服务先进单位”称号。2003年，经广东省用户委员会测评，汕头电信分公司用户满意度达到95.43分，创造了广东电信用户满意度的最高记录。同年，汕头电信分公司被授予“全国用户满意企业”和“全国质量效益型先进企业”。

构筑绩效评估激励体系，推动企业发展，促进企业目标实现，这仅仅是汕头电信激励机制突破性改革的起点。我们将随着企业营销渠道化建设的深化和BPR的改革实施，进一步总结经验，不断加以完善和创新，在新的起点上再创佳绩，为广东电信增辉添彩。

成果创造人

主要创造人：魏苏宝

参与创造人：庄卫东、林朝东

二等奖

通信企业投资决策审计评价指标体系

重庆市电信有限公司

重庆市电信有限公司（简称重庆电信）隶属于中国电信股份有限公司，是中国电信集团重庆市电信公司的通信主业资产在2003年12月23日被中国电信股份有限公司顺利收购重庆电信100%的权益以及若干与网络管理及研发相关的资产后，正式在美国纽约和中国香港上市，成为中国电信股份有限公司的全资内地运营子公司，从体制上实现了全资国有向股份制公司的重大转变。公司现有员工5926人，拥有34个区县（市）分公司和18个城区分公司，经营固定电话、PHS、速易通、新视通、拨号上网、ADSL、FTTX+LAN、DDN、FR数据专线等多种宽窄带的数据及语音业务。

重庆于1997年升格为中央直辖市，重庆电信服务区域覆盖辖区人口3107万人，东西长470公里，南北宽450公里，面积8.24万平方公里，由1个特大城市、2个中等城市、4个小城市、1500多个小城镇，2003年底实有固定电话430.5631万户，小灵通73.8365万户，宽带17.2473万数据用户，通过ISO9001质量管理体系认证。在中国电信集团内率先开展投资效益审计，健全了投资风险决策评价体系，通过五年持续推行电信企业投资建设项目的效益审计评价，促使各项经营效益指标水平都得到逐年全面提高，其中国有资本保值增值率1999年97.2%，2000年103.46%，2001年110.15%，2002年100.70%，2003年115.95%，是中国电信集团内西部唯一连续5年赢利的省级电信公司，在企业财务管理方面取得了明显效果。

一、采用项目后评估方法进行投资效益审计决策评价的产生背景

投资效益审计评价体系是中国电信按照美国纽约和香港的上市公司法人治理结构要求，加强内部控制制度建设的重要一环。顺应当今国际投资领域通行的管理方式变革，重视管理审计对企业经营决策的重要支撑作用。重庆电信在1999年对电信丽苑宾馆投资项目决策风险控制中，采用项目后评审方法开展投资效益审计，及时发现项目管理中存在的问题，挽回了巨额经济损失，因此总结经验而开始在所有通信建设项目中逐渐推广应用，结合中国电信股份公司的内控制度，分期完善了投资项目的内部审计评价体系。

重庆电信丽苑宾馆是重庆电信多经投资项目，截止1998年底实际投入6043余万元，通过审计对市场容量、投资风险、房屋质量的全面后评审，发现该项目存在重大建筑质量安全问题。依据本审计结论，经过针对开发商的索赔谈判，为国家挽回直接经济损失6487余万元，避免风险损失3562余万元。重庆电信通过对该投资项目典型案例的系统分析，解剖发生失误的重要环节，为加强经营决策风险控制，改进投资项目决策管理程序，建立了投资项目的前后评价制度，以降低电信投资风险，贯彻落实国家关于“机制、技术、管理”三个创新的要求，开展电信投资项目的项目后评价实践，健全投资项目前后决策评价制度，以“市场为导向、以客户为中心、以效益为目标”，抓住效益为核心，结合中国电信的公司上市基础工作，广泛开展电信企业通信建设项目的投资效益审计。

激烈的市场竞争要求企业应尽快从规模扩张型转向规模效益型，面对政策风险、市场风险、技术风险，如何预测和识别、管理和控制风险，是投资决策者迫切需要解决的问题。西部电信投资项目的回收期长、债务负担沉重、投资回报率低普遍存在，利用项目后评估方法进行投资效益测定，是公司上市以后支持驻地网工程投资决策的有效方法，根据投资效益审计评价的数据，依据网络发展规划合理投入资金时间和投入方向，为公司经营决策提供参考。

二、采用项目后评估方法进行投资效益审计决策评价制度的基本内涵

这些评价指标体系包含风险指标、财务指标两大类。风险指标内容包括政府的政策、决策层的战略思想、管理队伍的能力、产品的技术评估、产品的市场定位、市场调查数据、项目融资的方式等模糊指标；财务指标静态指标和动态指标数量指标。静态指标包括财务静态投资回收期、投资利润率、投资利税率、固定资产投资借款偿还期、资产负债率；动态指标包含财务内部收益率、财务净现值、财务净现值比。通过对建设完毕的投产项目进行目的、执行过程、效益、作用和影响所进行的系统、客观的前后评估数据对比分析，对项目活动实践的检查总结，确定项目预期的目标是否达到，项目或规划是否合理有效，项目的主要效益指标是否实现，通过分析评价找出失败的原因，总结经验教训，并通过及时有效的信息反馈，为未来的新项目决策和提高决策管理水平提出建议，促使决策者、管理者和建设者学习到更加科学合理的方法和策略，提高决策、管理和建设水平。

三、采用项目后评估方法进行投资效益审计决策评价制度的主要做法

（一）理论基础

重庆电信于1999年以丽苑宾馆投资评估案例开始探索开展投资效益审计，在重庆大学和香港理工大学的有关专家学者指导帮助下，以世界银行和亚洲开发银行的评价方法中的评价指标体系为基础，结合邮电通信建设项目经济评价方法中的指标体系（原邮电部《邮电通信建设项目经济评价方法与参数》中对投资建设项目的静态指标和动态指标等九项指标）为基础，结合英国菲尔·荷马斯的《投资评价》和清华大学张三力的《项目后评价》，制定投资项目决策评价体系。针对电信建设项目的全程全网特点，把近期效益和远期效益、局部效益与全网效益、部门效益和社会效益有机地结合起来；电信行业投资项目评价，包含对通信市场需求预测、项目技术方案比较、固定资产投资估算额度、再分配收入测算、经营成本测算等基础数据的准确测定。

按照世界银行和亚洲银行的项目独立后评价准则，项目后评价应由行内专门的评价机构来进行。审计评价力求准确、避免重复计算，通过项目投资前后评估数值对比，分析产生偏差的原因，通过对项目投资效果进行客观评价，找出成功的经验、失败的教训、存在的问题，指出发展的方向和解决问题的方案。

为保证重庆电信投资项目后评价工作的独立性，依据审计的相关准则，结合中国电信企业财务及国家税务制度的特殊性，对不符合电信投资后评价的指标体系进行调整和修改，提出适合电信行业、经过调查统计分析的评价指标体系。通过对重庆电信四大类投资项目的投资审计后评价，检验本指标体系在评价本地电信投资项目的适用性和科学性。审计部门对重庆电信1984年以来的程控电话项目、移动电话项目、数据通信项目、电信宾馆项目四大类别的投资进行分类，采用项目后评价的方法进行审计评估，通过投资后评估，发现在电信投资领域存在的既有问题，对各类投资问题进行深入细致地分析，找到产生问题的症结，并提出有价值的建议。

根据我们重庆电信与重庆大学签定的产学研全面合作计划，结合重庆大学与香港理工大学下属3所管理学院的专家学者指导，得到国际著名的波士顿咨询公司香港总部有关专业人员的帮助，于2001年完成了《重庆电信投资效益审计的项目后评估方法研究》专业论文，并获得了重庆市内部审计协会2002年度投资审计论文二等奖，为开展投资效益审计打下了理论基础。

（二）实践应用

为把从实践中总结得来的理论再运用到企业实践中去，尽快发挥投资效益审计项目后评价方法支持投资决策的作用，审计部门把已经成功应用于解决重庆丽苑宾馆（南方大厦）投资项目决策调整问题的投资效益评审方法，延伸评审了重庆万门程控电话项目的投资效益，取得了初步的效益评审实践经验。

2002年公司年度工作会议后根据公司领导的要求，审计部门牵头对重庆电信上清寺电信局竞地花园宽带驻地网项目、合川市电信局云门电信支局程控电话项目、江津市电信局龙门电信支局程控电话项目、黔江区电信局濯水电信支局程控电话项目、涪陵区电信局南坨支局程控电话项目等电信投资项目进行了投资效益审计，对单位成本、单位收益等等指标方面进行的测评，对项目辖区人口，区域面积，自然村、开通电话时间、组网结构、分摊投入固定资产帐面价值（交换机设备，电源、传输等设备。产房屋，通信线路）；累计折算实现电信业务收入，运营成本（不含折旧费但计算管理费用）；程控电话交换机容量；出局主干线对及接入网，实装线对，实装率等电信资源利用率；按照现有交换能力计算的单机建设成本（交换设备单项建设成本，线路折算成本）；年度业务收入，ARPU值，MOU值，新用户递增水平，月平均运营成本，重点对项目静态投资回收期、财务净现值、投资利润率、资产负债率等经济指标进行评审。审计部门以客观详实的评价参数有力地支持了计划部、建设部、市场部等部门的切块投资项目管理基础工作。电信支局投资效益审计测评指标主要内容包含：1）经济地理数据：辖区人口、辖区服务地域面积、行政区数，开通程控电话的初始时间等；2）通信能力数据：网络现状、通信能力（交换、数据等）、实装用户、主干线数、实占线数等；配线端口数量、配线实占线数、土地面积、局房面积、电源能力、传输能力等；3）资本性支出额：固定资产价值、交换设备价值、电源设备价值、传输设备价值、土地房屋价值、通信线路价值等；4）单位成本分析：固定电话综合单位投入成本、交换设备单位建设成本、数据端口计算单位建设成本、局房综合建设单位成本、通信线路综合建设单位成本、传输能力单位建设成本等；5）投入产出分析：ARPU值、MOU值、评估时点的电信业务收入总额、用户发展速度预测、静态投资回收期、财务净现值、投资利润率、投资利税率、资产负债率、财务内部收益率等；6）经营风险分析：竞争对手投资建设状况、竞争对手市场营销状况、本地经济发展宏观及微观趋势分析等。

在2002年度中国电信集团重庆市电信公司开展的“我为电信献计策”活动中，审计部门提出的《开展投资效益审计建立健全公司投资决策前后评价制度》建议获

一、项目背景

随着中国加入WTO，中国电信市场全面开放，竞争日益激烈。在这个高速变化的市场中，正确地获取、管理和分析与空间信息相关的各种数据，将会大大提升企业的竞争力。我省电信企业经过几年的高速发展，已经形成一个技术先进、覆盖面广的通信网络。随着用户数量的迅速增长，网络建设规模的扩大，市场激烈竞争的不断加剧，管理手段和管理水平的相对滞后造成经营需求和建设投入之间的矛盾日益突出，主要表现在：经过几年超常规的发展，电信企业的整体通信能力迅速提高，这与我公司每年对设备和线路的高投入是密不可分的。但是资金投入的不平衡也暴露出诸多问题，有些局所的交换机扩容和线路改造没有经过详细、准确地市场需求分析就盲目建设，结果使得交换机整体实装率较低，造成资金的沉淀和浪费。而有些局所设备和线路建设投入不足，号源紧张，又严重影响了业务发展。如何解决投资的效益问题，解决经营需要和建设投入的矛盾，保证资金投入和效益的最大化，已经成为我公司急需解决的问题。通过建立本地网管线资源管理及预测系统，对基础数据进行科学、系统的分析和统计来加强管理，才能抓住重点，有效控制投入，保证资金的合理调配和使用，避免盲目投资，使经营和建设得到健康发展。最终实现对网络资源集中管理、优化配置、统一调度的管理目标。因此，有必要建立一套科学、高效的资源集中的动态管理系统，提供企业一体化的解决方案，保证企业内部资源和信息的共享，提高企业自身的资源、业务、客户之间的分布及其相互关系的管理分析水平。

兰州电信建设和组织开发的《兰州本地网管线资源管理及预测系统》在这方面探索了一条非常有效的路。

2001年7月，中国电信集团甘肃电信公司正式启动了《甘肃本地网管线资源管理及预测系统》项目建设，明确在兰州电信分公司进行系统的试点建设工作并向全省进行推广，用以支撑企业的管线网络资源、用户分布、业务分布、未来市场发展方向预测等工作。兰州电信正式投资1360万元用于系统的研发和建设。并为此成立专门的资源管理开发办公室和项目组，兰州飞天网景公司承担了整个项目的软件研发和系统总集成。

二、项目建设考虑的目标

该系统建设是甘肃电信为提高企业服务质量、建立以客户为中心的信息化系统中的重要组成部分。其建设背景是在高层次上对电信与地理特征有关的所有信息进行宏观的分析和应用，重新界定和规划各信息化系统的功能和接口，保证整个信息化系统能与管理体系相适应，推动企业向完全的以客户和服务为中心的运行机制转变。实现企业资源和信息的整合和共享。

该系统是一个全新的GIS与传统信息系统相结合的极具前瞻性的应用系统。功能强大、技术先进、能有效支撑电信管线资源的全面管理，并对电信的业务发展分析、客户服务、生产作业、工程设计等基本覆盖电信的职能提供了全新的支持。利用GIS技术，扩展和延伸整个电信信息系统的全新管理功能，同时和旧有系统的有机结合也达到了对传统信息系统功能做全新的诠释使其提高到新的高度，并取得了明显效果。

建设初期，通过对企业的现状和未来管理方向和目标的综合分析，需要系统实现以下功能和目标：

（一）准确掌握资源

对资源的总量、状态、地域分布、管理、业务操作、利用率、产生的效率等方面，作到从宏观到微观的把握。

（二）直观有效的管理

从资源的管理、调度、业务操作、工程设计施工、数据共享、数据安全性等等方面，都需要有直观、有效、可靠、安全的管理。

（三）对市场、收益的准确把握

我们的市场在哪里？我们的收益在哪里？对单一和特定区域实现收入和收益率以及增长率的具体的统计和分析，实现从宏观到微观的全面掌握。

（四）准确、合理的投资

如何解决投资的效益问题，解决经营需要和建设投入的矛盾，以保证资金投入和效益的最大化，在投资中抓住重点，有效控制投入，保证资金的合理调配和使用，避免盲目投资，使经营和建设得到健康发展。

（五）更贴近用户的服务

怎么让用户更满意？怎么提高我们对用户请求的响应时间和准确性？怎么针对具体用户作个性化服务？我们的服务需要更贴近用户，那么我们就应该对用户更加了解，了解他们在哪里，他们现在需要什么，他们将来需要什么，他们中间的特定聚集群落等信息。

（六）快速组织需要的综合信息、资源的能力

信息之间从来不是孤立的，虽然现有的各种信息系统是按照自己的局部实现目标构建。但企业的发展要求将各个方面、各个位置的多种信息进行提取，以进行综

合分析，产生出重要的复合信息。这种工作达到灵活性、有效性、信息的足够丰富性、操作的简易性、信息表现的直观性是非常重要并富于挑战性的。这种能力是对于市场发展、决策预测的基础。

（七）对竞争态势的准确分析

激烈的竞争中，各电信运营商会相互进入，进入对方的业务、对方的地域。在这中间，能对自己的资源、市场完全掌握的同时，也能对竞争对手的资源、市场、用户清晰了解，对各个从宏观到局部的地域上的竞争态势有一定的快速把握，将使企业在竞争中处处占据先机，从而制订有效的策略抗衡或超过对手。

（八）精准的决策分析能力

在获取了综合性的信息后，运用有效的数值处理方法，进行各种数据统计分析、信息挖掘实现数据发现，结合管理、经营层丰富的经验，作出对企业发展、市场营销等方面的精准的科学决策。如果一个企业的各个决策有着更科学、合理的依据，都能比对手多一点正确性，那么将表现出巨大的优势。

（九）融合现有的系统、平稳发展

在进行的各种信息化建设中，根本要求就是要结合现有的信息系统。我们需要结合现有正常运行的系统，综合各子系统的功能，维持整个宏观系统的有效运转，并使其整体功能不断发展、完善，不断向统一性信息系统的方向发展。

三、系统建设情况介绍

系统建设初期在经过详细的系统需求调查后提出了三方面的主要功能定义：

（一）管线资源网络的管理与规划

建立包含电缆、光缆、管道杆路三大网络资料的管线资源数据库，实现图形化的编辑、查询、统计、分析功能，为网络规划和管理提供所需信息和全面的支持。并支撑对管线资源进行操作的相关业务。

（二）客户、业务管理和预测支持

建立详细的客户分布信息和业务发展预测所需的数据资料，实现对数据的编辑、查询、统计、分析等功能，为支持业务发展预测提供准确的依据。

（三）对其它系统的支持和扩展能力

系统为112系统、97系统、计费系统、1000号客户服务系统等电信业务系统提供支持，为其提供用户和机线资源相关的数据。并预留更多管线资源管理的开发接口，使其具备良好的可扩展性。

这个功能框架定义的涵盖面本身是很广的，涉及到了电信半数以上的信息系统管理工作。而事实上，在系统真正实施建设中达到的深度更超出了设计时的设想。

这样的大型系统的实施涉及到许多电信管理系统研究、基础数据调查、软件开发等各方面的大量工作。因此我们对整个系统工程的实施做了充分的计划安排，使系统的建设的各方面能稳定、同步、有效地受控前进。

1.软件系统开发方面，考虑到这是一个在国内尚无完全成功先例的全新系统，因此采取了特殊的开发组织方式。由有关领导直接负责，集结了GIS、数据库、电信业务方面的专家，在确立了宏观性的开发功能目标的前提下，应用人员和开发人员直接交流制定短期的功能实现目标和计划，阶段性地进行开发-试用-修正-扩展功能的滚动式进行。这样使系统开发扎实、细致而又不会偏离预期的总体目标。

2.工程实施方面，系统建设需要大量的基础数据调查等相关工作，我们采取了先做试点，再逐步展开的方式，使工作中的矛盾能逐步显露并予以解决，能控制工作的重点。

3.软件开发和工程实施以及配套管理等各方面工作做了充分的协调工作，保证全面的同步性。

各方面的充分细致的工作获得了良好的效果，系统建设从开始实施到支撑起管线资源管理工作，到实现初步的市场经营分析预测功能，经过1年多的开发，初步展现出一个综合电信信息系统的阶段性目标。

四、系统具体功能实现

（一）管线资源网络管理

系统通过GIS平台帮助电信企业对电信庞大而复杂的管线资源有效、合理、便捷的管理。使原本杂乱无章的管线资源变得有序、清晰、更为直观。

（二）电信专门业务的操作支持

系统对电信特有的业务做到了很好的支持，如：割接功能的实现、地下管孔的穿行等。同时，预测功能的实现，对于电信企业调整发展战略起到了很好的支持作用。

（三）综合性的资料管理

系统对电信企业各种资料进行了统一管理，方便各种用户查看、操作。

(四)图形处理

图形处理是本系统的一大特色与亮点。在图形处理中实现以下功能:

1.基本数据的编辑功能

基本数据包含图形数据和属性数据两部分,编辑中保证了两类数据的同步性。在编辑关联数据时系统根据关联的性质进行自动更新或提示用户进入关联对象的编辑操作,保证了关联数据的同步性。目前已实现基本数据的添加、修改、删除三部分功能。

2.查询统计功能

系统实现了单一物体查询;区域物体查询;组合查询;查询定位。

3.数据统计

对各类数据均可通过定义的条件(包括上述所能使用的查询功能得到的限定范围)和各种组合方式灵活实现数据的统计。

4.专题图生成与打印

系统可以对操作者感兴趣的要素生成特定的专题图并打印输出,多种专题图可以按需要叠加。典型的一个过程是:打开基本地理底图图层,以交接区为单元生成单元面积年营业总收入彩色分布主题图以及各交接区各季度营业收入直方专题图并叠加打印输出。

兰州电信二枢纽

5.预测功能

系统除了实现资源管理外,还对各种预测分析、数据告警等进行了深入研究与开发。目前,用户可以通过系统对各项数据的统计自动对制定指标进行预测分析,帮助企业决策者调整相关策略,为企业的发展提供更加全面的支持。

(五)综合数据查询

实现了在地图及各个子系统上全面的图形、属性信息的展现、查询、编辑,这些操作均遵循电信要求的业务逻辑。

(六)可扩展的编号系统

系统采用的编号均为集团公司规定的统一编号标准,并且,为了适应以后的生产经营及集团公司调整,系统中的所有编号均具有可扩展性,可以适时满足用户不断变化的要求。

(七)资源效能分析

系统可以根据计费数据与97数据对各种资源所产生的效益进行分析统计,帮助运维部门及设计部门适时调整资源,以使资源利用率达到最优。

(八)资源资产评估

系统可以根据用户录入的指标项对资源资产进行评估,帮助运维部们进行成本核算及施工成本估算,达到效益最优的目的

(九)资源生命周期管理

系统通过对各种资源的生命周期管理,帮助决策者及运维部门更好的了解资源活动状况,及时做出调整策略。

(十)电信管线资源割接实现

割接工程实施通过在地图上进行:经过设计–创建割接动作–预割接等步骤,自动完成大批的资料更新,并保证地图资料和属性数据的同步。系统实现了主干割接、配线割接、分线盒割接及用户资料割接。

(十一)图形化辅助配线、装机

通过GIS平台,在地图上进行装机配线,使用户定位更加准确高效,帮助操作人员更加准确的选择合适的机

线资源，提高自动装机配线准确率。

（十二）辅助设计功能

通过GIS平台在地图上进行机线网络的工程设计，产生合适的施工图纸。辅助施工设计单位做好网络设计工作，降低成本。

（十三）市场决策

将物理资源分布、营业收入分布、人口分布、城市规划等在地图上做各种统计分析图表和专题图，以指导未来的市场发展方向。

（十四）营业收入分析

系统分析区域性营业收入的变化趋势，使经营者等发现并关注收入增长区和异常下降区。并根据变化趋势做出相应营销决策。

（十五）设施利用率、投入／收益率分析

系统分析统计各项设施的利用率及投入产出回报率，使资源管理部门、市场营销部门可以根据分析统计结果及时对资源做出调整，降低成本，提高效益。

（十六）WEB发布

系统具备WEB发布能力，供远程操作人员查询数据使用以及供管理者查看统计报表、专题地图等。通过WEB提供的WEBGIS，远程操作人员还可以在地图上查询及操作设备。远期将实现手持设备上网查询，如供野外线路人员实地查询线路资料。

（十七）管线资源与客户服务系统、营业系统、计费系统等系统建立双向的数据接口，使整个电信信息化系统一体化、集成化

系统为其它系统提供数据服务，如满足112故障查修系统对线路信息的查询请求，满足97系统的装、拆、移机业务对线路资源的请求。也从其它系统提取数据进行图形化分析。如从97系统和计费系统提取数据，结合资源数据对区域营销做统计分析。

五、GIS技术在项目中的创新应用

系统建设中，GIS技术起到比较重要的作用。对其充分应用来满足和挖掘电信运营商的特定需求体现了大量的创新。

GIS技术作为信息系统的重要组成部分，在电信行业的应用由来已久，许多电信部门进行过这方面的尝试，以管线资源管理来说，各电信运营商都做过大量的工作，但由于系统投资巨大、结构复杂、牵涉面广、技术难度高、缺乏统一规范、并且对管理流程有特殊要求，再加上多年以来，电信形成的机构复杂、原始资料不准确、拆分重组一直没有间断，虽然大家投入了很多心血，但很少有成功研发的先例。各地电信部门分别使用了包括MapInfo、GeoMedia、G/Comms和ArcInfo等GIS产品进行了相关的系统研发和实施，但应用都不算非常成熟和全面。建立真正适合现代电信运营特点的GIS管理信息系统仍然是对我们的一个挑战。

GIS技术为电信业提供了将地图和各种数据综合分析的能力。通过对基于空间位置的数据进行分析，为电信网络的规划和施工、信号覆盖区域分析、管理当前用户信息，发现潜在用户提供了最佳的解决方案。并通过地图方式展示数据，为运营商提供更快、更准、更直观的投资、经营、管理决策支持。在电信行业广泛地引入GIS技术能带来立即的和长远的效益，某种程度上甚至能影响企业的管理模式和效率。在电信资源管理、运行管理、无线应用、客户服务、市场销售、增值服务等宏观方面GIS都有充分的发掘潜力。

本项目实施中，将GIS技术引入电信管理信息系统，充分利用其信息表现能力和跨领域信息挖掘能力，产生了全新的一种电信信息管理概念。GIS技术可以将各类电信信息系统以其特有的表现形式有机地整合在一起，并为真正做到电信运行维护和营销合为一体的管理模式提供强有力的手段。

六、系统特点和开发技术介绍

GIS在商业领域属于比较新的技术，将GIS技术和传统信息系统功能无缝结合成一个整体的系统是信息建设的高级目标，也是用户的需要，在系统建设中，我们解决了大量这方面的技术问题，系统具备以下鲜明的特点：

（一）先进性

系统的平台架构选择和开发模式都系统采用具备强大功能的GIS产品ArcGIS 8.1和Oracle8i大型数据库作为基本平台，应用当今最为先进的企业级GIS应用框架，保证了系统的高起点，全面采用UML建模、面向对象的分析和实现方法，采用多层次的开发体系使系统在国内类似系统建设中处于前列的位置。

（二）业务智能化

系统制定了一个合理有效的设施对象编号系统及相关的业务规则，使用者能很容易获取关联性信息，并在

设施的管理中提高了工作效率。

（三）兼容性

本系统和以前的系统、工作管理流程能较好地衔接，能保证工程实施平滑地向前推进。

（四）合理的模型构建

充分分析了电信业务特点，自行设计了较为先进、合理，符合电信实际业务规则的UML模型，是本系统开发的一个核心优势。

（五）GIS和电信信息系统的完美结合

充分发挥GIS和传统信息系统各自的优势，并以一种紧密结合而又具有适度弹性的方式融合成一个强大的系统。

我们的系统实现中GIS和传统信息系统是浑然一体的，底层的业务逻辑层是核心，上层展现层的GIS和传统信息系统的表现界面没有本质区别，是无缝结合到一起的。

整个系统是建设成完全的图形化业务管理系统，而不仅是图形表现系统。

（六）充分发挥GIS的特性，挖掘系统功能开发的潜力

作为建设全新的GIS为基础的系统，就要发掘GIS本身特有的功能特性。所以我们的系统实现了电信信息系统全新的概念和功能，对原有的一些传统业务功能也提高到一个新的高度。

对于整个的管线资源网络做全新的、全方位的图形化管理

对于业务分布做空间上量化的分析

对于用户、营业收入、服务质量等关键数据都拥有全新的管理、分析技术等等

各种数据还能通过GIS的地理特性实时叠置分析。

（七）合理划分操作者、管理流程、软件平台、应用开发几部分的功能界定

开发只是一个大型系统的一个部分，在一个系统的生命周期中，系统的操作者、管理机制、系统本身的功能等是需要统一地协同工作的。

我们在系统建设中详细地分析了系统本身的功能界定范围，保证了系统实现的功能和使用者、运行环境能很好地结合在一起，达到系统功能实现的最有效化。

（八）割接实现

系统设计中很好解决了电信部门长久来存在的通过计算机化的管理来实现线路割接的难题。割接工程实施中在地图上进行设计，经过设计－创建割接动作－预割接等步骤，自动完成大批的资料更新，并保证地图资料和属性数据的同步。

系统通过割接模块提供的批量拆机、批量装机、编号更替割接、换号换机位割接、分线盒割接等功能实现了主干割接、配线割接、分线盒割接及用户资料割接。很好的为资源管理部门提供了支持，使得割接工作更加轻松、合理，同时，由于系统提供了预割接功能，也使得割接错误率降到了最低。

（九）与112、97、计费等系统建立双向的数据接口

系统为其它系统提供数据服务，如满足112故障查修系统对线路信息的查询请求，也从其它系统提取数据进行图形化分析。如计费数据、97用户数据等。同时系统通过与97系统的双向接口支持97系统的装、拆、移机业务。

（十）充分发挥GIS的特性，挖掘系统功能开发的潜力

作为建设全新的GIS应用系统，就要发掘GIS本身特有的功能特性。所以我们的系统实现了电信管理系统全新的概念和功能，对原有的一些传统业务功能实现了有效的改进和整合，主要表现在：

1. 对于整个的管线资源网络做全新的、全方位的图形化管理。

2. 对于业务分布做空间上量化的分析，如下图所示，

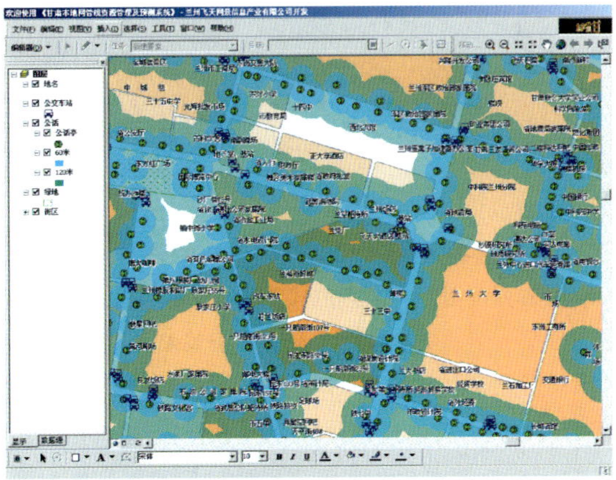

系统可在GIS平台上对各公话分布点进行统计，并在地图上直观显示每个公话点的有效范围，帮助决策者进行业务分布调整。

3. 对于用户、营业收入、服务质量等关键数据进行全新的空间管理和分析。如下图所示：系统可对任意区

域内的营业总收入、平均收入、欠费等信息在图形上直观的统计表现。

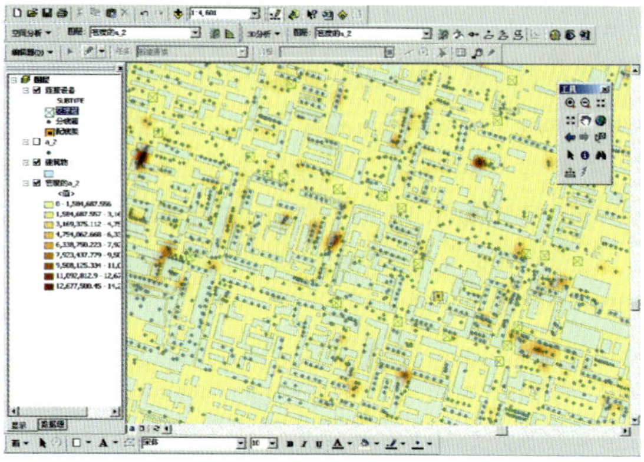

4. 对于各种电信数据还能通过GIS的地理特性进行实时的叠置分析。通过对计费数据、用户数据及资源数据的分析，系统可以在GIS平台上用空间分析分析高收入的自然区域，如下图所示：颜色较深的为收入比较高的地区。

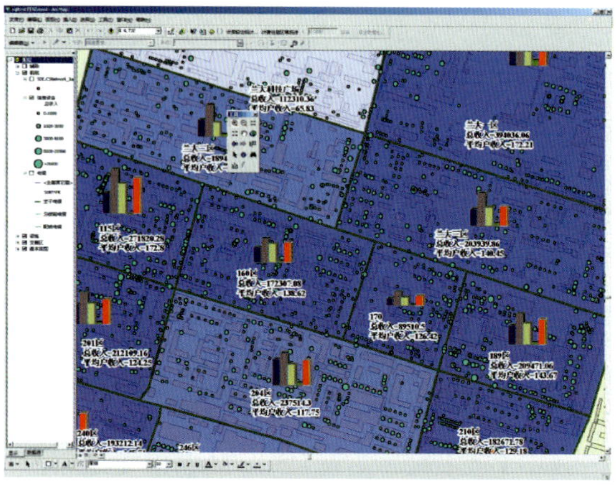

（十）对于各种设施及收益可以作出预测分析

系统可根据用户制定的阀值对各项设施及收益进行预测分析，帮助决策者制定经营分析策略。将物理资源分布、营业收入分布、人口分布、城市规划等在地图上做各种统计预测，以指导未来的市场发展方向。

（十一）系统的前瞻性

在系统设计中尽量考虑到未来技术的发展，以及电信行业本身业务的发展情况，使系统具备很好的扩充性。

（十二）采用了多层网络的实现模式

系统采取了建立管道、电缆和光缆三个网络拓扑的方式，这样对于图形后面的各种电信业务规则和经营决策，以及同其他系统之间的接口问题更加容易实现。如果将来电信网资源和业务规则更加复杂，还可以建立更多的网络拓扑。

（十三）采用底层业务模块化的技术

系统采用了在最底层将各项业务模块化的策略，即将各种业务在最底层分解为独立、单一的COM，各业务模块间没有直接联系调用。业务操作功能完全是模块化，使整个系统具有一种可重组性，具体实施中可以根据用户需要定制，例如对于配线功能模块，本来是资料核查管理软件的功能，但由于是模块化的实现，ArcMap也可以直接调用这个模块。系统能保证两者数据的一致性，也能实现具体模块的动态升级等。这样，保证了系统的灵活性，并使得系统可根据具体要求进行随意的拼装，大大提高了系统的利用率，扩大了系统的使用范围，对电信企业的各个部门都起到了支撑作用。

七、系统在甘肃电信的支撑作用和产生的经济效益

由于前期准备工作的充分，各种平台、开发技术选择的合理性，该项目建设3个月就初见成效。经过2年的开发和工程建设工作，该系统现已在甘肃省电信公司全面实施，对于其提出的上述功能目标提供了圆满的解决方案。系统在覆盖公司日常工作的生产和管理部门得到了应用，产生了巨大的效益。随着系统应用的进一步深入，其长期的效益将越来越为人们所见。

在系统运行期间就已经初步展现出良好的效益和作用：

（一）在管理效益上

1. 所有的机线设施资料实现电子化的集中管理和维护，施工部门、管理部门、决策者现在经常查询需要的图件，也可以方便地快速打印输出，提高了工作效率。

2. 对机线资源数据的分布、连接关系可以一目了然地全局掌握，为施工单位、线路查修人员提供很好的信息支持，线路维护工作不再依赖工作人员对地形、线路的熟悉程度。

3. 系统资料准确率达到98.4%，通过系统进行装拆移机的配线准确率平均达到98%以上，大大提高了查修障碍及时率和用户满意率，减轻了测量人员的劳动强度，提高了外线人员的工作效率，经测算利用该系统资料安装电话比没核查线路资料时单机安装工作效率提高了1/3，对于线路维护工作起到了很好的支撑和保障作用。

中国电信
CHINA TELECOM

重庆市电信有限公司

重庆市电信有限公司董事长、总经理邹炳煊，曾获“2005年全国劳动模范”、“全国五一劳动奖章”、重庆市“振兴重庆争光贡献奖”等荣誉。

重庆市电信有限公司是在原重庆市电信管理局实施邮电分离、移动分营、寻呼剥离、政企分开等改革重组的基础上，继承重庆电信的品牌和主体组织机构，于2000年7月8日成立的隶属于中国电信集团的大型国有企业；2003年，中国电信实施海外上市，重庆电信于当年12月15日在纽约和中国香港证券市场完成重组收购工作，成为中国电信股份有限公司控股的独资子公司。

在本地区，重庆电信历史久、规模大、实力强，拥有完整的立体通信网络和大批的专业技术人才。公司下辖40个区县（市）分公司，从业人员1万余人，电话用户于2004年突破600万户，宽带用户占本地市场份额80%以上，年业务收入近40亿元，是西部连续六年保持盈利的省级电信公司，在中国电信省级公司中率先通过ISO9001质量认证，成为2004年国际认证联盟认证的全国十家质量管理优秀企业之一，并荣获中华全国总工会2002年全国“五一劳动奖状”和重庆市2004年度“市级文明行业”称号。

2005年3月23日，重庆市电信有限公司作为国有企业首家向重庆市绿化委捐赠100万元，用于三峡水库重庆库区周边绿化带建设工程。重庆市副市长余远牧、中国电信集团公司副总经理李平、重庆市外宣办主任周波出席捐赠仪式。

2004年9月17日，重庆市电信有限公司总经理邹炳煊、副总经理岳渝菁出席“国际认证联盟2004北京论坛”，接受中国国家认证认可监督管理委员会主任王凤清为重庆市电信有限公司授予的“国际认证联盟（IQNet）质量认证”证书。

重庆市电信有限公司

地址：重庆市渝中区大坪正街51号　　邮编：400042
电话：023-68812195　　传真：023-63001021

流程化、立体化成本管理模式

河南省通信公司洛阳市分公司

二等奖

河南网通流程化立体化成本管理模式小组主要成员

河南省通信公司洛阳市分公司(以下简称洛阳通信)是中国网络通信集团的本地网运营企业，是河南省通信公司下属的第二大分公司。洛阳通信由市区5个区营销中心和9个县级分公司组成，在洛阳地区主要开展以固定电话网、数据通信网为基础的综合性通信服务，综合实力位于当地各通信运营商之首。

2003年洛阳通信实现主营业务收入8.06亿元，利润总额1.04亿元，同年底固定资产原值为29.84亿元，总资产为17.32亿元，用户规模117.54万户，交换设备总容量141.72万门。洛阳通信用户数量和资产规模一直处于全省各分公司的前列，业务收入和盈利水平始终继省会分公司之后位于全省第2名。

一、流程化、立体化成本管理模式产生的背景

在当前固定通信企业所推行的集中型财务管理体制下，地市级分公司作为利润中心，财务管理的基本内容包括资金流入监控、资金流出控制和存量资本管理三部分，其中资金流出事项最为频繁、管理过程也尤为复杂。资金流出可以分为收益性支出和资本性支出两类，但从长远角度看，所有资金流出事项最终都将归结到成本上，反映在利润中。因此，提高资金支出效益，加强成本控制是地市级固定通信企业财务管理的难点和重点。

2000年，洛阳通信完成了公司化改制，但在成本费用支出管理方面，基本上是沿用计划经济管理时的“先花钱、后算账”的事后型管理模式，处于部门化和职能化管理阶段，审批流程不规范，没有相应的事前控制，成本费用支出效率低，且效益差。

从2001年全省推行“县市财务一本账”管理起，县级分公司不再单独建账进行独立经济核算，实行直接报账制。2002年，全集团推行全面预算管理后，省公司与市公司之间逐步建立了集中型成本管理机制，即省公司按年度给各市公司下达成本费用总额预算和重要成本费用项目的单项预算，控制总量成本的同时兼顾成本结构的合理性。在当前固定通信企业的组织机制及职责定位中，洛阳通信是“集中型成本控制链”的末级单位，负责成本预算目标的具体执行而非完全分解至下级单位。如何在省公司下达的成木预算目标内开展生产经营，是成本管理的核心问题。

二、流程化、立体化成本管理模式的基本内涵和主要做法

流程化、立体化成本管理模式的内涵是：立足本地网固定通信企业经营管理实际，改革原先粗放式、事后型成本管理模式的弊端，以创新机制、完善流程为主要手段，抓住成本管理的关键要素和关键环节，积极贯彻实践“全员参与、全过程控制和全可控成本”的“三全”成本管理理念，实施流程化、标准化管理，最终实现以成本管理提升企业利润水平、提高核心竞争力的目标。

(一)建立“专业把关、财务控制、领导审批”的立体化成本审批机制

当前洛阳通信实行的是职能化垂直管理，各职能部室上对总经理负责，下对各生产单位负责，在公司的管理决策中发挥着重要的作用，在成本管理中与绝大多数成本支出事项密切相关。原先的财务审批方式为部门申请、领导签字、财务报账，结果是领导签字时因缺少把关环节而心里没底，财务在成本控制在程序上处于领导签字之后，显得十分被动。为充分发挥各职能部门的专业优势，洛阳通信建立了“专业把关、财务控制、领导审批”三位一体的成本审批机制，将职能部室有效地纳入成本控制体系，承担协助财务部门做好成本费用控制的责任，达到优势互补、权利制衡、决策科学。

具体执行方式为：首先将所有成本费用项目按职能部门的管理职责加以划分，交由职能部门进行归口管理、统一控制。如市场部门负责广告费、业务宣传费用等，网络维护部门负责修理费、维护费等，这时成本管理的主要责任就细化落实到了具体的执行部门。成本发生时，使用单位先向职能部门提出申请，由职能部室对费用支出的合理性和必要性进行审核，然后报财务部预算室进行预算内审核，经公司主管领导审批后，最后到财务部门做最后审核并进行会计确认。

配合该审批机制的推行，洛阳通信同时在公司内部倡导树立“智能开关观念”和“责任观念”。财务部门为成本费用控制的“总智能开关”，承担全面把关、总量控制的职责，坚持“没有预算不开支，没有计划不付款”；各职能部室是归口费用的“分向开关”，承担成本费用的第一责任。设置“开关”的目的是控制流出，但必须按授权控制。各职能部室树立“智能开关”的观念，严格按制度把握支出的“开”与“关”，规定“开”与“关”的原则是国家财务会计法规和上级公司的政策制度，标

准为是否有利于促进收入增长、是否有利于业务发展、是否有利于节能降耗。

（二）规范审批节点控制，化繁为简，实现成本管理流程化

职能化向流程化转变，是现代企业管理改革的基本方向。洛阳通信原先的审批过程缺少事前预算控制环节，没有具体成文的流程图（各部门实践中无章可循），同时成本费用的类别和金额不同，决定了审批流程不可能完全统一。为确保成本控制工作能取得实效，洛阳通信先后制定了不同类别的成本费用审批流程，主要包括：限额以上成本费用审批流程、限额以下成本费用审批流程、归口管理成本审批流程和投资项目审批流程。对于大额（标准按公司管理需要而定）的成本支出事项，建立"立项"制度，配以专门的预算编号，执行"两上一下"审批流程，即上报立项审批、下达预算编号、上报审核审批报销。

流程的制定和推行充分遵循"化繁为简"和"以人为本"两个原则。化繁为简，即通过流程将原先杂乱无序的成本事项按经济实质、单项金额加以归类，在确保抓住关键的控制点的情况下，明确必要的办理环节和步骤。以人为本有两层含义，一是指流程始终将人作为控制的主体，即申请权、审批权等的主体是具体的人，而不是某一个单位或部门；二是体现全员成本控制的理念，将申请人、审核人、审批人全部纳入到流程中来，不同的角色承担不同的责任，共同做成本的卫士。

流程的推行需要以相关的审批表为载体。洛阳通信分别设计并推行了付现支出审批单、库存材料（商品）领发出库审批单、基建工程结算审批单、车辆修理审批单、会务接待审批单等数十种审批表。所有审批单上除要求写明经济事项的具体内容外，均有申请人、使用人、经办人、审核人、审批人等签字或盖章。对于大额经济事项，设计了"成本费用立项审批表"，"市场采购（工程）招投标流程责任表"等，审批表中除要有相关责任人的签字外，另一个重要功能就是记录具体成本支出事项的必要性、比质比价说明等，作为审核、审批的主要参考依据，使经济事项更具客观性、合理性。审批单和相关原始发票作为凭证的附件，报财务进行会计核算及存档。

结合上述流程，现举一个具体实例加以说明。如设备资源管理中心购买维修备板一块，价值5000元。

原办理过程为：设备资源管理中心办理后取得发票——部门负责人审签——公司领导审批——财务部门付款；

现流程为：设备资源管理中心填写"3000元以上成本费用立项审批表"——部门负责人审签——网络部（把关部门）审核支出合理性、必要性——公司领导审批——财务部门预算审核、下达预算编号——实施取得发票——公司领导发票签字——财务付款。

在对县级分公司成本费用的控制上，原先的资金控制完全依靠以收定支、单项控制（例如修理费、业务费等），不能很好地同业务发展、实物领料、人员工资、税金等动态结合起来，单项成本控制管得过细不能发挥县公司积极性、主动性、灵活性。目前对县级分公司的控制采用以付现资金控制为重点的"总量下达、单项控制"的模式。按脱机收入的一定比例加工资及附加、税金等专项费用核定付现资金，能够调动县公司业务发展的积极性，县公司经理对本单位经济事项的真实性、合法性负责，在市公司核拨的付现资金范围内自主、合理地安排各项生产支出。

（三）抓住存货管理的三个关键环节，加强营运成本控制

分析公司近几年的成本支出情况，绝大多数的资金流出均表现为市场采购及市场交易事项，其中约50%的日常营运成本来自于存货消耗。洛阳通信认为：加强存货成本控制，就是抓住了营运成本管理的关键。存货成本管理的3个主要环节是市场采购、库存管理和日常消耗，只有降低采购价格、减少库存占用、压缩消耗数量三管齐下，才能实现全过程的成本控制，才能取得成本控制工作最大的实效。

1.优化流程，提高采购透明度，从源头上降低存货成本

市场采购的结果是把资金流转化为物流，市场采购是存货成本控制的起点。在控制采购成本环节上，洛阳通信的主要做法为：

（1）提高采购过程的透明度，确保采购价格合理。规定所有数额较大的市场采购均实行招投标制度，均须遵循技术谈判、商务谈判、领导决策三分离。技术谈判主要是确定科学的质量及技术标准，选择合适的供应商，防止质量技术标准过高造成资本投入和生产能力的浪费；商务谈判以实现最优成本为原则，对采购项目的价格、后期连带性的相关成本和付现资金成本进行综合权衡和评价。本着"同价产品比质量、同等质量比价格、同质同价比服务"的原则，科学采购。

（2）制定合理的年度采购量、采购单价和安全库存量，加速存货周转，提高资金利用率。以需求来引导供应，以预算指导采购，坚决杜绝没预算、无计划的市场采购行为。

（3）建立集中采购制度，由专门的部门负责公司所有市场采购事宜，建立公司级市场采购关系，推行全年

二等奖

材料一次招标采购，合理享受批量供货的优惠，有效降低采购成本。

2、细化存货消耗管理，从使用过程上控制成本

在公司内部，物资领、发事项频繁，其消耗水平决定着营销成本、维护成本和投资成本等。消耗过程管理的具体措施为：

（1）推行严格的库存材料（商品）领发出库审批制度，明确审批权限，投资项目以已审批的计划为依据，日常维护以消耗定额为标准，总量控制，单项考核。

（2）落实管理责任制度。规定各单位负责人对其已申领材料的使用情况直接负责，审批人对其审批项目负有关联性责任。

（3）做好消耗记录，加强各二级库存管理。本着"谁使用、谁申请"的原则，推行实名制领料制度，堵住虚领材料的漏洞。

（4）建立定期盘点和消耗记录考核制度。定期对存货进行实地盘点考核，根据业务量、维护量对消耗记录情况进行考核，与绩效奖金直接挂钩，有效防止管理上的漏洞带来的资源流失或浪费。年终对材料节约和拆旧料利用的单位进行考核奖励。

3、推行标准化仓库管理，降低库存占用

标准化仓库管理主要有5点：一是保证库存物资数量准确和安全完整，做到"三清三符"（规格清、数量清、质量清；账账相符、账证相符、账实相符）是基本要求。二是仓库管理做到"三化""四定"（即科学化、经常化、整洁化、定库、定区、定货、定位），整齐醒目。三是建立严格的材料出入库审批标准、验收标准。四是推行库存定额管理，努力将库存量保持在最低限度，降低库存对营运资金的低效占用。五是建立质量管理制度，加强库存物资的残损和积压呆滞控制。

（四）以投资预算管理为重点，降低折旧成本

通信作为技术密集型行业，固定资产占总资金的比例持续高达80%以上，折旧占总成本的比重近50%，也就是说固定资产是最大的存量资本，资产的利用效率和折旧成本的高低左右着整个企业的盈利水平。2001年以前的大规模投资，导致洛阳通信的固定资产规模迅速膨胀，折旧占总成本的比重高居不下，资产利用率较低，使盈利水平受到了严重影响。为加强对折旧成本的控制，洛阳通信积极创新投资管理思路，用发展的眼光看问题，推行"全可控成本管理"，将后期的折旧作为当期的可控成本加以控制，改变原来计划审批的管理模式下单纯为控制折旧而压缩投资规模引起的种种弊端，从2003年起开始尝试推行投资预算管理，着力于通过优化网络资源配置、提高资产利用率有效控制投资规模等措施，实现对折旧成本的事前控制，逐步减轻高额折旧带来的盈利压力。

1、根据公司发展战略，宏观上制定长期性的投资规划

通过制定3—5年的投资长期规划，优化公司资源配置，确保交换设备、传输设备、电源设备等之间保持合理的配比关系；其次就是缩小一次性规模投入与零星需求的时间差和容量差，避免一次性的大规模投入造成通信能力的长期闲置。另外，通过长期规划，有计划地逐年缩减投资规模，利用投资回收资金归还负债，实现折旧的事前控制。

2、按照年度投资预算，微观上做好项目计划审批

投资项目计划审批是投资预算执行最为关键的环节。审批不严造成决策失误是最大的浪费。洛阳通信在投资审批环节上建立了项目预审制度和项目审批制度。投资主管部门在对各单位上报的待审批项目进行汇总后，定期会同预算管理部门、专业管理部门等相关单位召开项目预审会，从投资必要性、方案合理性、技术可行性等方面对所报项目逐一进行审核把关，并提出书面的预审意见。公司定期召开投资项目审批会议，对项目预审会提交的项目重点做投资总额、资金供给、投资方向、投资效益等方面的研究讨论，根据长期投资规划及年度发展计划谨慎地做出决策。

3、结合预算的执行和控制，做好工程施工过程管理

施工管理重点是工程招投标、资金预算控制和工程质量监督三项工作。

（1）工程招投标。公司要求施工企业的确定及工程设备（材料）采购必须履行严密的招投标程序。招投标过程必须有工程主管部门、财务、审计、监察等部门参加，确保公开、公正。杜绝因管理问题带来投资成本的虚增。

（2）资金预算控制。施工单位严格按照设计预算安排建设资金，财务部门按照工程进度，在预算资金范围内及时审核付款。严格禁止提前付款、未审批付款或超额付款。

（3）工程质量管理。工程主管单位做好随工质检工作，按照施工规范和验收规范对工程的质量和数量进行检查。当工程质量预进度发生矛盾时，必须将质量放在第一位。严格的工程质量管理可有效减少以后可能发生的质量问题维修费。

4、配合预算的考核，构建投资预算管理的分析评价体系

（1）投资项目成本分析

投资成本决定建设资金投入和使用期的折旧成本。投资成本分析主要从两个方面进行。一是对单位用户投资成本进行分析，即以"新增用户投资额"来衡量。二

是按工程项目类别进行成本分析，从施工费、安装费、材料费等方面不断寻求降低工程成本的途径。

（2）投资项目效益分析

效益分析中，重点运用"固定资产投资收入率"、"资本性支出比例"两个指标来对投资收益状况、投资与收入的关系应做详细评价。

（3）投资管理流程分析

洛阳通信的投资管理流程为：确定项目、设计预算、计划审批、施工管理、竣工验收和后评估6个阶段。对投资管理流程进行分析目的有两个，一是检查流程能否得以全面落实，二是检验流程本身是否科学。

三、实施流程化、立体化成本管理模式取得的效果

（一）全员成本控制意识逐步加强

推行成本控制新模式以来，洛阳通信的财务工作效率显著提高，广大员工通过实践，成本观念迅速转变，成本意识不断加强，由过去的"花了算"转变为"算了花"，以"花自己的钱，办自己的事，尽量少投入，力争多产出"的心态，合理申请各项支出，取得了全员参与成本管理的良好效果。

（二）经济效益显著

从2002年起，公司日常财务管理更具前瞻性和主动性，资本结构趋于合理，盈利能力明显加强。总资产报酬率从2002年的7.32%提升为2003年的8.57%；净资产收益率从10.30%提高为12.97%；主营业务利润率从28.66%增长为29.29%；资产负债率从70.62%下降为68.08%。

2002年至2003年成本费用支出更具合理性、均衡性和效益性，成本结构趋于优化，成本收益水平明显提高。成本费用占收入比率、百元收入业务费、百元收入修理费、百元收入管理费均低于全省平均水平，成本收益率处于全省先进行列。户均成本从2002年的54.66元／户降为2003年的51.99元／户，营业成本利润率从10.22%上升为14.59%。

（三）塑造了科学的理财文化

在财务管理工作的积极创新和广泛实践中，洛阳通信初步培养、塑造了适合公司发展的理财文化，核心内容包括以下几点：

1.依法经营，照章纳税；生财有道、聚财有方、用财有据。

2.企业管理以资金管理为中心，资金管理以成本管理为中心，实行保工资、保折旧、保生产性支出，压缩非生产性支出的"三保一压"成本费用控制原则。

3.坚持有所为、有所不为的固定资产投资原则，谁使用、谁申请，归口审核，集中计划，统一采购，授权审批，超限联签，科学决策，效益评估。

4.有效沟通，分工负责，建立"专业把关、财务控制、领导审批"三位一体的新管理机制。

5.市场采购或市场交易事项采取技术谈判、商务谈判、领导决策三分离；决策透明、权力制衡、比质比价。

6.创业如同针挑土、败业好似浪推沙；全体员工以"花自己的钱，办自己的事，尽量少投入，力争多产出"的心态，合理申请各项支出。

7.树立预算管理新观念，变"花了算"为"算了花"，坚持"没有预算不报销、没有计划不付款"。

8. 公司利益永远高于个人利益，个人利益永远服从公司利益。

9.财务管理和会计核算的规范化、流程化是遵循管理的天则："化繁为简"。特事特办要严格流程，加快速度，提高效率。

10."时间＝金钱"，现金收支平衡是公司持续经营的基本条件。

11.敢于长期负债经营，但不可长期亏损经营，赢利是负债经营的前提。

12. 利润是没有成本和风险的建设资金唯一来源，折旧是对投资的补偿，不是扩大再生产建设资金的真正来源。

通过创新机制，规范流程，洛阳通信逐步打造了科学的成本管理模式，总结为"一二三四"成本管理模式。具体内容为："一"是树立科学的成本控制理念，全体员工树立了"花自己的钱，办自己的事，尽量少投入，力争多产出"正确心态主动落实各项管理措施；"二"是指成本控制的两个要素：单价和数量，只有从降低采购价格、减少消耗数量两个方面同时着手，才能最终取得缩减成本总额的效果；"三"是指成本控制的三个关键环节，即市场采购、库存管理和日常消耗。降低采购价格、减少库存占用、压缩消耗数量三管齐下，才能实现全过程的成本控制。"四"是指成本控制的四个步骤，学习、实践、考核、创新。

成果创造人

主要创造人：朱建勇
参与创造人：张丙才、张宣霞、陈永新、王永利、康松波

朱建勇，男，汉族，1963年1月出生于河南省禹州市。1981年8月份毕业于河南省邮电学校经济管理专业，现为高级会计师，已获得香港理工大学MBA学位。

朱建勇同志从1986年起，历任周口地区邮电局计财科副科长、科长，2001年7月份受河南省电信公司委派，到洛阳市通信分公司任财务总监，现任河南省网通分公司财务部副总经理。

朱建勇同志在多年的财务管理实践中，紧紧围绕通信行业改革发展的历程，依托本地网固定通信企业的经营管理实际，秉承"创业如同针挑土，创业好似浪推沙"的经营理财理念，求真务实，锐意创新，把现代企业的财务管理理念不断融入到了实际管理工作中，以财务管理的规范化、精细化、科学化有力地促进企业持续、健康地发展。

在担任洛阳市通信分公司财务总监期间，适逢通信企业公司化改革的关键阶段，朱建勇同志洞悉企业发展的机遇，以推行全面预算管理为财务管理创新的总纲，重点开展资金流入监控、资金流出控制、存量资产管理和会计基础工作规范化四个方面的管理改革，夯实基础，创新机制，致力于建立适应本地网通信企业公司化运营的财务管理模式，提出了一系列的新理念、新思路、新举措，并在管理实践中取得了显著的经济效益，有力地推动了洛阳通信的发展。2002年朱建勇同志被评为"省通信企业四项经济技术创新个人最佳管理者"，创新成果"流程化、立体化成本管理模式"被评为第一届"全国通信行业管理现代化创新成果"二等奖。

朱建勇同志科学应用杜邦分析体系，诠释了固定通信企业提高经济效益的途径。他认为，要提高企业的净资产收益率，根本上需要抓好资金流入、资金流出、存量资产管理和负债管理四条资金主线，概括为：一抓、二控、三管、四调。在抓资金流入环节上，不仅要坚持以业务收入增长为核心，优化成本费用资源配置，靠创收增加利润，还要降低欠费，控制资金回收风险。在控资金流出环节上，他认为，只有推行"全员参与、全过程管理、全要素控制"的模式，才能取得实效。在管存量资产上，他认为，重点要抓好固定资产管理，盘活存量，控制增量，对固定通信企业而言，折旧是当前成本挖潜的重点。在调负债结构上，他认为在当前通信企业现金流稳定的情况下，应当积极调整负债结构，降低财务成本。总上概述，可以看出朱建勇同志倡导通过多方互动来实现企业经济效益的持续增长。

朱建勇同志认为，要充分发挥财务管理在现代企业中的核心管理地位，必须科学认识、并把握财务管理与专业管理的关系。通过多年的实践管理，他认为专业管理与会计核算组成了企业经营的一个闭环系统，会计核算是各项专业管理的延伸和成果汇总。它们的关系可以概括为：专业管理决定会计核算事项，会计核算信息反映专业管理成果，并监督专业管理。由于会计核算法律、法规的刚性不容改变，所以，专业管理的经济事项如何向会计核算平滑过渡和顺利接轨，关键是专业管理是否遵循国家会计法律、法规和按公司财务管理制度办事，是否能接受会计监督、指导，进行纠偏。同时总结出：财务管理系统是由若干子系统组成的，每个子系统又由若干分系统组成（如市场口、网络口等），财务管理需站在战略高度来处理问题，协调各子系统之间的关系，确保各种目标的一致性，而不是单单为财务管理而脱离专业管理进行财务管理。他将财务管理与专业管理的关系比喻为一个硬币的两个面，两者是不可分割独立的，还比喻为铁路的两条轨道，以公司利润最大化为目标，遵循国家法律、法规的财务管理是一条标准轨道，虽不决定导向，但起标杆和监督向既定方向运行的作用，专业管理决定发展的方向，但应遵循财务管理原则开展工作。财务管理与专业管理和会计核算并行，相互依存。以专业管理为起点决定方向，以财务管理为支撑决定轨道，以会计法规为准则进行核算，以杜邦分析为终点评价反馈。

朱建勇同志认为，在财务管理方面关键是要树立正确的理财观念，建立优秀的理财文化。因为理念决定策略，策略决定思路，思路决定出路，观念决定行动，只有理念上的成熟与清醒，才有行动上的自觉与坚定！他在洛阳通信的工作实践中，培养塑造了一系列的理财理念，有力地促进了企业文化建设。他经常宣传花钱的四种心态，一是花自己的钱，办自己的事，尽量少投入，力争多产出；二是花自己的钱，办别人的事，尽量少投入，不管产出；三是花别人的钱，办自己的事，尽量多投入，争取多产出；四是花别人的钱，办别人的事，不管投入，也不管产出。他认为，只有公司全体员工牢固树立了第一种花钱的心态，管好用好公司的每一笔支出，才能取得更好的理财效果。

朱建勇同志认为，当前通信企业的财务管理创新要以全面预算管理为主线。他说，全面预算管理是一种先进的管理工作，推行全面预算管理对财务工作而言，有助于促进转变理财观念，有助于推进精细化管理。同时认为，要确保预算管理发挥好管理效用，一是应当完善成本费用定额和开支标准，以此来推动各专业管理部门落实预算，并起到约束作用，建立“事事有定额、报销有预算，付款有计划”的预算约束制度。二是应积极促进预算事项与会计事项的有效分离，形成“定额支撑预算、预算约束核算、核算提供信息、定额和预算利用信息”的闭环管理系统。三是应树立科学的预算管理理念，各级领导要坚持“没有预算不审批”的原则，全体员工应有“花了算”，转变为“算了花”。

朱建勇同志认为，在抓企业基础管理方面，应当抓住“两基”，一是基层单位，二是基本事项。他说，基层单位是基本事项的执行者，基本事项的发生源于基层单位的需求。对于我国通信企业而言，公司的层级较多，要全面改善基础管理，必须从处于生产经营一线的基层单位－支局所和班组做起，从需求环节就开始规范。他认为，抓基础管理应从具体事项抓起，才能抓出成效。公司上市后，面临健全内部控制制度的任务，此时更应当理清脉络，抓好销售与收款、采购与付款、实物资产管理、工程项目管理和货币资金管理这五个关键事项，实现重要的活动制度化、复杂的活动流程化。他说，“细节决定成败”是一种理念，抓住“两基”是一种实践，他一贯坚持“行胜于言”的做事原则，强调要以人为本、化繁为简，抓基础管理要从基层单位抓起，实现立体化管理；要从基本事项抓起，实现流程化管理，靠过程控制结果。

朱建勇同志认为，从事企业管理应当借助好的管理方法，持续超越。只有不断的改进不足，才能永远进步，才能创造出一流的工作业绩。他推崇PDCA质量管理方法，致力于通过“计划、执行、检查、改进”四个步骤的持续循环，不断创造更高的业绩目标。具体地说，就是要针对工作中存在的问题，不断制定改进计划、实时督促整改、及时对结果进行检查、持续对检查结果进行总结并反馈问题，进而进入下一个循环，因为只有改进，才有提高，只有行动，才有结果，这也是他不断创新的源动力。

朱建勇同志勇于探索的创新精神、求真务实的工作作风，使他对本地网通信企业的运营管理、对企业的理财有着系统的、独到的见解。时今，他在从事河南网通财务部副总经理一职中，他正在继续着自己的创新奋斗历程。

中国移动通信
CHINA MOBILE
北京2008年奥运会移动通信服务合作伙伴
Mobile Telecommunication Services Partner of the Beijing 2008 Olympic Games

广东移动通信有限责任公司

广东移动通信有限责任公司隶属于中国移动通信集团公司，是中国移动（香港）有限公司在广东设立的全资子公司，1987 年 11 月 18 日在我国率先开通移动电话业务。1997 年公司经业务和资产重组，注入中国移动（香港）有限公司，10 月在纽约和香港上市。

广东移动是我国信息通信行业中规模较大的省级公司、也是广东省最大的通信运营商，网络覆盖了广东所有的行政区，网络人口覆盖率99.24%，城区达到99.71%，国道覆盖率99.80%，城区主要道路覆盖率99.71%，高速公路实现100%无缝覆盖，全省三星级以上酒店实现100%覆盖，在全国率先进行电梯和地下车库覆盖，重要场所实现100%覆盖。截至2004年底，广东移动拥有移动电话客户总数达4,080.05万户。

广东移动拥有“全球通”、“神州行”、“动感地带”、“神州行大众卡”等四大著名品牌和全球通俱乐部、VPMN集群网等六大产品线，网号134、135、136、137、138、139家喻户晓，业务经营范围涉及移动话音基本业务、IP电话、172数据业务和多媒体业务，并具有计算机互联网国际联网单位经营权。现在，公司不但为广大客户提供移动话音服务，还可提供移动银行、彩票投注、随e行、百宝箱、kjava、彩铃等一万多种增值业务。

客户服务热线:1860　话费查询专线:1861
www.gd.chinamobile.com 广东移动通信有限责任公司

以区域服务营销一体化为手段的营销管理创新

广东移动通信有限责任公司

二等奖

公司领导视察营业厅

广东移动通信有限责任公司（GMCC）于1998年1月正式注册成立，是中国移动（香港）有限公司在广东设立的全资子公司。公司前身为广东省移动通信总公司（广东省移动通信局），1987年11月18日在我国最早开通移动电话业务。1997年公司经业务和资产重组，收归为中央企业后，注入中国电信（香港）集团公司，10月在纽约和香港上市。

广东移动是我国通信行业中规模最大的省级公司、也是广东省最大的移动通信运营商，网络覆盖了广东所有的行政区，为广大用户提供全方位移动信息服务， 2003年业务净收入和净利润分别超过345亿元和116亿元，实现了每天收入一个亿的辉煌成果，其业务收入占广东省全省GDP的2.8 %，业务收入名列广东企业50强第3位。

一、成果的产生背景

（一）广东移动渠道发展历史(图1)

广东移动在2001年以前利用电信、邮政和社会代理渠道实现增量市场的飞速发展之后，2001—2003年开始实现战略转型，营销主题从简单的放号转向服务营销，并为此提出了"沟通100"的服务理念。此过程可总结如下：

第一阶段是1999年以前中国移动与中国电信尚未分营的历史时期，广东移动主要依靠中国电信经营几十年的成熟的营业体系实现放号。

第二阶段是1999—2001年中国电信与中国移动的分营初期，广东移动仍主要依靠电信和其他社会渠道以放号为主，并辅助少量服务，处于混合渠道的痛苦抉择阶段。

第三阶段是2001—2003年广东移动的战略转型阶段，营销主题已从简单的放号转向服务营销，广东移动为此提出了"沟通100"的服务理念。

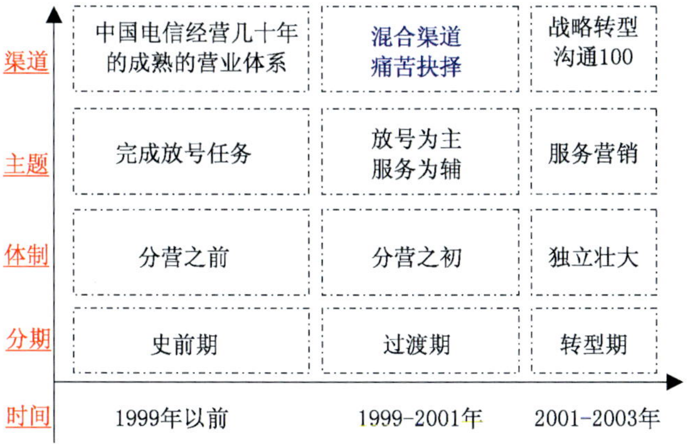

图1　广东移动渠道发展

（二）过渡期的混合渠道体系历史功绩及面临的挑战

1．过渡期渠道体系的历史功绩

1999年至2001年，广东移动的用户数量和收入都连年剧增，过渡期的渠道体系发挥了关键作用。但是，从2001年开始，客户新增速度减缓，潜在客户质量降低，同时对手力量的增强导致客户网间流动，客户满意度、忠诚度越来越重要。竞争的加剧及客户的需求要求对产品结构进行调整，数据、增值业务日趋重要。客户服务需求、期望值提高……。

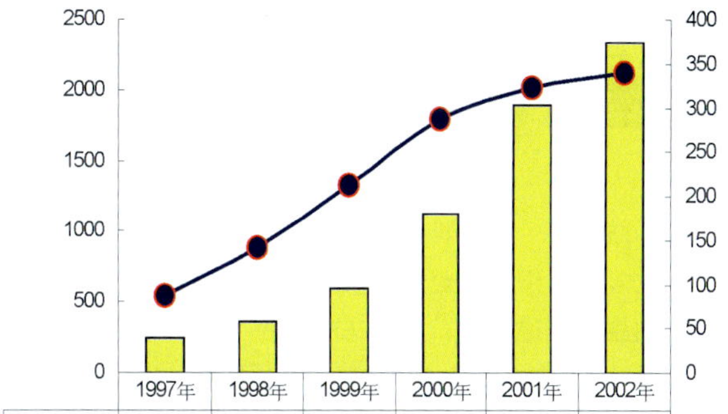

	1997年	1998年	1999年	2000年	2001年	2002年
用户数	250	362	595	1121	1896	2337
收入	88.5	142	214	288	324	341

图2　1997～2002年广东移动用户数和收入数据

2.过渡期渠道体系面临的严峻考验

由于传统渠道体系主要是一个销售渠道体系，服务功能极端薄弱，营销主题的变化向传统渠道体系提出了严峻挑战，主要表现在以下几个方面：

（1）电信渠道的合作性越来越差，广州、深圳、东莞、汕头等重点市场当时均出现电信营业厅拆台的事件。

（2）广东移动的农村渠道较多依赖邮政营业体系。邮政体系并非完全企业化运作，服务意识、服务效率、服务能力都日益落后于客户和市场的需求。同时，农村市场的地位和价值又明显提高，邮政渠道服务能力明显不能适应发展需求。

（3）社会渠道的迅猛发展相对缓解了来自渠道的压力。但社会渠道良莠不齐，利字当头，朝秦暮楚，不断与移动博弈，合作成本和管理难度同步攀升，难以胜任服务客户之重任。

（三）渠道转型的历史必然性

传统渠道体系单一的销售功能已不能满足客户对服务的需求，竞争亦使得广东移动不能依靠社会渠道实现对客户的精细化服务。

面对复杂的营销环境和薄弱的渠道基础，广东移动提出了一套崭新的营销模式——自建渠道，实现区域化服务营销工作的落地。

二、成果内容——区域化服务营销的理论与实践

（一）模式选择的思考

1．可供选择的模式

松散型渠道模式：直接由广东移动控制若干渠道终端，终端之间相互独立。其主要优势是：直接控制，安全性高。中间环节少，利润集中。但同时存在稳定性低、

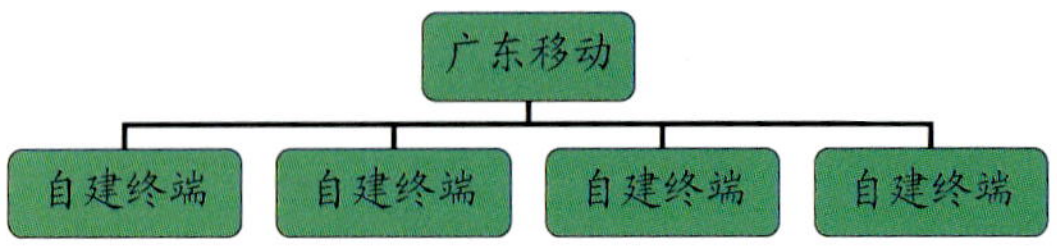

纯粹利益伙伴、管理跨度太大、终端质量参差不齐的缺陷，也只适合于中小企业的模式选择。

共生型渠道模式：即广东移动在市场上寻求合作伙伴（银行、邮政、家电超市等），取长补短，发挥市场经营的协同效应，两家或两家以上联合开发渠道资源。主要优势是可快速建立成熟的渠道体系。但合作伙伴的服务能力有限。容易形成依赖，安全性低。同时广东移动

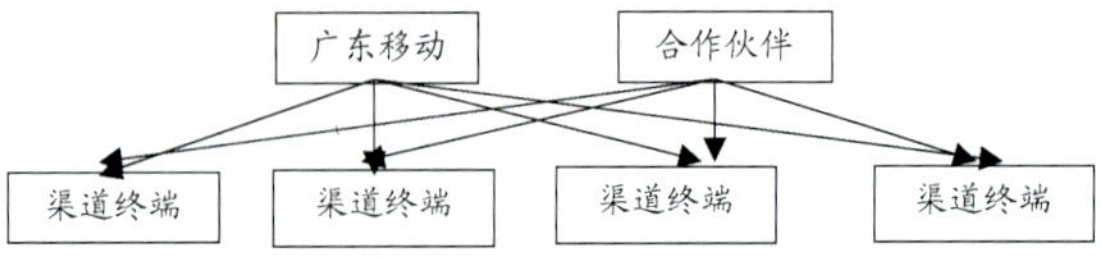

也面临只有少数适合的合作伙伴的窘境。

管理型渠道模式：由少数实力强大、具有良好品牌声望的大公司依靠自身影响，通过强有力的管理而将众多分销商聚集在一起而形成的渠道体系。广东移动通过控制渠道领袖而控制渠道体系。其主要优势是管理成本、难度小，可实现对市场的迅速渗透。但同时存在容易叛变，安全性低，中间环节多，利益分散的问题。

契约型渠道模式：包括自愿连锁、自愿合作连锁、特许经营连锁等连锁经营渠道。主要优势是渠道稳定，安全性高，成本、风险分担。存在的问题是速度太慢，容易贻误战机。终端之间协调难度大。

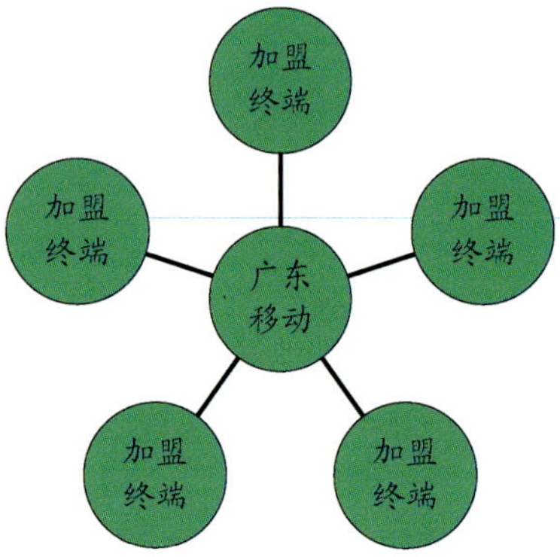

公司型渠道模式：即广东移动完全自建渠道，渠道以销售分公司、办事处或产供销一体化形式出现。主要优势是高度安全、高度稳定、速度较快、可控性高。存在的问题是成本高、投资风险大、管理困难。

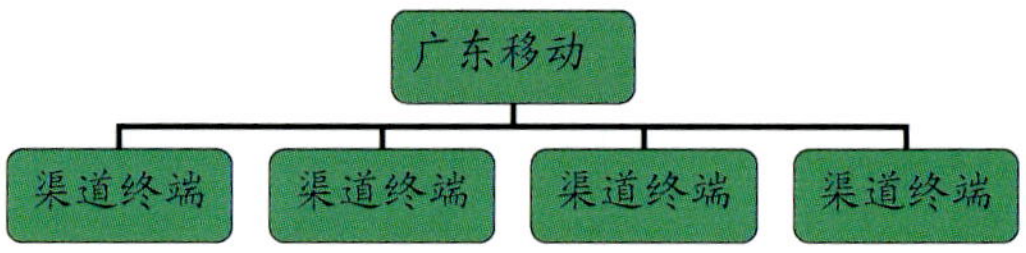

2．广东移动对渠道模式选择的思考。

关于模式的最初思考：经过反复思考，我们最后将太多选择归结为两种选择：自建模式和合作模式。但问题是：是自建还是合作呢？通过反复比较，我们发现两种模式各有千秋，难以取舍（表1）。

考虑的因素	自营渠道	合作渠道
渠道忠诚度	√	×
政策执行能力	√	×
服务能力	√	×
渠道质量	√	×
渠道调控能力	√	×
建设成本	×	√
扩张速度	×	√
渠道灵活性	×	√
拓展能力	×	√

表1 自建渠道与合作渠道的优劣势

在渠道问题上容易陷入局部思考的陷阱；用“生产商自我导向”的模型，从自身的渠道建设成本、安全性、效率、可控性、能力以及服务速度等方面考虑渠道的选择，没有看到客户、竞争对手。我们必须系统思考！

关于模式选择的系统思考：渠道模式的选择必须以客户需求为导向，然后考虑体现自身的优势、有效遏制竞争对手。

模式选择依据1－自身考虑：公司的经营战略重点由放号转向服务，2001年是广东移动的“服务年”。同时，数据业务、增值业务成为公司新的利润增长点，而渠道结构和功能与新的公司战略脱节。

模式选择依据2－竞争导向：中国电信作为潜在竞争对手，其自有渠道体系十分成熟，而且正在往自有连锁经营方向发展。中国联通作为当时的直接竞争对手，由于收编了邮电寻呼的营业系统，其自有渠道规模突然壮大。渠道竞争的压力加大。

模式选择依据3－客户导向：国际著名渠道战略专家劳伦斯.G.弗里德曼和蒂莫西.R.弗瑞在《创建渠道优势》一书中提出了“产品－－渠道适应性”模型，提供了客户导向渠道模式选择的理论依据（表2、表3、表4）。

分类指标	含义	对渠道要求
产品定义	是否容易辨认／使用范围是否明确／功能利益是否清晰	是否需要对客户进行面对面说明、解释、培训、演示
按需要定制	产品标准化程度／／定制过程及其对客户意见的依赖性	是否需要专业化服务或与客户进行面对面接触、探讨、研究
聚合性	单独出售还是打包出售	是否需要综合性渠道
排他性	于大众消费品还是特供品	是否需要高接触性、高档次、独特的特殊渠道
客户教育	是否需要面对面讲解、培训客户才能掌握使用方法	是否需要高接触性、直销型渠道
替代性	产品的独特性／垄断性／客户可选择的范围	是否需要高接触性、高档次、独特的特殊渠道
成熟度	产品生命周期	不同时期产品需要不同渠道
客户风险	产品价格高低、交易过程可逆转性、产品使用时间、产品对个人健康或商业过程的影响程度	高风险性产品则需要高接触性、专家型渠道
谈判	交易过程中是否可能讨价还价（谈判）	是否需要高接触性、专家型渠道

表2　产品－渠道适应性模型：产品分类

类型	低接触性渠道	高接触性渠道
渠道特征	大众化；低成本；非自建；专业性低独占性低；松散关系；无需培训	直销性；直接接触最终客户；专家型人员高成本；自建；专业性强；独占性强；紧密关系；需严格培训；

表3　产品－渠道适应性模型：渠道分类

类型	低接触性渠道	高接触性渠道
渠道模式	松散型渠道；共生型渠道；管理型渠道；契约型渠道；间接型渠道（互联网、电话、邮购等）	公司型渠道；直销型渠道；特殊性渠道（俱乐部、协会等）
适用产品	高定义产品；标准化产品；独立性产品；大众化产品；无需客户教育；替代性强；成长期产品；低风险产品；无需谈判	低定义产品；定制性产品；聚合性产品；排他性产品；需客户教育；替代性弱；引入期产品；高风险产品；需要谈判
适用行业	日用品行业；耐用消费品行业	服务性行业；高科技行业

表4　产品－渠道适应性模型：产品与渠道匹配

组成团结、高效、专业的项目工作小组，集中全省各分公司的智慧，定期的互动研讨，成功经验迅速共享，实现经营策略的完整实施。

渠道建设2－2套规范：渠道建设与管理规范：包括《全省服务营销渠道指导意见》、《全省服务营销渠道激励方案》、《全省服务营销渠道服务规范》、《全省服务营销渠道考评管理指导原则》等一系列规范。

店面VI规范：包括《营业厅店面VI手册》、《营业厅胸章制作规范手册》、《沟通100品牌标志规范手册》、《动感地带专柜标识手册》。

渠道建设3－3个体系：网点规划布局体系：规划布局遵循区域覆盖、客户覆盖、同业竞争的基本原则；选点进行“一对一”的严格审核，实地考察与定量分析相结合，动态调整，结构优化。

岗位技能培训体系：引入专业顾问公司，度身定做，统一标准化的专用教程。以点带面、区域包干，岗位技能迅速提升。

建设管理运营监控体系：引入第三方，每一季度为一周期进行地毯式普查；信息自下而上的及时反馈：准确、客观、迅速；政策自上而下的贯彻落实：发现问题、针对改进；总体服务质量与运营水平稳步上升。

渠道建设4－1支队伍+2套规范+3个体系＝6统一：通过一支队伍、两套规范和三个体系，广东移动在沟通100营业厅的建设上实现了六个统一。即服务品牌的统一、服务功能的统一、服务标准的统一、布点规划的统一、商业模式的统一、管理模式的统一。沟通100营业厅以质量的标志、信心的保证、中国移动的代表展现在客户的面前。

三、成果的主要创新点

（一）一站购齐式服务

为客户在营业厅实现包括4个品牌零售、大客户服务、数据业务拓展、基础业务服务等在内的一站式购齐服务。

（二）规模建设三基准(图6)

按照行政区域覆盖、人口与客户覆盖、同业覆盖三项基准指导渠道的规划建设。政府所在地、重点乡镇以上的区域必须布点；超过5万客户的区域必须进行布点；对手力量比较强大、我公司潜在客户高速增长的区域建议布点。

（三）网点布局三协调

即点面结合，网状分布，局部辐射与全面覆盖相协调；自有与社会渠道相协调互补，保证资源利用最大化；共性与个性相协调，针对各地不同实际情况，规划不同的自建营业厅布局数量。

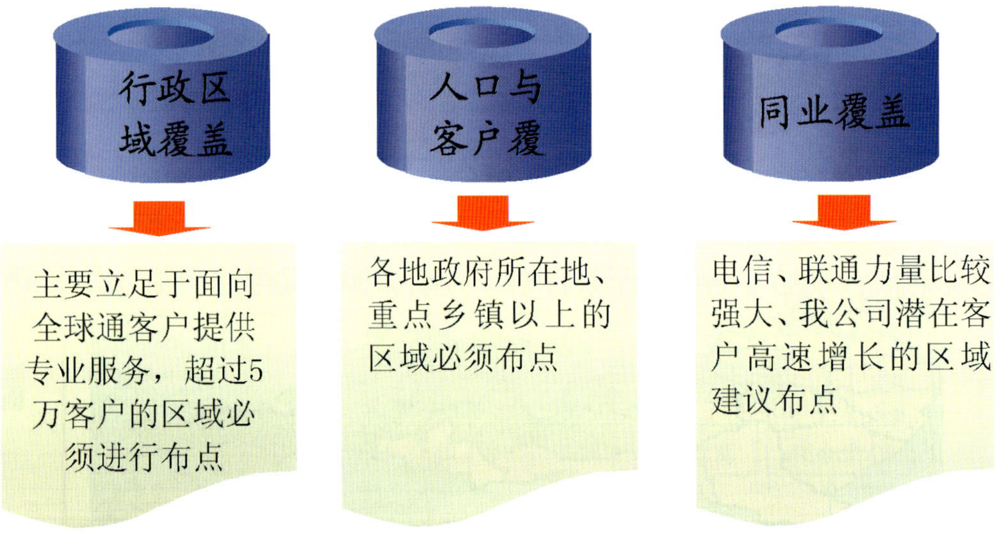

图6　规模建设三基准

（四）投资建设三原则

固定资产以租为主，慎重购买，规避投资风险；装与饰分开，强调简单实用，区域与配置可编辑；服务客户，兼顾效益，避免自建营业厅的大面积亏损。

（五）设施规范两统一

省公司统一向社会招标，采购所需设施。统谈分签，实现 VI 标识与家具的标准化和规范化；装修、家具、标识、服装、人员称谓的全面统一。

（六）渠道管理一专线

省公司成立渠道管理小组，抽调市公司骨干力量组成渠道工作小组，成立专门的项目小组，通过这条专线实现对营业厅和销售渠道的管理。

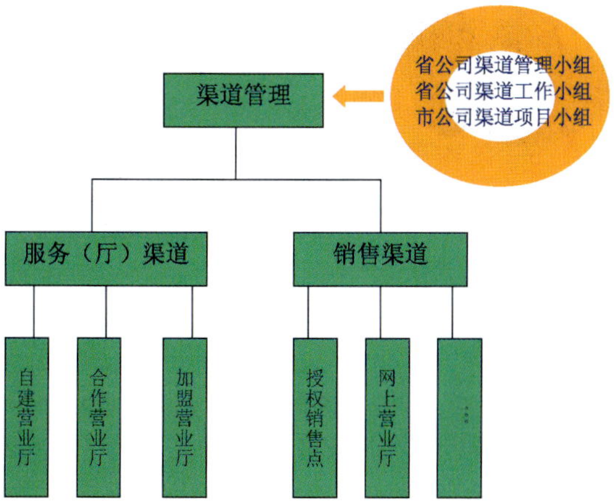

（七）服务理念三代表

即代表质量的标志、代表信心的保证、代表中国移动的形象。

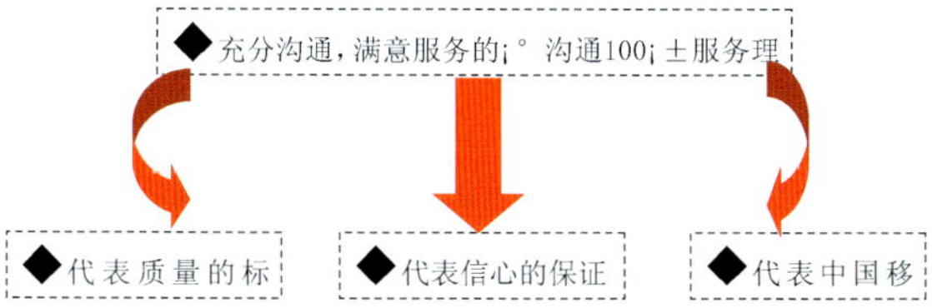

（八）人员配备8+1

按照服务辐射，确定营业厅人员配备前后台服务人员8人＋店面负责人1人的基本模式；同时针对不同地域的实际，按需配置，动态调整。

（九）人员素质创四化。

标准化－即人员培训准化的流程、教材、考核、验收；专业化－即人才具备专业化的素质、能力、技巧；市场化－即人才具有市场化的竞争意识；国际化－即人员尽可能与国际接轨，培育一流的人员队伍。

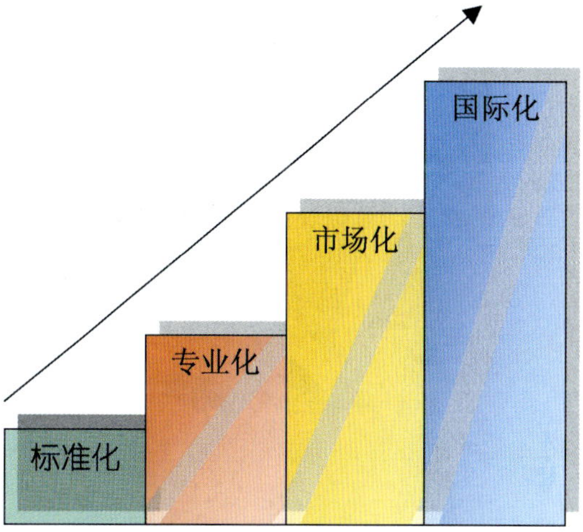

（十）区域服务两条腿。

客上我门－发挥自有渠道不可替代的作用，为客户提供一站购齐式服务和提供个性化的通信解决方案。我上客门－为客户提供主动营销和服务，真正实现区域化服务营销和客户的维系工作。

四、成果的实施效果

（一）成果应用

从 2002 年开始“沟通 100”营业厅的布点、设计和功能确定。当年完成846个营业厅的建设与整改，基本实现扁平管理，服务营销功能基本形成。2003 年主要对沟通 100 营业厅进行功能完善与模式完善，通过规划网点的优化、逐步引入服务供应商和服务模式的建立，使沟通 100 营业厅变成质量和信心保证、中国移动的代表。2004 年初集团公司在东莞会议、昆明会议上肯定了该模式，开始向全国的推广。

（二）建设成果

1．截止到 03 年 12 月 31 日，全省 1110 间全新的沟通 100 营业厅投入实际运营，覆盖所有县级以上城市和重点乡镇，为客户在合理的服务半径内提供全面、专业、优质服务，初步形成全省的连锁规模优势。

2．2003 年，全省自建沟通 100 营业厅签约放号比例占整体渠道的 36%，全球通客户占到了营业厅客户数的 63%。营业厅服务性业务占到 56%，真正实现了主控渠

启动“人才磁化计划”全面提升服务厅管理水平

道服务作用的发挥。

3. 渠道建设使客户满意度不断得到提升，渠道建设工作得到了集团公司领导肯定和内部客户认可，引起行业及社会媒体高度关注。

4. 营业厅的建设工作也得到了投资者的一致认同。自2002年5月，来自香港、新加坡、英国等不同地区的股东、评估师多次到沟通100营业厅实地考察、观摩，仅广州2002一年正式接待来访者超过200人次。

5. 区域化服务营销得到真正落实：以自建渠道为依托，发挥其不可替代的渠道作用，同时开展主动营销，实现了真正意义上的区域化服务营销，发展区域内集团客户，为区域内集团客户提供服务，并实现区域内高价值客户挽留和数据业务的发展。

（三）成果效益

1. 方便客户办理业务和享受相关服务

自有实体渠道建设为客户提供方便、快捷、专业、优质的业务办理和服务搭建了良好的平台，客户对营业厅服务的满意度由2001年的73%提高到2002年的82%。

2. 发挥了自有渠道不可替代的主控作用

区域化服务营销结出硕果，仅深圳2002年由自有渠道发展的VPMN用户占发展总数的97%，9—12月挽留高价值客户5900户，自有渠道维护VPMN用户占其总数的75%，珠海02年12月15一天彩信手机销售9700部，占总销量91%。2003年主控渠道签约用户放号量达到总量的36%。

3. 市场占有率得到提升

4. 公司营销策略通过自有渠道得到迅速全面的贯彻落实

结束语

渠道必将成为移动通信企业未来竞争的焦点。广东移动在实现渠道自有、确保区域服务营销一体化工作落地方面积累了一定的经验。但展望未来，广东移动在渠道运营管理方面还有许多工作要做。在以后的渠道运营管理工作中，广东移动将按照李刚总经理提出的精细化服务目标，实现渠道的精耕细作，同时积极探索3G对渠道提出的新要求，使渠道运营管理工作迈上新的台阶。

成果创造人

主要创造人：李刚

参与创造人：林振辉、李欣泽、郑翔元、陈永快、罗朝彤、黄　瑛、高志兴、徐蓉蓉、熊　勇、阎耀东、杭国强

李刚，男，汉族，1957年8月生，1974年9月参加工作，研究生学历，教授级高级工程师。曾任广东省邮电管理电信处技术科长、电信处处长助理、副处长、电信部副主任、运行维护部主任等职，1998年10月任广东移动通信有限责任公司党组书记、董事长、总经理。

林振辉，男，汉族，1962年11月生，1984年8月参加工作，研究生学历，教授级高级工程师。曾任广东省邮电管理局电信处副科长、长途电信处科长、新业务推广办副主任、邮电部电信总局（中国邮电电信总局）多媒体通信处、信息管理处副处长，主持全面工作。1999年8月任广东移动通信有限责任公司董事、副总经理、党组成员，2002年元月兼任中国移动通信集团公司技术咨询委员会委员。

全面预算管理体系

北京移动通信有限责任公司

二等奖

营业厅业务受理席

北京移动通信有限责任公司（以下简称北京移动）是中国移动通信集团公司的重要成员之一。北京移动于1999年国家电信分营时组建成立，2000年成为中国移动（香港）有限公司的内地运营子公司。

公司成立以来，北京移动始终坚持以改革促管理，以创新求发展，企业实力迅速增强，公司盈利能力远高于竞争对手和国际同行业水平，并居于集团公司内部各子公司前列。2003年，北京移动实现运营收入超过110亿元，资产总额超过150亿元，在北京移动通信市场上的收入份额约占80%，并保持了健康的财务状况和较高的资产保值增值率，为中国移动通信事业的发展做出了应有贡献。目前，公司正式在册员工逾2500人，其中，取得大学本科以上学历人员比例超过50%，员工平均年龄仅为30岁，是一个快速发展、充满生机的年轻企业。

2002年，为贯彻集团公司"服务与业务双领先"战略，解决公司在发展中面临的深层次问题，北京移动认真分析企业内外部环境，细致梳理企业管理体系，提出了"内外兼修，标本兼治，实施绩效管理、知识管理、全面预算管理三项管理制度建设"的发展构想。

经过近两年的努力，三项管理制度已经成为北京移动基础管理制度体系的重要支柱，而全面预算管理作为牵引公司管理变革的重要手段和关键环节，在企业发展中的战略性、牵引性、价值导向性功能日渐显著，对于切实提升企业运营管理水平和战略执行能力，增强企业核心竞争力起到了越来越重要的促进作用。

一、实施全面预算管理的背景

北京移动成立之初，正值中国移动通信市场大步发展之时，企业也因此而不断取得跨越式发展。但是，随着我国移动通信水平的快速提高，通信市场竞争格局的逐步形成，移动通信市场也逐渐由高增长期逐渐进入平稳发展期，企业发展势头随之减缓。2000年、2001年、2002年，北京移动运营收入及净利润增长率逐年降低，同时，来自用户和竞争对手的双重压力又引发运营成本的大幅持续增长，单纯依靠客户规模迅速扩张拉动企业发展的模式已难以维系，利润平均化的趋势无可避免，企业在从规模型向规模效益型发展的过程中迫切需要实施精细管理。

复杂多变的市场环境要求企业必须将发展战略、发展目标与内部员工的工作目标以及责权利紧密结合，加强对发展目标、经营目标的预测与实施的管理和控制，而现行的预算管理制度却不能满足企业精细化管理要求，存在不少的问题与弊端，主要是：

（一）战略联系不足

各业务部门在编制预算时主要采取回顾历史成本的方式，不能从公司的战略目标和本部门的业务计划出发，很少考虑业务驱动因素，导致公司在调整分配资源时缺乏充分依据。"自上而下"的目标设定与指标分解流程滞后于"自下而上"的预算编制流程。

（二）预算流程不畅

业务部门在编制预算时得不到如市场预测、上下游部门工作计划等相关资料。预算准备工作不充分，缺乏规范的流程、工具、标准。业务部门在提交财务部门预算之前缺乏相关部门间的有效沟通，使公司在进行预算调整时很难做出正确判断。

（三）预算责任不清

预算编制责任主体与业务开展、业务绩效的责任主体不匹配。

（四）预算周期过长

年度预算辅以年中预算调整的方式，导致预算周期偏长，难以适应市场的快速变化，降低了预算的权威性、指导性。

（五）预算工具落后

预算编制缺乏系统支持，用EXCEL等初级工具完成预算的收集、汇总、调整耗费大量人工，准确性也难以保证。

北京移动在经过充分调研论证基础上，决定从解决传统制度、旧有流程的弊端入手，吸收国际先进企业的管理经验，抓住预算管理这个关键控制点，重点突破，进行预算机制改造，牵引各项工作按照既定规划和策略向前推进。

二、实施全面预算管理的内涵

实施全面预算管理的内涵在于以公司的价值链为基

础，将公司发展的战略目标通过全面预算管理工具，转化为更具可执行性的公司年度经营目标和各单位年度经营目标。在实施中，力图通过各单位共同参与，将公司的年度经营目标逐层分解，下达给各个业务单位，使公司管理层与各单位之间对年度经营目标达成共识，形成权利与义务的承诺，据以合理分配公司的有限资源，实现资源配置的整体优化，并以此作为各单位业绩考核与评价的依据。

（一）全面预算管理体系的内容

全面预算管理体系是将企业的战略目标与经营绩效紧密联系、有效结合的有力工具，是企业资源配置和价值规划的重要依据，是生产运营各个环节相互沟通的基础平台，是提高企业战略执行能力和经营管理水平的基础性措施。该体系包括：规划和目标设定、年度预算、执行与控制、滚动预算与预测、项目管理与评估等环节，预算的形式主要分为业务预算和财务预算。

（二）建立全面预算管理的组织体系

设置专门的预算管理机构。预算管理委员会为非建制机构，由董事会授权委托，负责审议年度预算方案、决算报告等。

预算管理委员会常设工作机构是具体办事机构，负责预算的具体组织、汇报，其职责由财务部和计划建设部分别承担。

预算责任中心为预算承担单位，根据权责范围的不同，分为综合预算责任中心和预算责任中心。

（三）优化预算编制流程

以业务驱动因素分析的方法为核心，结合增量预算、零基预算、滚动预算等方法，建立并规范从预算准备、预算编制、预算核准到预算分解的基本编制流程，增强预算指导作用，提高预算管理综合效益。

（四）规范运营预算的执行与监控制度

针对不同业务事项，分别采用事后预算控制或事前预算控制的方式；规范预算追加及预算外事项的审批程序；定期针对预算差异进行分析汇总，规范预算执行报告制度；将预算控制点适当前移并与公司相关决策程序、合同管理制度、供应商选择流程等进行结合，形成从决策到执行的完整闭环管理。

（五）规范运营预算的考核方法

遵循可控性、责权利对等、整体利益、分级考核、公平公正和例外原则，与公司绩效管理体系紧密衔接，合理激励，促进全面预算管理的持续改进。考核指标主要

二等奖

营业厅服务员向顾客介绍业务

针对北京移动的自身特点，以考核预算责任中心的财务绩效为手段，以提高公司年度业绩目标保障能力为目标，进行部门财务管理及财务目标控制水平的综合考评。

（六）实现预算管理信息化

引入专业预算管理软件，加强对全面预算管理各项工作的信息化管理，包括预算方案的设置、预算目标的制定和分解、预算编制、预算审批和下发、预算调整与滚动预算、预算差异分析、预算查询等，并通过映射关系，实现与公司ERP（企业资源管理系统）、MIS（管理信息系统）、IBAS（综合业务分析系统）等系统的数据共享，进一步实现对预算管理的系统监控，提高预算对业务决策的支持作用。

三、实施全面预算管理的作法

在国际先进企业的管理体系中，全面预算管理作为一种较为成熟的管理工具而得到普遍应用。在国内，对全面预算管理的认识和实践却相对欠缺，这种情况下，普及全面预算管理理论知识，落实相应组织保障体系，按照既定计划坚定不移的推动全面预算管理体系的建立与不断完善，是成功实施全面预算管理的关键。

（一）树立全面预算管理理念

对公司的全体员工，特别是以各单位领导和管理人员为重点，进行全面预算管理的培训和教育，使“规模型发展向规模效益型发展”的目标深入人心。

强调预算管理绝不仅仅是控制手段和企业增收节支的工具，也是企业有效控制风险、将公司战略与经营绩效紧密联结的有效手段，其作用已经从单纯的财务目标管理、成本控制，向着财务绩效评价工具和企业战略执行转变。

树立效益至上的投资决策观，促使全面预算管理的过程真正成为“以价值为核心的决策”（Value centered decision making）过程。提倡价值导向的企业文化，确立并广泛采“以增加公司价值”为核心的理念和业务判断逻辑。

从2002年10月起推进新的全面预算管理制度，明确全面预算管理是财务预算的延伸和拓展，积极推进“上下结合”的预算流程，鼓励和支持各部门积极制定、调整业务计划，促进规划、计划的显性化和权威性，进一步保证公司目标与部门目标相一致。加强部门与部门之间的协调、沟通，通过有效的业务规划与执行计划的制定，使预算编制更多的成为决策的“财务量化”过程。

（二）建立健全预算组织责任体系

以公司职能式组织架构为基础，根据部门权责范围和实际管理能力状况，将扁平化的部门层级改造为多级预算责任，特别设置了市场、网络两个综合预算责任中心，强调重要职能部门的整体优化职责，综合平衡局部优化与整体优化的协调问题。将部分部门的归口专业管理职责纳入预算审核流程，强化专业预算的合理规划配置。

在全部的预算责任中心设定专职（一般为非全职）预算管理人员，负责预算差异的反馈、分析，通过统一培训和日常交流，使之不断丰富财务技能和预算知识，协调部门内外部预算流程，有效缩短预算编制周期，提高业务与预算的匹配程度，提升部门财务管理水平。

建立与组织架构相匹配的预算责任体系，使各级责任逐渐清晰。进一步理清预算管理流程中的需求责任、决策责任和执行责任，将业绩目标传导机制的精细化推向纵深。

（三）规范预算管理运作

进一步促进业务规划与预算管理的整合，强调在战略规划与业务规划的基础上进行预算编制，在一定程度上解决了目标设定与指标分解滞后于预算编制，财务预算与业务规划分离的问题。

改进预算编制模版。由财务部门牵头准备预算编制的基本假设资料，建立预算标杆，核算标准成本，保证业务部门与财务部门之间的信息共享，确保预算编制的一致性、准确性，进一步提高了工作效率。

建立规范的预算报告制度。依托预算系统快速生成反馈数据文件，支持预算责任部门进行预算控制。同时，结合MIS及IBAS系统整合内部报表体系，进一步优化财务监控手段，以满足内部管理需要，提高内部经济信息的利用效率。

通过预算执行的分类控制，兼顾管理效率与效益的平衡，将预算监控点适当前移。推进预算控制与业务决策、合同管理、供应商选择等流程的有效衔接和一体化，通过流程的不断优化、制度的不断健全，有效规避业务事项的决策风险、执行风险、财务风险和法律风险。

（四）坚持财务预算与业务管理相结合

采用基于业务活动的预算方法，结合成本中心、费用性质、品牌等更多的角度进行决策和预算编制，以单价水平、用户数、采购数量、人均水平等标杆数据进行合理性判断，贴近业务事项发生时的客观规律，从驱动因素的角度进行评估、平衡和控制

根据部分业务管理需求，改进会计核算功能。采用基于活动的预测方法，以事项作为预算编制的基本单位，

二等奖

二等奖

以总法律顾问制度为核心的企业风险控制管理

湖南移动通信有限责任公司

湖南移动通信有限责任公司隶属于中国移动通信集团公司。2001年12月，在中国移动通信集团“整体上市，分步实施”的部署下，公司进行注资重组改制工作，并在香港和纽约顺利上市，2002年7月，公司成为中国移动（香港）有限公司的全资内地运营子公司，成为湖南省第一个在境外上市的通信运营企业。目前，公司下辖14个市州分公司、93个县市营业部，共有在职员工3000多人，负责统一经营管理中国移动（香港）有限公司在湖南省的移动通信网络。

为适应公司内外发展变化的需要，公司提出并推行了以总法律顾问制度为核心的风险控制管理模式创新，公司风险防范控制制度不断完善，风险控制能力明显增强，依法经营决策机制有效建立，法律管理效率与公司管理水平、发展效益同步提升，保障了企业在完成注资收购后按照上市地和资本市场相关监管规定实现持续健康发展。近两年多来，公司通过严格执行合同法律审查和招投标制度，规范了交易行为，迄今未发生一起因法律审查不当而引发的法律纠纷，有效防范和化解了企业经营和对外交易风险。企业综合实力迅速壮大，良好社会形象不断提升，2003年公司获得"全国五一劳动奖状"殊荣。

一、以总法律顾问制度为核心的企业风险控制管理的产生背景

随着市场经济法律体系的不断完善和国家电信体制改革的不断深化，电信监管环境日益规范严格，国内电信市场竞争更趋激烈，企业要在复杂激烈的市场竞争中赢得主动，避免经营风险，必须在法律提供的空间内施展自己的经营战略，必须对经营行为进行充分的法律论证，加强企业经营风险控制。

我国加入WTO后，国内企业已被置于与国外企业平等竞争的法律环境，涉及的法律事务和风险大大增加，运用法律手段防范和化解经营风险，成为企业提高市场综合竞争力的重要内容。国务院国有资产监督管理委员会先后下发了一系列文件指导国家重点企业建立实施总法律顾问制度，以加强企业法制建设，全面提升企业市场竞争的实力。面对外部发展环境的变化，迫切需要企业加强风险控制管理。

公司99年成立之初，没有一名法制工作人员，也未设置任何法制机构，法律管理基础工作比较薄弱，法律规章制度体系亟待完善。公司成立一段时期后，通过大力加强企业法制建设，取得了一定成绩，但企业法制工作人员力量仍显不足，企业依法决策、依法经营管理水平需要进一步提高，与国际一流电信企业的法律管理工作相比，重传统法律事务轻法律管理创新、重事后补救轻事前风险防范的现象仍然存在，应对复杂法律事务和突发性法律风险的能力不强。显然，企业法律管理这种现状与日趋艰巨的风险防范任务明显不相适应。特别是随着企业规模的进一步扩大，对外交易和各种经济活动日益增多，公司每年对外签署的经济合同高达8000多份，金额达20多亿元，这意味企业对外交易风险大大增加。

2002年，公司完成注资重组成为境外上市公司在内地设立的电信运营企业后，面临的法律、政策环境和市场运营环境进一步发生了深刻变化，企业已经完全置身于与国际上市公司按照同一规则进行发展的空间，不但要按照国内，而且要按照上市地法律法规进行依法决策和经营管理，企业防范和控制经营风险的任务更加艰巨，这对企业风险控制管理工作提出了新的更高要求。企业法律管理存在的不足和日益艰巨的风险控制管理任务迫切需要我们创新风险控制管理模式，提升企业风险控制管理水平。

在上述背景下，公司提出了以建立总法律顾问制度为核心的企业风险控制管理模式，通过以建立总法律顾问制度为核心，实现总法律顾问岗位到位，法律顾问机构到位，总法律顾问职责到位，依法决策，依法经营管理、依法维护企业合法权利的规章制度健全，企业依法经营管理和风险控制管理能力进一步提高。根据这一思路，公司制定了总法律顾问制度试点方案并得到国务院国有资产监督管理委员会审批同意。

二、以总法律顾问制度为核心的企业风险控制管理的基本内涵

（一）确立了总法律顾问制度在公司风险控制管理中的核心地位

公司明确，总法律顾问作为企业高层管理人员，全面负责并领导企业法律管理和风险控制管理工作，直接参与企业经营决策。为了保障总法律顾问作用的充分发挥，公司制定了《法律顾问管理办法》，规定了总法律顾问应当履行的十六项工作职责和各级法律顾问的风险控制管理职责，使总法律顾问制度在公司风险控制管理中的核心地位从制度、人员、职责等方面得到落实。

（二）以总法律顾问制度为基础，构建了三大风险控制管理体系

1.建立健全了以法律顾问为主的风险控制管理团队体系

公司建立了省市县三级法律顾问机构体系，省市两级公司设置了法务部，县市营业部明确了兼职助理法律顾问，全省配备了22名专职法律顾问，93名兼职法律管理员。公司每年初下发风险控制管理工作要点，明确风险控制的要求和重点，并组织对风险控制管理情况进行评估。这些，使企业风险控制管理从人员力量上得到了充分保障。

2.健全了风险控制管理制度体系

主要包括：合同管理制度、知识产权管理制度、授权委托管理制度、资产保值增值管理制度、风险预警管理制度、法律管理考核制度、案件纠纷管理制度等一系

列管理办法，使企业风险控制管理从制度上得到了充分保障。

3.整合再造了企业外部风险防范支撑体系

公司在坚持以企业内部法律顾问力量为主的基础上，整合再造了企业外部法律支撑保障体系，建立了以湖南大学法学院为理论支撑，湖南环海律师事务所、湖南正邦商标事务所等社会法律服务中介机构为补充的外部风险防范支撑体系，使企业控制重大经营风险的能力大大增强。

（三）依托三大风险控制管理体系，锻造了四大风险控制机制

1.风险细分机制

公司按照管理模块将企业风险划分为市场竞争类、客户类、内部管理类、投资建设类、行政类、对外合作类法律风险，并进一步进行细分排序，划分不同的风险等级，对可能存在的风险进行分析，提出具体的防范建议。

2.风险预警机制

公司建立了重大决策、经营行为的事前法律调查制度，并结合实际，制定风险预警方案，企业处理突发风险的综合应对能力不断增强。公司明确法律监督岗位对行业立法动态、理论政策问题进行动态跟踪、研究，以月为周期提供最新的法律政策动态参考，使企业法律顾问工作紧跟法律最前沿，确保企业经营管理的正确方向，及时调整风险预警方案，防范潜在风险。

3.风险化解机制

对由风险转化为现实问题的法律问题进行分级、分类管理，明确了纠纷处理程序，实行了纠纷处理方案预审制。建立健全了全省风险案例库，加强了公司内部风险案例信息的交流和共享。

4.风险评估机制

公司对企业经营管理过程中可能存在的风险、产生的法律问题定期进行总结评估，及时发现风险控制管理工作中存在的不足和问题，为改进公司风险控制制度和流程提供借鉴和依据。

（四）实现风险控制管理的五大转变，全面提升企业风险控制能力

公司以总法律顾问制度为支撑，进一步丰富了企业法律管理工作的内涵，使公司风险控制管理由事务型向管理型转变、由封闭型向开放型转变、由参与型向参谋把关型转变、由救济型向预防型转变、由粗放型向精细型转变，企业风险控制管理能力得到全面提升。

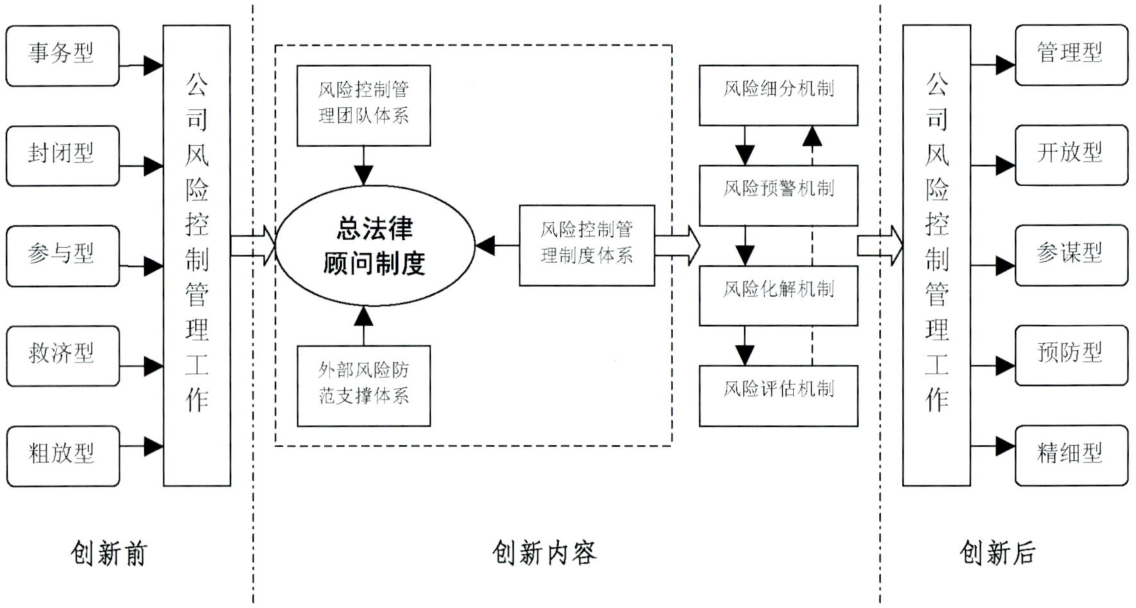

图1　创新成果主要内容结构

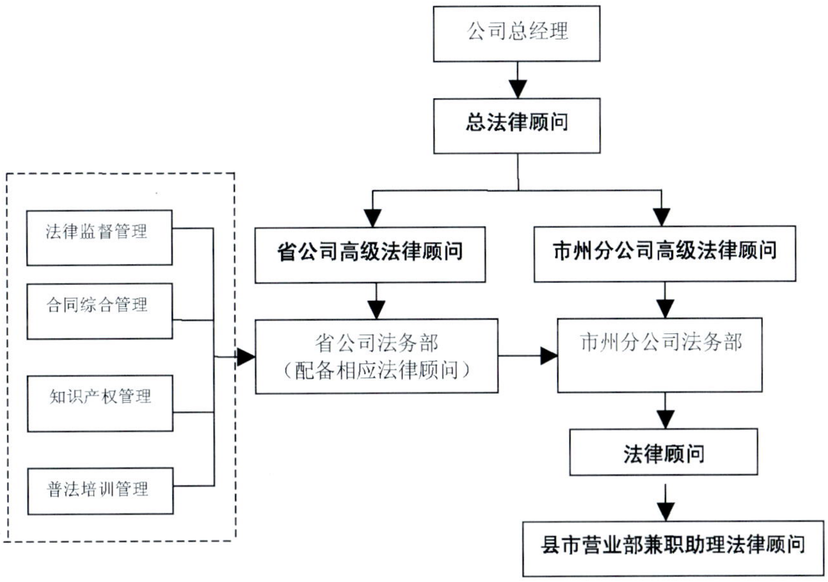

图 2　企业风险控制管理团队体系结构

三、以总法律顾问制度为核心的企业风险控制管理的创新做法

（一）率先在中国移动通信集团省级公司推行了总法律顾问制度，建立了层级清晰、权责明确的风险监控机制

公司在确立总法律顾问制度为企业风险控制管理核心地位的基础上，率先在中国移动省级公司出台了《法律顾问管理办法》和《企业法律顾问岗位等级管理办法》，引入了企业法律顾问资格制度，明确了法律顾问的风险控制职责，首次提出将企业法律顾问划分为总法律顾问、高级法律顾问、法律顾问和助理法律顾问四级进行管理（图2），明确了法律顾问的行政职务和评聘程序，完善了企业法律顾问的激励约束机制。国务院国资委对我公司法律顾问团队建设给予了高度评价，专门刊文介绍了公司的典型做法。最近国务院国资委出台的《国有企业法律顾问管理办法》还充分借鉴了我公司关于法律顾问分等级管理的模式。

（二）创造性地提出了将企业风险控制分为风险细分、预警、化解、评估四个流程进行管理的模式，实现企业风险控制闭环管理

公司充分发挥总法律顾问和各级法律顾问对企业风险控制管理的作用，注重增强风险控制的主动性、前瞻性、计划性和时效性，将风险控制管理分为风险细分、风险预警、风险化解、风险评估四个流程进行管理，同时，实行法律管理与财务管理、审计管理有机结合，从根本上实现了由被动化解风险向主动预防风险转变，形成风险控制管理闭环，不但减少了风险产生的可能，而且降低了风险对企业造成的损失。

（三）在移动企业内比较全面地引入了公司经营决策法律论证制度，推进了移动通信业务的健康发展

公司规定，所有经营管理行为都要纳入了风险控制体系进行管理。在出台营销方案、策划新品牌、推出新业务前都要事先进行充分的法律风险论证，总法律顾问和各级法律顾问必须提供有效的法律意见，严格把好风险控制关。通过建立企业经营决策法律论证制度，企业在营销渠道整合、新业务开发和移动用户发展等方面取得了巨大成果。特许经营店管理模式为全国积累了良好的经验；短信、手机支付、梦网邮箱等新业务的发展一直处于集团领先位置；移动用户保持快速发展，市场占有率一直处于全国前列。

（四）突出抓好企业风险控制的关键环节，全面规范了招标投标管理和合同管理，确保企业对外交易的低风险、高效能

为整体上控制风险，公司从抓关键环节入手，重点加强招投标管理与合同管理，从法律角度率先在中国移动省级公司制定了《招标投标管理办法》和《合同管理办法》，明确公司法律顾问必须全程参与招投标活动，在招标书的制作、投标资料审核、招标谈判等方面进行严格的法律审查和把关；法务部门归口公司所有合同管理工作，

项目 创新前后	专职法律管理人员	兼职法律管理人员	获得企业法律顾问资格情况	获得律师资格情况
实施创新成果前	1人	0	1人	1人
实施创新成果后	22人	93人	4人	7人

表1　创新成果实施前后法律顾问团队建设情况对照表

公司对外签订的每一份合同都必须经法律顾问审查，并按法律审查意见修改后才能执行。同时，公司还制定了与生产经营活动密切相关的40类合同范本，并在全省大力推广，进一步规范了公司的对外签约行为。通过严格的招投标管理与合同管理，使企业每年节约资金2亿多元。

（五）在通信行业内率先规范了客户通话详单查询，实现了客户维权与降低企业经营服务风险的有机结合

移动通信客户是公司最大的服务对象，公司坚持把保护客户通信秘密这一合法权益作为减少客户投诉，降低企业服务风险的重要工作来抓，实现维护客户利益与公司利益的双赢。率先在全集团，乃至全国通信行业，与省公安厅、国家安全厅和检察院联合下发了《关于规范移动通信用户通信资料查询工作的通知》，规范了用户通信资料查询，有效保护了用户通信秘密，防范了由于用户资料查询不当给企业造成的服务风险。同时，针对法院常以调查取证为由，要求提供用户通话详单的情况，公司向省人大法规工作委员会提交了人民法院无权检查用户的通话详单的请示，得到了省人大法规工作委员会和全国人大法制工作委员会的支持，同意公司提出的人民法院无权检查用户的通话详单的意见。这一做法在社会上产生了强大反响，得到了省内省外数十家媒体的积极报道，认为公司这一做法推动实现了我国宪法又一次进步，凸现了宪法"人权"，维护了公民的基本人权。通过此举，有效化解了用户通话详单对外协查风险，进一步树立了企业维护用户合法权益的良好形象。

四、以总法律顾问制度为核心的企业风险控制管理的应用情况

（一）促进了企业总法律顾问制度试点工作的顺利开展

通过该管理创新成果的实施应用，公司成立了试点工作领导小组，召开了全省性的试点动员大会，确立了试点的方案步骤。目前，公司正在按照国资委和集团公司要求，有条不紊的推进企业总法律顾问制度试点工作，较好地实现了总法律顾问岗位到位，法律顾问机构到位，总法律顾问职责到位，依法决策，依法经营管理、依法维护企业合法权利的规章制度建立健全，企业依法经营决策管理机制有效建立。

（二）促使了企业风险控制管理队伍合力的全面增强

公司整合了全省移动系统法律顾问资源，组织了一系列的法律专业培训，企业法律顾问素质明显提高，跨地域协同应对风险的能力显著增强。全省22名法律顾问中，博士1名，法学学士13名，法律大专学历4名，其他专业学历4名，获律师资格的7名，获企业法律顾问资格的4名。在处理涉及全省性法律问题，如模拟专网、注资重组改制、短期工向劳务工转换等工作时，企业法律顾问团队合作，以出色的业务能力圆满处理好了上述法律问题，企业风险控制合力全面加强。

（三）推动了企业依法经营决策机制的有效建立

通过实施该管理创新成果，公司对原有的风险控制管理制度进行了全面梳理，制定完善了法律顾问管理办法、商标管理办法、专利管理办法等二十项法律管理制度，从制度上保证了以总法律顾问制度为核心的企业风险控制管理模式的建立和实施，推动了企业依法经营决策机制的有效建立。

（四）确保了企业所有经营管理活动的依法运作

通过该管理创新成果的运用，公司建立了完备的风险管理监控体系，公司的重大经营决策、对外合同交易、市场发展、劳动管理、财务管理、通信建设等经营管理活动都纳入了法制化、规范化的轨道。据统计，公司近两年多来通过严格规范的招投标活动，为企业节约资金达6亿元；经法律顾问审查的合同近2万份，合同金额40多亿元，确保了合同的合法、完备，有效控制了合同交易风险；企业在市场竞争应对和业务发展都基本在法律允许的空间内进行。

（五）促进了企业法律纠纷应对处理能力的全面提升

通过该管理创新成果的运用，公司处理法律纠纷，化解法律风险的综合应对能力明显增强。近两年来，企业法律顾问参与处理了二十多起法律纠纷，均得以妥善处理，为企业挽回经济损失5800多万元。例如，成功处理了涉及40多人的乡镇电话人员群体诉讼，避免了该纠纷波及全省的不利后果，控制了风险，维护了企业正常的

生产经营秩序。针对某市工商局以客户积分虚假宣传为由对公司作出的60多万元违法处罚行为，及时提起行政诉讼，最终法院判决工商局败诉，公司赢得全面胜利，被社会誉为企业的“名誉保卫战”。

五、以总法律顾问制度为核心的企业风险控制管理的实施效果

(一)产生了良好的经济效益，促进了企业的发展。

该管理创新成果的推广运用，为公司带来了良好的经济效益，具体的测算结果见表2。

(二)推动了企业持续健康发展，保障了企业在市场竞争中的领先地位，壮大了企业综合实力。

总法律顾问和高级法律顾问，作为企业高层管理人员，层次高，业务专，熟悉企业核心业务和经营战略，在提高企业竞争力方面发挥了重要作用。在总法律顾问的带领下，企业法律工作机构积极转变法律服务方式，积极拓宽法律服务领域，由在企业经营管理中提供法律保障扩展到在经营决策环节全过程参与，有效防范了企业经营风险。同时通过诉讼和非诉讼手段，为企业避免和挽回了大量经济损失。在中国移动（香港）有限公司组织的高层次风险评估调查中，公司的法律及合规管理工作被评定为低风险。到目前，企业未发生一起因法律审查把关不当而引发的纠纷，没有给企业造成任何经济损失。据统计，由于法律顾问的积极参与和发挥作用，2年多来给企业带来的直接或间接经济效益达到10亿多元。

指标名称	测算结果（单位：人民币万元）	时间	备注
申报前一年效益额	4600万元	2003.6—2004.6	
实施各年累计效益额	8000万元	2002.10—2004.6	
平均年度效益额	5052万元	2003年	
申报前一年效益贡献率	3.7%	2003年	03年公司利润总额12.26亿
申报前一年投入产出率	48%	2003年	

表2　湖南移动经济效益表

公司通过建立企业总法律顾问制度，极大地提升企业风险控制管理水平，为企业的持续健康发展营造了良好的内外环境，实现了湖南移动的跨越式发展。全省移动电话用户数量从2001年底的300万多户发展到目前的700多万户，年均增长率达到了67%，在全国一直处于领先地位；主营业务收入从2001年的37.95亿元增长到2003年的52.38亿元，平均每年增长了19%；网络交换容量增加了215万户，达到770万户，企业负债率下降了27.08个百分点。公司连续二年在集团公司召开的全国性会议上就法律管理工作作了经验发言。公司在农村通信市场开发、移动业务创新、大客户和集团客户营销服务、营销渠道整合等方面的主要做法和经验在全国广为推广；2002年公司经营绩效考核被评为全国一等奖，在新8省上市公司中排第二位。

(三)提高了企业依法决策、依法经营管理水平，有效防范和控制了企业经营风险。

公司通过建立企业总法律顾问制度，在强化企业法律事务机构职能的同时，健全了企业法律事务机构网络，充实了法律工作队伍，公司成为目前全集团法制工作队伍最完善的企业。企业法制工作力量全面增强，推动了企业依法决策、依法经营管理水平的提高，特别是企业

(四)树立了企业良好社会形象，提高了企业知名度和美誉度。

公司通过建立企业总法律顾问制度，在带动企业风险控制管理水平提高的同时，树立企业良好的社会形象。企业依法经营管理意识得到了极大增强，内部没有发生违纪违法情况，社会对公司诚信守法的良好形象给予了充分认可，公司多次被评为重合同守信用单位、普法宣传先进单位、消费者信得过单位。国务院国资委还曾在其政府网站上专门推介了我公司法制建设情况。企业精神文明、政治文明建设也取得了丰硕成果。全省移动企业都进入了当地文明单位行列，3个分公司被评为湖南省优秀企业。企业的知名度和美誉度得到全面提升，为企业树立了良好的社会形象。

成果创造人

主要创造人：王建根、熊惠敏

参与创造人：王　勇、黎宗仁、唐青山、金　毅、郭　颖

二等奖

以提高市场竞争力为目标的劳动用工管理改革

安徽移动通信有限责任公司

安徽移动宽敞明亮的营业厅

安徽移动通信有限责任公司（以下简称安徽移动）于1999年分营成立，公司下属17个市级分支机构、61个县级分支机构，2002年在香港及海外成功上市，成为中国移动（香港）有限公司21家全资子公司之一。目前安徽移动网络容量为570万户，2003年公司实现运营收入42.76亿元，增长率20.4%；净利润8.91亿元，增长率40.9%；上缴国家税收4.4亿元。公司现拥有各类用工总数4198人，其中正式员工2165人，劳务用工2033人。

一、以提高市场竞争力为目标的劳动用工管理改革的产生背景

人力资源的开发和利用是提高企业市场竞争能力的关键因素，而劳动用工管理又是企业人力资源管理的一项核心工作。合理使用劳动用工，对于维护劳资双方的利益，有效提高企业运营效率有着重要意义。目前在大多数企业中，除了正式编制的职工外，一般还有一定数量的短期聘用工或劳务工。后者由于不占编制，雇用灵活，费用低廉等特点，越来越广泛地在企业中使用。近年来，随着邮电事业的高速发展，邮电企业所需的用工数量也大幅增长，其中很大一部分是劳务工。安徽移动公司自1999年分营以来，劳务工的数量已由分营时的不到1000人迅速增长到2033人，增长了2倍多，与正式工的比例已达1：1。虽然人员有很大幅度的增长，但对劳务工的管理方式仍停留在老的管理模式下，劳务工与正式工在用工机制、薪酬待遇、职业发展等方面存在很大差别。尤其是在按照上市公司管理模式运作过程中，公司越来越感到传统的用工机制存在许多弊端：

（一）劳务工流失率高，队伍不稳定，企业为此付出的成本大

首先，相对于企业正式员工而言，劳务工在企业内是一种临时工的身份，主要从事通信末梢岗位基础性工种的劳动，不仅待遇低，而且工作性质也较为苦、累，同时也没有什么职业发展的机会。其次，同时在劳务工的管理上，由于政策不够完善、管理力度不够，造成一些单位劳务输入手续不完备，合同不规范，社会基本保险不健全的现象时有发生，使得劳务工对企业忠诚度低，队伍不稳定，一些能干的人留不住，留下的人工作积极性也不高。安徽公司在劳动用工改革前，据抽样调查，不少分公司劳务工年流失率均高达10%以上。

（二）劳务工对企业满意度低，影响到公司的客户服务质量

中国移动集团公司在创一流通信企业目标长期战略的指引下，近年提出服务与业务领先的中短期战略。在市场竞争日趋激烈的今天，能否提供优质服务已成为企业在竞争中致胜的核心要素。安徽移动2033名劳务工中，直接与客户打交道的窗口服务类人员就达到84%。这些人的素质和态度直接影响到公司的客户服务质量。而在传统用工机制的束缚下，劳务工对企业的满意度不高，自然难以提供高质量的服务。可以说，"没有满意的员工，就没有满意的客户"。

（三）正式工与劳务工在管理上存在的差异，影响了人员结构的优化调整

安徽移动在上市来，在人力资源改革方面加大力度，对企业正式员工先后推行了竞争上岗、职位改革、薪酬改革、绩效改革等一系列改革，取得很大成效。但改革中也遇到一些问题，如：职位评估后，正式工的职位等级最低是从5职级开始的，对于这些职位上一些绩效差的正式员工，已没有下降的空间，而对于从事同样工作的劳务工，由于没有执行正式工的职位等级体系，不仅待遇比正式工低得多，而且即使绩效优秀，也没有职业上升的机会。这些差异影响了公司员工队伍结构的优化和整体竞争力的提高。

面对激烈的市场竞争，安徽移动领导层敏锐地感觉到：传统的用工机制已成为制约企业可持续发展的因素之一。为了充分调动企业内各类用工的积极性，激发每一位员工的潜能，促进人员结构的优化调整，转变人力资源管理机制，增强企业市场竞争能力，经过充分酝酿，公司于03年初启动了劳动用工管理改革。

二、以提高市场竞争力为目标的劳动用工管理改革的基本内涵

以提高市场竞争力为目标的劳动用工管理改革是安徽移动人力资源改革的一个重要环节，是建立在职位、薪酬、绩效改革的基础上，对人力资源改革的继续深化。其基本内涵是从招聘录用、职位管理、薪酬管理、绩效管理、职业发展和退出机制等方面，打破员工身份界限，对各类用工按相同的标准，实行一体化管理，使各类用工在各自的职位上，能充分发挥个人的主观能动性，参与企业的生产、经营、管理，从而保证运营的高效，为保持企业领先的市场竞争地位，保证企业的长远发展提供

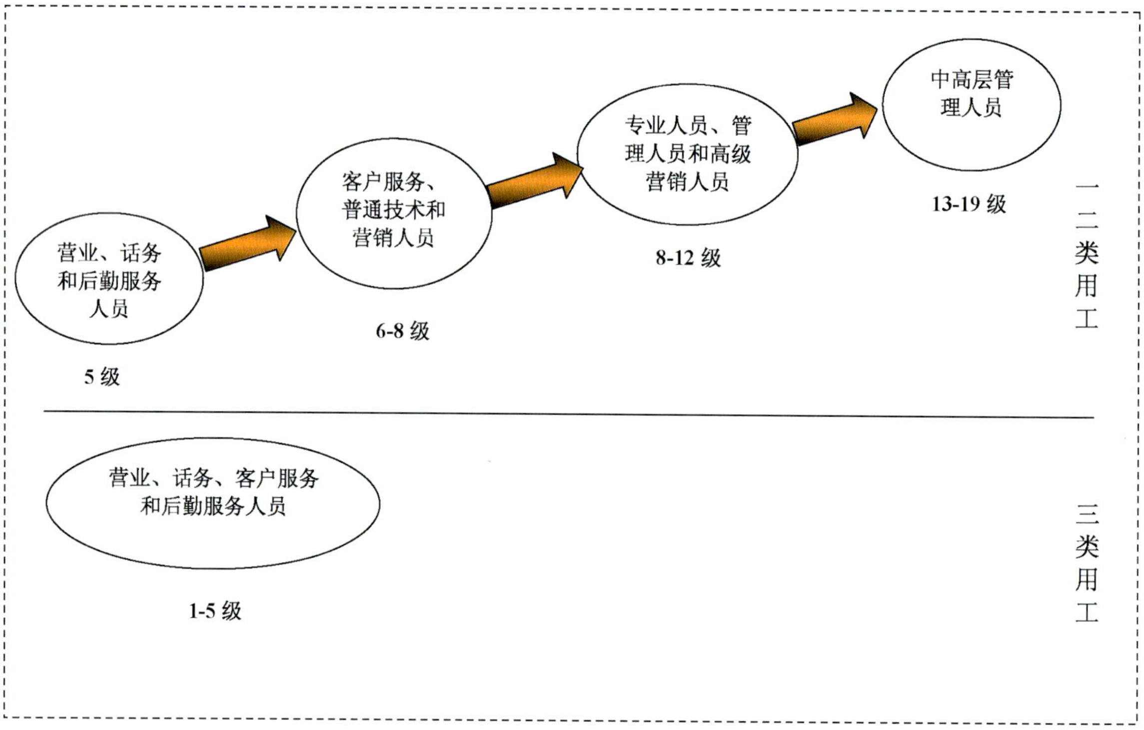

图 1　改革前公司各类用工职业发展示意图

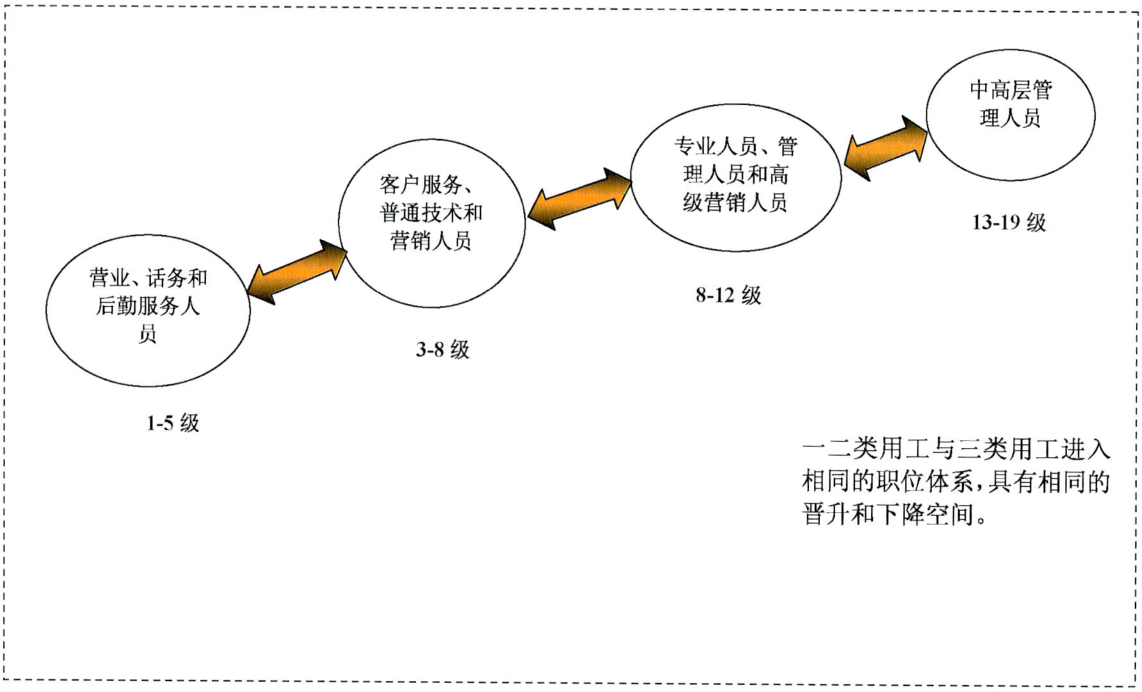

图 2　改革后公司各类用工职业发展示意图

创新小组讨论

建立了三类用工的职业发展通道，使三类用工看到了上升的希望，实现了“只要是金子，就可以在公司闪光”。

公司制定了三类用工职位动态管理办法，规定三类用工职位等级调整每年度进行一次。对三类用工各职位等级人数实行比例控制，由省公司每年根据公司发展的需要下达分布比例，以保持各职位等级人数的均衡。各单位在人数比例控制下，根据三类用工的绩效表现、技能水平和工作能力组织进行三类用工职位等级的调整。为了避免职位等级调整中的人为因素，同时也有一个较为科学的衡量标准，对于申报等级调整的人员，必须参加相应等级的技能水平资格考试，只有通过这个“门槛”，才有可能进入相应的职位。公司规定，窗口类职位年度绩效成绩在良好以上，在符合相应的技能条件和工作年限条件下，可向上调整一个职位等级，其他职位连续两年绩效成绩为良好以上，符合相应技能条件和工作年限的，可向上调整一个职位等级。对于达到本职位序列最高等级的，还可逐级参与其他职位的竞聘。表现突出的三类用工可逐级参加一二类用工职位空缺竞聘，实现更高职位的发展（图1、图2）。

通过以上措施，公司为三类用工敞开了发展空间，三类用工可以根据自己的能力、业绩竞聘到自己合适的职位上。公司还将三类用工的使用扩展到一些较高职级的管理、技术岗位上，如县公司副经理职位等。

为了使职位真正“动”起来，保持高职级人员的整体素质，同时为优秀三类用工人员最大限度地提供上升空间，对于处于各职位等级上绩效表现一般的三类用工人员，实行职级向下调整。公司规定，对于当年绩效成绩为合格的人员，按同类职位同职级末位一定比例（5–10%），实行职级向下调整。对于绩效等级为欠佳的员工，经过培训仍不能用胜任工作的，退回劳务输入单位。同样，对一二类人员，绩效表现不好的，也实行降级、待岗直至退出企业。

（五）总量控制，实行用工与费用总额计划管理

过去，三类人员劳务费支出一直难以控制，因为三类用工职位需要的人数和职位报酬都是由各单位根据需要自行确定的，没有一个统一的衡量标准，给公司成本预算管理带来难度。三类用工职位体系明确后，公司根据业务发展和人员结构情况，每年度核定各分公司用工总量计划，对各分公司实行人员总量控制。在定员基础上，根据三类用工职位薪酬体系，核定各单位每年度三类用工劳务费计划，并随人工成本计划一并下达、实行定额定量考核、年度结算，不得超支，从而有力地控制了劳务费支出，避免了三类用工数量过度膨胀的情况。同时，公司还加强了对三类用工的规范化管理，要求各用人单位必须与劳务输入单位签订劳务输入协议，并规范了三类用工薪酬支付方式、各类社会基本保险的建立、管理费用的支付等内容，切实保障了三类用工的利益。

（六）参与管理，增强员工对企业的归属感

在旧有体制下，三类用工作为企业的最底层人员，是不能参与到公司的经营管理中的。安徽移动新型用工管理体制建立后，为三类用工打开了一个新的发展空间，使三类用工越来越多地参与到公司的生产运营管理中，为公司的发展发挥出更大的能量。公司通过多种措施提高三类用工地位，如选派优秀的三类用工代表参加公司职代会，使三类用工对于公司重大政策的出台有了发言权；邀请三类用工代表在全省人力资源工作会议上就用工制度改革进行专题发言，了解三类用工对改革的意见；召开三类用工座谈会，由公司高层领导与三类用工面对面进行交流，倾听三类用工代表对公司管理的意见；制定《安徽移动通信有限责任公司三类员工加入工会组织指导意见》，接受三类用工参加工会组织，维护三类用工的权益。公司还注意加强对三类用工的培养，组织三类用工外出考察学习，选拔三类用工参加公司运动会、演讲比赛等。一系列的举措极大地提高了三类用工的积极性，使他们感到一种前所未有的主人翁意识，以更加积极的姿态融入到企业这个大家庭中。

四、以世界一流通信企业为目标的管理变革的实施效果

安徽移动劳动用工管理改革自2003年初以来已进行了一年多。公司还在不断地修订政策，完善劳动用工管理的配套措施，将用工改革进一步推向深入。此次用工改革力度之深，影响面之广，参与人数之多，是前所未有的。用工改革深深地震撼了各类用工的心灵，极大地调动了各级员工的积极性，有力带动了公司各项管理业务发展。

（一）提高了员工工作积极性，增强了企业凝聚力

用工改革后，广大员工的竞争压力和危机感普遍增强。原来是"干好干坏一个样"，正式工干坏了还是"正式工"，临时工干好了还是"临时工"，缺乏有效的激励和约束机制；现在三类用工不仅得到物质上的肯定，更得到了人格上的尊重，业绩突出的还有很多晋升的机会。正如三类用工所说"是对我们日复一日的默默付出和努力予以了肯定"，"强烈地感受到自己的价值和潜力在激励中被体现和发掘，自身的责任和义务也在忠诚中被强化和升华"。三类用工的晋升通道打开后对一二类用工产

创新团队

二等奖

生了巨大的压力，表现差的一二类用工，其职位随时都有被优秀的三类用工取代的可能，因此广大员工把压力变成了动力，工作效率明显提高。

（二）节约了公司人工成本，提高了企业经济效益

由于实行了用工总数和劳务费计划控制，各单位注重提高员工的工作效率，能够自觉地根据需求要人，避免了过去多要人、乱要人的现象，节约了企业人工成本开支。如改革前按照各单位需求人数测算公司2004年底用工总量计划为5281人，改革后，按照三类用工新的职位体系和职位要求测算公司用工总数计划为4720人，减少了561人，为公司节约成本841.5万元。

（三）吸引了外部人才流入，减少了内部人才流失

由于建立了具有市场竞争力的三类用工职位和薪酬体系，吸引了社会上优秀人才的流入。03年公司面向社会招聘46名大客户经理和销售工程师（三类用工），共有800多人前来应聘，录取比例高达17：1；当年公司招聘1860话务员，共有600多人应聘，录取比例为3：1。公司内部员工流失情况也得到缓解，一二类人员年流失率由01年、02年的0.9%、0.7%，下降到03年的0.4%，为企业节约招聘和培训成本24万元；三类用工年流失率由改革前的12.7%降低到改革后的6.5%，节省招聘和培训成本43.84万元。

（四）强化了市场服务意识，增强了企业整体竞争实力

在用工制度改革中，广大员工认识到：只有按照市场价值规律运作，企业才能获得最好的效益；只有企业发展才能得到个人职业生涯的最好归宿，从而在公司形成一股合力，有力地促进了企业发展。2003年安徽移动运营收入增长率在集团名列前茅，公司还被全国总工会授予全国“五一”劳动奖状，被安徽省消费者协会和安徽省信息化建设领导小组分别授予“诚信单位”、“全省信息化建设先进单位”荣誉称号。

成果创造人

主要创造人：施万中

参与创造人：朱维芳
赵敬宝
谢海涛
李桂新
汪江明
彭本聪

:

施万中，男，45岁，教授级高级工程师，1982年毕业于南京邮电学院，2002年获澳大利亚国立大学国际管理专业硕士学位。曾任江苏省移动通信局副局长，江苏移动通信有限责任公司党组成员、纪检组长兼工会主席，中国移动通信集团公司网络部部长等职。现任安徽移动通信有限责任公司董事长、总经理、党组书记。

优化BOSS系统集中化带动服务业务水平提升

辽宁移动通信有限责任公司

二等奖

辽宁移动创新小组

辽宁移动BOSS（业务运营支撑系统）系统的建设，从1999年9月筹备，到2000年7月率先在全国实现营帐、计费系统集中建设(一期工程名称：辽宁省综合业务管理系统)；2002年5月完成BOSS系统集中后的第一次升级，并在同年10月完成客服系统的大集中。至此，按照当初我省的设想和后来集团公司的有关要求，辽宁移动又率先完成了集营帐、计费、客服系统及相关管理全部集中的辽宁移动BOSS系统。

该系统经过多次的建设、升级，历时3年多，终于脱胎换骨，形成了完整的结构体系和管理模式，为我省移动业务的顺利开展提供了有效的支撑。回顾工程建设历程，我们现在看来BOSS集中建设管理的模式已成为共识，在当时全国没有先例、无经验可循的情况下，辽宁移动在此工程建设中走出的每一步，都充满了挑战和艰辛。下面，我们根据辽宁移动BOSS系统集中化改造工程项目的具体情况，向各位领导、专家和兄弟省的同行们做一汇报。

一、辽宁移动BOSS系统集中化改造背景

在2000年7月份之前，辽宁移动计费、营帐系统分散省内各市，系统存在以下问题：

(一)系统的安全性

当时营帐系统采用的都是PC服务器，沈阳、大连、鞍山分别采用COMPAQ Proliant 7000服务器，而其它11个地市采用了COMPAQ Proliant 4000服务器，每个地市2台，一主一备，采用SCO Unix操作系统，Informix数据库，本地终端接入采用多用户卡方式，远程为电话拨号方式，系统性能、用户数量和网络速率都受到很大限制。特别是多用户卡方式，经常出现击穿、烧毁的现象，大量使用远程拨号方式登录，增加了被黑客入侵的机会，系统安全不能得到保证。PC服务器的处理能力有限，难以满足急剧增长的用户业务需求，多次出现了因系统处理能力不足，导致客户在营业厅排队等候的情况，系统改造迫在眉睫。

另外，我省当时的立即计费系统在沈阳、大连采用SUN Enterprise 6000为主机，SUN Enterprise 5000为备机方式，其它地市均采用SUN Sparc 20工作站为采集机，SUN Enterprise 3000为主、备机进行计费批价等处理，省公司计费中心采用2台SUN Enterprise 5000服务器处理各市上传漫游，本省各地市的送回相应地市，其它省数据上传集团公司。因当时各地市机房条件各不相同，机房环境、供电、网络、维护力量，均很难满足系统安全运行要求，系统故障频繁，地市维护力量不能及时解决存在问题，省公司计费中心的维护人员四处奔走，勉强维护。

(二) 业务的多样性

由于系统设备都在各地市，因此各地市也将此系统看作自己的系统，在上面开发了很多具有地方特色的业务，因为全省有14个地市，所以很多业务也是五花八门，业务名称、资费政策等等不一，各个地市业务差别很多，一方面增加了省中心业务的复杂程度和工作量，另一方面给移动用户的印象是业务标准多样，影响了我省移动形象，削弱了移动品牌吸引力。

(三) 维护的艰巨性

由于设备种类多种多样，操作系统也不尽相同，营帐系统采用的是SCO Unix操作系统，计费系统采用SUN的Solaris 操作系统，而且维护直接涉及到系统硬件设备，各市公司系统维护人员的水平也是不一样，系统一旦出现故障、网络发生阻断或设备出现损坏，系统、线路的恢复和备件的更换的压力都集中在省公司计费中心，又由于地域的限制不能立即处理，影响了系统恢复速度和维护响应时间。

(四) 管理的复杂性

由于系统设备分散各地，但维护人员管理和技术水平并没有完全到位，因此许多日常工作也就由省公司业务、维护人员代劳了，维护界面无法分清，出现事故以后的责任也无法明晰，直接影响生产效率和劳动积极性。另外由于各地市业务的多样性，使全省业务品牌管理、业务维护也变得复杂多样，牵扯了省公司业务、维护人员更多的人力和精力，急待改进。

二、辽宁移动BOSS系统集中化改造方案的提出

辽宁移动通信有限责任公司副总经理张明同志是移动BOSS系统在省级大集中建设项目中第一个敢于吃螃蟹的人。在系统建设目标和系统建设的总体原则及一些新技术方面，表现出了一个系统设计师的风范，为BOSS系统项目的建设呕心沥血，对项目建设提出了富有经验的建设性和指导性意见等。主要表现在以下几个方面：

（一）确定系统建设总体目标

辽宁移动BOSS系统在整个系统的建设过程中，始终本着面向生产、面向管理、面向决策三大目标。

1.面向生产

辽宁移动BOSS系统应该能够满足目前及将来辽宁移动业务发展的生产需要，至少体现在：

（1）满足全省2002年底预计450万移动用户实时联机计费帐务的需要，并为今后扩容的平稳过渡作好准备。

（2）满足全省14个地市、45个县、100多个营业厅、1200个营业窗口、500个代理点的并发营业帐务受理的需求。

（3）提供高水平全实时的计费、营业、帐务、查询、客服综合业务管理，并保证所有系统数据的完整性、正确性和一致性。

（4）管理全省所有客户资料数据、业务受理历史数据、各种历史报表数据、SIM卡号源数据等资料，并以各种方式向生产管理部门、向移动用户提供查询、核对服务。

（5）支持灵活多样的资费、优惠政策，满足现在及将来个性化的移动业务综合服务。

2.面向管理

辽宁移动BOSS系统应该在满足生产的基础上，实现面向管理服务，至少体现在：

（1）实现科学化、层次化的省中心、业务区、营销单位、营业厅、营业员五级分级权限认证管理，保证一切生产业务在规范化、受控过程中完成。

（2）为省公司、市公司、县公司等各级领导和业务部门提供其所在范围内最新的或历史上的业务发展情况、最新客户资料情况、新业务开展情况等各种数据的报表、分析、趋势情况。

（3）为省公司、市公司、县公司等各级财务部门提供其所在范围内最新的或历史上的财务收入情况、客户欠费情况等各种报表、分析数据。

3.面向决策

辽宁移动BOSS系统应该在满足生产和管理的基础上，全面利用分析各种数据，为领导和业务部门提供第一手的、真实的、客观的数据，为科学化决策支持提供保证。

（二）明确系统建设总体原则

辽宁移动BOSS系统的建设本着以下原则：以数据集中为中心的省级集中管理，规范业务、技术和接口，充分利用原有设备。

1.以数据集中为中心的省级集中管理

建设省级计费、营业、帐务、查询、客服等综合业务以数据为中心的大集中数据管理和业务处理，所有系统的数据在物理上和逻辑上由省帐务中心统一管理，所有的业务逻辑处理也在省中心统一完成，所有营业员、业务管理部门、各级生产维护部门人员所使用的电脑终端做为“瘦”客户端，通过网络连到省中心，完成各种生产、管理任务。这样省中心管理着最全面真实的数据，各级人员面对的也是相同一致的数据源，为生产、管理、决策提供了很好的帮助。

2.规范业务、技术和接口

以集团公司业务、技术规范为基础，结合辽宁实际情况，规范全省所有业务流程、技术规范和接口规范，包括：

（1）所有业务，全省统一业务处理流程为前提，通过参数设置，允许不同地市、县有自己个性化的政策，具体表现在：一套系统，全省相同统一的程序版本，各地市县业务维护人员结合本地实际情况，设置各种不同系统运行参数。

（2）统一技术版本，具体体现在：所有生产系统，统一硬件平台、统一操作系统版本、统一数据库版本、统一中间件版本、统一应用程序版本、统一通信传输协议等等。这样为系统维护管理提供了很大方便。（3）统一所有接口，包括：

①银行接口，全省所有的银行接口代收，代扣系统运行相同的程序，基于相同的中间件，采用相同的报文格式，这样大大地方便了维护和管理。

②客服接口，目前全省所采用的两个客服厂商完全采用相同的接入方式，运行相同的后台接入程序与业务系统互连，这样大大地方便了维护和管理。

③HLR接口，目前全省所有的G网、A网HLR，完全采用相同的接入方式，运行相同的接口程序，通过参数设置区分不同的交换机指令集、不同的版本指令集和号段对应关系，与业务系统互连，这样大大地方便了维护和管理。

3.充分利用原有设备

辽宁移动原有14套分散计费系统、14套分散营帐系统、14套分散查询系统，分别运行的不同的硬件平台、数据库上，共42套系统、42套数据库。

新的BOSS系统割接替换了42套旧系统，同时根据业务发展，又新建了网间结算系统、智能网结算系统、增值业务管理系统，所有这些新系统的建设，完全充分利用原有旧设备，很好的保护了原有投资。

（三）系统新技术的应用

在系统技术应用方面，应保证：数据至上的原则、产品版本统一、采用成熟技术、规范接口标准。

1.数据至上的原则

电信工程讲究"三分技术、七分管理、十二分数据"，通过辽宁移动BOSS系统集中化改造工程，我们也深深认识到了数据的重要性，数据的完整、全面、准确是保证业务能开展的基础，新旧系统割接在某种意义上也可以说是数据割接。

2.采用统一的产品、版本

我们必须深刻认识到产品、版本统一的重要性，产品厂家越少越好，相同设备，尽量用一个厂家产品，最好用统一版本。

在主机、数据库方面，所有系统如计费、营帐、查询、结算、客服等系统，我们都使用相同的硬件平台SUN，使用统一的操作系统版本SOLARIS2.6；使用相同版本的ORACLE V8.0.6数据库，基本上没有遇到障碍。

3.采用成熟技术

我们一定要选用市场上成熟的技术和产品，而不一定是最新的技术。

对ORACLE数据库版本选择，我们选用了最成熟但不是最新的版本V8.0.6，使用过程表现相当稳定。

4.规范接口标准

辽宁移动综合业务管理系统工程有三类主要对外接口，即银行接口、HLR接口、客服接口。对银行接口、HLR接口的采用进行标准化规范和统一，所有银行、HLR采用相同的接入模式、相同的通信协议模式、采用相同的数据报文格式、相同交易定义，相同程序版本，便于对银行和HLR接口的管理和维护。

（四）大胆提出新的业务管理模式

1.首创流动营业厅

为大客户、VIP客户提供自助服务和上门服务问题，采用笔记本电脑+无线上网卡的模式为客户提供便捷服务。流动营业厅使用现有移动网络的无线信道，摆脱空间限制。同时使用RADIUS协议，通过主叫、帐号、密码三层安全认证，确保系统的安全性。流动营业厅是固定营业厅的有效备份方式和形式补充。极大的满足了客户随时随地办理业务的需求。目前流动营业厅在全国已经得到广泛应用。

2.大客户管理、分析系统

大客户业务是辽宁移动整体营销战略的重要组成部分，发展大客户能给公司带来更好的经济效益。大客户管理系统的建设，旨在在大客户售前、售中和售后的整个生命周期中，为客户的市场开拓、有关大客户的信息管理、客户服务及营销决策支持提供一个综合信息处理平台。在系统建设当中，考虑和认识到大客户的忠诚度及对大客户的服务意识，率先开发了相对独立的大客户管理分析系统。

3.其他运营商的反统计系统

为了准确掌握移动市场中，竞争对手的市场动向和相关数据，指导开发了针对其他运营商的反统计系统。

三、辽宁移动BOSS系统集中化改造工程的组织管理

辽宁移动BOSS系统集中化改造工程不仅仅是一项复杂的计算机、网络、软件工程，更是一项艰巨的涉及技术、业务、管理多方面的综合性工程。

在工程组织管理方面，我们做了大量宣传动员工作，提高了整个公司相关人员的工程管理意识，在项目管理中应保证做到：统一认识、职责明确、尊重客观规律、尽量减少扯皮环节。

（一）加强管理、统一认识

辽宁移动BOSS系统集中化改造工程的工程量大、任务艰巨、工期要求短，在工程建设初期，省公司各级领导和各级部门对工程的重要性都有了一致性的认识，有了对目标的统一认识，所以许多工作的开展相当顺利。

（二）分工协作、职责明确

大工程需要各部门协同作战，分工明确、职责明确。辽宁移动BOSS系统集中化改造工程之所以成功，一个重要因素就是有一个职责明确的、受省公司总经理委员会直接领导的、由多部门共同组成的专职项目组，项目组负责整个工程实施的管理、组织、协调、实施，项目组内部分工也十分明确，从需求分析到系统设计、编码、测试、试运行、正式运行，各个阶段、各项任务都落实到了专人。

（三）尊重客观规律

任何事情都有其内在特有的客观发展规律，系统集成和软件工程也是一样，我们要有科学的态度，尊重客观规律。

几乎所有成功或失败的工程都可以证明，软件工程的生命周期必须经过需求分析、系统设计、编码、测试、试运行、正式运行各个阶段，不可穿插或混合。

（四）主动沟通、加强联系

工程实施最怕扯皮，工程实施参与的部门越多、牵涉的厂家越多，扯皮的环节就越多，工程就越难以实施。

辽宁移动BOSS系统集中化改造工程实施顺利的一个重要因素就是扯皮环节少，一个项目组负责整个工程建

设的组织、协调与沟通，系统集成商负责整个项目的集成和软件开发。

四、辽宁移动BOSS系统集中化改造工程主要内容与成果

经过多次的系统升级、整合，我省移动实现从计费、营帐、客服系统的大集中，本次项目主要内容与成果有：

（一）系统设备的整合

新的系统建成后，各地市除保留话单采集服务器以外，只保留路由器等网络设备的接入终端，大大缓解了地市维护压力，应用服务器和数据库服务器均在省计费中心，高标准建成一主一备两套系统（不同地点），配备了高级的系统、数据库、业务技术维护人员，合理的系统、网络配置，强有力的维护力量，良好的机房环境，保证了系统的安全、稳定运行。

（二）用户数据的整合

各地市在开办各处业务的同时，积累了很多宝贵的用户数据，因各地市开办的业务不尽相同，因此在系统升级、割接时，我们的技术、业务人员做了许多工作，第一是原有系统集成商在丢掉新系统开发、集成合同后，对原系统的数据不再做相应支持，因此首先要对系统数据进行解密；原数据库为Informix，现采用Oracle，因此还涉及到不同数据库数据的导出、导入；另外，在统一各地市业务的同时，相同或相近业务都放在一个业务模块中，因此对各市业务数据必须进行整理、过滤，分别导入新系统中。

（三）全省业务的整合

因为各市公司推出的业务多种多样，新系统上线时，必须对这些业务全部支持，才能保证业务的连续性和对原有用户的良好服务，此项工作占了整个工程量的一半，当时集成商调动了40多人，耗时3个多月，才开发完成了系统的主要功能，并且在系统割接过程中，对原有功能不断地进行优化和完善。

（四）系统维护的整合

设备和系统的集中必将带来维护方式的重大调整，为了适应新系统维护的需要，我们从市公司维护人员中抽调精兵强将，充实到省公司计费中心的系统维护和业务开发队伍中来，并对所有在岗人员进行全面培训，大大提高了中心人员技术、业务水平。针对网络设备、终端设备由各地市维护的情况，人事部门调整维护人员结构，加强了网络维护人员、终端维护人员的配备，取消了系统管理人员的设置，同时加强了各市业务人员的培训，使生产人员能更好地使用我们的系统，让BOSS系统为辽宁移动业务发挥更大的作用。

（五）系统管理的整合

BOSS系统建成以后，最大的改变应该是管理模式的改变。因为原来系统分散在全省各市，为了保证快速响应，各地市均配有业务、维护人员，本来可以进行统一维护的系统和业务，现在需要更多人来维护；各地市营帐、计费系统一旦出现故障不能自行处理，往往需要与省中心维护人员联系，沟通很长时间，才能解决；系统不能恢复或硬件损坏严重，需要省公司维护人员赶赴现场才能恢复运行。这些大大增加了维护成本，影响了业务开展和服务水平。

BOSS系统建成以后，这些问题都迎刃而解。公司加强了省中心维护力量，而地市的维护压力大大减轻；系统地域集中，缩短了空间距离，也提高了响应速度；业务的相对统一，减少了应用软件开发量，同时也优化了系统性能；一系列有针对性的规章制度的及时出台，规范了维护管理流程，提高了劳动生产效率。

五、辽宁移动BOSS系统集中化改造主要创新点

通过此次工程项目建设，我们对整个建成的辽宁移动BOSS系统集中化改造工程认真进行了总结，归纳出新BOSS系统与老系统相比具有无可比拟的优越性，新BOSS系统主要创新点如下：

（一）辽宁BOSS系统的建成，改变以前营帐、计费系统分散在各地市的状况，在国内率先实现计费、营帐系统大集中，接着实现客服系统大集中，为全国移动BOSS系统的建设进行了有益的探索，并为全国其他省BOSS建设提供了有益的借鉴。

（二）分散各地的原来营帐系统中的宝贵的用户进行过滤、规范、装载，实现用户数据全省范围内的共享，为用户信用等级管理和黑名单管理提供可能和手段。高效的立即计费系统，将用户立即话费参与实时比较，并纳入用户开停机管理，改善了服务、响应时间，减少和防止各种恶意欠费的产生。

（三）经过业务整合以后的BOSS系统，以统一、全新的系统界面向移动用户展示，向在网和潜在客户提供标准化的品牌服务，大大提升了移动品牌形象，吸引和挽留了移动客户，并为各项移动业务的开展做了有效的支撑。

二等奖

（四）由于建成了系统大集中的BOSS系统，大大方便了生产系统维护，也有利于对系统维护骨干的集中培训，对加强系统维护和故障处理能力，规范维护人员职责提供了可能。

（五）集中化的BOSS系统，直接导致了管理模式的改变。由于集中化改造后，提供了许多新的管理功能和模式，减少了协调、联络等中间环节，极大提高了劳动生产效率，为精简维护人员、提高支撑能力提供了有力保证。

六、辽宁移动BOSS系统集中化改造产生的经济、社会效益

自2002年9月，辽宁移动业务运营支撑系统成功上线以来，犹如激情澎湃的发动机，给予辽宁移动无限的动力。辽宁移动在充分做到对市场、客户需求快速反应的同时，有效地控制了成本降低欠了费率并推出了一系列灵活多样、个性化的业务，增强了客户的忠诚度，极大地保持了品牌的优势，企业的核心竞争力大大提高。

辽宁是中国的东北经济中心，也是国内著名的大都市，是中国面向世界的一扇窗户，因此辽宁对通信业务水平要求非常高。业界专家认为，辽宁移动依靠高效的BOSS系统实现了系统集成化，从而实现了对各种分离业务系统的融合、串联，并使之形成统一的整体，使内、外部业务流程得以顺畅通达和统一协调，企业管理水平、运营效率、服务等能力得以整体的大大提升。作为辽宁本地最大的移动运营商，依靠BOSS系统的有力支撑，辽宁移动在市场上新举频频，不断推出各种新业务和新服务，满足市场的需求，给客户带来了方便快捷的沟通方式。例如，电话漫游方面，在中央开放内地居民香港自由行后，辽宁移动率先推出与香港移动运营商CSL合作的异地补卡服务；针对漫游客户的异地服务需求，于2003年推出国内移动漫游客户的异地受理服务，有效地解决了客户出省漫游后，需要移动运营商及时提供客户服务的问题；针对聋哑人这一特殊人群，推出了受到社会广泛赞誉的“爱心卡”业务；针对农村消费者推出了小康计划、田园计划等业务……

更为重要的是，辽宁移动带给用户的是更多真真切切的新变化。这些变化主要体现在：出账周期明显缩短，提供了令其他一些运营商无法企及的每月1日就可以做到对上个月的出账缴费；实现了按不同套餐不同客户分类下的实时个性化计费，对套餐或预付费用户停机做到实时准确，客户投诉率也因此大大降低。同时对预付费用户实现了有效、实时的预存监控，有力地降低了客户的欠费和坏账。这些新的变化引得众多运营商纷纷前来考察。

对于辽宁移动的新变化，辽宁移动的老客户陈先生高兴地说：“经常出差在外，我唯一担心的是，我的移动电话什么时候会被停机，而现在好了，可以实时知道费用情况，再也不用担心了。选择辽宁移动的同时，我也选择了放心，这不但满足了现阶段我们对个性化消费的追求，而且更保护了我们的权益，实现了我们价值的最大化。”

当然，快速、灵活的市场反映能力，高效的工作效率，给辽宁移动不断赢得了更多用户和更多的市场份额。据有关资料显示，2003年净增客户114.7万户，年末客户总数达到770.1万户。

在辽宁BOSS系统建成前，营帐、计费系统支持的用户数为220万，支持终端数量480台，每年办理业务数量4500万笔；BOSS系统建成后，目前系统支持的用户数722万，BOSS端神州行资费客户100万，支持终端数量2378台，业务数量26392万笔，系统性能和业务支撑能力均有了很大的提高。

本工程项目的成果、意义及产生的效益，主要表现在以下几个方面：

（一）增加管理功能、手段产生的效益

1.为用户资料和客户服务提供了管理手段和平台

以2001年7月的业务量为例，我公司的业务量为13070752件，2003年7月，业务量已经增长到28112338件，比2001年同期增长了一倍多。这么强劲的用户增长，所有用户资料和客户服务工作的管理，完全依赖我省集中化改造后功能强大的BOSS系统，从而大大降低了客户管理、客户服务的维护成本。

2.为用户提供灵活多样的交费手段和途径

系统提供了灵活多样的交费手段和途径，用户可以通过营业厅、合作营业厅、联网银行网点、交费卡充值交费，解决了我公司长期以来存在的缴费难问题，同时提高了对用户的服务质量，并可以通过统一的支撑平台，对各种交费方式进行分类管理和统计分析。

3.系统集中以后，使资源共享成为 可能

当系统分散全省时，用户数据都在各地市公司，省公司只能通过各市公司上报的数据来掌握全省的各项指标情况，由于此项工作过程中人工干预较多，对数据的准确性会有一定的影响，各市公司根据本公司的情况上报的数据可能不能反映业务的实际情况，给省公司管理部门的决策带来一定的影响。系统集中、数据集中后，对BOSS系统的数据提取和统计上进行了扩展，既为市场部门出台各类营销政策提供了基础数据，也为公司领导决

策提供有力的依据。

4.加强对营销渠道的管理

系统改造前，各地市对所属的代销商进行人工管理，没有纳入到系统管理中来。集中改造后，BOSS系统增加了代销管理功能，实现了各地市公司对所属代销渠道的管理，也方便省公司进一步对地市公司的营销渠道进行监督和检查。

5.黑名单管理

BOSS系统集中后，辽宁移动建立了全省的黑名单数据库。如果用户的资料进入了黑名单后，此用户除了办理交费业务外，办理其他业务都会受到限制，从而达到用户交清欠费的目的。通过黑名单的管理，使用户的自我保护意识加强，提高了用户资料的准确性，加强对非信誉客户的管理，有效的控制欠费。

6.加强了欠费回收管理

集中化改造前，系统只能按月出帐，用户都是后付费，因此每月都会产生大量的欠费。辽宁移动BOSS系统集中化改造完成后，由于系统实现了对用户进行实时话费比较的开、停机管理，用户欠费呈逐月下降的趋势，欠费回收率则呈逐月上长的趋势。以业务和收入在全省排前2名的沈阳和大连为例，在系统刚建成的2000年12月，沈阳公司欠费回收率为92.06%，欠费为10352709.18元，2001年12月，欠费回收率为96.01%，欠费为5537838.48元，2002年12月，欠费回收率为98.32%，欠费为2292787.03元；2000年11月，大连公司欠费回收率为95.6%，欠费为3486164.06元，2001年11月，欠费回收率为96.59%，欠费为3688585.87元，2002年11月，欠费回收率为98.7%，欠费为1555600.65元。

从占全省总的业务和收入6成以上的沈阳、大连两地市观察，可以清楚地看出，随着辽宁移动BOSS系统的投入使用和逐步升级，每年由于减少欠费获得的收入相当可观，假如辽宁省移动每年收入为40亿，欠费回收率每上升1个百分点，直接经济收入为4000万，BOSS系统集中化改造带来的经济效益非常明显、惊人。

7.为用户提供了人性化的帐单提醒和信用度管理功能

集中化改造前，系统对欠费用户几乎没有管理，只是每月执行一次对欠费用户的停机，停机前只对部分用户进行人工通知，通知到达率非常低。因此用户对这种服务质量非常不满意。集中化改造完成后，系统针对不同信用度用户，实现了人性化的实时话费提醒、停机机制，既防止用户欠费，又提高了客户满意度。

8.加强了对用户离网分析管理

集中化改造前系统不支持对大客户的分析、服务功能，改造后系统增加了VIP客户管理系统和集团客户管理系统。增加了VIP客户和集团客户的满意度，降低了VIP和集团客户的离网率。

（二）集中化建设带来的直接经济效益

1.节省了营业厅建设的投资和运营成本

依托BOSS系统强大的业务支撑能力以及市场部门的共同努力，现我省各类营业厅和合作营业厅已发展到660个，加了银行网点代收，覆盖了大部分城乡，为移动用户办理各类业务提供极大的方便。在660个营业厅中，自有营业厅不超过100个，其它合作营业厅以场地租金每年5万元计算，营业厅工作人员3人计算，加上其它各种费用，每个营业厅运营成本最少也要10万元，全省按560个合作营业厅计算，仅此一项一年节约的成本（或者说减少投入）将达5600万元。

2.节省了维护系统所需大量的人力、物力

原来系统分散各市时，系统需配备2名系统管理员、网络维护1名和2名业务开发人员，沈阳、大连、鞍山等大地市各增加系统、业务人员4人，全省14个地市，共需维护人员82人；系统集中后，各地市保留网络维护人员，不再单独设立业务人员（由市场部人员兼任），省公司计费中心目前只是增加了9人，节省维护人员59名（82−14−9），按每人工资3万元／年，其它消耗1万元／年，每年就可节省236万元。

（三）集中化改造带来的间接经济效益和社会效益

1.提高了系统安全性能和对移动业务的支撑能力

由于BOSS系统的建成，提高了系统的安全性能，防止和减少了由于系统故障导致移动业务无法正常开展的可能性。因系统无法支撑移动业务办理而导致企业形象的损失，对我公司来说，无法估量。另外，BOSS系统建成后，对新业务支撑能力大大增强，准确，为各类灵活的营销政策的及时推出提供了保障。

2.提升公司形象，产生广泛社会效益

通信是国民经济的基础设施，是为社会和人民生活服务的公用事业。通信行业除了其自身获得的直接经济效益外，更重要的部分是其促进和带动技术进步，提高劳动生产率，方便人民生活带来的社会宏观效益。方便、快捷的各类移动业务和贴心服务，加上移动强大的网络覆盖，大大提升了移动品牌形象，使我辽宁移动在与其它电信运营商在移动业务的竞争中抢占了先机，为我公司新的经济增长点提供了保证。

本项目的建成，将更好地满足各行各业对信息服务的需求，大大促进信息业的发展，推动我省国民经济信息化进程，对我省国民经济的发展必将产生极大的推动作用。节省的人力、物力，尚可以用金钱来衡量，而此次工程项目对辽宁移动产生的社会效益已无法估量。在网络建设已经非常成熟的今天，通信企业间的竞争，已上升为强大的业务支撑系统竞争和满意的客户服务的竞争，辽宁移动BOSS系统集中化改造的成功，必将为我省移动事业的飞速发展，提供强劲的动力和强大的支撑。

成果创造人

主要创造人：张　明、郑晓明

参与创造人：郭英翱、许开明、王海俊、刁成宝、王　欣、张　晖、孙大伟、黄健夫

姓名：张明

公司或部门	职务开始日期	职位名称
沈阳市长途电信局	01–12–1969	无线机务员
沈阳市长途电信局721大学	01–4–1976	学员
沈阳市电信局二长机科	01–12–1978	机务员
沈阳市电信局设计院	01–9–1985	室主任
沈阳市电信局调度室	01–4–1989	副主任
沈阳市电信局规划设计所	01–1–1991	副所长
沈阳市电信局规划设计院	01–2–1993	院长
辽宁省邮电管理局计建处	01–4–1996	副处长
辽宁移动通信公司	01–9–1999	副总经理、党组成员
辽宁移动通信有限责任公司	01–10–2000	副总经理、党组成员、公司董事
辽宁移动通信有限责任公司	01–1–2003	辽宁移动通信有限责任公司董事
辽宁移动通信有限责任公司	01–1–2003	辽宁移动通信有限责任公司党组成员
辽宁移动通信有限责任公司	01–1–2003	辽宁移动通信有限责任公司副总经理

姓名：郑晓明

公司或部门	职务开始日期	职位名称
大连市邮电局长机科	01–7–1984	机务员
沈阳市电信局第二长机科人工班	01–7–1987	机务员
沈阳市电信局无线分局	01–5–1989	班长、技术管理
辽宁省邮电管理局工程技术科	01–5–1993	技术管理
辽宁省移动通信公司运维部	01–1–1995	经理
辽宁移动通信公司	01–12–1996	副总工程师兼计建部经理
辽宁移动通信公司	01–7–1999	总经理助理兼副总工程师
辽宁移动通信有限责任公司	01–9–2000	总工程师、公司董事
辽宁移动通信有限责任公司	02–12–2003	辽宁移动通信有限责任公司董事
辽宁移动通信有限责任公司	02–12–2003	辽宁移动通信有限责任公司副总经理
辽宁移动通信有限责任公司	05–12–2003	辽宁移动通信有限责任公司党组成员

二等奖

以提高投资效益为目标的移动通信企业投入产出管理评估考核体系

湖南移动通信有限责任公司

一、投入产出管理评估考核体系的形成背景、性质和依据

（一）投入产出管理评估考核体系的形成背景

1999年8月，湖南移动挂牌成立时，网络能力严重滞后于业务发展的需求，由于中国移动实行集团公司、省公司两级投资管理，各分公司基于业务发展的压力，总是想方设法找省公司争投资、争项目、争计划。2000年和2001年，我省分别投资30多亿元对现有网络进行了较大规模的扩容，由于投资主体是省公司，各地在进行能力建设和资本投入时普遍存在偏重满足能力而对投资效益考虑较少的问题，因此，在满足了市场发展和服务质量需求的同时，出现了部分站点投资回报率不高甚至亏损的现象。

如何调动企业管理各个层面有效控制投资，既保证业务发展需求，又能引导各分公司自觉控制投资，确保良好的投资效益。我公司对这个问题进行了反复地研究和讨论，在通过大量的调查研究后，最终确定建立一套投入产出管理的综合评估考核体系，完善和优化投资管理流程，通过对各分公司投入产出的考核、引入第三方评估、建立项目后评估制度等方式来有效控制建设规模和资本投入。

（二）投入产出管理评估考核体系的性质

本项目属于提高移动通信企业固定资产利用水平，完善固定资产管理投资决策体系的管理创新型成果。目的是引导移动通信企业由现有的能力满足型和总量控制型投资方式，向确保效益优先型固定资产投资决策的精细化管理方式过渡。

（三）投入产出管理评估考核体系的依据

建立投入产出管理水平评估考核体系，依据各考核单位固定资产价值量、网络资源实物量、通信网络话务量，运用相关数学模型与其创造的收入量进行挂钩考核，促进建立效益优先型投资管理体系，通过完善投资决策监管机制加强企业的固定资产投资管理。

二、投入产出管理评估考核体系的主要内容

投入产出管理综合考核体系以投入产出管理水平和建设项目管理考核为主线，同时与之配套的还有相应的管理办法、实施细则、指导意见等，主要有规划与设计管理考核办法、计划与投资统计管理办法、基础网建设管理考核办法、支撑网建设管理考核办法、土建与局房建设管理办法、传输网规划与建设管理办法、项目后评估管理办法等。投入产出管理综合考核体系的核心是将固定资产的价值量、网络资源的实物量、通信网络的话务量与产出水平挂钩，并通过量化指标进行管理与考核；建设项目管理考核是对移动通信建设中的话务网、新技术新业务网、传输网、支撑网、企业信息化系统、局房建设等工程建设项目的实施进行全过程管理考核。同时，为弥补效益导向型投资决策方式所产生的一些可能影响企业竞争领先优势的问题，创造性地增加了与竞争对手通信能力、服务水平进行对比评估的指标作为否决指标。

（一）投入产出管理水平考核

投入产出考核指标体系的核心是考核各经营单位运用净资产和负债在内的全部资产的总体获利能力，增强对资产经营的关注，促进企业挖掘潜力，积极创收，提高单位资产收益水平。

投入产出管理水平按百分制进行考核，主要考核3个方面：各经营单位总体投入产出水平指标、网络设备创收水平指标和网络设备利用率指标。

1.总体投入产出水平指标（25）

主要考核百元固定资产收入率：各经营单位在本年度内使用的固定资产与所取得的运营收入之间的比率。

$$百元固定资产收入率=\frac{年度运营收入完成数}{（年初、年末固定资产净值之和）/2}\times 100$$

（1）考核该指标实际完成情况，基本分15分。该指标实际完成值达到全省平均水平可得基本分。低于全省平均水平的，每低0.5元扣0.5分，直至扣完该项基本分为止。

（2）考核该指标实际完成值在全省排名情况，基本分5分。该指标实际完成值最高名次为第1名，得5分，依次类推，计分公式为：

$$考核单位该部分得分=\frac{单位数目+1-考核单位该指标排位值}{本年经营单位数目}\times 5$$

（3）考核该指标的同比增长率，基本分5分。同比增长率最高名次为第1名，得5分，依次类推，计分公式为：

$$考核单位该部分得分=\frac{单位数目+1-考核单位该指标排位值}{本年经营单位数目}\times 5$$

2.网络设备创收水平指标（50）

（1）每载频创收水平（12）

$$每载频创收水平=\frac{年度运营收入完成数}{（年内每季度载频数之和）/4}$$

每季度载频数分别包括3个部分：城市载频、农村载频和边际网载频。城市载频按规模建设数计算；农村载频按规模建设数×0.6系数计算；边际网载频按规模建设数×0.5系数计算。

①考核该指标实际完成情况，基本分6分。该指标实际完成值达到全省平均水平，可得本项基本分6分。低于全省平均水平的，每低2000元扣0.3分，直至扣完该项基本分为止。

②考核该指标实际完成值在全省排名情况，基本分3分。该指标实际完成值最高名次为第1名，得3分，依次类推，计分公式为：

$$考核单位该部分得分=\frac{单位数目+1-考核单位该指标排位值}{本年经营单位数目}\times 3$$

③考核该指标的同比增长率，基本分3分。同比增长率最高名次为第1名，得3分，依次类推，计分公式为：

$$考核单位该部分得分=\frac{单位数目+1-考核单位该指标排位值}{本年经营单位数目}\times 3$$

（2）每基站创收水平（16）

$$每基站创收水平=\frac{年度运营收入完成数}{（年内每季度基站数之和）/4}$$

每季度基站数分别包括3个部分：城市基站、农村基站和边际网基站。城市基站按规模建设数计算；农村基站按规模建设数×0.6系数计算；边际网基站按规模建设数×0.5系数计算。

①考核该指标实际完成情况，基本分10分。该指标实际完成值达到全省平均水平，可得本项基本分10分。低于全省平均水平的，每低1万元扣减0.3分，直至扣完该项基本分为止。

②考核该指标实际完成值在全省排名情况，基本分3分。该指标实际完成值最高名次为第1名，得3分，依次类推，计分公式为：

$$考核单位该部分得分=\frac{单位数目+1-考核单位该指标排位值}{本年经营单位数目}\times 3$$

③考核该指标的同比增长率，基本分3分。同比增长率最高名次为第1名，得3分，依次类推，计分公式为：

$$考核单位该部分得分=\frac{单位数目+1-考核单位该指标排位值}{本年经营单位数目}\times 3$$

（3）单位话务量创收水平（10）

$$单位话务量创收水平=\frac{年度运营收入完成数}{全年总话务量}$$

实际完成值达到全省平均水平，可得本项基本分10分。低于全省平均水平的，每低0.2元扣0.2分，直至扣完该项基本分为止。

（4）MSC单位容量创收水平（6）

$$MSC单位容量创收水平=\frac{年度运营收入完成数}{每季度MSC容量之和/4}$$

创新三维绩效管理 驱动战略实施落地

浙江移动通信有限责任公司

二等奖

中国移动董事长、总经理王建宙（左三）在浙江移动总经理徐龙（左二）陪同下视察浙江移动

浙江移动通信有限责任公司隶属中国移动通信集团公司，1997年改制重组，率先在香港和美国同步上市，1999年成立外商独资企业，成为现中国移动（香港）有限公司的内地运营子公司。浙江是面积小省、人口小省、资源小省，但浙江移动客户数和运营收入在中国移动通信集团连续8年稳居第二。尤其是2003年以来，公司在以世界一流通信企业的管理变革基础上，推行整合战略绩效、经营绩效和员工绩效的三维绩效管理，强化战略驱动、精细管理和持续发展，公司用户突破1400万，运营收入突破120亿，人均年产值超过500万。2003年，浙江移动荣获全国“五一”劳动奖状、第十届国家级企业管理现代化创新成果一等奖，浙江省质量管理奖。

一、三维绩效管理的产生背景

（一）浙江移动面临着战略执行力的挑战

成功的战略，30%来源于战略，70%来自于执行。随着产业的逐步成熟，电信运营商之间的竞争不再是单纯的价格竞争，体现在服务、业务、网络、宣传等各方面，更多的是速度之争和执行之争。如何将宏观的战略微观化、量化、闭环化和个体化，通过战略来驱动发展，并强化战略执行与反馈的学习能力，成为浙江移动急需解决的问题。

（二）原有的经营绩效管理面临着挑战

原先对分公司和部门的经营绩效考核，主要通过预算计划制定，存在三大问题：一是与战略的衔接问题。预算计划追求财务数据的严密性，很少顾及长期的战略重点，鼓励的是年度短期、局部和战术性的行为；二是执行和反馈的问题。各部门竞相提高局部指标，仅注重经营状况和预算执行情况，很少花时间来研究和反思战略执行情况；三是财务指标本身存在的局限。财务指标只代表执行结果，反映不出过程信息，忽视了战略目标的实现，反应不出公司核心能力的高低。2003年，张立贵总经理在年度工作报告中提出战略管理对接全面预算管理的要求。

（三）原有的员工绩效管理面临着挑战

浙江移动的员工绩效考核经历了以人事为中心、以工作为中心和以岗位职责为中心等阶段。这种岗位职责往往是按照部门目标制定，常常局限于本部门的短期战术层面，缺少与公司战略的挂钩，员工的行为同公司的战略并不是很一致，甚至相悖；同时，很多战略性项目往往跨部门合作，而员工绩效管理又依据部门目标，这就导致了跨部门合作中的障碍。

正是在这种背景下，2003年，浙江移动提出了三维绩效管理体系，通过整合战略绩效、经营绩效和员工绩效3个维度，有效的提升了执行力，实现了战略驱动、精细管理和持续改善。

二、三维绩效管理的内涵及要点

浙江移动的三维绩效管理不是目标，而是提升公司执行能力的关键手段。它强调战略驱动，通过公司层面的战略绩效、部门和分公司层面的经营绩效，以及员工层面的员工绩效三大体系的有机衔接，通过建立共识、规划目标、强化执行、实施评估和平台支撑五大主要做法，实现战略驱动、精细管理、持续改善（图1）。

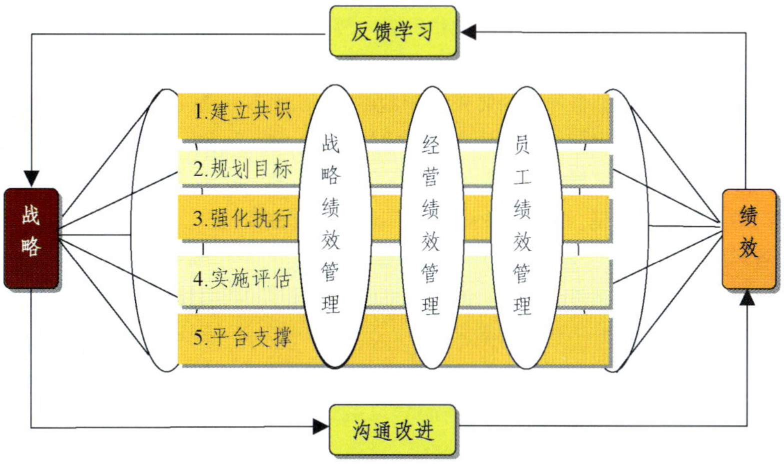

图1　三维绩效管理体系的系统机理图

三维绩效管理具有以下内涵和特点：

（一）三维绩效管理是实现战略高绩效运作的执行系统

三维绩效管理，是战略绩效、经营绩效和员工绩效三个维度整合一致的一体化的战略执行系统。战略绩效包含但不限于经营绩效，侧重于公司整体层面，平衡公司可持续发展和完成年度计划目标之间关系，通过创新发展课题管理，做大“三大转变、五个一”，实现宏观战略的微观化、量化和闭环化；经营绩效，衔接集团公司和香港母公司，依据发展课题，以项目化预算管理为基础，实现战略导向的资源最优化配置和年度计划目标；而员工绩效，主要是在员工个体层面，是按照动态的目标＋静态的职责”原则，将战略绩效和经营绩效在各级员工层面的细化。通过战略绩效同经营绩效的有效结合，以及战略绩效同经营绩效的有机融合，将长期的战略转化为近期内的计划，群体的目标转化为个体的绩效，将组织的战略转化为个人的行动，实现战略驱动，过程管理，平衡资源，协调发展，确保战略的有效落地和执行。

（二）三维绩效管理是实现精细管理的闭环系统

通过建立以三维绩效为中心的的管理系统，五大环节环环相扣、闭环运作，通过透明的KPI绩效管理代替了“人管人”现象，扭转了粗放管理、拍脑袋管理现象，提升了精细管理的水平：首先，共识和承诺是公司管理的基本精神。通过沟通、培训和参与，形成共识，确保步调一致；其次，建立三维目标体系，通过对战略目标（KRA）和指标（KPI）的层层分解（纵向分解、横向分解和时间分解），在每个层面都配套相应的KPI，同时通过预算项目化管理，清楚的知道在公司战略体系下自己的目标、职责、需要做的行动；第三，通过立体的执行体系，通过公司五大委员会、指令型项目小组、指导型项目小组和自发型项目小组等发展课题项目团队形式，实现从部门条块型向团队合作型的转变，强化执行；第四，通过战略绩效审计、经营绩效考评和员工绩效管理，创新红黄绿灯预警机制，明确现状和目标之间的差距，有效的沟通、反馈和调整，促进战略目标的实现，并加强了发展风险管理；第五，建立了三维绩效的组织平台、三维绩效信息化平台和绩效导向的沟通文化平台，降低了精细管理的成本，提升了管理效率。

（三）三维绩效管理是实现持续改善的学习系统

三维绩效管理的核心精神在于：共识、承诺、学习，是一个绩效考核的过程，更是一个达成共识、绩效辅导、沟通学习的过程：首先，三维绩效目标的层层分解体系，就是团队共同参与，自上而下、自下而上反复沟通，达成共识的过程，沟通在前，衡量在后；其次，三维绩效管理是一个承诺执行的过程。在达成共识的基础上，自下而上承诺，才能够从要我作变成我要作；第三，三维绩效是一个学习而非仅是考核的过程。强调激励文化，而非惩罚文化，其首要目的是完成任务，关注的是解决问题、完成战略目标和经营计划，而非仅关注事后的绩效结果和事后的奖惩；第四，以发展课题为核心的三维绩效体系，尤其是其中发展课题五个一中的一张战略地图、一棵指标树，成为一种沟通交流的执行语言体系，各级员工只要按图索骥，即可了解自己做什么、为什么作、如何做、做到什么程度、做了以后会怎样，便于沟通、交流，成为判别和筛选项目的依据。

三、三维绩效管理的主要做法

（一）以公司战略为驱动，建立三维绩效管理共识

相对于原有体系而言，推行三维绩效管理具有较大的变革性，阻碍其实施的首先就是各级员工固有的管理理念和习惯。在推行之前，公司组织了绩效管理调研，发现公司的管理还未以绩效目标达成为核心，更不用说是以战略目标为核心。因此，推行三维绩效管理，需要对三维绩效管理的意义和内涵达成共识，从而使工作由被动变为主动。

1.通过公司管理层推动来提升三维绩效管理共识

三维绩效管理推进是一把手工程，公司徐龙总经理将三维绩效管理体系的推进作为提高公司管理执行力的关键环节纳入公司年度工作报告，在季度经营分析会议、总经理座谈会和月度总经理致辞上，反复强调把三维绩效管理作为管理重点来抓。公司建立了高层管理团队（TMT）的定期沟通制度，由公司管理层、人力资源部、企业发展部和财务部门，以及外部咨询专家定期沟通，率先制定管理层发展课题和绩效计划，商讨绩效推进中管理层的行动措施及资源支持，使得绩效管理自上而下推进。

2.通过强化培训和宣传来提升三维绩效管理共识

公司在全省多次开展了发展课题管理培训、项目化预算管理研讨和人力资源绩效改进项目培训。在全员培训基础上，重点组织对各级发展课题管理员的培训，体现种子的作用。仅2003年10月份起，公司就通过电视电话会议、现场会、研讨会等形式，分别在项目的各阶段组织多轮以发展课题为主线的三维绩效管理培训、方法培训和编制问题研讨，确保了观念的统一和方法的正确应用。

浙江移动1860集中化客服中心话房

3.通过充分的沟通和参与来推进三维绩效管理共识

分为三个层面：一是企业发展部、财务部和人力资源部的合作推动。实现三维绩效管理，首先就要改变负责经营绩效的财务部和负责员工绩效的人力资源部的工作思想和习惯，公司成立企业发展部、财务部和人力资源部关键成员的联合工作组，从始至终一起工作，一起推动三维绩效管理开展，确保三个维度的良好衔接；二是各级部门经理和发展课题管理员的参与。以发展课题为主线的三维绩效目标体系的制定，是在在公司管理层的领导和推动下，各部门经理直接主持、各级发展课题管理员协助、全员参与的反复沟通、达成共识的过程。其中，仅就发展课题，公司就组织了管理层务虚会、按照市场、网络、综合的分片研讨会、与部门经理的面对面碰头会、全省课题的确认会等活动；三是全员参与。公司组织发展课题月，全员参加编制发展课题，最后形成在自上而下的发展课题框架基础上，自下而上形成的发展课题草案。

4.通过对三维绩效管理工作本身的绩效管理来推进三维绩效管理共识。

公司将三维绩效管理的推进程度、三大绩效体系的衔接程度纳入公司发展课题，纳入企业发展部、财务部和人力资源部的绩效管理中。同时，将发展课题的有效完成率、预算达成准确率、绩效管理实施率3个指标纳入各级经理的绩效计划书。

（二）以发展课题为主线，建立三维绩效目标体系

合理的制定战略绩效、经营绩效和员工绩效的目标，实现战略绩效同经营绩效的有效结合，战略绩效同员工绩效的有机融合，是三维绩效管理的基础和关键。公司按照战略绩效、经营绩效和员工绩效依次略为脱后但基本并行的顺序建立三维绩效目标体系，制定后由财务部、人力资源部和企业发展部三堂会审，最终递交发展战略委员会审批通过。

1.依托发展课题，建立战略绩效目标体系

公司发展课题是依据公司战略方向、目标和重点，制定的可执行、可衡量的年度战略实施计划，融合了目标管理、项目管理和质量管理，是提升战略执行能力的有效手段和运营管理的重要创新。它是一个由公司级发展课题和地市级发展课题组成的二级体系，包括课题、子课题、关键措施、重要活动、时间进度，每层次都明确相应的负责人和部门。公司发展课题时间跨度一年，一般每年10月份启动编制。

2003年，浙江移动发展课题实现三大转变，从而推动了战略的微观化、量化和闭环化：一是实现从计划驱动向战略目标驱动转变。强调战略分析，找出关键驱动及成功因素，明确战略重点和目标，并从上到下层层分解。子课题和措施都以目标为设置依据，以目标为筛选原则。如结合集团公司服务和业务双领先战略重点，在发展战略、创新战略和运营战略上，制定了做区域市场的领导者、业务创新的领跑者和运营管理的领先者的"三领"目标，并结合战略分析制定了2004年十大发展课题，然后层层分解为子课题、关键措施和重要行动目标，并在每个层面都配套相应的KPI；二是实现从垂直组织向立体网络编制转变。编制过程自上而下、自下而上结合，融战略逻辑性、部门实务性、创新性于一体。同时采用分片讨论、头脑风暴、部门面对面交流等多种沟通方式。最后从管理层、部门经理、骨干员工到一般员工一层层延伸、交流、传递；三是实现从部门条块型向团队合作型转变。课题编制以目标为导向，在课题、子课题、关键措施和重要活动层面都确定相应的负责人，每一层负责人同所辖行动的负责人构成相应的项目小组。一般课题由管理层负责，子课题由部门经理或副职负责，关键措施由副职或主管负责，而重要活动则由骨干员工负责。子课题层面一般都是跨部门合作，从而有效的解决了跨部门协作问题。如集团客户专线接入项目，原先很大程度上是集团客户部负责，其他部门协助支撑，但集团客户部没有相应的权限来协调。而在新的编制形式下，该工程明确分工，集团客户总体协调，并负责需求规划和项目具体应用，规划部负责项目立项和采购，工程建设中心负责建设，业务支撑中心负责计费支持，而数据中心负责开通新业务以及短信接入。同时在协调基础上，明确相应的时间以及各项重要活动的负责人。

发展课题的具体编制分为5个关键步骤：战略目标和方案制定、发展课题目标和措施的分解、项目团队组建、课题各级KPI（衡量指标）确定、指标值与绩效带的确定。最终，通过课题目标自上而下层层分解，措施纵向横向反复沟通，绩效自下而上级级承诺，形成了发展课题的5个一：一张战略地图。从公司实际情况出发，结合集团公司的3年目标，将总体战略目标系统地分解，形成战略逻辑分析图。其中目标和措施的分解具有逻辑性和系统性，下一级目标和措施分解应能必要而充分地满足上一层目标的实现，措施在逻辑上不重叠、冲突；一

二等奖

浙江移动总经理徐龙

棵指标树。为年度发展课题每层次都配套KPI指标（衡量指标），实现从战略目标到措施指标的有效分解，实现目标－措施－指标闭环，建立可测量、可控制、可考评的衡量控制体系，并通过标杆分析、历史绩效表现、战略价值模型分析，确定战略衡量指标目标值，设定红黄绿灯绩效带，及时预警管控。同时，KPI在横向部门分解、纵向岗位分解的同时，还结合公司发展的时间节奏安排，按照时间分解，一般分解到季度；一本措施书。积极梳理年度发展课题行动方案，完成年度发展课题书的编制，实现从决策到执行的软着陆；一套工具。整合项目管理、质量管理的各种方法和工具，不断完善战略管理工具库，优化过程管理，确保有效执行；一张卡。结合发展课题和岗位职责，签订绩效计划书，发放平衡计分卡，课题到团队，指标到个人，实现群体目标和个体目标、战略措施同员工行为的一致性，有效提升公司整体战略绩效。

2.创新项目化预算管理，建立与战略绩效有效结合的经营绩效目标体系

发展课题战略绩效目标包含但不限于年度经营绩效指标。浙江移动认为，预算本身并不是最终目的，更多的是充当一种在公司战略与经营绩效之间联系的工具。2003年，公司预算管理实现3个变化，预算编制稍后于发展课题制定，但基本上保持同步，从而确保战略目标和重点的完成，实现投入产出的最大化，实现企业宏观效益目标的微观化、长期目标的年度化。

（1）依托发展课题实现了全面预算的项目化管理。公司认为，"精细化" 在预算管理上具体表现为 "项目化"

初期的全面预算管理，涵盖了市场需求、业务发展、网络规划、投资管理等各方面内容，在广度上比较到位，但主要按类别、按预算期管理，在深度、精细度上存在不足。比如，费用预算中有年度广告费用预算编制及控制内容，但只按大类别、按年度进行管理，不能区分构成广告费总额的许多个别事项的合理性及效益。在此情况下，2003年，公司提出了以项目化预算管理的方式，即：对独立的、能合理预计费用发生可能性的经济业务，通过一定的分类标准，建立预算项目及子项目；并以项目为单位进行预算申报、审核、过程控制及考核评价的预算管理方法。公司将预算分为定额费用和项目化预算两类。其中项目化预算是按照公司发展课题为依据，与公司发展课题、子课题、关键措施和重要活动新增完整对应，构成发展课题后面的预算资源配置。

（2）依托发展课题制定了战略导向的年度经营绩效

经营绩效一般是结合集团公司任务分解，按照全面预算制定。在原有的按照部门计划汇总整合的体制下，各部门往往关注本部门职责范围的任务、指标，部门之间很难协调。而依据项目化预算管理制定的年度经营绩效指标，基本克服了这些问题，实现三大转变：一是公司的年度经营绩效指标，包括了集团公司下达的年度指标，但不限于集团公司指标，而是充分考虑了浙江省移动通信市场的特点和公司的长期发展战略，增加了一些指标，尤其是增加了一些观测跟踪指标。同时在一些指标上自我加压，提高目标值；二是由于发展课题的编制遵循战略目标驱动的原则，考虑了部门之间的协调，因此据此制定的项目化预算管理和经营绩效，较好的解决了经营绩效纵向与战略脱节，横向部门之间失衡的问题。如，将收入总目标分解落实到集团客户部及营销中心，新业务收入分解到营销中心、数据中心和集团客户部，数据中心指标中增加了商用化的新产品数量等指标，从而保证了各专业部门从不同角度承担了更直接相关的预算指标任务，从多个方面及角度、交叉地保证战略总目标的实现；三是按照发展课题的时间节奏设定，对经营绩效指标进行了时间节奏的分解。比如按照公司"高开高走、先开先走" 的节奏部署，动感地带品牌各季度用户发展分别为30%、30%、20%、20%。

（3）实现了生产部门经营绩效的 "利润中心化"

随着管理集中化程度的提高，省公司客服中心、网管中心等专业生产部门承担了原来属于市分公司的生产职能。为更精确反映专业部门的工作业绩，公司对各专业生产部门的其他个性及共性指标也进行了分解，比如网管中心的接通率、掉话率，支撑中心的开发及时率、数据差错率等个性指标，投诉处理满意率、预算控制成功率等共性指标等。在关键指标合理分解基础上，建立了对网管中心、支撑中心、客服中心等3个生产部门的经营绩效考核制度，避免了专门部门跟着所在分公司吃大锅饭的情况，考核结果与薪金挂钩，使部门考核逐步走向分公司化、利润中心化。

3.结合岗位职责，建立与战略绩效、经营绩效融合的员工绩效目标体系

浙江移动认为，只有从工作目标而非工作的过程和职责出发，确定员工绩效目标，才是有意义的。如果只考虑工作过程中的活动，最多只能简化现有的过程。由此，公司按照 "动态的目标＋静态的职责" 的方式，依据发展课题各层KPI和部门经营绩效目标，结合岗位职责，制定各级员工的绩效目标。

员工绩效目标制定与公司发展课题编制并行。在公司发展课题编制时，省公司企业发展部与人力资源部、财务部共同成立工作小组。在项目前期，尤其是在制定课题各级KPI指标、绩效带，明确发展课题负责人时，开始深度介入。其中，主要结合岗位职责，明确发展课题各层次负责人，课题一般由公司管理层负责，子课题一般由部门经理层/副职负责，关键措施一般由部门副职或者主管负责，重要活动一般由相应岗位的骨干员工负责。

公司以发展课题为主线，将发展课题的KPI衡量指标作为主要部分纳入各级员工个人绩效计划书，确保各级员工绩效KPI同发展课题目标的一致性。由于发展课题主要是公司的战略性重要工作，因此员工绩效计划同发展课题的结合同发展课题的结合，在不同层次有不同体现。原则上，课题层KPI是管理层绩效计划书的主要输入，子课题KPI是部门经理层面的主要输入，关键措施和重要活动衡量指标是员工层面的重要输入。而在一般员工层面，按照“能量化的量化，不能量化的细化”的原则，除了结合发展课题目标和KPI外，岗位日常工作体现较多。员工绩效计划书的KPI，除了设定年度绩效指标的基本值和挑战值外，还结合发展课题的时间节奏控制，按季度分解。另外，为了强化发展课题的过程管理，发展课题重要活动的有效完成率作为经理层绩效计划书的共性指标。

在绩效计划书签订时，分层签订，先签订管理层的绩效计划书，再签订部门管理层的绩效计划书，最后再签订员工的绩效计划书，从而一层一层实现压力传递，确保下层目标和活动支撑上一层次。为了增强员工的主动性，从规范管理向自我管理发展，公司建立了个人承诺制度，即各级员工对绩效计划中的KPI指标和工作目标、任务在充分沟通、达成共识的基础上，向上级承诺。通过绩效计划书和个人承诺制度有机的结合，千斤重担千人挑，人人头上有指标，实现战略绩效和经营绩效的落地，从要我做变成我要做。

（三）以团队合作为核心，强化三维绩效的执行能力

在传统的定期书面报告、定期一对一面谈、定期会议以及非正式沟通等绩效辅导工作基础上，公司制定了《发展课题项目小组活动指导意见》，强调通过发展课题项目小组活动，通过部门条块型向团队合作型的转型，来推进三维绩效的执行。

1.组建三种类型的发展课题项目小组，提升三维绩效执行能力

发展课题项目小组活动是围绕着发展课题，按照项目管理的方式组织开展的群众性活动。公司鼓励围绕着发展课题，以解决问题、改进质量、降低成本、创新突破、提高效益为目的，组建各种形式的发展课题项目团队。

（1）通过指令型发展课题项目小组活动，确保公司战略重点的落实

公司发展课题中的子课题、关键措施，原则上按照发展课题明确的子课题项目小组和关键措施项目小组开展工作，但具体组织形式可分为两种：虚拟项目小组和指令型项目小组。其中，虚拟项目小组是指按照项目小组的方式开展活动，但属于正常的职能范围，能正常运作，不需要登记、管理的发展课题项目小组。而指令型项目小组是指发展课题中明确规定工作目标、工作内容和团队组成，同时由于操作难度较大，常需要较大的跨部门协调力度，需要统一登记和管理的项目小组。发展课题指令型项目一般结合公司五大专业委员会的工作展开。为健全公司决策程序，强化团队管理、项目管理的管理机制，提升跨部门、跨专业的团队协作的管理能力，浙江移动成立了发展战略、市场管理、投资网络管理、审计和薪酬等5个专业委员会。五大专业委员会作为管理层下设的专门工作议事组织和协调机构，主要辅助管理层讨论公司在市场、网络、管理上的战略问题和紧迫问题，提出解决方案，推进战略重点和战略目标的实现。各专业委员会下设办公室、专业工作组和发展课题项目小组。通过五大委员会推进发展课题指令型项目小组的工作，确保了公司战略重点的有效执行和落实。

（2）通过指导型发展课题项目小组活动，推动公司重点项目的落实

省公司企业发展部和各级归口管理部门，围绕年度发展课题，针对运营中存在的重点、难点，定期发布发展课题项目攻关清单。各级员工可依据该清单，自发组建发展课题项目小组。在具体实践中，公司上下创新性提出很多有益的方法。如丽水公司的全省内部标杆学习法，丽水公司围绕着公司的发展课题，每个部门在全省11个地市公司内选取做得最好的作为学习标竿，如在流程管理上以杭州分公司为标竿，在集团客户上以湖州分公司为标竿，从而有的放矢，加强学习，缩短差距；又如温州分公司的发展课题主题月活动，每月公布一个主题，围绕该主题有所创新，有所突破。

（3）通过自选型发展课题项目小组活动，实现公司岗位创新和突破

结合岗位问题，按照QC小组形式，组建“小、细、新、活”的发展课题项目小组，自由选题，自愿组合，群策群力，并充分利用了ISO9000质量管理方法。如宁波网优中心针对网络优化发展课题开展了“提高话务掉话比，打造优质移动网络”的课题小组活动。小组通过因果图、头脑风暴法等方法对无线网络话务掉话比较低的现状进行分析，确认造成当前现状的主要原因，并制定了对策图实施解决。最终在2002年全省网络质量测试中，宁波公司综合测试成绩全省第一，话务掉话比指标超过优秀指标。另外，在自选题目同发展课题的结合上，有两种

二等奖

方法：一是从设想到课题的归纳法，如业务支撑中心在全国率先建设的《短信营业厅创新提案》是对电子化营销渠道发展子课题的补充；二是从课题到创新的演绎法，如绍兴分公司在集团客户行业解决方案子课题基础上提出《电力行业移动信息化解决方案》。

2.强化发展课题项目小组的过程管理，打造高绩效团队

（1）发展课题项目小组的登记注册管理

发展课题项目小组的组建，需填写发展课题项目小组注册登记表，报备归口管理部门登记注册。否则不纳入公司评优等管理。省公司直接报备企业发展部，分公司报备分公司归口管理部门，汇总后抄送省公司企业发展部。已经登记注册的小组在半年内不活动或连续一年没有成果，将予以注销。

（2）发展课题项目小组的活动过程管理

明确发展课题项目小组要坚持经常性活动，每月至少一至二次，每次约1—2小时，每次要做好书面记录。定期对项目小组的活动情况、活动案例和成果进行登记、统计和整理，计算普及率、活动率、成果率，每月在公司管理月报上发布。

（3）发展课题项目小组的奖惩管理

公司每年针对子课题和关键措施层面评选十大优秀发展课题；针对后两种项目小组类型，评选十大优秀发展课题项目小组，鼓励"小、实、活、新"；同时，结合发展课题项目小组活动普及率、活动率和成果率，评选发展课题项目小组活动优秀单位。

（四）以风险管理为特色，实施三维绩效评估管理

绩效评估环节是决定整合绩效管理成败的关键环节，公司通过战略绩效审计（评估）、经营绩效考核和员工绩效考评的同步开展，确保了三维绩效的闭环管理。

1.开展战略绩效预警和审计

发展课题审计分为月度自评、季度审计和年度总结三种形式，按分层评估、逐级协调、整合汇总的原则组织开展。月度自评侧重于月度课题执行情况的跟踪总结，结果在公司管理月报发布，季度和年度审计结果报批公司发展战略委员会后发布。

在具体审计内容上，包括发展课题的绩效审计、执行审计，以及团队合作和创新审计三部分。

发展课题绩效审计主要评估发展课题目标的完成情况，即课题各级KPI（或衡量标志）的完成效果。在发展

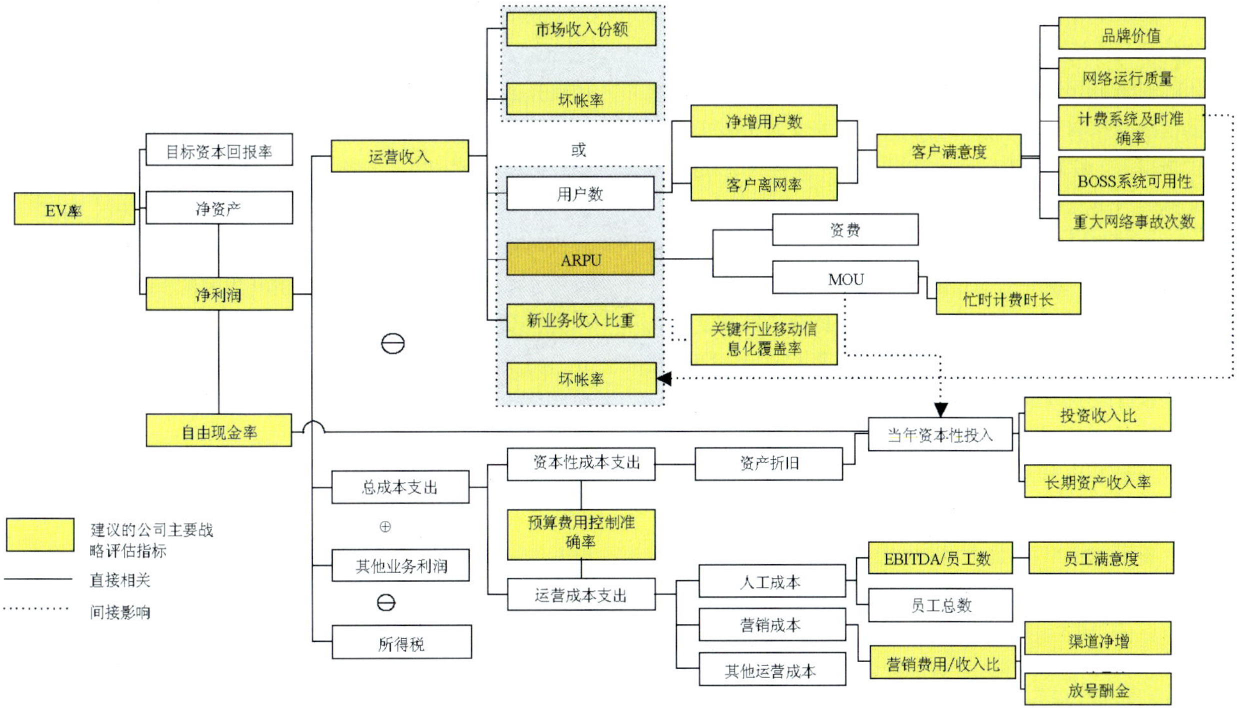

图2　公司级战略绩效卡及其逻辑关系图

课题制定时，十大课题层面的KPI经过整理后形成公司级战略绩效卡，同时每个KPI又设置基本目标值和挑战目标值的绩效带。对于没有历史数据，难以设置目标值的指标，则设为观测跟踪指标。公司采用红黄绿灯机制对公司级战略绩效卡和子课题的KPI进行监测、预警和评估。其中，实际完成低于当前基本目标为红灯、高于当前挑战目标为绿灯，中间为黄灯。在具体审计时，列出课题和子课题的红、黄灯清单，按照公司级战略绩效卡中各指标从过程到结果的因果逻辑关系，按照发展课题课题、子课题、关键措施和重要活动的逻辑关系，结合执行情况，追踪、分析原因，提出纠偏建议，从而提前发现问题，解决问题，强化了战略性风险管理。

发展课题执行审计主要针对课题重要活动的有效执行情况。在逐级执行评估的基础上，通过按各单位维度计算发展课题有效完成率体现：发展课题有效完成率＝截至当前本单位实际完成的发展课题重要活动数量／截至当前应完成的发展课题重要活动×100%。发展课题的有效完成率基本目标为90%，挑战目标是95%。如果该重要活动（包括活动内容、完成标志和时间进度等）申请调整并按调整流程通过审批，同时在额定调整率范围内，则以调整后的重要活动作为评估基数。如子课题、关键措施目标没有完成（红灯），原则上所属重要活动不算有效完成。

发展课题团队合作和创新审计主要评估发展课题实施的项目小组活动和创新情况。根据发展课题项目小组的注册登记、活动情况，以及评估过程中逐层审批汇总的团队合作和创新评估情况，计算发展课题团队合作和创新得分：发展课题项目小组普及率×30%＋活动率×30%＋成果率×40%。

为了保证发展课题的灵活性和适用性，开展发展课题调整工作。重要活动只需子课题负责人同意即可，关键措施和子课题调整报批发展战略委员会。每季度发展课题的调整率控制在10%之内，如调整率超出10%，发展课题有效完成率的应完成活动基数按照10%调整的计算，同时对“发展课题有效完成率”指标扣减。对于发展战略委员会不定期确定的发展课题重点措施和活动，进行重点跟踪。

鉴于各级KPI与经营绩效和各级员工绩效计划书KPI的相对一致性，在审计取数上将实现共享。发展课题的绩效评估结果将作为各级员工绩效考核的输入依据。发展课题有效完成率纳入各级经理绩效计划书的共性指标考评。对于跨部门项目小组，小组负责人总体协调并协助相关部门经理对小组成员进行绩效管理。各级经理积极支持下属员工在发展课题跨部门项目小组中的工作，并对下属员工的发展课题工作情况负责。同时，开展多种形式的发展课题评优工作。

2.实施经营绩效评估和考核

在开展项目化预算管理，制定经营绩效后，公司下发各市公司和专业部门的经营绩效考核办法，每月对分公司和专业部门业绩考核进行测算，并将得分通报全省。同时开展经营分析，每月给管理层和相关部门提供经营分析报告。经营绩效考核涉及指标数量较少，为了更好的把握经营情况，公司在战略预警的基础上，从涵盖分公司经营绩效的运营收入、新业务收入、数据业务发展、运营效益、放号成本效益、维护成本效益、市场效果、集团客户质量、欠费管理、高价值客户管理、投资利用效益和资产利用效益等12个方面27项更为具体细项的指标来全面的跟踪监测11个分公司的经营绩效运作情况，实现经营预警，从而能够有效的观察经营指标的变动情况，揭示存在的短木板，提醒管理部门可能存在的工作缺陷。在具体预警方法上，公司按照公司级的战略绩效预警方法，将对分公司的预警指标设置基本目标和挑战目标，低于基本目标为红灯、高于挑战目标为绿灯，两者之间为黄灯。对于预警诊断变量采取“例外管理”，黄灯指标重点警告，红灯指标则要求相应分公司递交预警反馈报告，分析症结所在，找出适当的措施来避免风险。

在完善经营绩效考评的同时，公司改革了市分公司人工成本体系和管理办法，将分公司人工成本和业绩考核得分直接挂钩。各分公司和专业部门根据业绩考核得分，计提分公司和专业部门当月人工成本，年底公司根据年度业绩结果进行清算。这样，将分公司人工成本总额与经营绩效得分直接挂钩，使经营绩效的好坏与员工的切身利益密切相关，使经营绩效考核的过程与结果紧密关联，促使分公司和专业部门随时随地密切关注业绩的变化情况，促进了公司战略目标、经营目标的整体实现。

3.强化员工绩效沟通和评估

员工绩效按月度和季度两种类型进行评估，其中管理人员按季度评估，生产人员按月度评估。为确保三维绩效的有效衔接，公司企业发展部与人力资源部联合发文，开展发展课题季度评估和管理人员绩效的季度考核工作。在具体考核上，一般先由员工按照承诺的绩效计划书，进行自我评估，然后提交上级进行考评。考核结果严格排序，按正态分布比例确定各绩效等级，同时进一步优化排序结果的产生机制。

在员工考核过程中，公司强调绩效沟通和辅导。原来实行的员工绩效考评中，员工通过OA递交考核表，管理人员打分实施评估，员工与管理者之间缺乏有效的交流和沟通，不仅对实现公司战略目标没有裨益，而且无形之间造成了领导和员工之间的隔阂。为此，公司采用绩效回顾与谈话制度结合形式，鼓励经常性指导和反馈，提供鼓励、方向、指示来帮助下属完成绩效计划中的关键绩效指标或工作目标；强调召开绩效回顾会议，用正式会议的形式回顾跟踪员工绩效计划完成情况，期间遇到的问题，以及需要提高的能力。通过加强对各部门绩效反馈情况的抽查，设立针对绩效反馈情况的考核指标，在绩效管理的电子化基础上，强化、督促各级管理人员进行绩效面谈，从而保证上下级对绩效结果的沟通过程。另外，在经理层面，公司实施业绩合同制度及半年度的公开述职制度。

绩效结果与奖惩挂钩是保证绩效管理得以贯彻的必要条件。公司通过对绩效结果的分析，合理调整岗位，实现人职匹配和员工职业发展的优化。公司将绩效结果正态分布与公司"活力曲线"相结合，建立"活力曲线"的实现机制，实现业绩考核3%的淘汰比例。建立绩效末位的"红、黄牌"制，考核人有权在考核结果产生后对绩效末位的人进行"黄牌"警告和"红牌"淘汰。以季度考核为周期，对于业绩评价为须改进的员工进行"黄牌警告"，对于当年连续两次或累计三次遭"黄牌警告"的员工，则"红牌"淘汰，进入待岗或重新安排岗位。同时，公司将绩效结果与薪酬挂钩，根据职员的考核结果确定是否提高工资、晋升职务，发放奖金。其中，员工薪酬中的业绩奖励部分，是在经营业绩考核核定的人工成本基础上，按照部门内部的绩效分布核发。

（五）以信息化为突破，建立三维绩效支撑保障平台体系

公司建立了三维绩效组织制度、管理系统和绩效文化三大平台，有力的支撑了三维绩效的良好运行，推动了公司从生产中心型组织向战略中心型组织的转型。

1.打造三维绩效管理的组织制度平台

公司成立发展战略委员会。发展战略委员会是发展课题管理的最高决策机构，领导建设和完善发展课题管理体系，领导公司战略分析、方案制定、课题规划、组织实施、控制评估、变化调整等工作，审批签发重要决策和报告，领导推动以发展课题为基础的战略绩效、以项目化全面预算管理为依托的经营绩效和以员工KPI为核心的员工绩效三大绩效管理体系的有效衔接和融合。公司企业发展部是全省发展课题和战略绩效的归口管理部门，财务部是项目化全面预算以及经营绩效管理的归口管理部门，而人力资源部是员工绩效的归口管理部门。为推进三维绩效的衔接，在发展战略委员会下，设企业管理小组，由企业发展部、财务部和人力资源部共同组成，负责相应的日常管理。同时，战略绩效、经营绩效和员工绩效在依次制定后，由财务部、人力资源部和企业发展部三堂会审，最终递交发展战略委员会审批通过。

公司成立四位一体的三维绩效管理队伍。公司在发展课题管理员网络基础上，成立了三维绩效管理员网络，在公司各部门设立三维绩效综合岗，负责四方面的工作：发展课题管理、项目化全面预算管理、绩效管理和部门计划管理。通过四方面工作在同一岗位的集成，确保了战略绩效、经营绩效和员工绩效的有效衔接。

公司建立了三维绩效管理的流程体系。浙江移动编制下发了《浙江移动发展课题管理办法（第四版）》、《发展课题评估指导意见》、《发展课题项目小组活动指导意见》、《浙江移动员工KPI考核指导意见》、《浙江移动项目化预算管理指导意见》等多项有关三维绩效的管理制度，明确了战略绩效、经营绩效和员工绩效之间的关系，明确了三者之间的衔接流程。同时，为了进一步推进发展课题的团队编制工作，公司还下发了《浙江移动发展课题编制细则》，明确了发展课题编制的程序，以及发展课题编制的团队工作方法和六项指导原则（图3）。

2.打造三维绩效管理的管理系统平台

随着公司绩效管理向多维度、精细化发展，出现了三个急需解决的问题：一是信息不对称问题。比如在发展课题管理上，从十大课题到子课题再到关键措施和重要活动，是一个发散的树状结构，到最后可能有几百个重要活动。在此情况下，不可能对每个活动都非常了解。即使按照分层管理原则，由熟悉情况的上级负责人来评估，但由于评估结果上级负责人要负责，容易产生合谋现象；二是管理成本问题。随着绩效管理的复杂化，如果没有信息系统支撑，员工将花费大量的精力去参与三维绩效管理，管理成本很高；三是运作推广问题。如果没有信息系统固化相应的流程和制度，将很难推行落实。在此情况下，公司建设了三维绩效信息化管理平台，其中，结合公司统一信息平台开发，率先建设了发展课题管理信息化模块；结合财务MIS系统的完善，建设开发了全面预算管理系统；同时，完善了原有的OA员工绩效管理系统，并移植到统一信息平台。

随着三维绩效管理信息平台的建设，三维绩效管理的效率得到很大提升，强化了组织内部的学习和共享。比如，公司建立了发展课题管理模块，其中包括发展课题规划、查询、评审和管理等功能。通过发展课题规划功能，能够实现各部门自下而上编制的发展课题建议稿的自动合并，这在子课题层面多为跨部门项目的情况下，有效的提升了手工在Excel中合并的工作量；通过发展课题查询功能，能"向上一条线，向下一棵树"查询，即在查询结果的显示上，向上把所归属的子课题、课题都列

基于客户感知的服务能力管理

上海移动通信有限责任公司

二等奖

上海市委书记陈良宇、市长韩正参观移动新业务

近年来，上海移动面对激烈的市场竞争环境，在中国移动通信集团公司和中国移动（香港）有限公司的领导下，认真贯彻“双领先”战略，以世界一流通信企业为目标，经受住市场竞争的挑战与考验，经营效益稳步提高、通信能力不断壮大，企业综合实力取得了跨越式发展。尤其是2003年，上海移动面对“非典”疫情等考验，不畏困难不懈奋进，业务收入上再创佳绩，全年完成收入96.77亿元，同比增长14.19%，高于集团公司平均水平；服务上锐意进取，在2003年集团公司客户满意度考评中得了27.4分（满分30分），且较02年上升9.16个百分点，领先竞争对手8.6个百分点；管理上继续开拓创新，全面落实了“管理年”的十大举措，管理能力再上台阶。

上海移动先后荣获了全国用户满意企业、全国模范职工之家、上海市用户满意企业和上海市文明单位二连冠等多项荣誉称号。2003年公司还被上海市市政府授予“上海市质量金奖企业”称号。这是以上海市市政府名义颁发的质量管理方面的最高奖励，全市仅8家企业当选，上海移动是其中唯一的一家IT企业。在此值得提出的是，上述荣誉和成绩与上海移动全面建设基于客户感知的服务能力有着密切关系。

一、基于客户感知的服务能力管理的背景

（一）上海移动上市运营后面临的竞争环境变化

公司在上市后面临着诸多挑战，尤其在管理方面有几个关键问题亟待解决。

一是国际资本市场要求企业迅速完成管理的升级。公司率先在境外上市后，传统的国企管理模式面临重大冲击。国际资本市场要求公司的运营和管理同国际化的现代企业管理接轨，股东要求企业成为国际一流的通信运营企业，创造最高的价值回报。这是企业面临的一个新课题。

二是激烈的市场竞争要求企业从规模扩张型向规模效益型转变。随着电信垄断的打破，市场竞争空前激烈，竞争的内涵发生重大变化，服务和业务创新一跃成为电信市场竞争的主旋律。在新的竞争环境中，如何锻造核心竞争力，成为企业面临的重要使命。

三是企业的实际运营管理同世界一流通信企业存在相当差距。通过同世界一流通信企业的标杆研究发现，在管理水平、创新能力等方面差距较大。各项管理流程建立在职能分工的基础上，适应生产型企业的要求、带有非客户导向的倾向，具有典型国企的弊端。因此，如何完成从生产型企业向服务型企业的转变，以客户为导向，通过建立科学合理的流程降低运行成本、提高运行效率、迅速响应市场需求变化，为客户提供快捷方便的服务，从而增强企业的核心竞争力，在激烈的市场竞争中保持主动地位，是公司急需解决的重大课题。

四是服务时代的到来要求我们高度重视客户的感知。渐变中的市场带来新的服务需求，随着卖方市场日向买方市场过渡，运营商之间的竞争加剧，客户控制力的加强彰显了消费者主权，客户对服务主动性、一致性、可管理性等要求得以强化。与此同时，受益于信息技术应用的全面升级，新型运营商管理模型（Etom）要求服务不仅作为附属性部门，而且要充当重要的新渠道（包括分析信息渠道、产品推销渠道和客户忠诚度渠道等）。由此，以服务优势获取竞争优势成为大势所趋，一流的服务能力成为电信运营商持续发展不可或缺的基础。

（二）基于客户感知服务能力管理模式的过程分析

任何企业向客户提供服务的过程都可以简单抽象为下面的一个过程模型：

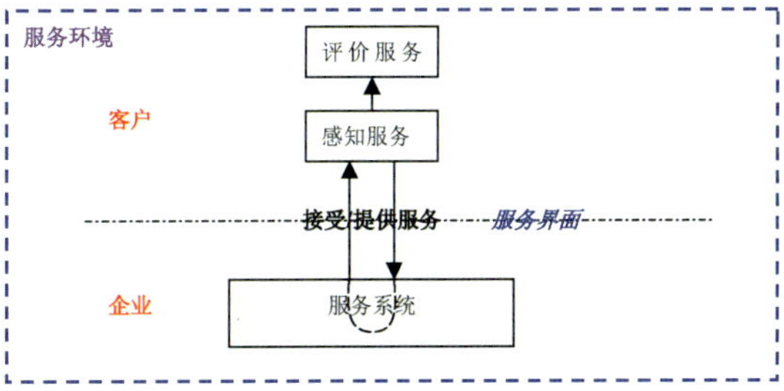

图1 服务的一般过程

首先，企业向客户提供服务的过程是一个动态的交互过程，这种交互过程包括了企业与客户之间的交互（基于企业提供的服务界面）以及企业内部的交互流程。交互过程结束，则服务终结，这充分表现出了服务本身的顾客参与性和易逝性。

服务结束之后，客户将根据自己的期望和实际感知从各个方面（例如，可靠性、响应性、保证性、移情性和有形性）对企业服务系统进行评价，最终形成自己对服务质量的判断（例如，客户满意度），成为企业服务绩效的一个关键指标。

显然，影响客户判断的最直接因素就是服务系统同客户的交互过程。其中，企业的服务效率、服务界面设

关爱客户打造一流企业

计的完备及标准化程度又是影响客户判断的主要因素。评价企业的服务系统，不仅要关注服务绩效，还应当综合对服务过程的客观评价。此外，系统的内部因素（例如，服务系统自身的运转效率，所能提供的最大服务容量等等，这些内部因素可以抽象的归结为服务系统的服务能力）也将直接或间接地影响客户的主观感受。

最后，服务环境（比如服务本身的普及程度，国家/城市的发展程度，客户的文化程度等等）也会影响客户对企业服务系统的期望，从而影响客户对企业服务质量的评估。。

对电信企业而言，客户消费过程就是企业的生产组织过程，也是全程服务的过程。综上所述，在整个服务过程中，客户在每一个服务接触点上都感知并评价着服务的质量，同时也决定着他们对服务的满意度。只有客户真正需要的、以客户需求为导向的服务，才能让客户真切地感知中国移动的"服务与业务双领先"战略，才能赢得客户的信赖。

由此，上海移动"基于客户感知服务能力管理模式"的直观表现是：基于客户感知，以合理的成本结构为客户提供具有高附加价值的服务，从而持续巩固和提升上海移动的企业市场价值。其基本内涵则是：建立基于客户感知的服务能力管理系统，持续培育和提升把握客户感知的能力，并创造与之匹配的服务模式、工具、手段等。

基于上述背景和理论认识，自2002年3月起，上海移动全面启动了"服务再造"工程，正式推出"基于客户感知的服务能力管理模式"，经过两年的实践，取得了较为显著的成效。

二、基于客户感知的服务能力管理模式的核心内容

（一）基于客户感知建立上海移动服务能力管理模型

1.上海移动对于客户感知与服务能力的认知

（1）客户感知价值

成功的移动运营商承担了双重任务：一方面满足消费者需求，另一方面创造消费者需求，因此运营商必须有勇有谋在市场上抛砖引玉。然而，巨变的时代，运营商的认识与消费者的实际需求不可避免地存在差距。因此，上海移动必须对客户感知（准确地讲是客户感知的价值）进行动态追踪。

对于移动运营商，客户感知价值与感知成本之间的平衡或差额，即"净客户感知价值"。根据客户的需求动机特征，上海移动进一步将客户感知价值分为四个基本类别（图2）。

* 功能性价值是产品或服务消费的内在优点，通常

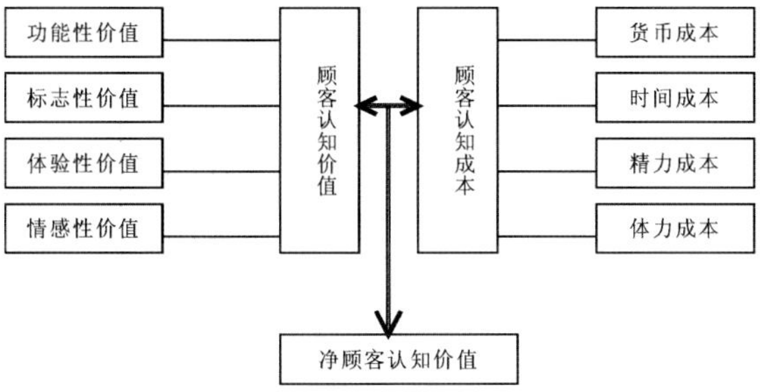

图2 净客户认知价值的来源

与产品（业务）属性一致。这种价值通常与基本动机相关，如生理需要、安全需要、沟通需要等，并与消除或避免某个问题有关，如移动通信服务首先旨在满足人们随时随地沟通的需要。

＊ 标志性价值是产品和服务的外在价值，常与非产品相关联想有关，尤其涉及用户形象。标志性价值体现了潜在的社会认同、自我表现和交际与自尊的需求。目前，在中高端客户，特别是相对保守稳重型的成功人士中，中国移动的全球通较之联通的"新时空"仍具有巨大的标志性价值优势。

＊ 体验性价值是指能引起消费者使用产品或服务兴趣的价值，它同时对应于产品相关属性与非产品相关属性。这些价值能满足体验性需求，如感官满足、多样化、认知刺激等。中国移动MZONE的推出，一定程度上在年轻客户群中传播了体验性价值。

＊ 情感性价值是关于产品相关属性与非相关属性的升华，体现为客户对于一个品牌的总体归属感，更多的是情感上的诉求，是形成客户忠诚的行为基础。

（2）服务能力

上海移动认为，在考虑了管理、组织以及其他内外部支撑条件的正常情况下，服务能力是一个服务单位能够配置和运用有关资源达到预期服务目标（最优服务容量或有效服务容量）的本领（知识、经验和技能等）。

随着运营商业务同质化趋势的显化，一旦基于网络技术和规模的边际优势不复存在，则客户将更加关注非功能性的价值。随着客户成熟度及个性化程度的空前提高，引导客户偏好变得日益困难。即使运营商提供了优质服务，也未必会给所有客户带来认知价值。分解并追踪分析客户感知价值是运营商服务能力管理的基础，否则运营商将倾向为客户提供多余或错误的服务，导致客户满意度下降以及服务成本居高不下。此外，移动运营商目前面临的一个现实服务管理难题是，增强对高价值客户的粘性，究竟该如何定位通信外（非业务关联型）服务，并如何将其与通信内（业务关联型）服务进行有机整合。上海移动认为，发挥比较优势和资源优势将是上海移动定位通信外服务并整合通信内服务，培育提升综合服务能力的一个重要原则。

2.上海移动基于客户感知的服务能力管理操作模型

考虑到服务能力管理问题的复杂性，上海移动尝试引入平衡计分卡原理，分战略设计、管理控制和一线实施和信息系统四个层面对基于客户感知的服务能力管理的操作模型进行设计（图3）。

"分级控制"是这一模型的核心思想。由以上操作模型可见，服务能力管理牵涉到企业内外部的众多环节，而

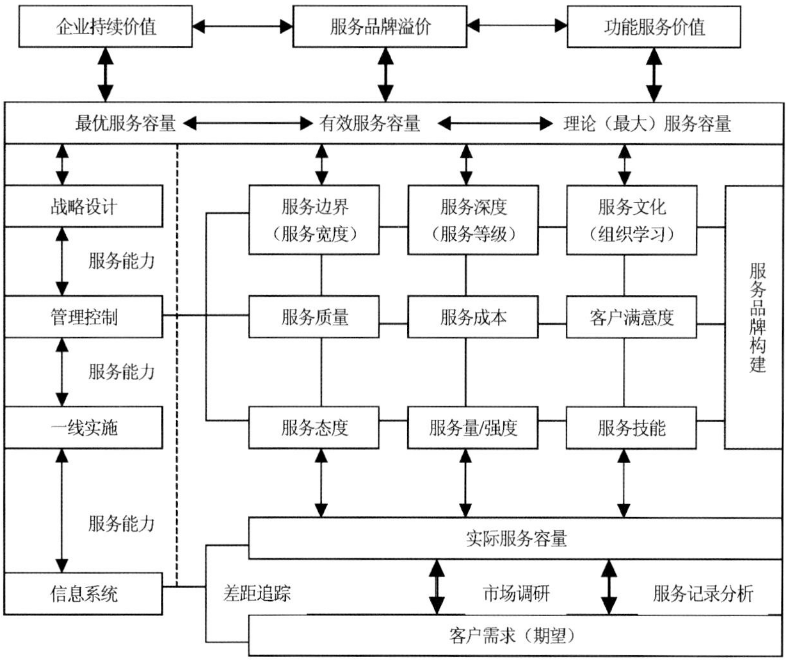

图3 上海移动基于客户感知的服务能力管理操作模型

且各环节之间的联系也是动态的，上图仅就战略设计、管理控制、一线实施和信息系统等四个层面的要点环节进行了归纳，此外各个层级还有一些工作需要引起重视，如：战略设计层面要提供有效的组织保障和流程梳理；管理控制层面要注重服务团队的稳定性与成长性等。

客户在装饰一新的营业厅办理业务

上海移动认为：服务能力管理是一个严密的系统工程，单个环节的出色并不能保证其他环节的效率。但是，市场竞争模式与消费者偏好的变化很大程度上使服务能力管理的各个环节显出了轻重缓急。目前，全国和上海地区的移动通信市场处于相对动荡的时期，消费者也日益善于利用各运营商之间的利益冲突，因此，战略设计的地位将在一段时期尤其突出。

（二）建立并完善客户服务信息系统（SIS）

适应于新的竞争环境，上海移动已经逐步将企业核心价值重心由网络资产向客户资产转变。为基于客户感知创造并不断提升服务的附加价值，上海移动依靠科学化、数据化的服务信息系统（SIS）收集客户消费信息，利用数据挖掘技术进行深层次的剖析，为客户服务提供更为精确的信息。基于这一信息系统，研究客户的消费行为，预测其未来的行为表现及潜在价值或风险，定制有针对性的差异化服务方案等，应对市场的变化和挑战。

上海移动SIS（Service Information System）服务信息系统采用了OLAP技术，其特点功能有：

* 360度客户信息综合视图。这个客户信息的完整视图可帮助市场营销管理者识别客户的消费习惯及倾向，并将其迅速转换为新的服务项目或具有针对性的营销方案。它为呼叫中心的服务人员提供准确完整的信息，协助他们及时解决客户的问题，并有效地把握交叉销售与纵向销售的机会。

* 可供配置的直观预置报告和互动仪表盘功能。这是度量销售、市场推广、服务、伙伴管理及行政人员表现的最直观方案。提供度身定制的卓越的分析及报告功能，深入分析客户趋势及整体业务表现。

* 客户服务周期管理功能。对客户行为的细分与理解是通过个性化营销与服务实现超越竞争的基础。对每位客户的使用行为、消费习惯加以密切的关注和科学的预测，使服务贯穿于客户在网的整个生命周期过程中，在进行销售创造利润的同时提供最有效的服务。

总之，上海移动SIS系统通过对客户信息、流程信息、服务信息的收集、显示与分析，在上海移动服务转型的过程中起到决策性的“头脑”作用，是基于客户感知服务能力管理的重要基石。

（三）梳理服务能力规划流程

为持续提升公司服务资源配置效率，上海移动由总经理联席会议定期不定期组织相关部门对原有服务体系、新开发服务的容量和能力建设进行研究，并根据各部门提交的方案和信息系统的分析对公司有效服务容量标杆

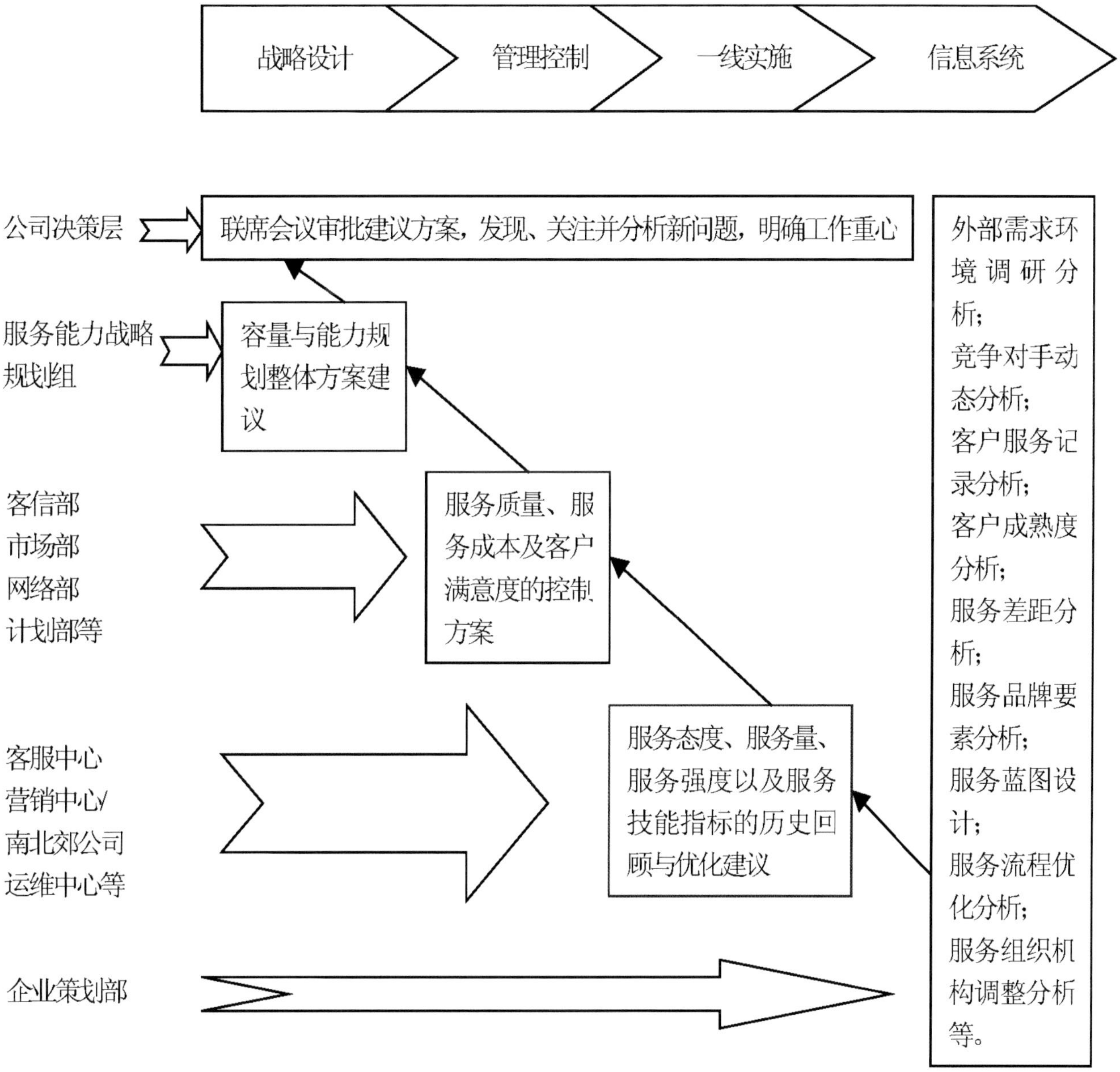

图4　上海移动服务能力规划流程

进行修正，明确公司有待培育的服务核心能力要素和资源配置模式。最终提交公司决策层审批，并根据决策层意见作进一步的修订和完善，通过后下发各执行部门，实现服务能力规划流程的良性循环。

同时，除了组建服务能力规划组之外，上海移动还在客信部增设二级部门：客户关系管理部。由该部牵头整合各部门日常服务信息的处理，并加强与各相关部门的沟通，为提升服务能力规划组的工作效率打好基础（图4）。

（四）建立基于客户感知的服务质量管理体系

1.基于客户感知全面整合、规范运营流程

2002年4月，公司导入ISO9001：2000新版标准体系，充分借鉴ISO9000体系中的"过程方法"、"管理的系统方法"等理念，基于客户视角重新审视企业经营流程，

在信息网络平台支撑基础上，建设了系统的规范的运营流程，并于2003年6月6日取得由上海市质量体系审核中心颁发的三张ISO9001：2000版认证证书，分别由中国认证机构国家认可委（CNAB）、美国认可机构（RAB）和荷兰认可机构（RvA）授权认可。

2、建立客户化的组织体系和质量监督保障体系

因此，2002年公司专门成立了以客户服务管理为主要职能的客户服务与信息系统部。各基层单位相应设立了质量管理室，配备专职质量管理员，细分管理职责和权限，修订、完善已有的服务质量管理流程及办法，建立服务质量新的管理体系。重组后各质量管理部门直接面向客户，管理路径缩短，反应速度加快，从组织机制上有效地保障客户服务工作的落实。

在组织保障的基础上，公司建立了一个立体的质量监督网络。内有职工代表、离退休干部、青年代表组成的公司质量监督员队伍，外有社会知名人士为代表的社会质量监督员，身边有以大客户代表组成的客户委员会，各服务窗口还自聘了“啄木鸟”，相互之间明确权责，形成了上下结合、内外结合、组织机构健全、信息反馈灵敏、高效畅通的质量监督保障体系。

3、建立以客户感知为标准的评价体系

公司将客户满意度作为考核各部门和各单位的重要指标，聘请了第三方公司每季定期对服务质量进行测评。内容包括：1860客服热线拨测、营业厅暗访，并进行每季度一次的客户满意度调查和每月一次整改情况复查，通过第三方和客户评价暴露服务薄弱环节，进行针对性整改。公司对中介机构每次的测评结果进行梳理和分析，将未达标的项目分类汇总后，向所属责任单位发放整改通知单，督促其限期整改，并组织复查，与绩效考评挂钩，从而形成“测评—分析—改进—再测评—再分析—再提高”的不断循环和自我完善的闭环流程。公司还坚持每月编写《服务质量简报》，召开由公司相关职能部门以及各对外服务窗口单位的质量管理条线人员参加的质量分析会，对服务质量以及难点、热点问题进行分析。其次建立司务会上典型投诉案例的分析制度，通过案例寻找问题根源，在日常质量管理工作中形成“预防与控制，反应与纠正”的闭环管理。

（五）以客户感知为导向，整合通信内外服务

1.打造一流服务与业务的网络基础

网络质量是通信运营企业的生命线。2001年上海移动的网络“大决战”工程新增网络容量630万门，是以往13年建设量总和的2倍，网络规模达到近1000万门。2002年公司完成了1000多幢楼宇的室内覆盖，上海市的室外区域和市内的三星级以上宾馆、大型商业文化体育场所、地铁全线、越江隧道都实现无缝覆盖。但上海移动并未因此而满足，紧跟上海市政建设脚步和动态需求，又两次组织开展了“百万上海移动客户有奖找盲区”活动，发动所有客户对上海移动网络质量挑瑕疵，促进上海移动的通信质量精益求精。通过连续两年的网络“扫盲运动”和“精品工程”，上海移动“精品网络”现已初具规模，无线接通率高于99.8%，掉话率低于0.8%。在信息产业部、集团公司、市通信管理局及媒体记者多次组织的网络质量测评中，上海移动各项指标均领先上海同业水平。另外，公司提出了“网络是服务基础”的理念，网络发展从技术驱动向客户驱动转变，网络建设从以投资规模为中心向以客户需求为中心转变，网络质量从指标考核向达到客户满意转变。

2.重视内部客户感知，提升以人为本的服务软件基础

为了适应客户日益专业性和复杂化的需求，上海移动不仅需要拓展专家营销策略，还需要提供专家级的服务。在此条件下，必须全面提升以人为本的服务软件基础。

（1）推动内部员工满意度的循环

为确保内部员工的意见能够通畅反映到决策层，上海移动建立了动态的客户经理满意度指数系统。定期或不定期对于相关部门的员工进行全面调研或者抽检。特别是针对与中高端客户密切接触的一线客户经理，公司提供了形式更为多样的意见收集与反馈系统，对客户经理反映的重要问题，建立了优先上报制度，责任部门如未能及时研究反馈将追究其相关责任。

（2）设计绩效捆绑体系

上海移动定期对各级服务人员的KPI指标进行审核，逐步建立并完善了客户经理的绩效捆绑体系。根据公司客户性质、服务历史、拓展难度等指标修正客户经理绩效，为客户经理的主观能动性提供了更为客观全面的考察维度。

（3）持续提升服务人员的人力资本

上海移动为各级服务人员特别是大客户服务经理制订了成熟的培训计划，每年每名大客户服务经理参加正式培训的时间不少于一周。同时，根据上海国际化大都市高端客户服务需求逐日提升的实际，尝试引入了硕士级的客户服务经理，推动各级服务部门的内部学习，并根据实际情况完善了客户经理末位淘汰制。

3.增强业务关联型服务（通信内服务），凸显双领先优势

为方便客户就近办理业务，近两年上海移动新增了30多个营业网点，营业厅达到50多个，几乎遍布上海各个角落，形成一幅巨大的营业网络图。上海移动与邮政局、银行、超市等合作，使全市客户缴费点达到四千多个，同时开出了银行转付、缴费卡电话交付等多种手段，大大方便了客户缴费；其中客户热线建设更显著，上海移动曾三次对客服热线进行了扩容改造，使热线坐席从60席到150席到280席到540席，员工从200多人到1200多人，每日处理的客户呼叫量从99年的5000余次到现在近20万，增长近40倍。在渠道建设上，实施渠道的战略转型，制定了全面完善的渠道转型计划，2003年有14家体验站、1家M-ZONE品牌店开张，开创了互动营销的新模式。

全球通客户俱乐部的建立，使全球通俱乐部的会员感受到了由通信服务延伸而来的各种服务。2002年10月上海移动在全国首推与香港CSL异地补卡业务，极大地满足了一些经常往来于沪港两地的上海移动VIP客户的异地补卡需求，而新近在此基础上开发的漫游优先登陆和"一卡双号"业务，更是将此项服务推向了新的高度。我们还特别推出了江浙沪异地服务漫游，所有全球通俱乐部会员都能通过江浙沪异地服务始终保持通信畅通，使服务不再受地域的限制。

近年来上海移动不断创新大客户服务项目，先后推出："雨中情"服务、免费提供手机信息工具箱服务、赠送飞利浦现金券服务，与跨行业产品合作，提供更多提高客户生活品质的服务、开辟免催、免停特别通道、"移动锦囊"服务等服务项目。以前一般用户遗失手机后先要办理停机，然后再要到营业厅去办理补卡。为了方便客户，2002年上海移动推出补卡专递，只要客户需要上海移动可以把卡送到客户手上。针对出差在外手机遗失的情况，推出了"移动锦囊"即备卡服务。用户有需要就到我营业厅申请备卡。有了备卡，不管你在何处，手机遗失，只要打一个电话到1860就可马上把旧卡停掉，新卡激活马上可使用。使这项本来需用户自己在几小时到营业厅办理的业务，现在只需一个电话几分钟就解决。

同时，上海移动在全国率先推出了"爱心卡"服务，实现了聋哑客户也能使用移动电话的愿望。通过在SIM卡中预制百条日常生活用语，设计优惠的资费，然后与残联一起进行推广。许多聋哑人亲属收到聋哑人的短信都异常激动，聋哑人看到亲人给他的短信更是激动。以往只能用手语面对面交流，现在可以用手机这种现代通信工具，用短信随时随地进行交流，聋哑人"讲话"。这一服务上的创新得到上海市通信管理局领导的高度评价，也深受社会特殊群体的认可和好评，取得了良好的社会效应。2004年5月上海移动再次根据聋哑客户手机上网获取信息的需求，对原"爱心卡"资费标准进行调整，新增了"爱心秘书"，并提供比现行各GPRS套餐更优惠的三档套餐，称为"爱心GPRS"。

作为主导移动运营商，上海移动一直致力于社会公益事业。上海是中国第一个进入老龄化社会的城市，目前有83万老人独守空巢。2004年初，上海移动发起了"爱心助老"旧手机回收及捐赠活动，以"助老卡"的特殊定位功能及优惠的资费方案为孤寡老人提供个性化亲情化的服务。救助者可以通过社区服务中心"安康通"户外救助系统确认老人的大致位置，实施救助。老人可以以手机为媒介得到延伸至户外的救助，满足老年人的需求，爱老、助老成为一个长期的可延续的工程。

为进一步营造放心消费环境，体现追求满意服务的理念，我们于2003年6月率先策划组织了"移动帐务金点子大奖赛"和"退一奖一"活动。一个月内收到帐务金点子建议1919条，有415人次参加"退一奖一"活动。在"退一奖一"活动的基础上，更于03年9月正式向社会作出"话费误差双倍返还"的服务承诺。

4.提升非业务关联型服务（通信外服务），增强客户差异化感知

要获取并维系有价值的顾客，不仅要使顾客满意，还要令顾客愉悦。运营商的业务关联型服务可能会使顾客满意，但要使顾客达到"完全满意"的愉悦状态，业务关联型服务仍然力有不及。可以预见，随着业务关联型服务向标准化和同质化进一步发展，运营商非业务关联性服务的地位将继续提升。为此，上海移动根据自身的资源基础，着眼于差异化优势，重点提升相关的通信外服务。

例如，根据高端客户外出频繁、讲究便捷舒适的特点，上海移动设计开发出特色通信外服务项目："全球通"易登机服务。为上海移动大客户提供登机一条龙服务。客户一踏进上海浦东、虹桥机场，就能享受到上海移动为其提供的易登机服务，包括：贵宾候机休息、代办登机手续、专用安检通道、专车送客登机等，使客户的旅行更加顺畅、旅程更加舒适、身份更加尊贵。而另一项为全球通VIP客户专门设计、开发的服务项目——"中国移动VIP申卡"，也在全国开创了先河。这是一张唯上海移动全球通客户俱乐部会员专享的无风险、双币种信用卡，此项服务充分体现了上海移动利用社会资源的宽度和广度。

又如，客户往往面对众多的资费方案难以抉择。上海移动推出的"理财专席"服务，为全球通签约客户和易达卡客户提供个性化通信理财服务项目。即根据客户的消费特征，为客户作选择"资费套餐"的参谋，让客户省钱或用同样的钱打更多电话，为客户量身打造最符合其需求和消费习惯的业务及资费组合，使客户真正体会到上海移动细致入微的服务，提升了全球通品牌含金量。

此外，上海移动还致力于完善其他全球通 VIP 客户会员服务，如高尔夫球赛、会员联谊活动、演出剧目赠券等。针对普通消费者，积极尝试提供12580和积分兑换跨行业产品等通信外服务，取得了良好的市场反响。

三、实施效果

（一）缩短了与世界一流通信企业的差距

2003年，上海移动客户满意度为74.16，同世界一流通信运营企业，即中移集团公司设定的日本DOCOMO、英国VODAFONE、德国电信DT和美国VERIZON的客户满意度标杆值（75）相比，缩短了差距，并超过了3年分阶段目标区间中2003年客户满意度的目标值（高值70）。

（二）提高了中国移动的美誉度

2003年，上海移动被上海市市政府授予的“上海市质量金奖企业”称号，这是上海市市政府颁发的质量方面的最高奖励，全市仅8家企业当选，上海移动是其中唯一的一家IT企业。上海移动还荣获中国质量协会颁发的“全国用户满意企业”称号，并连续2年获得“全国优质服务月先进单位”、“上海市用户满意企业”、等殊荣，公司客服中心、九江路营业厅等5个单位被授予“上海市用户满意服务”称号，8个服务窗口被市通管局评为“上海市通信企业文明示范窗口”称号。

（三）创造了更高的企业效益

显著控制了离网率的上升。VIP 客户离网率02年为2.96%，03年为5.92%，而04年预测为6%，离网率增速明显放缓。

有效遏制了高价值客户ARPU的下降。2003年，全网客户ARPU值下降了9.7%，而VIP客户的ARPU值下降比率为8.3%，不仅降幅相对较低，而且ARPU值绝对数达到前者的7.13倍。

降低了营销成本。理论和实践表明，新增用户的ARPU低于老用户，而留住一个老用户的成本，远比发展一个新用户要低。因此，从投入产出角度而言，将营销成本后移，控制用户离网率和ARPU下降方面的资金投入为企业带来了更多的效益。

2003年，公司净增客户114.7万户，年末客户总数达到770.1万户，同比增长17.5%；全面通话量达到130亿分钟，同比增长9.11%。数据业务发展取得突破，短消息流量超过158亿条，同比增长120%。业务收入高速增长，全面完成收入96.77亿元，同比增长14.19%，高于集团公司平均水平。每员工创造运营收入390万元。企业市场地位的巩固、业绩的提升和实力的壮大，增强了员工的成就感，进一步激发了员工参与市场竞争的热情。

（四）培养了高素质、复合型的服务团队

客户服务理念在战略层面的定位、员工对于服务的深化认识，学习型组织的建设，形成了一支稳定、团结、应变快速的员工团队。建立“学习”与个人职业发展的通道，提供各种学习机会和富有挑战性的工作，使员工感到工作有“奔头”，做到了“事业留人”。在我们的客服团队中，管理者本科学历以上的占55%；客户经理本科学历以上（含本科）占68.5%，还有3名硕士研究生。两年来，有31名普通员工通过公司的培养和自身的努力走上管理者岗位，有160余人获得各级各类荣誉表彰。

企业目标和个人发展的有机结合，使上海移动“客户优先、珍视员工、追求卓越、精诚合作、求知若渴、奉献社会”的核心价值观正在内化为员工的精神动力与自觉行动。

（五）维护了产业的稳定发展，促进城市综合竞争力的提升

在电信竞争趋于白热化的今天，上海移动强化服务能力管理，以超出客户预期亦即超值服务理性参与竞争，而不是简单地以更低的资费、更多的优惠进行市场回应，有效地避免了新一轮价格战的发生，维护了上海地区移动通信市场的稳定发展局面。

同时，上海移动秉持“做信息社会栋梁”的企业理念，提供的优质服务和创造的积极客户感知不仅提高了本地客户的信息化生活质量，而且成为地区会展经济的可靠保障。三届亚太地区城市信息化论坛、2003福布斯全球CEO论坛、2003国际汽车展、联合国亚太经社第60届年会、2004哈佛商学院校友会等大型展会的组委会都曾来电或致函感谢公司的全力通信支持。上海移动为培育国际化大都市、提升城市综合竞争力、促进地区经济的可持续发展发挥了不可替代的作用。

结语：

成为一家创新和领先的、为客户、股东、员工和社会持续创造最优价值且最值得信赖的信息通信服务公司，是上海移动的使命。我们将在中国移动集团公司领导下，坚持以人为本的价值取向，继续深入贯彻“服务与业务领先”战略，以超值服务提升客户满意度，实现企业的全面协调持续发展，向世界一流通信企业的目标稳步迈进。

成果创造人

主要创造人：郑　杰

参与创造人：蔡桂保、张桂兴、金耀星、林　莉

郑杰，现任上海移动通信有限责任公司党委书记、董事长、总经理，经济学博士、教授级高级工程师。

1984年毕业于上海交通大学应用物理系，90年代又先后获得中欧国际工商管理学院工商管理硕士学位、美国哈佛大学公共行政管理硕士学位和复旦大学经济学博士学位。

历任上海市电话局总工程师、副局长，上海市长途电信局局长，上海市邮电管理局副局长，上海移动通信公司副总经理。

1994年荣获国家突出贡献专家特殊津贴；1995年荣获全国青年科技标兵和上海市科技精英称号；1996年荣获上海市十大杰出青年称号；2002年荣获首届上海企业青年经济风云人物（风云奖）；2003年初当选上海市第十二届人民代表大会代表；2004年荣获全国实施用户满意工程先进个人称号。

通过网管系统实现对全省网络的监控。公司提出的奋斗目标也不可能实现。网络维护部门为了解决海量告警对网络监控带来的冲击，通过对网管系统上千丝万缕的告警信息进行分析，把由同一个故障产生的多个告警信息建立关联，让网管系统上告警只在故障点体现，不仅减少了告警量，也使故障定位更加精确，同时也降低了网络的维护成本，提高了维护人员的工作效率，使我们的网络更加的稳定。

2003四川移动通信公司在集团公司的领导下，依据全国网管系统三期建设思路，实施"故障筛子"的项目。"故障筛子"项目中的故障关联规则是在集团公司定义的8条关联规则的基础上，根据我省的网络情况以及实际维护情况制定的。目前共实现了20个关联规则的定义，其中包括了集团公司所定义的三大规则，其余17个规则都是根据我省的实际需求在集团公司规则定义的基础上新增加的故障规则。

四川移动网管中心"故障筛子"项目中目前共实现了20个关联规则的定义，其中包括了集团公司所定义的3个规则（目的不可达告警、LINK、LINKSET），其余17个规则是根据我省的实际需求在集团公司规则定义的基础上新增加的故障规则。具体的规则描述及作用如下：

(二)爱立信告警关联规则

1.本对端link告警关联分析

描述：告警标题为"CCITT7 SIGNALLING LINK FAILURE"的Link的本对端告警都产生，则派生一条新的link告警事件，将本对端的告警压缩到新派生的link告警下。

作用：对具体的一条LINK进行关联，产生LINK的本对端告警。

2.Bts和cell告警关联分析

描述：当bts有告警或者是bts的cell产生告警，则派生bts的告警，将bts的告警和cell的告警压缩到派生的bts告警下。

作用：将同一BTS下的CELL产生的告警压缩到派生的BTS告警下，以便于维护人员进行故障查找、分析。

3.Bts的tg和dip告警的关联分析

描述：告警定位到tg和dip，将tp和dip的告警压缩到所属的bts告警下。

作用：便于维护人员进行故障查找、分析。

4."GROUP SWITCH FAULT"告警派生规则

描述：将同一网元的"GROUP SWITCH FAULT"告警进行关联。

作用：可实现故障压缩，进行故障计次。

5."GROUP SWITCH UNIT MANUALLY BLOCKED"告警派生规则

描述：将同一网元的"GROUP SWITCH UNIT MANUALLY BLOCKED"告警进行关联。

作用：可实现故障压缩，进行故障计次。

(三)西门子告警关联规则

6.TGAL告警重定义关联规则

描述：当TGAL告警时，分析TGAL中tgnm中继群组下所有DIU均不可用时，则TGAL告警重定义成中继群组告警。

作用：通过设备之间的关联，实现DIU与TGAL告警联动，实现故障的快速定位。

7.LTG故障派生关联规则

描述：当LTG有告警或LTG包含的DIU有告警，则派生LTG硬件设备故障信息。

作用：定位到具体设备，便于维护人员迅速查找故障原因。

8.MAL、SAL告警与LTG关联规则

描述：当MAL、SAL告警时，查看有无LTG故障信息，如果有将其关联其下，如果无，进行本对端告警关联分析。

作用：同上。

9.本对端告警关联规则

描述：MAL查看对端SAL，查看对端有无LTG故障信息，如果有将其关联其下，如果无，进行传输故障派生关联分析；SAL查看对端MAL，查看对端有无LTG故障信息，如果有将其关联其下，如果无，进行传输故障派生关联分析。

作用：同上。

10.传输告警派生关联规则

描述：当MAL和SAL没有本对端的LTG故障信息时，则派生传输告警，同时将其本对端的告警进行关联。

作用：将故障定位到具体某一条传输。

(四)摩托罗拉告警关联规则

11.物理载频退服故障

描述：当同一DRI出现某些类型的告警时，则派生一条DRI退服故障信息，定位到DRI。

作用：对同一设备出现告警进行归类汇总，完成告警压缩。

12.DRI工作不正常故障

描述：当同一DRI出现某些类型告警时，派生DRI工作但状态不正常的故障信息，定位到DRI。

作用：对同一设备出现告警进行归类汇总，完成告警压缩。

13.工作时钟不正常故障

描述：同一网元的工作时钟工作不正常告警的关联，定位到相应的网元，XCDR、BSC、BTS。

作用：对由时钟引起的故障进行定位。

14.MMS 日门限到达故障

描述：同一 MMS 资源的 MMS 某些类型的告警进行关联，定位到 MMS。

作用：对传输质量进行监控，定位。

15.MMS 小时门限到达故障。

描述：同一 MMS 资源的 MMS 某些类型的告警进行关联，定位到 MMS。

作用：对传输质量进行监控，定位。

16.基站退服故障。

描述：BSC 的相关 MMS 故障与 SITE 告警以及与基站关联的 RSL 告警信息则派生出基站退服故障。

作用：对故障进行定位，压缩故障数量。

17.XCDR 与 MSC 连接链路出错故障

描述：XCDR 的与 MSC 相连的 MSI 的一系列类型的告警信息派生出该故障信息。

作用：实现故障定位。

（五）告警关联的基本实现思路：

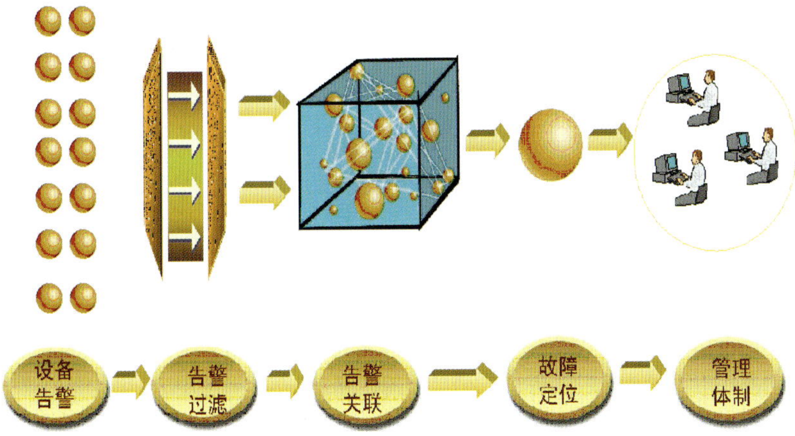

四、维护方式改革促进管理手段改革

在“故障筛子工程”实施的基础上，我省通过优化网络维护集中化管理体制中的各项流程，并对各部门相关职责重新划分，切实实现网管系统对全省移动网络自动维护和有效的监控管理。

（一）落实“第一责任人”制度

四川移动网管中心做为全省网络维护指挥调度的牵头部门，监控人员必须做到“我是故障第一责任人，我是第一时间内发现故障并迅速处理的人”，对故障特别是重大故障的处理必须全程跟踪和了解，直至故障恢复。改变了以往监控人员和现场维护人员对故障处理的职责比较模糊的现象，使故障处理职责划分更加清晰。

（二）明确员工职责

对全省故障进行分析并提出整改方案是在实施“故障筛子”工程、提升监控人员工作效率的基础上赋予网管中心集中监控人员一项新的职责。省网管中心针对该项职责提出了新的管理办法：由以前的所有告警全部由值班人员进行监控，改为故障分级别、分片区、分责任人进行处理，即值班人员只对严重故障进行监控及处理，而对于非严重的故障则由行政班维护人员对其进行处理，并对所有故障统计分析后提出优化意见，使网络故障数量降低。

1.值班人员职责：将对网元的运行有严重影响的且必须要立即人工干预的告警呈现给值班人员，由值班人员负责处理。

2.行政班人员工作职责：对所管辖地区的核心网元的非严重故障进行处理，并对所有告警进行归纳、汇总、分析，形成报告，派发给相关市州分公司，特别对于严重告警和重复发生的告警，应督促市州维护人员查找故障原因，彻底解决故障。

职责的重新划分使值班人员和行政班人员职责清晰，并有利于提升网络整体水平。

（三）细化网络运维流程

“故障筛子”工程的实施，使我们对网络突发故障的定位更加准确，为网络实现集约化管理提供了必要条件。以往由于一些故障定位不准确而使工单在多个部门之间流转，不仅增加了故障处理历时，而且也不利于故障考核的落实。为了更加有效的进行全省集中化管理，四川移动通信公司在集团公司的领导下，建设完成了 EOMS 全省电子运行维护系统，对全省网络运行维护和生产指挥调度进行集中管理，实现了全省网络集中管理、集中考核的目标。目前，省网管中心按照生产流程调度体系，简化网络运维流程，对各生产中心和地市公司网络派发的故障工单直接通过E—OMS系统准确的到达设备维护部门，监控人员同时对故障历时进行考核，并将考核结果与员工的绩效奖金挂钩，充分保证了系统各项工作的落实，同时也提高了员工的主观能动性。

五、实现生产运维的闭环管理的实施效果

流程将故障工单处理划分为两个闭环，环环相扣，减少了人工干预的环节，并对各个关键点实施考核，提高了维护生产效率，加强了对日常维护生产任务的监督力度（图2）。

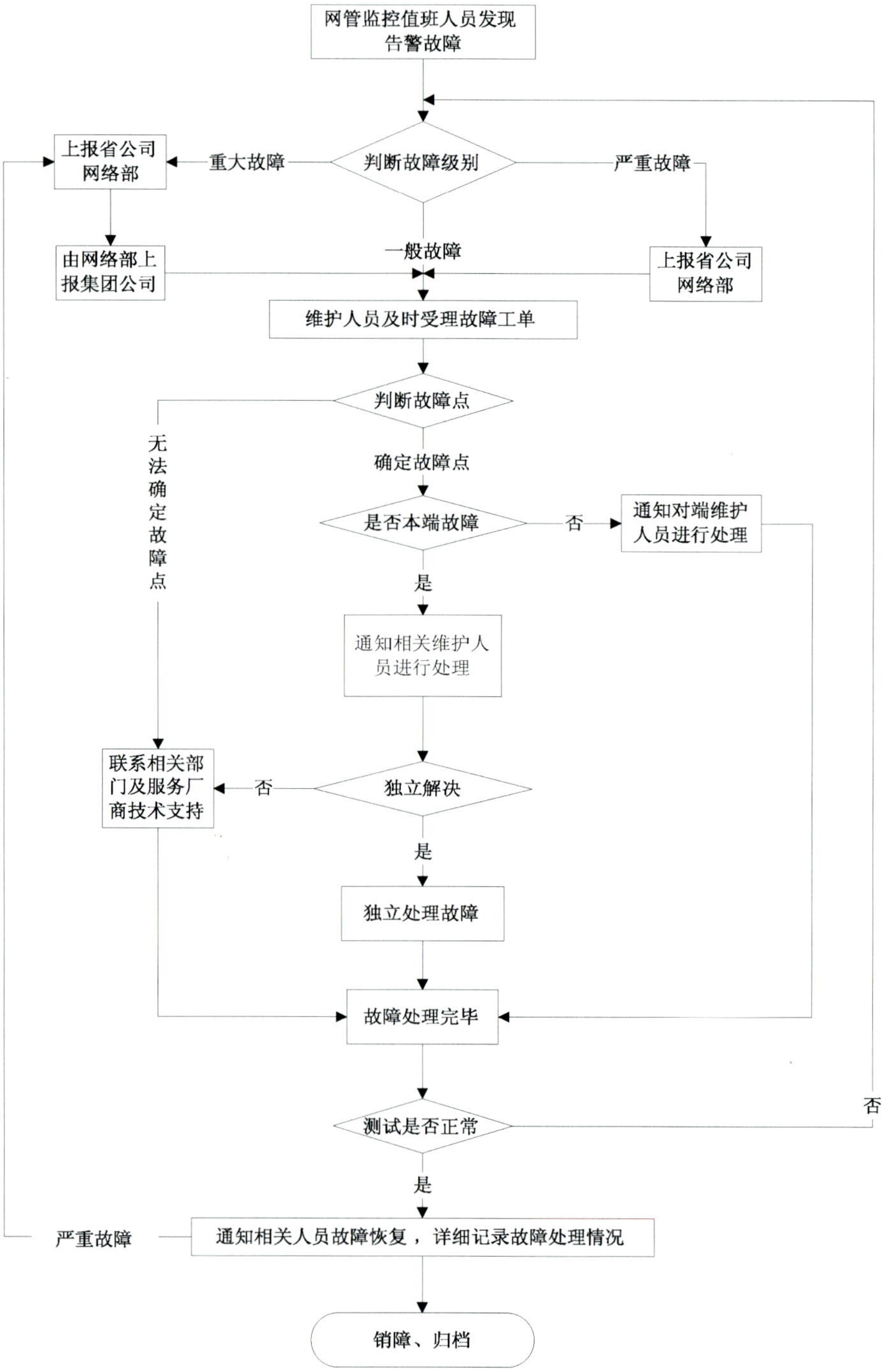

图1　全省集中监控管理示意

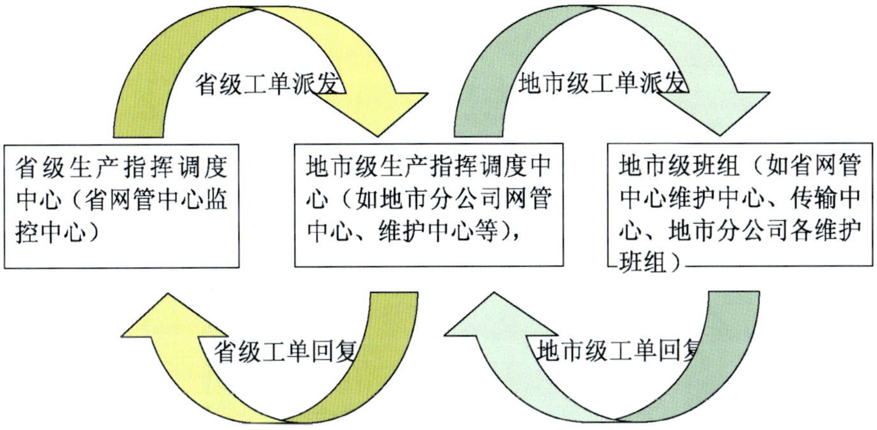

图2　故障工单处理示意

（一）网络维护集中化管理手段的创新

同生产力与生产关系之间的辨证关系一样，网络管理技术与运维管理体制是相辅相成、互为依托的关系。"故障筛子"工程做为一项领先的网络管理技术，为我省维护体制的革新提供了必要条件。通过该技术，网管中心对监控人员职责重新划分，整合了相关管理流程，并提出和实施了"全省90%以上的故障在集中监控机房进行远程集中处理直至恢复，10%以下的故障通过派发工单在本地处理"的新故障处理流程，使集中化故障管理上了一个新的台阶。

（二）细化了故障处理流程

我省通过对值班人员和行政班人员故障处理范围的重新划分，使监控人员工作职责更为清晰。监控人员不再是仅仅发现故障，派发故障工单，而是做为故障的第一责任人，对其进行第一时间的处理和跟踪，同时对全省所有网元的故障发生总次数和总历时负责。

四川移动在"故障筛子"工程基础上实施的维护体制优化创新工作，已形成了一套具有四川移动特色的网络集中化管理体系。主要由《四川移动网管中心组织结构及生产调度体系》、《四川省基础数据库维护管理办法》和EOMS电子生产运维指挥调度系统组成。

四川移动公司完成了《四川省基础数据库维护管理办法》的制定，通过对全省网络资源进行细粒度的管理，完成了全省网络集中管理的目标。主要通过以下几个方面对网络资源进行管理：

1．为了更好的管理和使用基础信息数据库系统，实现我省移动通信网各项基础资源的集中管理、统一调配，特制定本管理办法。

2．本管理办法适用于四川移动基础信息数据库系统。

3．《四川移动基础信息数据库系统》管理内容包含：网络资源、传输资源、公共资料信息、备品备件、仪器仪表、局数据等维护资源及计划、规划、项目管理等资料。

4．四川移动基础信息数据库系统建设的目标是对四川移动通信网络的各项基础资源进行集中的管理。

5．四川移动基础信息数据库系统为各级维护人员、管理人员提供四川移动移动通信网络的基础数据信息，为计划相关部门进行网络规划以及公司领导进行投资决策提供重要的依据。

6．开展全面质量管理，对设备要精心管理，精心维护，精心使用。做到设备有人管，维护有标准，工作守纪律，管理有制度，操作有规程，质量有保证。

7．各级维护单位和维护人员必须认真执行本管理办法，根据工作需要，可结合本公司的具体情况，制定本管理办法的实施细则。严格按照规章制度办事，工作按照流程进行，管理应严格而不失灵活。

实施"故障筛子工程"优化网络维护集中化管理体制，使我省取得了"两升一减"的显著效果，

（三）提升网络整体运行质量

网管中心的工作职能在全省集中值班的基础上把监控人员工作任务向全省故障分析转移。通过对网络故障的集中管理，对故障次数、历时、重发率的统计分析，提出整改方案并督促实施，使网络实实在在发生的故障有了大幅度的降低（2003年2月西门子和爱立信片区日平均总告警数为13377件，4月下旬为6179件，下降53.8%），全省网络整体运行质量也有了明显提升（图3）。

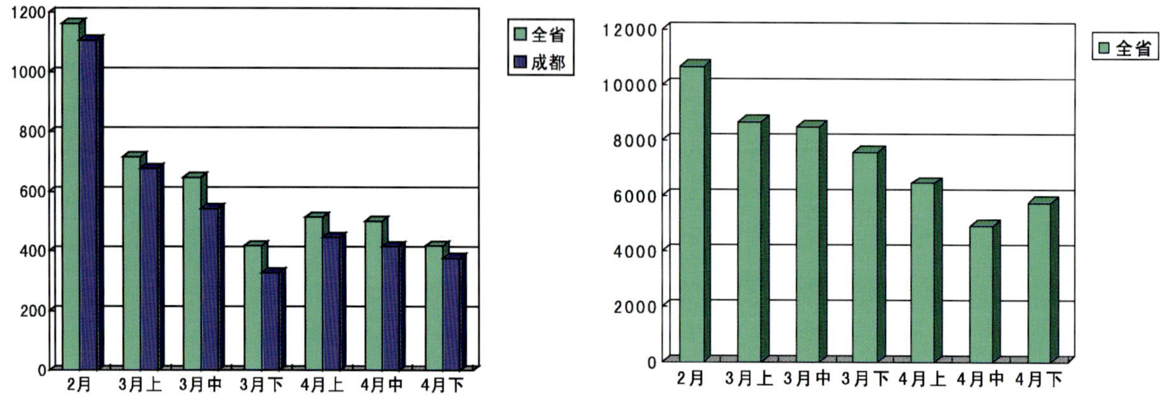

图3 2003年2～4月SIEMENS片区和ERICSSON片区告警情况

（四）优化人力资源结构，降低网络维护成本

目前，省网管中心20名监控人即可担负原来全省21个分公司80余值班人员的工作职责，各地市公司从事网络监控维护的人员数量大量减少，节省下来的人员充实到网优或市场等部门，大幅降低网络维护的人工成本。

（五）提高工作效率，增强了网络对市场的支撑

目前我省在故障筛子基础上的网络集中化管理使故障定位更加准确，流程更加简捷，不仅降低了监控人员的工作量，提高了工作效率，而且减少了故障和处理时间，把业务中断时间降至最低限度，保持网络稳定运行，为市场提供了有力的支撑。

该项目实施后，可以有效的节约机房值班人员和网络维护人员。按21个市州每个平均减少2名人员计算，一年可以节约人工成本开支160万左右。

该项目完成后，极大的提高了对全省网络故障处理的能力和时效，有力的保证了全省网络运行的稳定性，为用户提供一张更加优质的网络，为市场发展提供有力的支撑。通过该项目实施后，网络质量会比以前得到一定的提高，从而提高用户的满意度和忠诚度。可以有效的减少用户的离网，同时可以吸收其它网络的用户。

六、实施精细化管理，提高企业综合管理水平

改变管理方式后，四川移动初步建立起了现代的网络运维管理制度，在更高的层面上和更广阔的空间中得到了更大的发展，但与世界一流通信企业相比，我们在管理水平、思想观念、经济效益、队伍素质等方面仍然存在较大的差距，对此我们要有清醒的认识。在过去一段时间，我们在关注当期网络运行告警总数的时候，一定程度上忽视了对告警之间的相互关系，导致告警总数长期居高不下，网络质量的提高需要大量的基础工作才能保证。通过“故障筛子”项目的实施，大幅降低了全省网络故障，提高了网络运行质量和各级的综合管理水平，并在2004年初中国移动组织的巡检工作取得了全国第3名的优良成绩。“创世界一流通信企业”，打造一流精品网络的长远战略思想作为四川移动的长期奋斗目标，是当前乃至相当长一个时期企业一切工作的重点，我们必须牢固树立“创世界一流通信企业”的战略观念，以世界一流通信企业为标杆，努力提升管理水平，转变思想观念，提高企业效益，打造核心竞争力，这需要我们上下齐心，共同努力，思想认识上要做到高度统一，行动步调上要做到高度一致，加快向世界一流通信企业迈进的步伐。

（一）牢固树立“将企业做得更好”的发展观念

四川移动成立几年来，企业面貌发生了很大变化，网络规模成倍增长，运营效益持续增加，企业地位和影响力日益提高，成绩十分喜人。回顾企业发展的历史，展望企业发展的未来，四川移动已从前期的规模型发展逐步转变到规模效益型发展，这是一个关键性的转变。进入这一关键性转变期，企业发展思路必须自觉的从“做大”转向“做好”，牢固树立科学的发展观念，防止“大企业综合症”在企业内部滋生蔓延。做“更好”的企业，要实现企业效益、服务、业务、网络和员工队伍素质“五个更好”。企业发展上要坚持效益为中心，实施精细管理，立足创造最大价值，以创新求发展，向管理要效益，创造更好的企业效益。服务上要面向市场，关注客户需求，塑造优势品牌，提供个性化、人性化、显性化的优质服务，打造更好的服务品质。业务拓展上要坚持市场为导

向，适时推出适应市场需求的新产品、新业务，结合人们的生产、生活实际，满足客户需要，打造更好的业务品牌。网络建设上要处理好控制投入与扩大产出、话务量增长与网络发展、引入新技术与利用现有网络资源"三个关系"，最大限度地发挥现有资源的潜力，为客户提供优质网络服务，打造一张更优的网络。队伍建设上要坚持"以人为本"的观念，调动员工的积极性和创造性，努力提高人员素质，建设一支能适应业务发展需要的更好的员工队伍。

（二）牢固树立强化执行力的观念

实践表明，执行力最终决定了企业的竞争力，一个成功的企业，30%靠正确的战略，70%靠正确的战略执行。上市以后，特别是在2003年的工作中，我们深切感受到，整体执行力不足已成为影响企业战略落地和各项目标落实的重要因素，执行明显表现为战略和结果之间缺失的一环。2003年，全公司通过"故障筛子"项目将强化执行力、提高质量四川动各级人员的综合能力，落实网络维护第一责任人为奋斗目标，并取得了优异成绩。在今年乃至今后相当长一段时间的工作中，企业上下必须牢固树立强化执行的文化观念，以良好的执行促进企业经营管理水平和竞争能力的提升。强化执行，第一要切实转变工作作风。全体员工要树立"一切工作从执行开始"和"执行力也是竞争力"的意识，企业各级领导干部工作作风要从过去重点关注目标、关注结果向既关注目标和结果，更要关注执行过程转变，确保"做正确的事"和"做事正确"。第二要建立执行管理机制。对企业人员、战略和资源进行有机整合，围绕企业核心理念，优化资源配置，强化监督管理，将目标转化为行动，将战略转化为业绩。在企业内部建立自上而下目标分解和自下而上报告目标执行情况的执行管理机制。第三要强化人员培训。基层班组、员工是企业战略执行的基础，要通过加强战略和企业文化培训，使企业的发展目标与员工的事业目标相一致，促进基层班组、员工对企业战略的认同，激励和引导员工积极性，通过提高员工执行力提升企业整体执行力，通过企业整体执行力的提升增强企业竞争力。

为解决执行力不足的突出问题，树立强化执行的观念，省公司党组经慎重研究并集体讨论，确定2004年为四川移动的"执行年"，将"执行"作为企业各级领导和全体员工关注的重点和自觉行动，并使之有机融入四川移动企业文化中，成为企业文化内涵一个重要的组成部分，确保长远战略目标的全面实现。

结束语

在今后的工作中，四川移动通信公司将"高举邓小平理论伟大旗帜，以"三个代表"重要思想为指导，围绕"创世界一流通信企业"长远目标，深化落实"服务与业务领先"战略重点，整合各类资源，实施精细管理，迎接市场挑战，强化执行落实，提高企业整体经济效益和综合实力，保持在省内同业者中的主导和领先地位，推动四川移动全面、持续、协调发展。"

成果创造人

主要创造人：陈炳澜
参与创造人：朱　江、陈向宇、杨书其、杜　笃、廖祖文、周　菲、刘　羿、林　静、王　萍

部分成果创造人（左起）：廖祖文、林静、陈荣霞、杨书其、杜笃、刘羿

二等奖

沟通时时经营信息
提高决策管理水平

中国联通江苏分公司

江苏联通业务展示区

一、项目简介

江苏联通经营分析报表系统是一个基于浏览器和服务器（B/S结构）的应用软件系统，系统主要提供关于江苏联通现有营业帐务系统的准实时统计数据、以及每月的统计结果，内容涵盖：GSM、CDMA、智能网、短信等系统的用户数、话务量、呼叫情况、缴费情况、业务收入、网间结算以及其他相关统计信息。系统主要包括：前台展现部分、后台数据库、后台数据提取程序。

江苏联通经营分析报表系统的主要特点：

一是数据覆盖面大。数据涉及江苏联通GSM/CDMA计费和综合营帐系统、短信计费和营帐系统、GSM智能网系统、充值卡系统，并且提供丰富多样的展现形式，有数字、折线图、柱状图以及对比分析；

二是系统投资小。整个系统硬件平台为一台PC Server（利旧），软件为操作系统（Windows Server 2000）、数据库（SQL Server 2000）、开发软件（利旧），系统的总投资小于5万元，参与开发的人员均为江苏联通信息系统部员工，充分利用工作空闲和部分业余时间进行开发；

三是建设周期短。从系统立项启动到初步建成、投入试运行仅用了一个月，期间完成了前台展现页面及WEB环境的搭建、后台数据库的搭建和数据表的创建、后台数据提取程序的编码和测试、权限控制和二次认证模块的开发和测试。可以说江苏联通经营分析报表系统是一个投资小但功能全面的软件项目。

在2003年5月份，江苏联通经营分析报表系统试运行后，系统进入了推广期。由于系统和日常经营分析工作密切相关，提供的数据丰富详实而又准确，因此在使用中获得了大家的一致好评。现在，系统用户已经遍及省公司和13个地市分公司，有省分公司领导和地市、部门的经理，以及业务部门的工作人员，用户已超过350人（由于进行了严格的权限控制，用户主要是省分、市、县分公司的经理，主要业务部门的经理以及经营、技术骨干）。此外，江苏联通的经营分析报表系统获得了总部领导和总部信息系统部的肯定，已经把江苏联通经营分析报表系统作为一个解决经营成果展现问题、满足各省经营统计需求的"短、平、快"项目，在全国联通系统内进行推广。

二、项目详细内容

（一）立项背景

电信市场竞争正日益加剧，联通业务在高端受到中国移动的压力，在低端则必须和中国电信，"小灵通"等展开攻防。在这一市场格局下，联通内部对经营发展、业务收入等等情况的统计和分析要求越来越强烈，已经不单单满足于每月出完帐以后进行的统计分析结果，而是需要更为及时、准确的统计结果，并同时希望通过一个渠道了解所有的经营信息。因此，提供一个统一的展现平台，成为江苏联通信息系统部的首要任务。在这个平台上不但能够展现准实时的经营信息，而且尽可能多的包含联通现在的所有业务。

（二）详细科学技术内容

江苏联通经营分析报表系统的数据来源于多个系统：营帐系统、短信系统、如意通报表等。通过编写程序从营帐系统、短信系统中抽取统计数据，在统计数据库生成50多张统计表。基于这些统计表的数据通过网页展现在用户面前。对于已经存在的统计报表，如：如意通报表等，则直接通过网页展现。

经营分析报表系统将多个经营分析指标组织成报表。这些指标分为十几个大类：用户数、业务收入、欠费、缴费、结算、短信、增值业务、大客户等。每类指标中有数十个指标。例如，话务量类指标就包括了本地话单数、本地计费时长、漫游话单数、漫游计费时长等多个指标。经营分析报表系统将各类指标中的相关指标组成报表，"相关"指数据间有关系。例如，经营分析报表系统基本话务量报表就是将本地话单数、本地计费时长、本地发生额、漫游话单数、漫游计费时长、漫游发生额等话务量、业务收入指标组织到一起形成的。

园区综合楼全景

各张报表从各种维度来分析这些指标。基本维度包括：时间段（日期，月份）、地市、G/C网别等，其他用

江苏联通营业厅

到的维度还有：县市、套餐、科目、消费层次、缴费方式等。通过从不同维度来组织数据，用户得以从各个视角，不同层面来观察、分析数据。

经营分析报表系统报表组织为层次结构，共分3层：

1.第一层共分为5类报表：日报、月报、实时分析报表、月出帐分析报表、县市报表。

2.在第一层每类报表下，分为第二层各种报表类型：用户数、话务量、业务收入、缴费情况、短信、网间结算、欠费、大客户、PPC、竞争对手分析、等等。

3.第二层各种报表类下，具体实现了各张报表。如话务量类报表中，有GSM话务量、CDMA话务量、WAX数据流量等各张报表。

每张报表按经营分析指标分列，按分析维度，例如，地市／县市／日期等分行，形成二维表格。

经营分析报表系统提取数据的过程可概括为ETL：抽取、转换、加载。通过定期启动的程序经营分析报表系统从营帐、计费、短信等系统统计数据，整理数据后，将结果插入统计数据库的50多张统计表中。

经营分析报表系统WEB网站基于这些统计表展现出收入、话务、短信、增值业务等各种报表。

经营分析报表系统各个模块使用的技术工具都是通用的开发工具，各个模块具体实现如下：

源数据库：源数据库是原始数据所在，包括营帐系统、计费系统、短信系统等生产系统。江苏联通各个生产系统基本是ORACLE数据库。

数据统计方法：该模块从源数据库统计数据并保存到统计数据库中。其实现利用了多种开发方式，典型的有：

PowerBuilder程序；

SQL Server中的DTS包；

WSH（windows脚本宿主）程序

不管采用何种方法统计数据，基本统计方法是一致的：程序用SQL查询语句从营帐系统（等）查出统计结果，再将结果重新组织后用SQL插入到统计数据库中。

统计数据库：从营帐系统中统计数据并保存到统计数据库中。统计数据库使用了Microsoft SQL Server 2000数据库。由于统计数据库基本只存储了最终数据，所需存储很小。运行近一年，该库大约占2G空间。

其他数据报表：在生产系统中已经存在部分统计表。

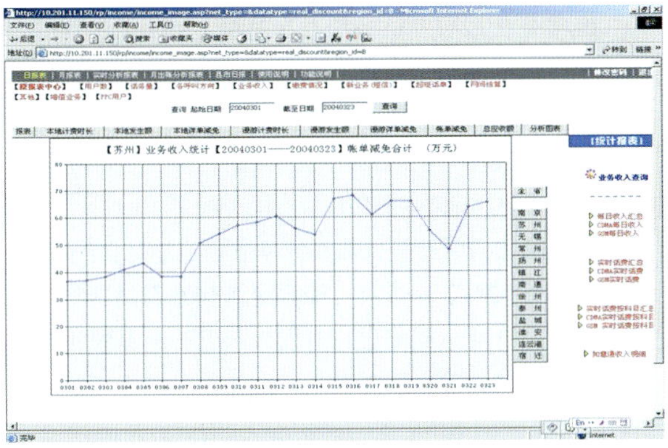

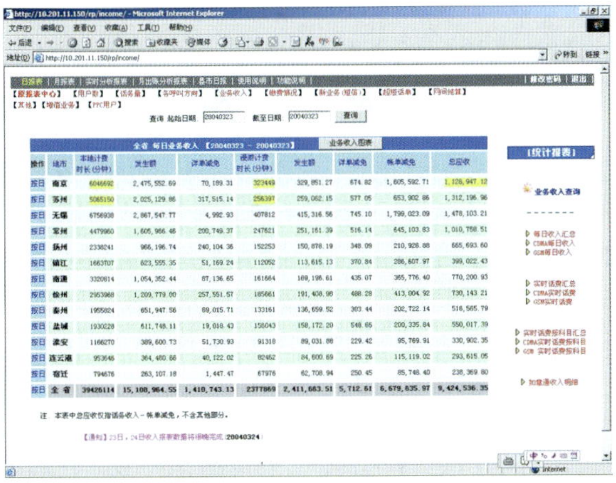

对于这部分表，无需再复制到统计数据库中，直接在网站上展现。

经营分析报表系统网站：网站是经营分析报表系统直接面对最终用户的界面。网站采用Microsoft IIS实现。使用的技术包括：

网页实现：ASP(Active Server Pages)

数据库查询：ADO(ActiveX Data Objects)

图表：OWC (office web组件)

在网站中，网页以ASP写成服务器端脚本，在ASP脚本中用ADO组件实现对在统计数据库服务器中的数据进行访问和操作。

或者，查询的结果通过一定格式组织成客户端的OWC组件能够识别的数据块，在客户端由该组件生成图表。

另外，经营分析报表系统还实现了权限控制和二次认证功能。权限控制功能限制用户可访问哪些报表，从而保证每张报表只有被授权的员工才能访问，为报表数据提供了较好的保密性。二次认证功能是在用户通过密码验证后，经营分析报表系统随机产生认证代码，通过短信发到用户手机，用户必须填写认证代码通过二次认证才能登录。二次认证功能有效杜绝了密码泄漏导致的安全问题。

（三）主要技术创新点。

在开发江苏联通经营分析报表系统前，各个部门取得报表的途径基本有两个：

1.已经存在于各个生成系统中的报表，例如营帐系统报表。

这类报表格式不灵活，重新设计格式或更新较难，无法提供跨业务支撑系统的统计、分析报表。因此，无法为企业提供经营决策的深度依据。

2.临时手工产生报表。

利用生产系统ORACLE收集统计业务数据，并手工完成报表制作。这一报表生成方式增加了员工的工作负担，效率低下，容易引入人为错误，报表必须人工分发。

在经营分析报表系统中，我们展现了大量报表，拥有5大类，涵盖GSM、CDMA、如意通、短信，囊括业务收入、用户数、WAX、缴费情况、大客户、竞争对手等方方面面数据的近200张报表。这些报表为经营工作提供了大量详尽、完备、准确、及时的统计数据，基本满足了江苏省公司和地市级分公司间、各部门间统计数据查询请求。

经营分析报表系统通过网页的方式实现报表的应用，将数据分门别类，按层次组织，较好的将报表展现在了用户面前。为几乎全部报表都添加了图表展现，使用户能够更清晰地看到数据的变化。

清杨路联通大厦二楼机房

报表简单、易用、直观，用户能快速获得报表。用户不需要每次都要设定各种复杂条件才能最终看到报表，只需轻点链接就可调出报表。

（四）与经营分析系统的比较

江苏联通经营分析报表系统是一个非常实用的系统，完全适应江苏联通现实情况，保证用户能够方便、快捷访问报表。

经营分析报表系统要实现的目标与经营分析系统是类似的，可以相互比较：

经营分析报表系统整个系统硬件平台为一台PC Server（利旧），软件为操作系统（Windows Server 2000）、数据库（SQL Server 2000）、开发软件（利旧），系统的总投资小于5万元。经营分析系统则需要T级别的存储，数据仓库，专业报表软件，对硬件要求较高，需要的投资数百万。

经营分析报表系统数据覆盖了江苏联通GSM/CDMA计费和综合营帐系统、短信计费和营帐系统、GSM智能网系统、充值卡系统等近200张常用报表。经营分析系统通过数据的重新组织，可提供的报表数量远远超过这个数目，但其中常用报表基本也是这个数目。

经营分析报表系统报表本身简单、易用、直观，易于上手，从一开始用户就不需要设定各种复杂条件，只需轻点链接就可调出报表。经营分析系统则提供了种种条件供用户选择，可以产生各种复杂报表，但必须对用户进行培训才能够较好使用。

江苏联通经营分析报表系统从立项启动到初步建成、投入试运行仅用了一个月，而且全由信息系统部员工利用工作和部分业余时间进行开发。经营分析系统则需要厂家建设，从立项到投入试运行需要数月到半年时间。

（五）应用情况

江苏联通信息系统部于去年4月开始立项启动，初步建成、投入试运行仅用了一个月，历经约半年时间，经营分析报表系统基本推广到江苏联通各个部门使用。

经营分析报表系统为经营工作提供了大量详尽、完备、准确、及时的报表，保证公司领导和业务人员能够掌握经营情况，对江苏联通的业务开展起到了很好的助推作用；帮助业务部门在各经营层次上对业务做全面了解和发展分析，达到有依据、有针对性地进行运营业务的目的；对江苏联通公司领导和部门领导的经营决策起到辅助支持作用。

江苏联通网管机房

二等奖

蠡园局三楼网管中心

（六）经济效益

经营分析报表系统软硬件均为利旧，硬件平台为一台PC Server（利旧），软件为操作系统（Windows Server 2000）、数据库（SQL Server 2000）、开发软件（利旧），系统的总投资小于5万元。

参与开发的人员均为江苏联通信息系统部员工，充分利用工作空闲和部分业余时间进行开发。

经营分析报表系统实现了经营分析系统的大多数功能。而在一般情况下，经营分析系统投资则需要数百万元的投资才可建成。

（七）社会效益

经营分析报表系统为经营工作提供了大量报表，保证公司领导和业务人员能够掌握经营情况，对江苏联通的业务开展起到了很好的助推作用；帮助业务部门在各经营层次上对业务做全面了解和发展分析，达到有依据、有针对性地进行运营业务的目的；对江苏联通公司领导和部门领导的经营决策起到辅助支持作用。

目前，此项目已在全国联通推广。这必将对各省分及总部及时、快速、方便地获得第一手经营信息资料起到极大的推动作用。

成果创造人

主要创造人：宋文豪
参与创造人：赵国念
莫剑方
唐宏清

宋文豪

赵国念

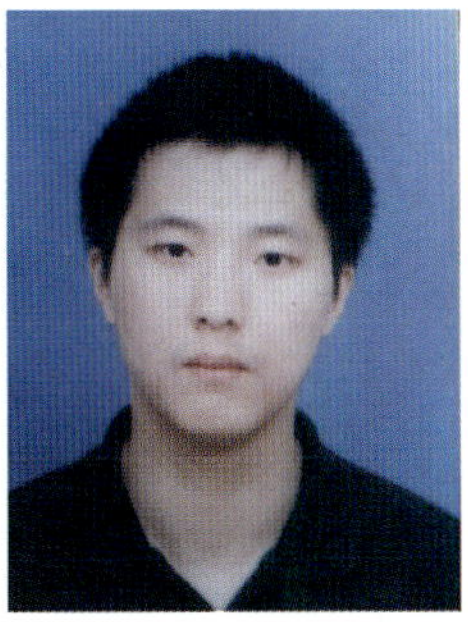

莫剑方

唐宏清

实施先行赔付　打造诚信品牌

中国联通杭州分公司

二等奖

“先行赔付，诚信联通”新闻发布会

中国联通杭州分公司成立于2000年1月，是中国联通在杭州的分支机构，全面负责中国联通在杭州地区的网络规划、工程建设、运行维护和市场经营。

经过几年的努力，特别是近两年来，杭州分公司坚持以诚信为本，实施“先行赔付”，积极推进体制创新、管理创新和服务创新，实施品牌管理的发展策略，公司以急速增长的用户数、日益成熟的网络质量、不断增强的综合实力在新一轮市场竞争中脱颖而出，业务收入名列浙江联通地市级分公司第一、中国联通地市级分公司第三，2003年8月份实现月收入超亿元，全年实现利润3.4亿；公司所辖的萧山、余杭分公司业务收入在全省率先实现超亿元。今年杭州分公司预计完成业务收入14.5亿元，实现利润4.2亿元。

杭州分公司是中国联通首批通过ISO9001质量管理体系认证、ISO14001环境管理体系认证的地市分公司，中国联通首批ERP试点地市分公司。杭州分公司2003年被国家人事部、信息产业部授予“信息产业系统先进集体”，被中国联通授予“先进集体”称号；2004被中共杭州市委、杭州市人民政府授予“杭州市文明行业”称号。公司客服部连续3次获得全国“青年文明号”的光荣称号，成为中国联通唯一获此殊荣的青年集体。

一、实施“先行赔付”、打造诚信品牌的产生背景

作为一家电信企业，要做大、做强、做优，真正成为电信市场中“旗鼓相当、各具特色”的竞争主体，必须有一套全新的符合市场经济发展的管理模式，中国联通杭州分公司一直在积极探索符合自身特点的管理模式。

（一）实施“先行赔付”、打造诚信品牌，是政治、经济、社会发展的必然要求

当前，诚信缺失已经日益成为影响经济发展和社会稳定的一个热点难点问题，也是影响人的素质提高和社会风气改善的重要因素。诚信，是社会经济发展的道德基础，没有诚信，人们的经济生活、政治生活、社会生活就失去了基本的维系和支撑；缺少诚信，经济发展和社会进步就缺少了前进的动力和可靠的保证。现代先进生产力是诚信生产力，先进经济是诚信经济，先进市场是诚信市场。诚信经营，是经济建设的灵魂、经济繁荣的生命。

社会主义市场经济是法制经济，也是道德经济，更是信用经济，要求企业信守合约、文明经营、履行承诺、公平竞争。杭州分公司实施先行赔付，打造诚信品牌，并将消费者咨询、投诉的通道明确告诉消费者，并保证渠道时时畅通，这是经营者真心维护消费者权益的重要体现，是政治、经济、社会发展的必然要求。

（二）实施“先行赔付”、打造诚信品牌，是提高企业生产力、竞争力、生命力的有效手段

中国联通在发展过程中，逐步形成了有中国联通特色的企业文化，那就是“竞争文化、创新文化、激情文化、诚信文化”。中国联通董事长王建宙多次强调，面对今天的竞争环境，诚信尤其重要，激烈的市场竞争和资本市场的洗礼，造就了联通强烈的诚信意识，这种诚信表现在诚信为客户、诚信为股东、诚信为企业、诚信为社会创造价值，履行职责的强烈意识。

随着市场竞争的日趋激烈，要想在竞争中站稳脚跟，必须为客户提供满意的服务，从而赢得客户的青睐。有了客户，联通才能积累实力；基于客户，联通才有了立业的根本；以客户为支撑，我们才共同拥有了一个真正美好的未来。为此，杭州分公司2000年就明确提出了“诚信联通”的理念。杭州分公司诚信文化建设，包含着领导对员工的诚信、员工对客户的诚信，并形成一条链路，将企业的诚信文化传达到外部、市场、客户，把企业诚信文化转变成企业的市场能力。

诚实经营，讲究信誉，它既可以给消费者带来好处，也可以给企业带来利润。诚信虽然不像物质产品那样会给企业带来直接的市场和利润，但它是企业的一种重要资源，是企业经济发展的一种无形的推动力，对企业的长远发展有着巨大的促进作用，是提高企业生产力、竞争力、生命力的有效手段。

（三）实施“先行赔付”、打造诚信品牌，是建设企业文化、塑造联通形象的迫切需要

杭州分公司实施“先行赔付”、打造诚信品牌，努力构建全新的服务管理模式，并通过公众媒体向客户推行服务承诺，这不仅为消费者提供了一个放心消费的保证，达到真正维护消费者合法权益的目的；更有利于塑造企业文化，提升企业的核心竞争力。

同时，杭州分公司还向全体员工传达一个理念，我

徐德钦同志（右一）

二等奖

成果创造人

主要创造人：徐德钦
参与创造人：王晓平、俞晓玲、雷斌

徐德钦，中共杭州市党代表、中国联通总部优秀共产党员、杭州市优秀共产党员、杭州市“十大杰出青年”。

1983 年 8 月 – 1993 年 6 月	杭州商学院工作，任院团委副书记、书记，统计与投资系党总支副书记、系副主任，讲师
1993 年 6 月 – 1996 年 7 月	浙江省长兴县人民政府副县长兼经济技术开发区管委会主任
1996 年 8 月 – 1997 年 12 月	杭州市经济委员会　党委委员、企业处处长
1998 年 1 月至今	中国联通杭州分公司总经理、党委书记，高级经济师

中国移动通信
CHINA MOBILE
移 动 通 信 专 家

湖南移动通信有限责任公司

公司领导合影

根据国家关于电信体制改革的部署和要求，湖南移动通信公司于1999年8月7日成立，并于2002年7月在香港和纽约上市，成立湖南移动通信有限责任公司，为我省首家在境外上市的通信运营企业。公司主要负责湖南省内移动通信网的规划、建设、运营管理和经营全省移动电话语音、数据业务。公司性质为外商独资企业，在省内14个市州设有分公司。

湖南移动通信有限责任公司作为湖南省内专注于移动通信发展的运营商，一直瞄准“争创世界一流通信企业”的发展战略目标，坚持以“创无限通信世界，做信息社会栋梁”为企业使命，全面实施服务与业务领先战略，不断加快发展步伐，努力引领技术进步，提升网络、服务与业务领先优势。移动网络信号已覆盖到了全省所有县以上城市和农村集镇，省内铁路、高速公路沿线和旅游景点实现信号无逢覆盖，城市的主要宾馆、酒店、商场、写字楼及其地下停车场和电梯内实现信号室内覆盖。陆续推出了移动IP、短消息、移动梦网、梦网邮箱、移动秘书、移动全球呼、GPRS、随e行、彩信、无线局域网、手机支付等多种移动新业务、新功能。公司向广大客户提供1860／1861服务热线24小时服务，增加了营业网点数量和服务功能，推出了多种交费方式，推行全球通大客户经理服务，实施客户积分奖励计划，开展“话费误差 双倍返还”服务承诺活动，推广集团客户信息化解决方案，为广大中国移动客户提供专家级的移动通信服务，促进了社会和企业自身的可持续发展，并较好的维护了客户的合法权益。湖南移动的客户数量以每年超过100万户的速度增长，目前已达到800多万户。2003年，湖南移动通信有限责任公司荣获“全国五一劳动奖状”，2005年被评为湖南省文明行业。

面向未来，湖南移动通信有限责任公司将始终坚持以科学发展观为指导，时刻秉承“追求客户满意服务”的经营理念，全面提升公司在通信行业的领先优势，推进企业全面、协调、可持续发展。

王建根总经理(左二)为全球通VIP高尔大俱乐部首届会员赛冠军颁奖

交换机房

营业厅

客户服务1860

应急通信保障车

公司大楼

湖南移动通信有限责任公司

地址：湖南省长沙市芙蓉中路三段446号 传真：0731-5229119 www.hnmcc.com

二等奖

ME信息管理系统

中国邮电器材华东公司

“ME企业信息管理系统”评审验收会

领导视察工作

一、企业简介

中国邮电器材华东公司是直属中国邮电器材集团公司领导的独立经营、独立核算的国有物资流通企业，地处上海市静安区胶州路322号，随集团公司隶属国务院国有资产监督管理委员会。华东公司做为我国邮电通信物资主要供销企业之一，主要经营的产品有手机、电话机、传真机等通信终端产品及邮电专用自行车、通信电源、仪器仪表、通信传输设备、交换设备、通信电缆、光缆和线路接续产品等通信器材，经营品种和经销能力在全国邮电物资企业中排在前列，近年来华东公司年手机销量平均在120万部以上，年电话机销量在45万部左右，传真机达3万多台，是我国规模较大的通信终端产品销售企业。华东公司每年实现销售收入在17亿元以上，利润总额达3000余万元，经济效益在集团公司系统中名列前茅。

华东公司目前共有员工410人。公司本部下设4个部门，即综合管理部、经营财务部、经营业务部、党群工作部。另外根据中央关于国企改革的有关精神，近年来相继改制成立了5个独立核算的有限责任公司。各公司按照公司法要求规范操作，运行良好。

二、软件背景：企业发展的需求和十几年的经验积累

华东公司自行开发计算机软件始于80年代，首先编制了以工资发放、应收帐款和财务帐务管理为主要模块的《邮电供销企业会计核算软件》，于1994年通过邮电部财务司评审验收，并在行业内推广使用。随着企业机制的转变，经营模式向市场经济转化，经营的器材种类趋向多样化，进、销、存数据量不仅大，并且要求信息反馈快，便自行开发了进货处理、销售处理和库存管理以及客户管理等功能的业务进销存管理软件。

这是企业最初的计算机信息管理应用期，在此阶段中财务和业务两个管理系统之间虽然是相对独立的，但是企业的每个部门都已经尝到了计算机信息技术应用的甜头，因为我们开发的系统避免了通用软件的缺陷和弊端，通用软件注重的是通用性，关注的是程序设计，而忽视了有效实用的日常管理流程。而我们自行开发的软件则注重于实际应用，可操作性强，如在财务子系统中，我们注重对应收帐款、在途、应付帐款、费用核算等管理开发，而在业务系统中，除了完成最基本的进销存帐务处理外，更多考虑的是对器材品种、业务员、客户的全面管理，以满足公司每个管理层多方面的数据查询需求，为领导层快速合理决策提供了数字化的依据。

当我们不同部门的管理人员在他们的职责范围内对两个系统的应用成为内行时，我们的软件开发人员却看到了他们彼此之间的数据存在很大的冗余度和信息的再利用性，于是开发人员对国内外多个管理软件进行调查，学习其先进的技术，分析前人的成败原由，结合企业实际情况，不断整合并优化本企业几十年的营销管理模式，逐渐形成了一套适合企业当今和未来的商品流通企业信息化管理软件——《ME信息管理系统》。

三、基本内涵：全过程、全流程的一体化、信息化管理

软件是根据中小型商品流通企业的特点，紧紧抓住流通企业的资金流、信息流、物流三大主线，详细周密地考虑商品流通企业的每个作业环节，设计并优化企业全部的作业流程，帮助企业实现全过程、全流程的计算机信息化管理。软件围绕着“企业管理以财务管理为核心、财务管理以资金控制为前提”的现代经营管理理念，将管理和控制揉合在日常工作中，通过软件将企业的各项管理措施落实到实处，使企业达到人人都参与管理的境界。

系统完全遵循企业会计制度和各项会计准则，并严格遵守国家各项税务制度和相关的法规，同时又将企业的五项经营考核指标贯穿于整个系统。软件从功能上主要划分为：财务、业务、决策三大子系统，它们组成了整个企业的信息化管理系统。系统具体包含了帐务处理、报表、固定资产、工资、合同管理、进销存管理、零售店系统、业绩考核等功能模块，覆盖到企业经营活动的各个工作岗位，使得软件成为企业日常工作中必不可少的工具。

软件按企业不同岗位的作业流程进行模块化设计，在各个模块的设计中，不但简化和规范作业流程，同时又强调归纳整合，把每项作业设计成一个环，由系统将每个环联系起来，使其环环相扣，实现作业间的有序控制；使其环环相联，避免环节间的重复劳动，且在各环节点去观察某一特定事件时，只是反映的形式不同，其结果是完全一致的。各环节之间除了传统意义上的信息流转外，软件还控制着流转的过程、流转的方向、流转的目的地，使作业过程最简化、最有效，同时各作业点之间能相互监督、相互制约，彻底根除环节之间的扯皮现象。总而言之，系统的各项控制都在不知不觉中进行的，什么事该做还未做，系统会有专门的告示贴，什么事不该做的去做，系统会发出警告，而系统中所有的帐务处理都也由系统在单据处理时自动完成。可以说各环节间信息流的无缝链接，使企业的信息化管理真正实现了一体化操作。由于系统的流程清晰，操作简易，每个

环节具备极强的控制机制，公司的新进员工只需接受简单的培训，便能快速掌握软件的使用，借助软件迅速融入并胜任其岗位工作。

一般而言，会计电算化软件处理的基本数据是收、支、转三大类会计凭证，由于这些凭证所承载的信息量的限制，往往不能满足针对商品流通企业管理的需求。为了解决传统和现实之间的矛盾，在遵循“企业会计制度”的前提下，软件设计了一组简单易用的辅助凭证，用结算、回笼辅助凭证管理“应收帐款”；用采购、验收、应付辅助凭证管理“在途及应付帐款”；用核算辅助凭证实现企业的费用二级核算；用置产辅助凭证实现企业的固定资产管理，使财会人员在不增加日常工作量的前提下，在进行帐务处理的同时，自动生成相应的管理明细数据。正是采用了这种辅助凭证模式，使企业整个销售活动的帐务处理过程变得简单清晰，大大地提高了工作效率，彻底解决了会计人员最为头痛的往来帐核销难的问题，任何时候都能真实地反映企业的应收帐款，使得从业务员、管理人员直到总经理各个层面对任何一笔帐款的回笼、预收款、财务核销等情况都心中有数，确保公司的应收帐款保持在一个可控的低状态，降低了企业坏帐风险。

在经营活动中，为了保证对象定义的唯一性，软件对经营活动中的对象实行编码化操作，并且根据对象的特点，给用户提供了灵活合理的编码设置方法。如将客户编码的前6位限定为国标行政区代码，能直接反映出客户所在的省市和地区，同时它又是客户纳税号的前6位，在取值时容易获得。而对种类型号繁多的商品器材进行编码时，采用了大类分段编码的方法，将企业经营的多种商品分为不同的大类，每个大类又根据本大类的特点由用户自行完成相应编码规则的设置。所谓“编码规则”就是对商品器材的编码进行分段划分和不同取值的性质界定，分段后，段与段之间互相平级。这种巧妙的编码规则设计方案使得用户在实施商品编码化操作时变得更容易、更灵活、更直观，并且也造就了系统高效的信息统计查询功能的一个重要因素。“时间”、“客户”、“器材”、“业务员”作为企业信息的四要素，系统充分实现了对这四要素之间任意排列组合的多功能查询，还对每一要素进行进一步的细化，使系统具备了强大的数据信息查询功能。

由于企业经营模式向多元化发展，对不断增多的客户分销和连锁零售店的管理就变得越来越复杂。如为了开展零售这项业务，业务员可能会每天从总库借出器材发往各个零售店，然后各类器材不断的从店里销售出去，滞销的器材又会归还给总库，日积月累，每个零售店就象一个个小仓库，进进出出每时每刻发生着库存的滚动。假设企业有五六十个零售店，就有五六十个小仓库，而对于每个零售店，经营的器材少说也有二三十种，如果缺少一套有效的管理机制和实施办法，那么就算管理员工作效率再高，一个人花再多的时间，能管好三四个网点就不错了。这样一来，为开展分销和零售业务，企业要耗费多少的人员成本？另外这些帐务的正确性又如何来保证？为了解决分销和零售给经营管理带来的不便，在系统中引入了“库存的分层管理”理念，并设计了零售店系统。由于软件较高的前瞻性设计，使得原本复杂的分销和零售管理流程变得极为简单有效，大大提高了工作效率，同时又保证了总库和分库在数据上的高度统一，为企业顺利开展多种营销模式带来了极大的便利。

为了加强企业的廉政工作建设，把监督制约机制引入到企业的经营活动之中，我们根据集团公司关于在经营中把好“六个关口”的规定，即“把好采购关”、“把好销售价格关”、“把好商品销售渠道关”、“把好客户关”和“把好应收应付关”，将对这六个关口的监控机制有效地落实到软件系统中。如设定产品的最低销售价是系统提供的把好销售价格关的方法，从而杜绝价格混乱，规范市场了价格体系；又如实时监控客户的资信状况，由软件自动把好客户关和应收帐款关，加强了企业管理力度，减少了企业的经营风险，遏制了各种违规现象。

四、实施过程：整体设计、分步实施，追求经济实用

软件系统的主要流程是以中国邮电器材华东公司为设计模型，它是华东公司几十年企业管理经验的积累，是我们的软件开发人员能够长期坚持深入企业经营管理第一线，通过不断学习国内外的优秀软件和计算机技术，善于分析和总结自己与别人的成败经验，经过前后近十几年的研制开发而取得的成果。软件的实施过程充分考虑了企业自身人、财、物等实际情况，设定了系统的整体目标，从企业管理的重点、难点着手，分步解决，在实施过程中又不断调整和优化整体设计，最终开发成功了贴近企业日常管理工作的实用软件。

企业实施信息化管理的目标是将企业的各项工作统一地、规范地融入计算机管理系统中，所以软件的开发者必须要对企业所有的工作有个全面深入的了解，才能设计出贯通于全企业的管理系统。通过全面地了解，我们看到以产品代理、批发和零售为主的商品流通企业，销售活动情况是企业最为关注的信息，同时也是企业管理工作中最为繁琐的工作。当销售发生时，要打印正式的发票、进行成本核算、记应收帐款等；当用户回款时，要

做收款凭证、核销原应收帐款，工作量相当的大，是企业迫切需要解决的问题，于是就将应收帐款管理作为软件开发的切入点。

精良的设计是软件得以成功实施的前提，成功的管理软件并不是将现有的手工作业流程进行简单地模拟，而是要求从整体出发，能对所有相关的流程进行优化和整合。为此，公司成立了由各相关部门业务骨干参加的软件攻关小组，对企业的经营核算管理进行大胆地改革，创建了用“销货日记帐”管理应收帐款的模式，即将销售的明细单直接生成包含客户、成本、价差、税金等信息的销售结算分析单和正式发票，同时自动生成销货日记帐；当用户回款时，用“回笼辅助凭证”在销货日记帐上进行自动核销，且由“回笼辅助凭证”自动生成对应的收款或转帐凭证。通过这几年的实践和不断改进，采用“销货日记帐”这种模式收到了很好的效果，并证明了使用这种方法来进行帐务处理具有很高的实用价值。否则，如果按一般软件的做法：在销售发生时，要做转帐凭证结成本转收入，然后为了分析销售数据，还要按商品的分类逐项输入成本、价差等数据；而当用户回款时，还要化很大的功夫去寻找要核销的对象，工作量相当的大，而且也很难保证逐项输入或者核销的成本、价差等数据的准确性。

当销售活动的作业流程进行优化改革取得成功后，我们的开发人员得到了极大的鼓舞，并设想用类似的辅助凭证方式来简化其他的帐务处理，然而，在开发的过程中，又碰到了很多困难，其中最大的困难就是开发人员缺乏系统的会计知识，对财务制度、法规没有系统的了解。为此开发者进行了大量的财务理论知识学习，成功设计出了采购、验收、应付、抵扣、核算、置产等一系列辅助凭证，使财会人员在不增加日常工作量的前提下，在进行帐务处理的同时，自动生成相应的管理明细数据，大大提升了帐务处理的工作效率。

灵活、高度集成是本软件的又一大亮点，主要体现在工资模块和固定资产模块融财务子系统于一体，使用者可完全根据企业自身的需求情况，进行选择使用或不使用。我们知道，一般的软件都是按企业的部门进行系统设计的，所以他们不得不把由人力资源部门分管的工资单独做成一个工资管理系统，由综合管理部门监管的固定资产单独做成固定资产管理系统，很显然，这样就不得不把管理工作和帐务处理分开了，不利于企业各岗位的人员优化、不利于数据的共享。在系统中我们通过对使用者的权限和用户秘密设置来区分工作岗位，达到管理和帐务处理一气呵成。如固定资产管理，当购置了新的固定资产后，会计人员在付款建帐时，使用置产辅助凭证自动生成付款凭证和固定资产卡片、清册，实现了帐卡一致，精简了传统的固定资产卡片管理。另外，固定资产折旧也变得极其简单，由系统自动完成。

虽然财务系统能提供企业所有经营活动的数据信息，但其存在的滞后性显然不能满足管理层的需求。直接反映市场供求信息的数据必须从企业的经营部门获得，为此，开发一套完备的进销存业务管理系统成了企业迫在眉睫的事情。但是业务部门的日常工作不像财务那样规范，有制度的制约，不少操作是不规范的，带有很大的随意性。虽然软件设计时充分考虑了业务日常工作的灵活多变性，但软件统一规范的操作要求与原来随意的手工操作产生矛盾，特别是在当时市场环境还不是很规范的情况下，业务部门在刚开始使用软件的阶段中产生了很大的抵触情绪。这时我们的开发人员做了很多工作，除了广泛听取各种意见和建议，将设计方案改了再改，仔细周密地考虑了各种可能发生的事情，哪怕是偶然发生的业务在软件中也做得尽量方便操作；还不断与使用人沟通探讨，主动到各工作岗位不厌其烦地一遍遍操作讲解，规范其作业流程。经过一个多月的磨和，经营部门的员工尝到了使用计算机系统所带来的数据信息统计快速高效的便利，认为规范化的作业流程不但大大提高了他们的工作效率，也使他们从日常繁重的业务管理工作中解放出来。

一套成熟的计算机软件系统能在企业发展的过程中长期得到稳定使用，不仅要求软件具有较高的前瞻性设计，同时还必须与计算机技术的发展革新同步，所以我们的系统经历了从最初的NOVELL网络、DOS操作系统、FOXBASE数据库平台，到稳定运行于如今最为流行的WINDOWS操作系统平台。在整个升级过程中，我们又进一步关注于软件系统使用的经济性和通用性。考虑到使用对象主要为中小型的商品流通企业，这些企业在实施企业信息化时，投入的财力和人力资源有限，电脑使用人员的电脑操作水平也有限，于是重点从3个方面着手：软件的稳定性、低成本的数据库维护和非常友好的用户操作界面。

软件主要使用微软公司技术成熟的Visual Basic语言开发设计，能稳定的运行于当前流行的WINDOWS各类操作系统，对硬件环境要求低。软件不仅可在单机上运行，用作单用户系统；同时也支持网络多用户运行模式。对于网络多用户模式，对服务器并没有特别的要求（甚至一台性能较好的PC机也可以），主要用于存放系统运行的数据库系统。由于系统采用的Visual Basic数据库，能与"Microsoft Access97"很好地兼容，使得用户对本地数据库的维护变得更为方便简单。另外，由于软件数据库独特的结构设计，即财务凭证和业务单据以月份为单位存放，帐册以年份为单位存放，这不仅使数据库达到数据量冗余度高，数据响应速度快等特点，而且又能实现数据库的增量备份，大大减轻了维护人员的数据库备份工作压力。简单易用和友好合理的用户操作界面，使每个刚开始使用系统的用户无需专门进行全面系统的操作培训，也可以较快的熟练操作系统的每个功能模块。

五、系统评价：简易高效实用的管理系统

系统不仅在本公司成功使用，而且推广到了集团公司的其他单位，运行情况良好，获得用户好评。该系统针对商品流通企业的特点进行开发研制，针对性强、性价比好、集成度高、使用方便，有一定的技术创新性和经济实用性，且维护成本低，企业投入小，花费少，具较高的实用价值，特别适用于中小型商品流通企业。

根据公司发展的需求，进一步提升系统的网络运行架构，由当前的局域网运行环境提升到互联网环境。

六、软件使用的经济效益

通过《ME信息管理系统》软件的开发使用，大大提高了企业的日常工作效率和经营管理水平，减少了人工成本支出，企业在信息化管理上的花费很少，维护成本也很低。而在为其他单位提供有偿服务的同时也增加了效益。企业节约的人工成本费：30人X 6.6万元／人年=198万；有偿使用费：60万元；自行开发减少的投入：20万元 ，共计278万元。

2003年公司共完成销售收入17.8亿元，实现利润总额3400余万元，完成计划数的113.8%。共销售手机118万部，完成计划数的118%；销售电话机43.8万部，传真机3.4万台，经营业绩在集团公司系统中位居前列。2003年完成国资委考核的指标情况分别为：净资产收益率达到6.04%，成本费用占主营业务收入比重为98.55%，流动资产周转率为3.5次。2003公司的国有资产保值增值率达到106.4%，全员劳动生产率为19万元／人。今年1–8月份，我司也已经完成销售收入10亿元，实现利润总额2800万元；手机销量也达60多万部，电话机销量达30万部，传真机达2.5万台左右，效益良好，超进度完成了集团公司下达的各项经营考核指标。

七、成果鉴定

2004年6月10日《ME信息管理系统》通过集团公司的评审验收，得到专家小组的一致肯定。

许小春　中国邮电器材华东公司信息技术发展部经理。中共党员。1964年12月出生，1984年7月毕业与北京邮电学院计算机与通信专业。1998年7月被评为高级工程师。曾多次被评为原上海市邮电管理局、中国邮电器材集团公司、中国邮电器材华东公司先进工作者。其主持开发的《ME信息管理系统》被评为第一届全国通信行业"企业管理现代化创新成果二等奖"。

《ME信息管理系统》是一套为商品流通企业度身定做的信息管理软件，由中国邮电器材华东公司于2002年底独立开发完成，于2003年6月开始全面投入使用，之后相继在系统内的东北、西北、西南等公司推广应用，取得了良好的效果。

软件抓住企业资金流、信息流、物流三大主线，详细周密地考虑企业的每个作业环节，设计优化作业流程，帮助企业实现全过程、全流程的计算机信息管理。充分体现"企业管理以财务管理为核心、财务管理以资金控制为前提"的现代经营管理理念，将管理和控制揉合在日常工作中，使企业达到人人都参于管理的境界，帮助企业将管理措施落实到实处，为提高企业的管理水平发挥了积极的作用。

成果创造人

主要创造人：许小春
参与创造人：米闪闪、孙华

国际上最先进的通信技术在福建电信网上得到广泛使用

在技术构架上，我们坚持适应企业信息化整合、计算机发展趋势，采用选用符合电信行业及IT业界主流的方案和技术：把MIS网作为企业内部专网按照国际电信运营商通行的方案来搭建，结合DCN改造和分公司内部网络改造进行整合，将原来各地自行连接的互联网剥离出去，提高网络安全性；在省公司存储改造上采取SAN结构；在数据和软件平台上选用ORACLE数据仓库、DOMINO平台；由于计算机更新换代较快，故遵循根据实际发展需要和满足一定时期需求的设计原则，不贪大求先进，在充分利用原有服务器的基础上，分公司基本采用中档PC服务器，保护原有的设备和系统资源；坚持技术中立原则，尽量避免专有技术，如虽然选用了DOMINO平台，但不采用IBM的专用DOMINO主机"莲花宝箱"，以免设备换代后难以复用。

在实用性上，我们坚持贴近企业需要。省公司针对各分公司、各部门、各岗位的实际情况，多次组织了有针对性的需求调查，进行了1800人次的访谈。在此基础上确定，MIS系统建设不是简单地把手工作业搬到计算机系统上来，而是认真对现有功能进行分析和归纳，提炼出共性的功能，吸收原有系统的合理功能，特别注重将管理作业优化与系统建设结合起来，例如实行公文并发、合同会签网上作业等提高了传阅效率；坚持统一的原则，对于个别单位提出的合理的个性化要求，采取配置参数等技术措施予以满足。实践证明，MIS系统的运行基本能够满足各地的需要。

在工程计划上，总体建设采取项目滚动计划。针对企业对MIS系统的诸多期望，根据急用先行和效益优先的原则确定各阶段工程范围，避免大而全。在2001年一期工程完成省公司本部MIS系统建设后，2002年二期工程重点放在全省联网、两网剥离、统一版本、基础管理延伸、基础决策分析等工作上。由于MIS系统的建设是一项随着企业不断发展而与时俱进的系统工程，其建设不是一劳永逸的，故我们每年进行周期性阶段项目建设，使其保持与企业同步成长。

在配套工程上抓好工程分项目之间的有机协调。管理网建设需要对硬件主机网络进行调整、扩容，必须保证各项工程的衔接。比如两网分离工程难度较大，由于长期以来分公司各自为政，许多管理网与互联网相连，严重地影响了网络安全，但要是实行两网隔离却不易为员工所理解，省公司针对此情况，及时使用了内外两套邮件系统，并按一定比例开设内部网吧，满足员工上互联网的需要，从而化解了矛盾，使工程得以按时完成。

在实施上，我们坚持实行工程项目管理。对需求调研、业务分析、系统设计、研发测试、人员培训、试点应用、全面推广和验收整改等工程环节严格把关，实行系统化管理。在需求调研和分析时，广泛征集意见，通过探讨取得共识，为系统建设打下一个良好的思想基础；在系统研发时，从实际需要出发，进行换位思考，从技术上尽量解决基层单位的急需和个性要求；在测试和试点中，反复进行模拟测试，利用全省联网形成的环境，多次组织全省性联网测试，多次组织现场集中培训，以测代训，收效良好；把好割接关，每次割接反复试验，确保万无一失。二期工程3月启动，7月试点，8～9月推广，时间较紧，项目复杂，涉及人员多，但通过大家努力，保证了新旧系统平稳过渡。

在系统服务保障和可持续发展方面，公司在MIS系统建设中，坚持抓好系统保障管理，首先培养自己的技术骨干队伍，掌握系统总体构架和核心技术；同时与集成商形成长期的合作伙伴关系，由集成商提供服务保障和研发支撑，保证各阶段工程的前后衔接。由省公司进行统一的版本管理，建立省、地二级维护体系和集成商的保障体系；集成商在省公司和部分分公司实行派驻服务，对其他分公司实行全网远程服务和必要的上门服务，系统投入运行以来，稳定可靠。

三、全面应用，系统效益明显，收效显著，大大提高企业管理效能

目前公司MIS系统实现了全省联网、统一版本，设有办公事务和分析决策两大部分共80余个模块，全公司省、地、县约1/3员工进入MIS系统协同作业，通过MIS系统许多强大的应用功能，大大地提升了企业信息管理水平，取得了良好效果。

截止2004年2月底，省公司从2001年本部系统开通以来系统收文8630份，发文6348份；在2002年7月开通二期系统以来，各类信息专栏共发布信息17769份，个人信息发布8995份，员工摄影作品发表1569幅，员工节日收发贺卡人均251份以上；全省注册用户达5331人，省公司管理网访问次数83万次，全省各地管理网累计访问次数达530万次以上。在一定程度上，管理信息孤岛得以消除，大家深切感到日常工作已经离不开管理信息网了。

我们的MIS系统具有以下特点：

（一）具备集团级的通用大型MIS系统

基础平台采用便捷的B/S结构，兼容性、维护性和可扩展性强；应用先进的广域网和异构数据库互联技术，支持多服务器分布式应用，可以形成快速拓展和延伸的基础平台；兼容文本、数据、语音、视频、图像等多种信息格式，应用数据仓库集成其他业务系统结构化数据；支持专网、Mail、异地拨号、传真和网上交谈等多种访问形式，可以快速部署，特别适合于跨地域的大、中型集团公司应用。

（二）管理和信息功能丰富

系统开辟有各种信息专栏，提供各种丰富的信息，包括政府、行业、公司、部门的各类信息；系统充分体现管理功能和信息功能的结合，许多信息可以方便地被转换为管理信息，如领导在阅读公文和一些信息时可以批注意见并迅速被相关人员了解，甚至转为督办、追踪办

繁忙的电信营业厅

10000号客服中心

理等。系统还开辟有集团公司《决策参考》、沿海电信公司动态、业务发展趋势图、省政府《参阅》、领导批示等专栏；中国电信上市后，为了让企业人员迅速了解中国电信和其他电信运营商市值情况，我们收集相关信息进行对比展示。MIS系统还通过提取专业业务管理系统，提取业务发展、计费结算、网络运行、服务质量等多种数据，经过滤、转换后导入数据仓库，实现了部分数据可自定义的多角度分析，提供丰富的报表和图形展示。

MIS 系统建设中特别重视企业文化建设，开辟有BBS、视频点播、摄影作品、员工培训、贺卡等职工文化活动的专栏。其中，BBS可按专业、按地区发布；视频点播充分利用硬件资源，加载了有关宣传、教育、培训的视频材料150多个供全省用户观看；摄影作品可实现网上评论、网上投票的功能，省公司还根据职工发表作品情况组织评比；每逢节日，大家就利用贺卡系统互传友情和问候，比以往通过邮局传送的贺卡更加快捷，经济又方便。

（三）强调企业、团队和个人的有机结合

系统充分体现企业、团队和个人的信息需求，实现企业、团队、个人信息化的统一，改变传统MIS系统片面强调企业或偏重个人化的设计理念。

系统一方面突出了企业整体形象。通过公众网页提供通用信息，这些信息不受用户权限控制的限制，使企业公开的公共信息可以方便地被用户查阅，如企业新闻、公告、公众信息、法律顾问、工会之窗、员工心声、思政工作网、电子报等；系统还设有专用的内部网页，提供员工希望了解的和经常使用的信息，如公司制度、组织机构、廉政建设、厂务公开、信息刊物、公司通讯录、专业信息、管理信息等，同时设有公司各类事务管理模块，如公文、档案、督办、签报、计划、活动安排、车辆管理、领导动态、图书管理、请假管理、计算机购置审核、合同管理、服务受理、人力管理、会议室管理、远程访问申请、来访登记等，方便员工办理相关公司事务。

另一方面，系统为团队提供各自的信息交互环境。各个部门可以相对独立地在网上进行信息交互活动，如各个部门和虚拟团队拥有相对个性化的部门主页或项目组主页，部门主页上有部门公告、部门信息、部门传真、部门合理化建议、部门制度、部门工作计划、部门通讯录、部门BBS、部门文档管理、部门设备管理等，部门团队成员可在相对封闭的平台上处理部门级的事务，交流信息，同时实现了部门信息化，改变以往部门人员另行组织人员建立部门网站和独立维护，造成人力资源浪费，系统数据结构不统一、共享困难的局面，把部门人员从网站建设中解脱出来以投入自身的专业工作中，提高了人力效率。

再一方面，系统为个人提供了丰富的信息服务。系统提供丰富的个人服务信息，如个人基本信息、信息发布、工资情况等，同时提供事务协办、邮件处理等信息工具，通过待办提示，将需要员工办理的事务分门别类地进行提示，提醒员工及时处理。

（四）灵活的组织机制和授权管理

系统建立了完善的组织管理体系，可以根据各企业和部门的具体情况进行灵活配置。系统支持部门可以实现省地跨区域、跨系统的专业对应配置，便于单位、部门之间的信息沟通；支持人员一人多岗，可根据需要将部门人员组成临时性的项目组，避免了团队协调困难，解决了部门横向管理的问题，如目前正逢机构重组，各公司就分别成立了BPR项目组。系统实行主办部门信息负责制，各专题功能进行相关主办部门的信息授权，重要信息编辑和查阅可以控制到部门甚至到个人，体现安全性和灵活性的结合，具有很强的管理性和可控性。本系统采用了权限分离与分级的做法，将人员定义为系统管理员、部门管理员、模块管理员和普通操作员四种级别，各自赋予相应权限。系统管理员只能进行基础参数设置，不能更改与系统参数无关的数据。系统支持权限转移功能，用户如有需要，可将自己在某模块中的权限转移给本部门的其他人员。由于系统提供了完善的授权机制，在具体实施过程中，只要收集整理规范的组织和人员数据，经过加载系统后，各级别单位组织就能迅速投入使用，对复杂多样的人员变动和组织调整都能完全适应，受到使用单位的好评，效果十分显著。

（五）信息交互畅通，方式多样

系统将通畅的信息沟通作为重要的目标之一。首先，系统提供了丰富的信息内容，同时除了具有传统的查询访问功能之外，还可以把一些专用信息、报表主动发送给有需要的人。其次，只要授权许可，员工可以通过统一界面选择访问省地公司、部门和专栏，可以采用信息发布、事务协办、请示报告、邮件等方式进行全省无阻碍的交流。比如省公司可以将重要公告发布到分公司和个人公告栏，部门可以在企业内部和省、地关联部门之间进行发布业务通知、传真等；事务协办实现了全省所有用户点对点的信息传送的功能。用户可发起协办单，提交到指定的主办人和协办人的待办中，也可以提交协办单到用户自定义的群组中，用户可随时跟踪了解协办单的办理情况；部门传真实现部门间横向沟通、上下级公司间纵向交流的功能。如省公司的市场部可发部门传真到省公司财务部以及分公司的市场拓展部、10000号客户服务中心等。

打个电话让心回家（为客户提供小灵通）

打个电话让心回家（为客户提供可视电话）

（六）适用性强并具有良好的个性化支持

系统充分考虑省、地、部门和个人的信息需要，将企业各种具有共性的管理信息进行高度提炼集中，使之具有普遍适用性。提供了统一的主体信息模块结构，包括公司信息、公司事务、部门事务、团队事务、个人事务等；同时提供可配置化调整，解决具体应用中的个性化要求，如各单位可以根据需要设置不同的专题信息栏目，可根据实际办公发文的需要，选用网上会签、网上传真和网上公文处理等功能，使得内部管理效率大大提

"家校通"受学生欢迎

电话铃声脆 畲乡生活美

三等奖

高。目前各部门通过网上传真等传递公文达10960份。为了解决员工在内网和互联网邮件交互的需要，我们分别设置两套电子邮件系统，相对独立，既安全又不影响应用。员工可以根据相互信息沟通的需要，选择使用信息发布、信息沟通、邮件等多种方式。

（七）提供高效的作业方式和协同作业

MIS系统在公司级、部门级和个人级都能提供良好的协同作业功能，大大提高了工作效率，缩减了中间环节的耗时。如公文模块提供了并发机制、流程可配置、处理权限转移和授权控制等功能，使原来公文传递从5个工作日压缩到当天就能到具体经办人待办界面；从集团公司电子安全信箱收到的集团公司公文，加载到MIS系统后，也能当天到达经办人待办事务上。部门网上传真等提供部门级事务协同作业，相关人员可以在网上查阅全省各部门对文件处理情况。如微机购置审核模块实现了新增微机、微机报废、微机更新的审批流程，大大的缩减了审批时间，使得使用部门、审批部门、财务部门、固定资产管理部门以及公司领导能够同时在网上协同办公，处理及时，流程规范，资料完整。如竞聘管理模块实现了网上公开竞聘的功能，全省用户都可通过竞聘管理模块进行网上竞聘，并了解竞聘结果，既避免了旅途的消耗，又体现了企业公平、公正、公开的竞聘原则。再如档案管理模块实现了自动将历史数据归入档案的功能，用户如要查询历史数据，可经过电子借阅向档案管理员提出申请，经档案管理员审批同意后，通知用户进行查阅。目前，省、地市、县采取发文方归档的原则，避免数据在省、地市、县多处保存造成的数据冗余，避免了档案管理员重复录入档案资料，简化了档案管理层次，精简了档案管理人员。

（八）多层次的安全保障体系

MIS 系统在网络层上采取与互联网隔离的严格措施，

在内网和互联网单独设置邮件服务器，提高了安全性。通过在公共工作区设置单独的互联网上网终端，解决员工进行外网交互的工作需要。公司的内部网络实行客户端之间独立子网划分，通过使用防火墙以及网络防病毒系统，有效抵御病毒感染和黑客入侵。系统在应用层将用户名与终端IP地址进行捆绑，全省统一认证，限制无注册人员访问，对合法访问而长时间没有操作的要求访问者重新登录，避免使用者离开终端被他人侵入；所有信息分权由主办人员管理，对查阅和编辑均进行授权限制。此外，在技术上加强安全措施的同时，公司还十分重视信息安全意识的培养，省公司和分公司经常组织网络安全检查和保密管理教育，从思想和制度上提高信息安全保障。

总之，公司目前所建设的MIS系统是企业管理信息化的初步探索，是企业信息化的一个重要组成部分。要实现集团公司提出的"全面创新，求真务实，努力奋斗，力争用五年左右的时间，把中国电信建设成为世界级的现代电信企业集团"目标，已经不能单靠网络规模投资来实现，其核心综合竞争能力需要靠加快企业信息化水平来实现。目前，我们与国际先进运营商之间在信息化方面有较大的差距，进行企业信息化建设也绝非是计算机系统的更新改造，而是要在先进的管理理念指导下运用现代信息技术，结合流程重组、五项集中管理以及其他方面的管理创新来实施，我们将在集团公司企业信息化整体规划的指导下，坚持整体规划、效益优先、分步实施的原则，继续推动企业信息化建设。

成果创造人

主要创造人：王纯、林章

参与创造人：杨　平、陈　航、黄传辉、蔡腾跃、戴　明、黄开健、王朝丰、谢　馨、王凯明

有了福建电信提供的通信服务，海上渔村变得更加美丽

用，同时增强了偿还欠款的透明度。我们采用以上办法偿还外债，折扣金额达2142万元。

（2）加强在建工程管理，落实固定资产两级管理责任制

①公司化以前，工程核算管理一直比较混乱，成为困扰分公司会计核算的老大难问题，为此，从2000年4月开始，他们在工程核算管理方面加大了工作力度，对1000多项在建工程进行全面清理。经过3个多月的辛勤劳动，使在建工程项目由原来的1000多项清理为230项。通过清理，使多年独立设置的工程帐与通信业务帐“在建工程－拨款项目”之间的12694万元差额得到了清理，工程帐与通信业务帐科目余额长期不符的问题得到了彻底解决。

②目前，分公司固定资产原值98亿元，固定资产卡片4.8万多张，固定资产分布在7区12县，虽然种类繁多，专业性强。但是，由于应用现代化的微机网络管理，已经做到了帐、卡、物三相符。今年9月份将安装启用固定资产动态管理系统，使固定资产管理工作提升到一个更高的层次。而在公司化以前，2000年4月份公司进行第一次固定资产清查时发现，固定资产清册大部分与实物不符。为此，对原有的固定资产管理体制进行大胆改革，将原有的一级管理改为两级管理。既设有分公司统一管理的大帐，又有分部门单位管理的小帐，将原来的固定资产集中管理模式改为集中管理与分散管理相结合的两级管理模式，在全省率先实行固定资产计算机网络管理，各单位固定资产发生增减变动可以通过计算机联网及时、准确的完成，提高了工作效率，使公司的固定资产管理工作迈上了一个新台阶。之后，他们在第一次固定资产清查的基础上，又在2001年4月份，进行了第二次清查，2001年11月份到今年5月份进行了第三次清查，第三次清查的方案，采取的方法和清查结果，在集团公司召开的财产清查方案研讨会上做了汇报发言，为正在开展的全国性财产清查工作探索了一些经验，得到了集团公司和兄弟公司的肯定和好评。

（3）改革欠费收缴体制，将现代化管理与高科技手段相结合

公司化运营前，用户欠费管理的现状是人员少，额度大，手段差，管理不到位，责任不清楚，缺乏行之有效的管理机制，2000年3月份以前公司用户欠费高达14682万元，隔月欠费高达3246万元。用户欠费居高不下，严重困扰着企业的发展，公司化运营以后，首先，投入资金2000多万元完善了用户欠费管理系统，使用户欠费管理系统能够及时地“自动开机、自动关机、自动催缴”，大大增强了用户欠费管理的科技含量，使欠费收缴的“硬件”得以保证；然后，我们对原欠费收缴考核办法进行了重新修订，重新确定欠费收缴的界面，一是由帐务中心承担当月收缴率，由分局承担2－3个月的欠费收缴率，二是把欠费收缴与相关单位的责、权、利更密切的结合起来，与奖金挂钩，这样，使欠费收缴的“软件”得以全面升级。极大地提高了欠费催缴的效率，降低了欠费中呆死帐的金额，累计欠费金额由2000年3月份以前的14682万元降低到今年8月份的9031万元，隔月欠费由3246万元降低到1967万元。方正等6个县局基本达到无隔月欠费。

10.资费稽核管理平台

作用：可灵活提供各类总帐、明细帐统计信息，实现业务收入管理系统化、规范化，。

实效：确保了各营业厅、代收点、代销商的各类收入当日稽核、隔日调帐和任意时间段统计汇总，并可实时统计话费收缴率，实现了对全区收入数据的稽核监控，堵住漏收少收。

（三）十项达标

十项达标是确立企业战略目标的具体化，是增强企业核心竞争力全员努力的方向。公司依据国家法律法规要求，依据集团公司省公司战略目标的要求，依据本公司企业发展战略的要求，依据关键业绩指标法（KPI）的理论，建立起一整套完善的指标体系。

按照十项达标的分类，即通过管理者达标、员工队伍达标、赶超集团省会公司达标、绩效考核达标、经营计划达标、网络运维质量达标、精神文明建设达标、服务质量达标、基础管理达标、安全生产达标来全面评价企业战略目标的推进情况。

按照责任单位分类，按照责任单位进行层层分解。通过签订责任状落实到各级责任人和考核范围。这些度绩效指标全部纳入监控考核体系，做到目标落实，责任落实，考核落实。

为了确保“三个十”工程顺利有序地推进，使“三个十”工程日趋科学化、规范化，达到国际标准化，2003年，哈尔滨市通信分公司在黑龙江省通信行业率先启动了贯彻ISO9001标准工作。他们在全公司范围内建立健全了符合ISO9001：2000版标准的质量管理体系，并且使其持续改进和自我完善机制也行之有效。他们把贯标工作与创建一流企业紧密结合起来，使一流的服务、一流的队伍、一流的网络、一流的管理、一流的效益都依据先进的国际质量管理理念与方法不断完善，不断提升。从标准化的角度看，公司质量管理体系文件的建立，为五个一流建设和科学的基础管理起到了支撑性的作用，为

公司深入进行流程再造奠定了良好的基础。2004年。他们继续巩固ISO9001质量管理体系认证成果，在完成质量管理体系的换版工作的同时，努力向通过14000、18000标准体系认证迈进，即通过三标一体化认证。

四."三个十"工程实施后的效果

通过开展ISO9001国际质量认证工作和运用现代化手段加强管理，哈尔滨市通信分公司在公司化4年来实现了四次跨越，经营绩效连年实现历史性突破。

(一)通过一流企业的创建，使哈尔滨市通信分公司连续两年名列网通集团省会公司排头

2002年三项效益指标和两项质量指标均在中国网通集团北方8省省会公司名列前茅，其中体现企业综合效益的3项指标：劳动生产率为94.18万元/人/年，排名第1位，成本费用率为34.98%，排名第3位，人均利润为20.78万元/人，排名第2位，体现网络运行维护水平的两项指标，网络接通率为97.89%，呼叫到达率为99.11%，均列全国省会城市第1位。2003年与集团公司效绩考核指标同步，我们重新定位并确立了5项体现企业综合效益的指标。业务收入由公司化前的15亿元猛增到23.4亿元，居北方8省省会公司第2位；利润由公司化前的8000万元增长到8亿元，居北方10省省会公司第2位；业务收入增长率达到16.52%，位于北方8省省会公司第1位；全员劳动生产率由公司化前的26.8万元/人/年达到105.74万元/人/年，位于第1位；总资产报酬率达到12%，位于第2位；体现网络维护水平的网络接通率为98.87%，位于第1位。

(二)通过一流企业的创建，哈尔滨通信分公司各项计划指标连续4年实现历史性的突破，并在全国率先进行了市场业务结构调整，业务市场三足鼎立的格局初步形成

2000年实现利润4.85亿元，较公司化前同比增长了5倍，2001年实现利润5.25亿元，2002年实现4亿元，2003年实现8亿元，4年共为国家多创利润19亿元，其中靠增收创利润18亿元，靠节支创利润1亿元。利润的积累主要源于科学的管理，靠公司化4年来持续的增收节支创造的，特别是4年来有效地控制了可控成本费用的支出。固定电话业务4年净增用户133万户，占现有用户群的56.6%，4年增收12.59亿元。2001年8月至2003年底，共发展来电显示用户135万户，累计实现业务收入11567万元，2002年拉动业务收入增长2.42个百分点，2003年拉动业务收入增长3个百分点。在互联网业务方面，我们3年共发展宽带用户15.88万户，互联网用户达到82.38万户，仅2003年就实现收入2.1亿元，拉动收入增幅5.29个百分点，收入增幅112%。在小灵通业务方面，我们创造了在短时间内建成百万容量的无线网络，发展了最大的用户群两个全国奇迹。10个多月实现放号80万户，提前超额完成了半年、全年任务，用户数占全省总数的54%，实现收入2.8亿元，拉动收入增幅近14个百分点。

(三)通过一流企业创建，企业综合实力不断增强

年业务收入在北方8省省会分公司排名第2位，利润在两个直辖市和北方8省省会分公司中列北京之后，排名第2位；公司化4年里，他们共投资41亿元，固定资产原值达108.2亿元，公司化4年新增资产占固定资产原值的43.79%；市话交换机容量由179万门增加到292万门，建成了全国最大规模的无线市话网络，核心网容量达到162万门，无线侧容量达到120万门，建成了宽带城域网，ADSL网络容量达到19万线，五类缆信息接入点达到11.7万个；用户总量由141.1万户，增加到400多万户。

(四)通过一流企业的创建，哈尔滨通信分公司打出了企业牌，亮出了服务牌，树立了企业的良好形象，同时，在全省通信行业率先通过了ISO9001质量管理体系认证

公司化以来，连续2年夺取服务窗口"双评"第1名的桂冠，连续2年获得全国投入产出先进单位，几年来，我公司还获得了全国"五一"劳动奖状、全国保护消费者权益服务信誉满意示范单位、全国用户满意企业、全国用户满意鼎、全国质量效益型先进企业、黑龙江省民主管理先进单位、黑龙江省质量诚信单位、哈尔滨市第29届劳动模范先进单位等多项荣誉称号，并连续多年保持省级文明单位标兵称号。

(五)通过一流企业的创建，哈尔滨市通信分公司在创造了可观的企业效益的同时，也创造了辉煌的社会效益，为地方税收做出了突出贡献

仅2003年就为地方纳税1.58亿元(主业1.3亿元，实业0.28亿元)，连续3年被评为哈尔滨市纳税贡献单位，连续两年地税营业税纳税额哈尔滨市排名第一。

成果创造人

主要创造人：孟庆龙
参与创造人：刘德军、姜正军、吴淑珍、薛文菊

山东省通信公司威海市分公司通信大楼

广东移动通信有限责任公司隶属于中国移动集团公司，前身为广东省移动通信局和广东移动通信总公司，负责在广东省内开展移动通信网络建设和网络运营，是国内最早开展移动通信业务的省级公司。公司在1997年经资产剥离和转制后在国内电信运营企业中率先赴海外上市，目前是中国移动（香港）有限公司在内地最大的全资子公司。公司现有22个市公司89个县分公司（或营业部），正式员工近7000人，2003年业务收入为345个亿。

广东省地处沿海、毗邻港澳，是国内最早实行改革开放的省份之一，经济总量连续多年排列全国第一，目前人口8600多万。作为中国移动集团公司下属最大的省级公司，广东移动通信有限责任公司用户数、业务收入和利润最近几年一直占集团公司1/5、1/4和1/3左右，尽管面临激烈的市场竞争，公司仍能连续3年市场占有率保持在70%以上，去年业务收入在集团内部更是全面率先超越本地电信公司。

一、新型人才选拔制度的产生背景

（一）传统人才选拔方式的弊病日现突出

以往国有企业在选拔干部或经理人员时，一直是采用传统的组织考察方式，即"相马制"，选拔过程强调"论资排辈"，评估工作缺乏科学定量等标准，整个考察、考核、选拔过程只局限在公司管理层、直接领导和组织人事部门内部，操作的透明度不高，选拔效果也不理想；而且由于没有建立竞争淘汰等激励和约束机制，经理人员一旦选拔出来，"易上难下"，长此以往就造成"干部人头太多、人浮于事"和部分人员"不思进取"、"官僚作风严重"等不良现象，这种局面严重阻碍企业的发展。

（二）环境的变化对人才选拔方式提出了更高的要求

从外部环境看，1997年公司在香港和美国同时上市后，为创建世界一流的移动运营企业，实现管理与国际惯例接轨和迎接未来激烈市场竞争的挑战，客观上要求公司必须建立起优秀的管理团队和一流的人才队伍。

从企业内部情况看，由于公司成立时间短（从1988年成立至今才十几年）、业务发展快（业务收入和用户数连年迅猛增长）、增员迅速且员工普遍年轻（平均年龄不到30岁），"人才断层"（尤其是经营管理人才的匮乏）现象非常严重，如何培养和挖掘人才已成为重要的管理课题，传统的人才选拔方式显然已无法适应企业发展的需要。

（三）企业文化建设和一系列管理变革，为新型人才选拔制度的形成奠定基础

1999年在以李刚总经理为首的新任管理层带领下，公司开始全面推行企业文化建设和一系列人力资源改革。

公司将"尊重员工自我价值实现"作为企业文化核心价值观之一，正式提出"打破干部'终身制'，实现'能上能下、能左能右、能进能出'的动态用人管理；要通过公开竞争选拔人才，为每一位员工提供公平的发展机会"，并在试点基础上从2001年开始在新增经理职位实行竞聘制。通过广泛学习和积极借鉴国外优秀企业管理经验，公司用3年时间（从1999年底－2002年底）全面建立起以"科学的职位、薪酬和绩效管理体系"为基础的人力资源管理制度，人才选拔也由粗放型、模糊管理转向强调以"能力和绩效"为主、实行多维考核的科学管理。

几年的实践，不但为公司积累丰富的管理与操作经验和大量的日常量化的考核数据，也创造出凸显"以人的价值为本"、"公平竞争"等理念的良好企业文化软环境。随着相关工作的推进和深化，竞聘的理念和具体制度渐渐深入人心并逐步赢得各级管理者和普通员工的广泛认同。

随着各方面条件的逐步成熟，2003年5月为配合当年经理人员聘期届满和大规模竞聘上岗工作的需要，公司经过反复研究和讨论，在原有管理办法基础上制定了《广东移动通信有限责任公司2003年经理人员竞聘实施方案》，它的出台标志着公司"以竞聘为主、全面考评的新型人才选拔制度"的全面确立。

二、基于竞聘、全面考评的新型人才选拔制度的基本内涵

新型人才选拔制度，既吸收了国内外优秀企业的管理经验，也充分体现了中共中央关于"党管干部"的有关原则与具体要求，它是公司根据自身实际情况并经过多年管理实践逐步形成的。

新型人才选拔制度，以竞聘方式为主，强调员工的自主参与和选拔过程的公平、公正与公开，并在整个选拔过程中对各位候选人实行全面评估。

（一）所谓"竞聘"，是指通过公开竞争的方式上岗，上岗后实行有限期（一般为三年）的聘用制度，聘期结

束后职务自行免除。这种方式，顺应了市场竞争的特点和人才成长中“适者生存”的自然法则——人才不是培养出来的，而是通过实际工作逐步磨练、通过竞争才能脱颖而出。

（二）员工自主参与，是指申报过程个人自主选择、竞聘过程个人充分发挥自身特长和主观能动性，它既体现对员工自我选择权的尊重，也是对员工自我价值的认同。

（三）“公平、公正、公开”，是指在竞聘过程中职位信息、竞聘条件、竞聘程序、考核标准和考核结果等，将向全体员工（包括竞聘者本人）公开；对所有竞聘者同等对待、一视同仁，采用相同标准；竞聘考核坚持客观公正、实事求是。“三公”原则是有效管理的基础，也是新型人才选拔制度的核心。

（四）全面评估，是指人才评估除了要考察其外露的部分即行为（尤其是已经表现出来的）之外，还应重点考察其潜在的部分即知识、能力、性格、态度、动机、价值观等；既要考察其工作过程，更要关注具体的执行结果。评估方法是否全面、是否科学，是新型人才选拔制度实施的关键。

三、建立基于竞聘、全面考评的新型人才选拔制度的主要做法

（一）建立明确的人才标准和用人观念

1.德才兼备的用人观

经过几年的摸索，公司初步确立了德才兼备的用人观。所谓“德才兼备”，是指认同公司企业文化、又有较强能力和良好的业绩表现。公司在2003年出版的《企业文化》（第二版）中提出“尊重员工自我价值的实现；客户是企业的生命所在；创新是可持续发展的动力；发扬团对建设实现企业目标”四个核心价值观，作为对人才“德”的检验标准。能力体系主要包括两部分，显形的部分和隐性的部分，概括起来为“三力”（即理解力、执行力和创新力）和“三商”（智商、情商和逆商）。业绩体系包括定性和定量两个部分，前者反映为任务完成情况，后者表现为具体的业绩指标。

2.进一步淡化学历要求

随着企业文化建设深化和全体员工认识的提高，“业绩优于学历，能力优于资历”的观念渐渐深入人心，公司也逐渐突破“唯学历论”的用人观念，并从2003年开始淡化学历要求，强调“人人都是人才”，中专以下学历员工同样可以参加经理人员竞聘（只是要有相对较长的工作经历和知识积累），使每一位员工均能获得公平的发展机会。

3.坚持干部队伍年轻化

为确保管理队伍的活力和应变能力，在坚持合理的人员结构前提下，公司于2001年底开始大胆进行干部队伍年轻化的尝试，公司规定二级经理“凡年满男55周岁、女50周岁后，均要离开领导岗位，并不再担任任何行政职务”，在较好地解决人员退出机制的同时，顺利为年轻后备干部的成长创造条件。

（二）确定人才逐级选拔、逐步培养和分类管理原则

在国际一流咨询公司HAY和华信惠悦等帮下，经过几年努力，公司初步建立起科学的职位体系和相应的任职资格条件，并明确了人才“逐级选拔和逐步培养（通过异地任职、部门轮换等方式实现）”的原则。

由于实行三级经理制（一级为公司管理层、二级为中层或部门与分公司管理层、三级为基层管理者），针对不同层级管理者的特点，公司还建立了“分类管理”制度，即对二、三级经理和员工实行不同的考核方式和竞聘方式。二级经理，因其管理幅度大、管理相对相对宏观，每年只进行任职考核（由公司领导班子、同级和下级分别对其进行综合评价），而三级经理及以下人员每年要按月份或季度进行绩效考核。在具体竞聘方面，二级经理实行“资格竞聘”（应聘者竞聘的是某一职级的任职资格，取得任职资格后再结合个人志愿和企业需要等综合因素决定具体的职务聘任），而三级经理及以下人员则采用“职位竞聘”（应聘者只针对目标职位进行竞聘，入选后直接聘任该职务），两种方式适应了不同职位的管理特点，在操作程序上也有很大差别。

（三）采用多种评估手段和评价方法，开展全面科学评价

在新型人才选拔制度下，整个竞聘包含基层民主评议（又包括部门投票和绩效考核两部分）、公开演讲答辩、领导班子评议和民意测评、素质测评等5个部分，每种方式考核的侧重点均不同，前3项评估作为计分要素（计分比例分别为“三、三、四”），后两项评估只作为参考要素。

1.基层民主评议

通常包括部门投票和绩效考核两部分，前者是竞聘者所在部门全体员工以投票形式参与对其“满意、基本满意和不满意”定性评估，并按照一定方式（分别按80、70和60分折算）将投票结果转化为具体分数，它反映与竞聘者关系密切的人员对其进行的综合评价；

绩效考核，是由直接领导平时对被考核者的工作执行情况和具体业绩表现的认可程度。为确保结果的稳定性和有效性，在具体操作中将选择两年绩效考核成绩进行计算，并将部门平均成绩与公司平均成绩之比作为系数进行"二次调整"，以消除不同部门考核尺度不同的差异。

对于没有实行日常绩效考核的二级经理，将直接将其近两年年度任职考核结果作为基层民主评议成绩，以保证二级经理成绩之间的可比性。

2.公开演讲答辩

通常由跨部门的高一级经理人员组成评委（不少于20人），对竞聘者进行能力、业绩和综合素质的全面评价。演讲的重点是述职，即介绍个人经历、业绩和对现职工作的认识等；答辩则重点考察个人思维能力和心理素质，题目主要包括企业文化和管理应用问题，答辩采用"现场随机抽题"和"题目共用"等方式，以便于对竞聘者进行综合比较。

3.领导班子评议

是指由公司管理层以投票方式对竞聘者进行综合评价，并按照"多数票当选原则"将投票结果转化为相应的分数，以最终确定入围或任职人选。评议采用"票决制"方式，既体现了决策的民主性，也极大提高了决策效率，这也是公司通过几年竞聘工作逐步建立的一种决策机制。

4.民意测评

这是一项只对二级经理实施的定性考评，参加评议人员为三级经理和各部门员工代表，目的便于管理层了解公司广大员工对其工作和能力的认同度。

5.素质测评

它是通过问卷测验的方式，对后备人才的管理能力、行为风格、社会愿望和职业兴趣等方面进行测评。这方面的工作，主要是委托专业咨询公司负责组织和专题报告分析。由于目前技术测评的效度和信度有限，公司重点将结果用于人才培养与开发方面，在人才选拔方面的应用仍相对比较审慎。

（四）设计严密的竞聘组织流程，充分利用科技手段

竞聘过程包括信息发布与申报、资格审核、组织竞聘考核、公布考核结果，填报志愿与选择、聘任、任前公示和聘任发布八个环节，为确保人才选拔工作的顺利实施，公司对每一环节均做出具体而明确的规定，并严格按照"三公"原则操作。

同时公司还充分利用科技信息，先后设计开发"网上动态报名"系统（实现实时报名、动态监测）和"无线电子记分系统"（在公开演讲答辩环节使用，以替代传统手工统计方式）等技术手段，增强操作的透明度和公平性，极大提高运作效率。

四、基于竞聘、全面考评的新型人才选拔制度的实施效果

（一）新型人才选拔制度的应用情况

基于竞聘、全面考评的新型人才选拔制度，在2003年全省经理人员聘期结束后的重新选拔工作中得到广泛应用。从2003年6月（首先进行的是广州和深圳公司总经理的竞聘）开始，到12月中旬聘任工作结束，全省共组织竞聘49场（其中省公司5场，22各市公司各组织2场），涉及5个行政职级共977个经理职位，共有2231人次报名参加竞聘，全省组织公开演讲答辩累计接近90天，参加旁听人数累计超过3万人次（相当于在册员工每人参加旁听4.6次左右）。

经过竞聘，全省共选拔出861名经理，大专及大专以上学历人员占93.84%，其中研究生及以上学历人员比例更高达22.12%。新任的市公司总经理和副总经理级、县公司经理和副经理级人员的平均年龄，分别为43和38岁、36.13和32.57岁，均比以往有大幅下降（表1）。通过竞聘，全省共有92名经理降职或被淘汰（即成为普通员工），占原经理人员总数的14%。

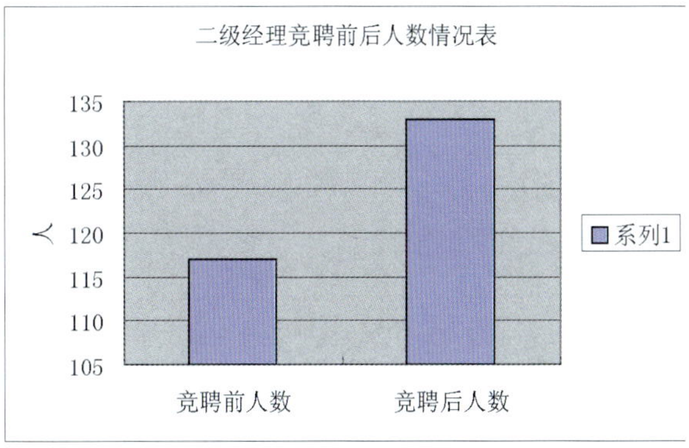

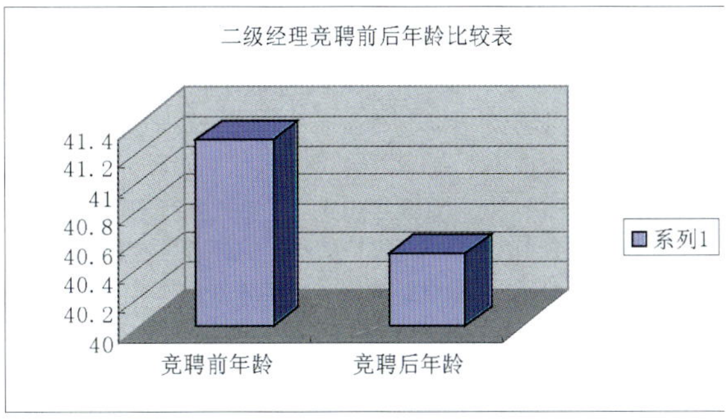

表1 竞聘前后经理人员状况分布表

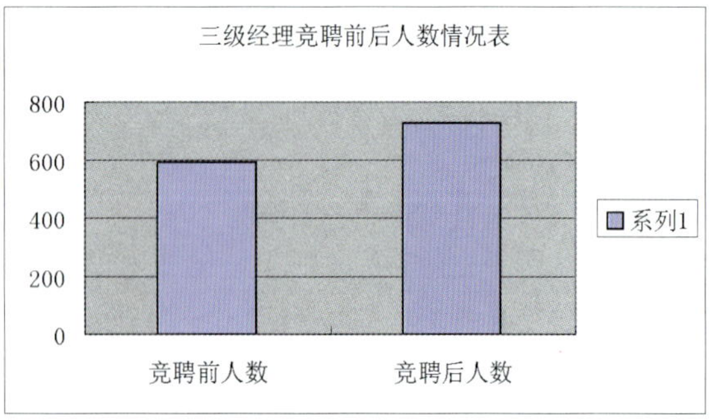

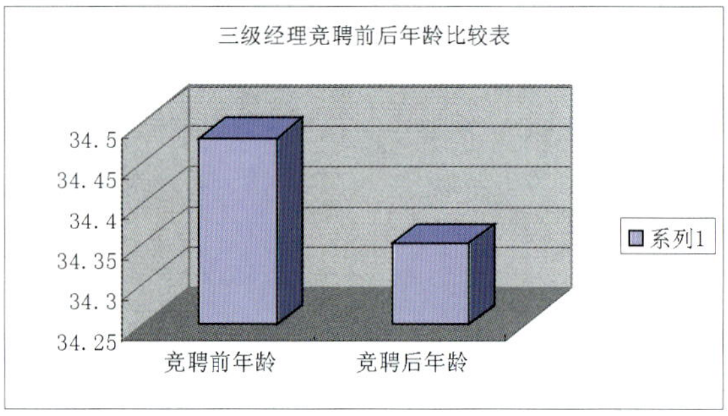

续表1　竞聘前后经理人员状况分布表

（二）成果效益分析

新型人才选拔制度的实施成果，即有经济效益上的直接体现，又带来了巨大的企业内部激励作用，同时还产生了强烈的社会影响力（在集团和各省移动公司中均已引起积极反响，在省内电信业同行之间也产生了巨大的震撼和冲击作用）。

1.成果效益经济指标测算结果

为衡量本项目成果效益经济指标，我们以“人力资本的市场价值“为基础，通过对比竞聘前后经理人员队伍对企业的整体贡献值而进行具体测算，测算依据和具体方法如下：

（1）市场价值是人力资本价值的核心和基础，它也是企业为吸引和留住人才的必要投资。本项目以国际知名咨询公司华信惠悦提供的市场薪酬数据为计算依据。

（2）我们认为经理人员数量的增加（这种增加并不是随意增设，而是基于组织设置和人员配置原则进行的）和其平均年龄的下降（意味着对企业的贡献期延长），将为企业带来更多的直接贡献和价值。根据公司经理人员任职的年龄规定，二级经理任职年龄不超过男55岁、女50岁，三级经理虽然没有年龄限制，但考虑到很多三级经理未来有机会成长为二级经理，因此本项目在进行成果测算时，经理人员对企业的贡献期全部取到男55岁、女50岁。

（3）虽然企业的用人会因战略和环境变化而不断调整，但受聘期制的影响，在未来3年（即2004—2006年）聘期内，经理人员队伍总体上将会保持相对稳定。因此，基于2003年换届竞聘结果进行的测算，其价值增加在未来3年是完全可以预见的；

具体测算公式和投入产出结果，可参见表2：

指标名称	测算结果 （单位：人民币万元）	时间	备注
申报前一年效益额			
实施各年累计效益额	9184.17	2004—2006年	
平均年度效益额	3061.39	2004—2006年	
申报前一年效益贡献率	2‰	2003年	
申报前一年投入产出率	1：15	2003年	

表2

注：

（1）“累计效益额”，指成果实施见效的第一年起到填报成果申报书的前一年为止累计的效益；

（2）“平均年度效益额”，指累计各年度的经济效益额除以年度数而得出的平均一个年度的成果效益；

（3）“效益贡献率”，指成果年度效益额与企业同年度利润总额之比值，即成果效益额占企业利润之比重；

（4）“投入产出率”，指成果投入的实施费与成果产出效益额的比值，即每投资百元实施费获取的效益。

职级	竞聘后平均年龄	竞聘后人数	竞聘后贡献值	竞聘前平均年龄	竞聘前在岗人数	竞聘前贡献值	市场薪资水平P50（万元）	竞聘创造总价值（万元）	每年增加值（万元）
二级经理正	43	46	552	44.26	35	375.9	37	6515.7	606.68
二级经理副	38	87	1479	38.3	82	1369.4	27	2959.2	177.20
三级经理正	36.13	335	6321.5	36.41	252	4684.68	18	29461.86	1584.82
三级经理副	32.57	391	8770.1	32.54	341	7658.86	14	15557.78	692.69
总量									3061.39

竞聘前／后贡献值＝（55—竞聘前／后平均年龄）×竞聘前／后在岗人数

竞聘创造的总价值＝（竞聘后贡献值—竞聘前贡献值）×市场薪资水平

每年增加值＝竞聘创造的总价值／（55—竞聘前平均年龄）

2003年竞聘投入：按较高水平估算

评委平均人数	竞聘场次	评委平均职级	平均出席天数	平均日费用（万元）	平均日工资（万元）	答辩和班子考评投入（万元）
30	49	三级经理正	2	0.1	0.072	505.68
计入其他费用（包括素质测评、民意测评和系统费用等）的总投入＝其他费用（100万元）＋答辩和班子考评投入						605.68

答辩和班子考评投入＝评委平均人数×竞聘场次×平均出席天数×（平均日费用＋平均日工资）

投入产出比＝605.68万元：（3061.39万元×3年）＝1：15

续表2

2.成果效益非经济指标测算结果

在2004年年初，公司通过问卷调查得出的分析结果表明：竞聘对公司的好处体现在三个“有利于”，即：

（1）有利于公司企业文化建设；

（2）有利于部门团队建设；

（3）有利于选拔出优秀的管理人才。

它对员工本人的好处也非常明显，比如：

（1）加深员工对企业文化的学习和认识；

（2）加强团队合作和团队友谊，通过竞争获得双赢；

（3）为员工提供展示自我和实现个人价值的机会；

（4）通过总结和准备，提高员工综合素质和综合能力。

正因为上述因素所发挥的积极作用，使公司在去年如此大规模的经理人员竞聘工作中能赢得广大员工（包括各级管理者）的广泛支持和信任（员工对竞聘结果的满意度和对组织工作的满意度，分别为76.58分和79.53分），从而为公司去年创记录的收入和利润指标的顺利实现奠定坚实的基础。

成果创造人

主要创造人：李刚

参与创造人：巫中岳、洪小勤、林振辉、王征宇、张湛生、赵洪康、黄光彬、闵　伟、丘小平

李刚，男，汉族，1957年8月生，1974年9月参加工作，研究生学历，教授级高级工程师。曾任广东省邮电管理电信处技术科长、电信处处长助理、副处长、电信部副主任、运行维护部主任等职，1998年10月任广东移动通信有限责任公司党组书记、董事长、总经理。

北京2008年奥运会移动通信服务合作伙伴
Mobile Telecommunication Services Partner of the Beijing 2008 Olympic Games

位于阿坝州海拔3500米的神州通一号基站

四川移动通信有限责任公司（简称"四川移动"）前身为四川移动通信公司。2002年6月，根据国家和中国移动通信集团公司的统一部署，四川移动成功在香港和纽约注资上市，实现了企业运营体制的重大改革，转制后的四川移动是中国移动（香港）有限公司的全资子公司之一。资产规模超过151亿元，员工3298人，在全省20个市州和142个县（市、区）设有分公司。

四川移动负责中国移动四川省网的发展规划、工程建设、网络维护和经营服务，经营范围包括移动通信、IP电话、计算机信息网络国际联网以及基于移动通信的各类增值业务，拥有"全球通"、"神州行"、"动感地带"、"移动梦网"等著名服务品牌，服务网号为"139、138、137、136、135、134"。除提供基本语音业务和传统的互联网拨号上网业务外，四川移动提供大量的具有吸引力的增值服务。

四川移动的六年，是发展成长的六年，是开拓奋进的六年，是改革创新的六年。六年来，四川移动在集团公司、省委省政府的领导下，在社会各界的关心支持下，坚持"创世界一流通信企业"发展战略和"做四川通信界更好的企业"的目标，积极进取、开拓创新，企业实力不断增强，初步将四川移动打造成为"有竞争力、有社会责任、有道德有文化"的企业，如今的四川移动已成长为中国西部较大的移动通信网络运营商，在业同者中处于主导和领先地位。

四川移动用户过千万启动仪式

四川移动领导班子

优质服务

凉山喜德县北山乡彝家姑娘用上先进的卫星电话

四川移动通信有限责任公司

地址：四川省成都市高升桥路1号　邮编：610041　传真：028-85057000

管理流程和政策法规应对流程）中战略管理流程处于起始位置，它作为公司与外部环境的联系桥梁，又是其他管理控制流程的源头。

河南移动新流程体系体现以下3个特点：

1. 流程体系以客户为中心，强调对分公司的服务；

2. 流程体系突出战略导向的地位；

3. 管理流程是业务流程的支撑。

提炼出公司流程体系后，公司着手进行组织重构工作。公司组织重构以公司流程体系为基础，以核心流程高效运行、专业职能统一和集中为原则设置公司机关职能部门，以工作单元和工作负荷大小设置每个部门工作岗位，依据各职能部门在公司流程体系的位置和权责关系，通过职能合并、分拆、转换和调整，进一步明确各职能部门的职责分工和协作关系，完善公司组织结构（图4）。

如下图所示，河南移动组织结构分为5个体系：战略规划计划控制体系、网络及支撑系统建设体系、网络运行体系、营销服务体系和服务保障体系。其中，通过战略规划计划控制体系实现战略决策和控制职能；通过网络及支撑系统建设、网络运行和营销服务3个体系，实现战略实施职能；通过服务保障体系实现战略保障职能。

（二）项目成果的创新之处

与原组织结构相比，河南移动重构后的流程型组织

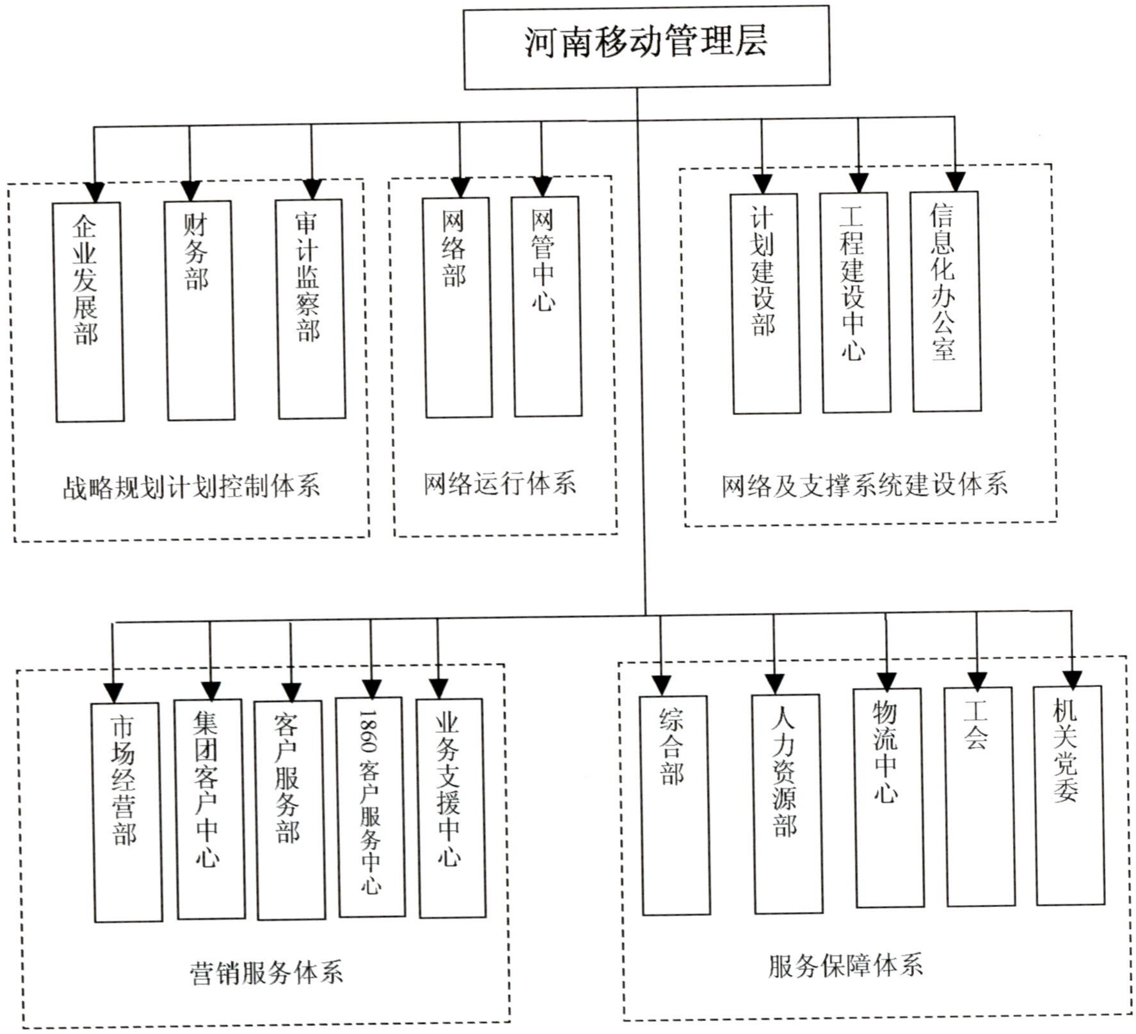

图4　重构后的河南移动组织结构图

全球通高峰论坛

通呼应，环环相扣，循序渐进，不断完善，各项经营分析活动都有始有终，增强了经营分析工作的前瞻性、针对性、主动性、规范性和系统性，有力地推动了江西移动加速接轨现代企业管理。

四、“以提升企业持续竞争力为目标的无边界经营分析和预控管理”的成效

（一）促进了企业战略、执行、绩效三者的高效互动

江西移动无边界经营分析和预控管理构建了企业内部一个环环连贯的经营管理体系，促进了“三个转变”的战略落地，改进了企业经营决策方法，创造了聚焦优势。它使企业全部资源能够合理配置到战略流程的控制点上，促进战略执行与企业运营之间的并驾齐驱，达到了资源合理配置、作业高度协调、战略有效贯彻、经营持续改善、价值稳步增加的目标。江西移动经营业绩考核2002、2003两年分列集团上市公司第1名和第3名，2004年第一季度的经营业绩也位居全国前列；2003年运营收入比上年增长19%，EBITDA比上年增长21%，净利润比上年增长15%，企业在本地市场一直保持着压倒性的领先优势。

（二）进一步开发了企业的组织智慧，提高组织效能

江西移动无边界经营分析和预控管理的推行是一项复杂的系统工程，它的成功运作依赖于知识化形式的组织群力，它的反作用力又必然帮助企业获得更多的组织智慧，使组织效能得到有效激活和持续提升。它以企业经营分析小组、营销策略研究决策、欠费攻关小组等多专业交叉的跨等级“明星团队”为契合平台，打破了部门、地域差异形成的藩篱，在分析思维、经营理念“无边界”的穿越和传递中，实现了知识策略的创造性沟通、交流和协作，通过实施闭环经营分析管理，带动了企业各层面、各部门的管理人员、技术人员、营销服务人员的建设性合作，营造了管理层和员工之间的高度真诚和信任，进一步释放了组织的功效与潜能，促进了员工心智模式不断改善，增强了整个组织的凝聚力和向心力，提高了企业整体智能。

（三）推动了企业的管理创新实践，提升管理能力

江西移动提出并推行的无边界经营分析和预控管理，是企业全体员工集体智慧的结晶，也是企业结合自身实际，总结经验，不断学习、吸取国际先进企业的管理理念，革新传统的经营管理模式，推进企业管理创新的生动实践。它依托信息化平台的强大支撑，通过企业多重控制生态系统的手段，推倒了横亘于部门与部门、管理层与员工、员工与设备、企业与客户之间的四堵墙，有效地引导各部门、各层面有机地统一在企业的整体经营管理之中，有效地运用组织智慧决胜市场，提升了企业经营管理流程交付的品质，提升了企业的管理竞争力。

结束语

无边界经营分析和预控管理，为江西移动在激烈的市场竞争中赢得先机奠定了坚实基础，推动了企业加速实现“三个转变”。面对新的环境和新的征途，江西移动将继续深入探索企业经营管理的新思路和新方法。

三等奖

成果创造人

主要创造人：黄日高
参与创造人：简　勤、周　光、张丽华、郑　峰、张卫忠、李元福、陈晓秋、余蔚中、陈庭锋

黄日高，江西樟树人，1945年9月出生，1968年毕业于南京邮电学院，同年参加工作，1979年加入中国共产党，高级工程师。历任江丰材料厂技术员，清江县（现樟树市）邮电局办公室干部、局长，上饶地区邮电局局长，南昌电信局党委书记，江西省邮电管理局党组成员、副局长，江西省移动通信公司党组书记、总经理，江西移动通信有限责任公司董事长、总经理、党组书记。

参加工作以来，黄日高同志长期从事电信技术和电信管理工作，在技术上刻苦钻研，精益求精，精通载波技术和传真技术，曾主持试制了江西省第一台单路传真机，获得省科技成果奖，发表了《单结晶体管在分频电路中的应用》等论著，并主持发明了“IC卡无线IP公用电话号码传递方式及装置”等技术。自1999年任职江西移动总经理以来，黄日高同志再次全身心地投入到事业中去，以自身人格的魅力感染和带动江西移动员工共同进步，在移动通信领域取得了令人瞩目的成绩，为江西移动通信的飞速发展作出了突出贡献，他自己也因此先后获得系列殊荣：

2002年5月被中华全国总工会授予“全国五一劳动奖章”；2002年6月，被江西省人民政府授予“江西省劳动模范”称号；2002年11月当选中国共产党第十六次全国代表大会代表，成为驻赣中央企业唯一的十六大党代表；2003年1月，当选为江西省政协九届委员会常务委员、提案委副主任；2003年7月，当选“首届江西省十大经济人物”。

简勤，江西人，1966年3月出生，中共党员。1989年8月毕业于北京邮电大学计算机与通信专业，获学士学位，2002年6月获美国布法罗纽约州立大学工商管理硕士学位，现为江西财经大学经济学在读博士。1989年分配至江西省南昌电信局从事技术维护和管理工作，历任移动交换班班长、无线通信分局副局长、移动办主任、南昌电信局副局长等职；1999年，中国电信重组，简勤同志出任新组建的南昌移动通信公司总经理，2001年被中国移动通信集团公司任命为江西省移动通信公司副总经理、党组成员，现任江西移动通信有限责任公司董事、副总经理、党组成员。

简勤同志参加工作以来，一直致力于江西移动通信的建设与发展。1992年，江西首次引进移动电话系统，简勤作为骨干人员参与筹建，从此与移动通信结下不解之缘，并在移动通信领域取得了瞩目成绩。他主持编制的基站市话传输合群技术改造方案、移动电话升位方案及研制开发的移动电话计费系统、移动电话号码资源、手机转BP机系统、移动电话即买即通系统、基站图像环境监控系统等多项技术成果在全国均属领先水平。1992年至2001年，简勤先后主持参与了TACS网1—5期扩容工程和GSM网1—5期扩容工程，并获得全国NR设备优胜奖、邮电部全国移动电话网络优化二等奖、GSM网络评比全国第一名等多项荣誉称号；1998年，简勤组织参加了“9811”全国应急机动通信演练，所有参演项目均超过国家标准，得到江泽民总书记等党和国家及军队领导人的高度评价，并光荣获评全国“9811”演练先进单位。

作为江西移动一名年轻的高层管理人员，简勤同志时刻注意提高政治理论素养和复合管理能力，努力践行“三个代表”，开拓创新，求真务实，为江西移动的改革发展和腾飞跨越作出了重要贡献。他本人也先后获评“江西省岗位技术能手”、“江西省直机关十大杰出青年”等荣誉称号。

以提高投资效益效率为目标的小型应急建设项目计划管理“绿色通道”

四川移动通信有限责任公司

三等奖

部分成果创造人，从左至右：郑旭东、颜德军、王容、张红岩、熊蛟、周敏

一、小型应急建设项目计划管理“绿色通道”的产生背景

随着四川移动公司通信网络规模、覆盖范围的不断扩大和业务种类的不断增加，全省大客户接入、营销渠道接入、线路迁改等小规模的传输工程项目（定义为“小型应急建设项目”）越来越多。据统计，每月项目管理人员收到的该类项目需求达数十个，且对工期要求较紧，项目推进遇到许多困难，相比其他项目，该类小型应急项目具有如下一些特点。

（一）时间紧

1．大客户接入项目由于市场竞争激烈，市场部门与客户签定的业务合同往往承诺在数周内开通业务，相应的传输接入项目就迫在眉睫，留给项目的实施时间很短。

2．受外界影响多。很多公司已建的光缆线路、通信管道受城市市政建设、道路改扩建、自然灾害等因素影响需要迁改，这些迁改往往不以公司的意志为转移，需要立即实施。

3．在公司WLAN、营销渠道建设过程中需要将业务点分别接入CMNET和营业计费系统，这些项目投资小，涉及专业部门多，并且是分时期陆续建成，项目实施管理较为困难。

（二）项目管理困难

1．这些项目单项投资小，每个点往往只有几万元，但施工受外界环境影响较大，传输光缆线路施工困难、赔补费用高，设备施工地点分散，施工费用高，造成协作单位利润低或亏损，因此设计、施工、监理单位对这些项目有畏难情绪，不愿意接手此类项目，出现大项目抢着要、小项目没人要的现象，或者出现互相推诿、工期滞后、偷工减料、工程质量下降等问题。

2．这类项目具有“麻雀虽小五脏俱全”的特点，设备、线路、电源配套等都要涉及，要求项目管理人员有很强的项目管理能力、全面的专业技术知识和丰富的工程实施经验，对公司项目实施人员提出了新的要求。

3．在项目实施过程中往往需要客户的大力配合，如设备安装位置、线路进出通道、协调配合等，由于客户往往只关心业务的提供时间和质量，而对项目的实施过程不太关注，要求客户协调工程有难度。

4．工程仅新建“最后几百米”，但全程端到端业务开通需要调用已建成的数据网络和现有传输网络资源，需要全程全网的调度、配合，需要协调调动不同的内部资源才能满足业务需求，而很多情况下，项目管理人员没有被授予相关的权限。

5．新业务种类繁多，而且往往在营销过程中进行“捆绑”销售，工程项目对网络接口、协议、业务类型、计费等要求较高。

6．由于客户提出的需求各不相同，客户经理与客户签订的协议不明确或者理解不同、客户需求变化等原因，使得工程项目的分工界面不够明确或变化较大。造成工程实施的目标变化，例如计算机网络的布线系统、设备电源、故障分段、与用户的维护界面等，都可能在开工后发生变化，造成工程管理的被动。

上述问题的存在给四川移动公司原有的投资计划管理模式提出了新的挑战。按照原有的基本建设程序，任何项目实施前必须履行项目建议书的编制上报、目建议书的批复（即立项批复）、可行性研究报告的编制上报、可行性研究报告的审查批复、设计的编制、审查和批复等手续，整个审批过程比较长，目前，移动行业竞争激烈、各移动运营商对市场份额的争夺日益激烈，而集团客户、行业客户的争夺是当前竞争的焦点，谁赢得市场、谁就占据竞争优势、成为最终的胜利者。如果按原有的基本建设流程管理上述小型应急项目，必然会导致市场份额的丢失，削弱公司的竞争力。另外由于市政、道路改造和自然灾害造成的传输线路迁改突发性强并且必须限时予以解决，这些都对原有的管理方式和管理流程提出了更高的要求。

二、小型应急建设项目计划管理“绿色通道”的基本内涵

为了确保“双领先”战略的顺利实施，及时满足市场需求，四川移动公司计划部门项目管理人员和计划管理人员在公司领导和部门领导的悉心指导下，以计划贴近市场、服务于市场为指导思想，在2003年初即着手研究分析上述项目的特点，选取了更有效的项目管理组织结构，并针对其数量多、建设周期短等特点，在遵循基本建设程序的前提下，简化了小型应急建设项目的管理流程，并利用先进的技术手段提高了项目审批效率；在投资计划方面采取切块计划和实施情况报备相结合的方式，并加大了管理考核力度，在简化程序、及时满足市场需求的同时确保了项目效益，做到了投资效益和效率的有效结合。

三、小型应急建设项目计划管理“绿色通道”的主要做法

（一）选择有效的项目管理模式

首先是对四川移动公司现有的两种项目管理组织进行了分析：

1．传统的职能型组织，这种组织具有明确的等级划分，每一个员工都有一个明确的上级，员工高度地依各

人专长进行组合，比如生产、市场、工程、会计，而工程又可能进一步细分机械和电气。职能型组织也有项目，但各部门对项目的研究范围被局限于部门的职能界限内：一个职能型组织中，工程部的工作是独立于网络部、市场部之外的。比如，当一个纯粹的职能型组织准备开发一项新产品时，设计阶段会被称为“设计项目”，仅仅由工程部人员来完成，如果一旦涉及到生产方面的问题，这些问题将会被逐级地汇报到部门主管处，再由他向生产部主管咨询，然后通知工程部主管，再由工程部主管解决问题的方法逐级向下传递到项目负责人。

2．项目型组织。这是与职能型组织相对应的另一种组织模式。在一个项目型组织中，工作成员是经过搭配的。项目工作会运用到大部分的组织资源，而项目经理也有高度独立性，享有高度的权力。项目型组织中也会设立一些组织单位，这些单位也称作部门，但是这些工作组不仅要直接向某一项目经理汇报工作，还要为各个不同的项目提供服务。

根据以上两种项目组织的特点，结合小型应急项目实施要点，四川移动公司选择了项目型组织来完成该类项目的实施。

（二）以市场需求为导向，简化审批流程

小型应急建设项目项目管理的特点主要在于高效、可控，在根据年度投资计划、滚动规划和公司发展总体策略进行总体控制的基础上，对小型应急建设项目以市场需求为导向，定期或提前征集项目需求信息，制定项目立项的主要原则，省略了具体项目的可行性研究环节，加强与网络、市场、数据等部门的协调配合，提高工作效率并降低了管理成本。

例如对于传输接入项目我们提前下发了申报项目明细表，在表上对接入点、接入基站、接入方式、距离、线路和设备投资等关键数据的填报作了明确要求，使项目在申报初期就具备了核定规模和投资的必要数据。在接到数据接入、线路迁改等项目后与数据部、网络部、市场部联系确认业务发展数量和规模在其年度计划范围内，再按照接入方式、距离等要素核定投资规模并迅速立项实施。

（三）切块计划与实施报备相结合

在投资计划下达方面，针对小型应急建设项目的特点，采取了切块计划与实施情况报备相结合的方式，确保小型应急建设项目计划下达的及时性和严肃性。具体操作办法为：

每季度第一个月的5号，建设单位本着市场竞争与投资效益相结合的原则汇总上报本季度拟建的集团客户接入、传输线路迁改等项目的建设内容，工作量和投资估算，省公司计划部在征求省公司市场部、数据部等相关部门意见的基础上，对建设单位的上报资料进行审核，将列入成本性开支的部分与网络部协调，从成本费用中解决；对于资本性开支部分，在本季度的计划下达中以临时计划或切块下达给建设单位。

为确保切块计划的有效落实，建设单位在上报每季度需求的同时，需报送上季度切块项目的执行情况，包括项目的实施点、购货合同、施工合同等。通过对各建设单位执行情况的审核，对已下达的切块计划进行调整，并对计划的执行情况进行通报，保证了计划的有效落实。

（四）运用经济手段调控工程进度

工程项目管理是一个多目标的复杂系统工程。进度、资金、质量与人、机、料、能等单项管理很难获得最大的经济效益，走综合管理是必由之路。为此小型应急项目对内落实项目经理负责制，将项目与项目经理的绩效考核紧密挂钩，运用项目管理办法方式，明确主方职责，确保项目推进的动力。对外将零散的、投资规模小的接入项目与投资规模大的传输项目的设计、施工、监理统一招投标，按片区分工，提高了合作单位的积极性，加大了对小型项目工程的管理力度。

（五）运用技术手段提高工作效率

缩短工程前期的方案论证时间，提高可行性研究的精确性，制定有效的项目计划。工程项目计划工作在现代工程项目管理中占有最重要的地位，是整个项目管理的龙头。由于工程的其他管理工作都是围绕着如何实现工程总进度计划所制定的目标而展开的，因此，是否有一个全面、优质的进度计划几乎成为工程项目成功的关键。对于大型项目计划管理往往侧重于时间进度的管理，对于人、财、物各项资源的计划由各个专业部门或专业人员完成，但对于小型应急项目，以往的这种管理流程无法满足时间要求。另外仅就各项工作本身的逻辑关系所编报的时间进度计划，不管其理论多么科学合理，在实际工作中都很难完全依据其执行。为此要求项目经理能利用公司已建的EIP、BOSS、资源管理系统、电子地图、基础信息数据库等业务支撑系统来提高工作效率和实现精细化管理。例如图1所示大客户接入前期方案确定。

假如市场部门初步确定下图所示圆中心的市商业银行华山支行为新建大客户，要求提供业务接入，我们可以在电子地图上立即确定一定范围内（此圆半径0.5公里）可以利用的网络资源，在本图上有两个基站在此范围内，另外还有两个基站在0.8公里半径范围内，再结合

三等奖

资源管理系统提供的管道、光缆线路图就可以在短短的数分钟或数十分钟内确定初步建设方案和投资，并可以给与市场部门和客户明确的答复，从而有效地控制了工程前期进度和投资规模，提高了移动的品牌信誉。

四、小型应急建设项目计划管理“绿色通道”的实施效果

随着国家经济制度的改革，在面临制度环境、市场环境以及企业自身变化的情况下，传统的计划管理模式受到了严峻的挑战，从立项到投产的计划管理程序与项目尽快审批、建设、投产以抢占市场之间的矛盾日益明显，不再适应市场环境的变化。在这种情况下，四川移动公司在集团公司、省公司的号召下，及时转变了计划管理观念，投资计划管理工作由之前的审批式转向了服务式，工作态度由被动变为主动、工作重点由注重网络、技术转向注重业务和应用、工作目标由面向程序转向了面向效益，在深刻领会并遵循国家基本建设的同时，从企业管理的角度对计划管理工作进行了深刻研究，积极探索了更有效的投资计划管理模式，实现投资计划管理工作由经验型向效益型的转变。

（一）观念转变及时，有力支撑了市场

该项目组成员能及时转变观念，以计划贴近市场、服务于市场为指导，工作方式由被动变为主动、审批变为服务，通过对小型应急建设项目特点的研究分析，出台了相应的简化流程和计划管理办法，提高了快速反应市场的能力。相关办法较移动集团公司有关简化项目流程的办法提早近两个月。

（二）实践了以市场和用户需求为导向的业务流程再造

该项目以计划贴近市场、服务于市场为指导，通过对国家基本建设程序的深入研究，结合通信行业的特点，在遵循国家基本建设程序的同时，处理好普遍性和特殊性的关系，简化数量多、单个项目投资小的小型应急建设项目的建设流程。该项目也是今后探索更有效的投资计划管理模式的一次尝试。

（三）做到了竞争与效益、效率和效益的有机结合

对于小型应急建设项目，在立项审批上，由业务接入主管部门确认业务需求，由业务需求部门上报详细数据，简化可研等环节，使得整个项目流程高效、责任分明，相关办法出台后，建设单位提出需求、编制可研、省公司立项批复、计划下达、资金到位整个周期由之前的20天缩短至1周以内，大大提高了工作效率；在计划下达上，针对该项目地方协调量大的特点，计划、资金直接下达给各分公司，有效调动了分公司积极性，并通过分公司实施情况的定期报备，确保了投资计划下达的及时性、准确性和严肃性，在提高投资效率的同时保证了

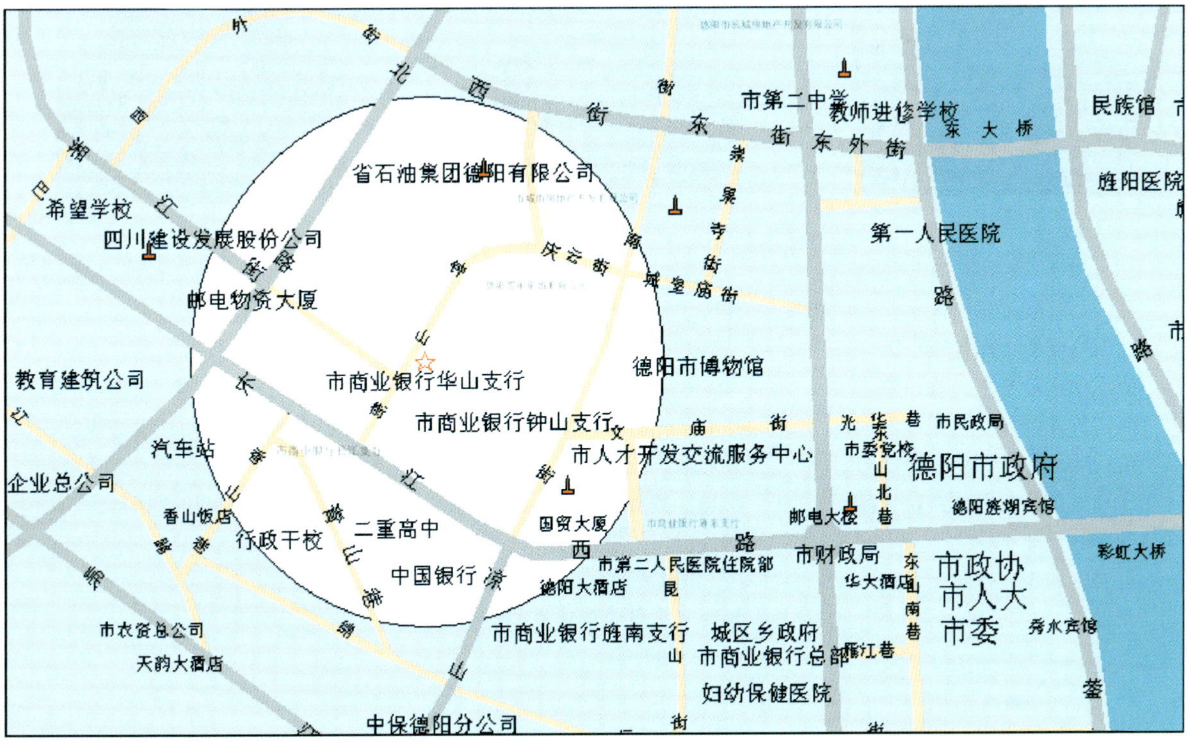

图1 大客户接入前期方案

投资效益。

自2003年4月相关办法发布以来，在四川移动公司全省范围内的小型应急项目的管理中得到了运用，有效调动了市州分公司的积极性，简化后的流程清晰，项目审批周期得到大大缩短，建设单位提出需求、编制可研、省公司立项批复、计划下达、资金到位整个周期由之前的20天缩短至1周以内。至2003年底，共批复传输接入等小型应急建设项目64个，投资3896万元，建成传输接入点近500个，及时满足了市场需求，得到了相关单位的一致好评。

五、附件（略）

1. 川移司[2003]316号《关于简化小型应急传输工程项目流程的管理办法的通知》及附件

2. 川移司[2003]467号《关于明确小型应急项目投资计划管理办法的通知》及附件

成果创造人

主要创造人：陈炳澜

参与创造人：张红岩、王　容、郑旭东、熊　蛟、周　敏、颜德军

陈炳澜，高级工程师，现任四川移动通信有限责任公司副总经理。具有超过20年的通信行业管理经验，熟悉通信行业的基本法规以及通信行业的特点，明确提出效率和效益的有效结合是计划管理的重要工作之一，对项目实施的全过程给予了高度指导。

张红岩，高级工程师，现任四川移动通信有限责任公司计划部总经理。具有超过20年的通信行业管理经验，熟悉通信行业的基本法规以及通信行业的特点，通过对市州计划管理工作的实地调研，提出了项目投资计划管理“绿色通道”的概念，悉心指导了小型应急建设项目相关管理办法的制定。

王容，高级工程师，现任四川移动通信有限责任公司计划部副总经理。具有丰富的项目管理和投资管理经验，熟悉通信行业的基本法规以及通信行业的特点，结合多年投资计划和传输项目管理的经验，悉心指导了小型应急建设项目相关管理办法的制定。

未来并使相关方满意，管理者应当创造一种文化，以使组织内人员都能积极参与寻求过程、活动和产品性能的改进机会”。“为使组织内人员积极参与，最高管理者应当营造一种环境来分配权限，从而使组织内人员都得到授权并接受各自的职责，以识别组织业绩的改进机会”。FJPDI充分认识到持续改进是质量体系良循环的保证，能持续改进的体系才是真正有生命力的管理体系，任何一层不变的管理是无法满足顾客要求的。FJPDI通过工程技术部对设计过程保持监视和测量，定期开展内外部沟通，认真组织内部审核、管理评审、纠正和预防措施及设计评优等质量活动，及时发现和解决体系运行过程中出现的问题，持续改进各项管理工作，再借助外审的推动力保持了体系运行顺畅，培养了自查自纠问题能力。FJPDI每年至少分别举行一次管理评审及内审，对体系进行系统的改进；质量管理部门、生产部门及相关职能部门根据日常管理及设计生产过程的监视和测量情况，定期进行质量分析，并制定纠正、预防措施，对体系进行局部的持续改进。通过以上措施，FJPDI质量管理体系每年都在不断持续改进，以满足顾客不断提高的需求。

四、建立运行质量管理体系的关键问题和难点解决

（一）目的明确、覆盖面广

通信设计企业实施ISO9000标准，首先应充分认识为什么要实施。实施ISO9000标准不是为企业搞政绩，也不是赶时髦，更不是为了作个形式、混张证书、弄张皮给别人看，而是为了借助ISO9000标准先进的管理理念和管理体系，强化企业的自身质量管理，以适应市场竞争的需要。在ISO9001：2000标准1.1总则中明确提出了其目的在于：“为需要证实组织有能力稳定地提供满足顾客和适用的法律法规要求的产品；通过体系的有效应用，包括体系持续改进的过程以及保证符合顾客和适用的法律法规要求，旨在增强顾客满意。”

从一开始FJPDI对贯标认证的目的性就十分明确，由此采取了将所有的工程设计项目均纳入质量管理体系，进行真实运行的操作方法，每年管理的项目数多达上千

技术交流

福建邮电规划设计院有限公司前台

项。刚运作时，FJPDI也遇到不少阻力，有的认为流程管到每个设计项目太烦人，填写表单浪费时间，干脆有选择性管好部分项目就可以了。甚至曾引发是否阻碍生产力发展的大讨论，对此公司高管层坚持以贯标加强质量管理的决心不动摇。为了使管理体系能良好运行，具体实施中不断改进职能分配、流程控制、表单简化等。6年过去了，公司总经理换了两任，但公司的质量管理体系运行仍始终保持全业务覆盖，而且经过多次外审和换版的考验，日臻成熟，培养了一批质量管理骨干人才。当时嫌烦的许多同志现在对管理流程已耳熟能详，并养成了认真细致的严谨作风，一批批新入院的员工也在良好的质量文化氛围中成长起来，使质量管理取得实质性、多层面的收获。

(二)流程顺畅、控制得当

有效建立运行质量管理体系的关键是构架顺畅的质量管理流程，并施行得当的控制。FJPDI在贯标认证过程中，经历了从94版～2000版的换版，ISO9001:2000标准内容份量大于94版，具有更大的灵活性和适用性。但标准在条文规定上比较抽象，难以理解。解决的办法是在制定体系文件时要合理设立控制程序。

如ISO9001:2000标准仅在"文件控制"、"记录控制"、"内部审核"、"不合格品控制"、"纠正措施"及"预防措施"这6个方面被要求建立形成文件的程序，而对于其他过程是否建立程序并未强制。这就需要由企业依照自身的实际状况来决定"形成文件的程序"之多少及其详略。有的企业认为程序越少越好，FJPDI则把ISO9001:2000标准作为对企业质量管理的最低要求，根据ISO9001:2000标准及其精髓对控制点加以细化，不因某一环节难以管理而回避矛盾，相反要知难而进，越是不顺畅的薄弱环节，越要设立控制程序去规范管理它。因此我们在ISO9001:2000规定编制的六个程序基础上，根据实际情况又增加了"合同评审"、"通信工程设计过程控制"、"建筑工程设计过程控制"、"设计文件出版、防护、交付控制"、"服务控制"、"信息和数据分析控制"6个控制程序，这样做的目的是保证管理能有效控制并顺畅运行的实践性。

通过制定及细化这些程序，FJPDI根据多年运行ISO9000的经验，还进一步规范了职责，不断革除了内部管理障碍，为员工理顺了工作流程，使之能各司其责，大大提高了工作效率，顾客也明显感到我公司质量及服务水平的提高，这突出表现在以下几方面：

第一、FJPDI制定了详细的通信工程设计及建筑工程设计过程控制程序。由于在"产品实现"及"监视及测量"等过程中，处处都会涉及到有关最终产品的品质问题，对于这些过程的控制情况，将可能直接导致顾客对本企业的产品满意度问题，因此，企业通常需要制定多种文件化的规则以便能使这些过程"受控"。FJPDI根据自身运作管理需要，针对通信工程设计及建筑工程设计的不同特点，对通信及建筑工程设计质量管理分别策划，形成通信设计质量管理流程图及建筑设计质量管理流程图，并用详细、通俗的文字加以程序化阐述，这种管理流程的细化给FJPDI带来了更多的可操作性，使ISO9001：2000不再是抽象的文字，它对管理人员而言是管理文件，对生产设计人员而言是操作手册，给FJPDI带来的最大好处便是严谨的质量管理、严格的质量要求下有条不紊、各环节受控的设计产品生产。

第二、FJPDI加强了对服务的管理，强化服务管理流程。在竞争日趋激烈的通信设计市场，服务正成为赢得市场的一块筹码，加强对服务的管理，对通信设计企业的可持续发展十分重要。在2000版换版策划中FJPDI十分重视服务，有许多工程设计项目正是通过前期向顾客提供良好的服务而获得，更多的工程则是通过设计完成后提供良好售后服务而加以延续。因此，我们运用ISO9001：2000中过程方法，从服务的策划、任务分配、实施到服务任务的确认、质量评定都有明确的环节及工程程序，形成一个PDCA环控制，把服务以类似处理工程设计任务的流程来管理，并把服务同奖惩挂钩，从而使每个服务都保证能按时保质保量完成。

(三)动态管理、与时俱进

建立运行ISO9000质量管理体系的过程对FJPDI来说也是一个动态管理、与时俱进的创新历程。所谓动态管理，不仅指质量管理体系的循环运行是动态的，具体还对应到配套的基础管理都体现了与时俱进的管理原则，如在对文件控制方面，按ISO9000原则只强调了要保证作业现场必须使用有效文件，但如何才能做到这点则是贯标企业各显神通的事情。FJPDI在建立运行管理体系中，采取通信专业与信产部标准化所等相关信息公司、建筑专业与省建设厅信息中心挂钩建立联系，并在工程技术部设专人兼职管理，及时掌握通信及咨询设计行业各类标准、工程造价、材料价格信息的动态变化情况，及时发布，并把相应的标准规范发放到各设计所，为设计一线服务，使有效文件控制在运行中落到实处，在此基础上，我们还寻求不断采用先进的管理手段，来完善和加强管理，今年公司还新建了通信标准信息平台，配置了电子版标准规范库、数字图书馆等，做到使每一位设计人员都能十分便利地在网上查询和享用到有效文件，比起原有的控制方法更进了一步。再如FJPDI在加强技术培训、设计标准化等方面也都投入了大量精力，不断跟踪新技术发展和大批量工程设计的动态，不断总结经验，采用网上课堂、合作双赢等各种方式去积极应对挑战，保证了体系运行与管理的同步上升。

动态管理、与时俱进还体现在对标准理解上，ISO9000标准是一项国际性标准，它从94版到2000版就是一个进步的发展，作为贯标企业，FJPDI保持了不断学习、更新观念、与时俱进的可贵精神。如ISO9001：2000标准强调以顾客为关注焦点，并贯穿于标准的始终。我们按2000版建立运行质量体系时，通过学习培训，对质量的概念有了更深层的理解，引入了顾客满意这一新的质量观，确定实施了"以顾客为中心，促进企业发展"的战略。在质量目标以及质量手册等质量文件中都明确了关注顾客需求，满足顾客要求的承诺，将质量提到了前所未有的高度。

通过质量观念的更新、质量管理体系的建立和完善，使我们更加关注顾客的需要，并通过强化与顾客的有效沟通，顺利地实施了顾客需要和公司对设计产品、工作要求之间的转化，从而有效地提高了设计产品质量，促进了企业的发展。FJPDI主要通过以下措施关注顾客需要：(1)市场营销部负责开展市场调查分析和研究，随时掌握和了解顾客的要求和期望；(2)对每一项设计工程或合同项目均需认真识别顾客的特性要求，在设计过程中加强与顾客的沟通，确保顾客要求得到满足；(3)市场营销部负责定期开展顾客满意度调查活动，对重大设计项目进行跟踪调查，并将调查结果做为设计改进的重要依据；(4)认真对待每一项顾客投诉或抱怨，认真进行调查分析，及时回复并最终取得顾客的满意；(5)建立顾客信息反馈及处理制度。市场营销部通过会审、客户走访、电话回访等方式收集、筛选有价值顾客反馈信息，填写《信息反馈表》经部门主任、总经理／管理者代表审批后提交给生产管理部、工程技术部、设计所等相关部门处理，重大或特殊信息需报公司总经理。各部门若有收集到有价值的顾客反馈信息，应填写《信息反馈表》提交市场营销部审阅，并经市场营销部主任、总经理／管理者代表审批后提交给相关部门处理。市场营销部必要时需将处理结果反馈给顾客。通过这一制度，使顾客反馈信息能得到及时妥当处理。

三等奖

企业综合管理信息系统 EIS

广东省电信规划设计院

广东省电信规划设计院办公大楼

企业简介

广东省电信规划设计院是全民所有制企业，注册资金3000万元，资产总额7亿元。本院持有通信勘察设计和建筑设计甲级资质证书、通信工程咨询甲级资质证书、通信信息网络系统集成甲级资质证书、通信工程总承包甲级资质证书、智能建筑系统工程设计甲级资质证书，通过ISO 9001：2000质量管理体系认证。我院年完成的设计工作量突破百亿元大关，连续多年位居“全国百强勘察设计企业”前列，并先后荣膺国家工商行政管理局授予的“全国守合同重信用企业”、广东省人民政府授予的“省级先进企业”、广东省直工委授予的“文明单位”等荣誉称号。2003年，我院被推举为中国通信企业协会通信设计施工专业委员会及其下设的设计工作委员会、咨询工作委员会的副主任委员单位；2004年被推举为中国工程咨询协会通信信息专业委员会副主任委员单位。

一、实施EIS企业综合管理信息系统的背景

（一）项目背景

1999年以来，随着中国通信网络规模的不断扩大和通信技术的发展，我院作为我国通信行业的甲级设计单位，业务也在不断扩充和深化。为适应市场和增强竞争力，配合ISO9001质量体系认证以及提高信息化管理水平，有建设企业综合管理信息系统的迫切需要。

（二）项目依据

1.建设部《全国工程勘察设计行业2000—2005年计算机应用工程及信息化发展规划纲要》：

“开发建设集成应用系统，切实提高应用水平。集成应用系统的基本哲理是从企业全局出发，以现代信息技术为手段，信息集成为核心，集现代生产技术和管理科学，实现生产与管理的集成，使企业资源共享，高效营运，推动企业信息化，增强企业的综合效益和竞争力。”

2.ERP理论：Enterprise Resource Planning，企业资源规划。

3.BPR理论：Business Process Re-engineering业务流程再造。

4.Internet /Intranet /Entranet互联网理论。

5.数据库管理理论。

二、EIS企业综合管理信息系统的基本内涵

EIS系统实现了建设部《全国工程勘察设计行业2000—2005年计算机应用工程及信息化发展规划纲要》对专业工程设计类企业集成应用系统的总体要求和全部5项功能要求（市场经营决策服务分系统、工程项目管理分系统、工程协同设计分系统、综合管理与办公自动化分系统、文档与设计成品管理分系统），并结合本企业生产与经营管理需要，进行了10项功能扩展，现已达到并超越了《全国工程勘察设计行业2000—2005年计算机应用工程及信息化发展规划纲要》要求。

本成果经过4年持续的系统建设和功能升级，目前总共建成15个分系统：

（一）市场经营决策服务分系统BMS

实现了从市场经营管理层面对业务的集中管理。1.数据处理、统计分析：业务数据管理、设计工作量管理、收费管理、合同统计、生产统计、收费统计、设计费统计、业务预测分析；2.流程管理：市场信息管理、市场项目流程管理、投标项目流程管理、合同处理流程管理（合同洽谈、合同评审、合同台帐、合同进度管理，分承包评价）等功能。提高了市场部、项目管理部、财务部等部门的协同工作能力，提高管理效率，强化了业务经营管理。

此分系统2001年投入使用，3年来系统功能持续改进优化，较好地满足了企业领导层、市场部、项目管理部、财务部、各专业设计部所的实际管理需要。使用情况反映良好。

达到并超过《全国工程勘察设计行业2000—2005年计算机应用工程及信息化发展规划纲要》的要求。

（二）工程项目管理分系统PMS

实现了对工程项目的过程管理。实现了全院规划、设计、科技项目（生产）全流程作业的网上管理，涵盖项目策划、工程勘察、规划设计、设计评审、出版处理、文件分发、项目工作量统计、归档登记、电子文档入库等一系列环节，并具有项目进度计划、项目进度监控、项目汇总等功能，符合我院ISO9001质量管理的需要。2000年在全院开始投入使用，4年来系统持续改进优化，功能愈为健全，为企业项目管理发挥了重要作用。

达到并超越《全国工程勘察设计行业2000—2005年计算机应用工程及信息化发展规划纲要》的要求。

（三）工程协同设计分系统CDS

该分系统包括工程设计集成工作平台子系统和图纸设计辅助子系统，将工程规划设计工作转移到一个以数据库为核心的管理和应用平台上。它以Oracle数据库为核心存储工程设计以及业务数据，前端客户机软件运行在各用户的PC机上，作为直接与用户交互的界面。它归纳、总结了我院多年来在网络规划设计领域中的经验，并将其软件化，促进了设计质量和生产效率的提高。2003

通信工程监理工作组织方式和方法的创新

江苏邮通建设监理有限公司

三等奖

一、企业简介

江苏邮通建设监理有限公司是按照现代企业制度成立的一家股份公司制企业，隶属于江苏省电信实业集团有限公司。目前，公司拥有一支高素质的员工队伍，总数近400人，其中具有国家及省注册监理工程师资格的人员约30%左右；高级职称人员占25%，中级职称人员占48%，初级职称人员占21%。公司具有信息产业部和建设部核发的甲级监理资质，主要从事通信工程和建筑工程建设监理业务。监理的建设工程，遍及电信、移动、联通、网通、卫通、铁通、广电等通信、信息运营商及行业，渗透到了军队、金融、教育等领域。业务经营区域除本省外已发展到北京、上海、广东、四川等20多个省、市、区。监理水平和监理业绩居同行业先进水平，在全国有一定的知名度和影响力，多个监理项目被验收委员会评为优良工程，并获得江苏省扬子杯4项，信息产业部优质工程二等奖5项，省局级优质工程一等奖15项，省局级优质工程二等奖25项。公司在创业的短短几年中，始终坚持"高起点、高标准、严要求，精心组织、规范运作、科学管理"，创新观念、创新机制、创新管理，不断提高企业管理水平和监理服务的能力，受到了广大建设单位的认可和好评，公司也实现了持续发展的目标。

二、通信工程监理工作组织方式和方法创新产生的社会、历史背景和主要原因

1988年，我国借鉴国外工程建设管理实行了已有一百多年历史的专业化、社会化管理服务的成功经验，开始引进和试行建设工程监理制度。16年来，国家行业主管部门为了规范建设工程监理行为，提高建设工程监理水平，先后颁布了包括《建设工程监理规范》等一系列的法律法规和规范标准，对企业规范运作和发展，明确规定了一般原则和基本规范。但是，从整个建设监理行业看，由于工程建设监理作为新兴行业，在我国的发展仅仅只有十多年的历史，受到对监理的必要性、作用、地位认识的限制；受到市场规则、机制、环境等多方面的影响；特别是受到工程监理企业自身管理机制和人员素质的制约，我国的工程建设监理还处于起步和完善阶段；从通信专业工程监理看，由于通信工程监理起步较晚，通信工程建设监理与其他领域建设监理既有共性，也有其行业的特点。因此都需要不断地消化、吸收国外推行工程建设专业化、社会化管理的成功经验，不断创新观念、创新机制、创新管理、创新组织方式、方法和手段。我公司近几年来，正是按照这一理念，结合所从事的专业工程监理特点和企业的实际，不断创新通信工程建设监

理；信息的传递、归集和汇总等）还不少，有待进一步地深化改进。

（三）企业创新管理包括了企业管理的制度、方式和方法的创新，但更为重要的是执行。要使公司的各项管理创新举措变成上下各级、全体员工的共同目标和行动，并取得预期的效果，需要我们在今后的工作中通过知识（创新的内容、方法和要求）传递、制度奖惩等手段，提高执行的力度和效果。

六、通信工程监理工作组织方式和方法创新产生的效益

（一）公司创建的短短几年中累计完成各类大小工程建设监理项目数千个，投资规模达46.8亿人民币，累计上缴国家税赋近千万元，公司在创新中壮大。公司经营的通信工程和房屋建筑工程监理，均取得了国家主管部门核准的甲级资质。公司先后获得了部、省、市“先进建设监理单位”、“监理示范企业”和“信用江苏诚信单位”称号，连续3年保持了江苏省电信行业“文明单位”的荣誉。

（二）公司各类经营经济指标在推行企业现代化管理创新中得到成长：近3年内，委托监理合同额年平均增长率达40％以上；监理业务收入年平均增长率达30％以上；在取费费率下降，成本费用大幅提高的情况下，企业经济效益稳步提高。

（三）公司成立以来所监理的工程建设项目，从未发生过任何较大的工程质量、安全和通信事故。据不完全统计：公司所监理的工程项目竣工一次验收合格率达100％；工程项目优良率达60％以上；先后有“江苏二级干线数字网传输工程”等四个工程项目获得了江苏省最高质量奖——“扬子杯”荣誉；先后有“江苏省公众多媒体通信网三期扩容工程”等40多个项目获得了部、省优质工程一、二、三等奖；顾客满意率达95％以上。

（四）公司监理工作组织方式和方法的创新最重大的成果是培育和增强了企业参与市场竞争的能力。短短几年中，公司已经能够离开“母体”的呵护，稳步走向市场，参与竞争，并得到了建设单位的认可和信任。目前，我公司外拓市场业务收入（指非江苏电信业务收入）已占总收入的75％以上。

（五）公司监理工作组织方式和方法的创新也为工程参建单位创造了不可估量的效益。管理创新不仅使公司得到了成长和壮大，而且工程监理卓有成效：加快了工程项目的建设进度；控制了工程建设投资；提高了工程建设质量；节省了建设单位项目管理的投入；减少了建设单位的投资风险；规范了工程建设行为；促进了承建商建设管理水平的提高；改善了建设市场的廉政建设，创造了较好的社会效益。

七、结束语

几年来，邮通公司在企业现代化管理探索和创新中，不仅取得了一些成果，更重要的是使我们深刻认识到：管理是一门科学，是一门艺术，不同的历史、文化背景和传统，需要不同的管理思想，管理创新是企业永恒的主题。我们要在创新中博采众长，创造出适合公司经营环境特点的管理观念、管理思想和管理方法，为我国工程建设监理，特别是通信工程监理事业的成熟和发展作出我们的贡献。

八、总结

工程建设监理是我国近十年来，吸收国外推行工程建设专业化、社会化管理的成功经验而新兴的行业。由于标准、规范、管理机制和人员素质等方面的制约，我国的工程建设监理还处于起步和完善阶段，需要不断消化、吸收和创新。我公司自1998年创建以来，公司经营管理层不断学习和探索实践现代企业管理的理论、方法，吸收国内外工程咨询（监理）企业的成功经验，创新理念、创新制度、创新管理、创新组织方式、方法和手段，逐步成长壮大，取得了可喜的成绩和佼人的业绩。

1、用创新的理念构建公司的管理模式和管理制度，形成了包括生产、经营和管理，人、财、物，责、权、利等全方位的适应现代企业管理要求和公司经营特点的企业管理模式和管理制度。

2、不断优化监理工作流程和规范标准，狠抓工程监理中质量控制的关键环节，确保工程建设三大目标的实现，提高业主满意度。

3、针对监理企业的特点，从选人、育人、用人、管人、留人等人力资源各个环节，创新管理举措，激活企业发展的动力之源，增强企业核心竞争力。

4、项目监理部是监理企业发展链上的一颗颗“珠”，我公司正是通过多年的管理实践，探索出了“一二三”项目监理部管理法，以这一颗颗“珠”，将人流、物流、资金流、信息流连成串，从资源整合中迸发出推动企业不断前进的动力。

5、在通信工程建设监理工作中，我公司成功地探索

了合作伙伴（partnering）式项目管理等具有操作性的有效的模式和方法，体现了建设工程社会化、专业化项目管理的发展方向。

成果创造人

主要创造人：许瑞华
参与创造人：刘泽生、顾泉初、胡井松、侯　健、周巧平、邵俊豪、方勤松、杜京绪、丁　彪

江苏邮通建设监理有限公司总经理许瑞华，男，1959年生，南京人，本科学历，工商管理硕士（EMBA），高级工程师，国家注册建造师、注册监理工程师，中共党员。

许瑞华先生在二十多年的通信工程建设设计、施工、监理以及管理执业经历中，积累了丰富的理论知识和实践经验，具有较强的创新能力。特别是他参与创建和领导的邮通公司，在短短的五年多时间中，已取得了国家主管部门核准的通信工程、房屋建筑工程两个甲级监理资质，工程咨询甲级资质，通信工程系统集成甲级资质，工程招投标乙级资质。公司规模迅猛扩大，经营业绩骄人，公司已成为通信工程建设全方位服务的一流咨询企业。

Beijing 2008
中国移动通信
CHINA MOBILE
北京2008年奥运会移动通信服务合作伙伴
Mobile Telecommunication Services Partner of the Beijing 2008 Olympic Games
全省40,000名员工用心服务，
只为您更好传情达意
奥标许备【2005】第32号
提升客户价值
铸造诚信企业
没错，您的满意是我们努力的目标。数千名网络维护人员和工程师投入工作，构建了广泛覆盖的精品网络，上千家沟通100服务厅遍及全省各地，提供了更贴身更高效的服务……全省4万多名移动员工用心服务，为您开创精彩移动新生活。
广东移动通信有限责任公司被广东省消费者委员会核准为“承诺诚信单位”(2004.6-2006.6)，广东移动GSM移动电话网络服务被核准为“推荐服务”(2004.6-2006.6)
全球通 GoTone
客户服务热线:1860 话费查询专线:1861

全球通®
GoTone
未 来 在 我 手 中
上班匆忙手机落家里，怎么办？
有全球通A⁺1860，
遇到问题有办法。
我能
偶尔忘带手机，就整天心慌慌，总怕错过什么电话。这种时刻，有全球通A⁺1860，你就可以把来电呼转到身边的电话上，这样无论谁找你，也一个不错过。
正因你对通信服务有更高要求，现在，全球通以A⁺品质，让你享受更高标准、更丰富多彩的通信生活。比如：没时间，你可以上网上营业厅；不喜欢排队人多，你可以到专区专柜；感受更多惊喜，
A⁺
Beijing 2008
中国移动通信
CHINA MOBILE